MYTHOS ZWISCHEN PHILOSOPHIE UND THEOLOGIE

MYTHOS ZWISCHEN PHILOSOPHIE UND THEOLOGIE

Herausgegeben von
ENNO RUDOLPH

WISSENSCHAFTLICHE BUCHGESELLSCHAFT
DARMSTADT

Einbandgestaltung: Neil McBeath, Stuttgart.

Die Deutsche Bibliothek – CIP-Einheitsaufnahme

Mythos zwischen Philosophie und Theologie /
hrsg. von Enno Rudolph. – Darmstadt:
Wiss. Buchges., 1994
  ISBN 3-534-12441-3
NE: Rudolph, Enno [Hrsg.]

Bestellnummer 12441-3

© 1994 by Wissenschaftliche Buchgesellschaft, Darmstadt
Gedruckt auf säurefreiem und alterungsbeständigem Offsetpapier
Satz: Setzerei Gutowski, Weiterstadt
Druck und Einband: Wissenschaftliche Buchgesellschaft, Darmstadt
Printed in Germany
Schrift: Linotype Times, 9.5/11

ISBN 3-534-12441-3

INHALT

EINLEITUNG

Von Enno Rudolph

„Mythos ist potentielle Religion" (Ernst Cassirer). Der genuine Gegenstand der Theologie ist die Religion. Wenn der zitierte Satz von Ernst Cassirer zutrifft, und wenn zudem Geschichte und Wesen der Religion ohne ihren historischen, und das heißt gerade auch mythischen Ursprung nicht angemessen behandelt werden können, dann verfehlt die Theologie dort ihr Thema, wo sie den Mythos ausklammert.

Man kann der Geschichte der Theologie des auslaufenden Jahrhunderts kaum bescheinigen, dieser Einsicht Rechnung getragen zu haben. Die Auseinandersetzung mit dem Mythos, seiner Geschichte und seiner Rezeption überließ sie der Philosophie, allenfalls der Religionsgeschichte, sodann auch den Altertumswissenschaften und der Poetologie. In der jüngeren Philosophiegeschichte finden sich eine Reihe von einschlägigen Dokumenten für den Versuch, mythisches Denken als genuinen Gegenstand der Philosophie, insbesondere der Geschichtsphilosophie (wieder-) zu entdecken, ohne daß diese Dokumente ein bemerkenswertes Echo auf seiten der Theologie zu verzeichnen hätten. Dies galt aber bereits auch für den gigantischen spekulativen Versuch, Mythologie in die Philosophie zu integrieren, und zwar trotz des ehrgeizigen und erfolgversprechenden Programms der Aufklärung, hier eine endgültige Scheidung herbeizuführen: Die Rede ist von Schellings Reduktion mythischen Gottesbewußtseins auf ein Moment des im reflexiven Selbstbewußtsein vorgestellten Gottes.[1]

Man kann nicht sagen, daß dieser Integrationsversuch die darauffolgende Philosophiegeschichte entscheidend geprägt hätte. Gleichwohl wird von den bedeutendsten philosophischen Mythologen des 20. Jahrhunderts durchweg anerkannt, daß hier ein Niveau des Respekts der Philosophie vor der Mythologie erreicht war, hinter das nicht mehr zurückzufallen ist. In dieser Auffassung sind derart unterschiedliche Interpreten der Mythentradition wie Ernst Cassirer, Hans Blumenberg und Leszek Kolakowski sich durchaus einig.[2]

Auf theologischer Seite hingegen ist es im 20. Jahrhundert zu einer doppelten Blockade gegenüber der Wirkungsgeschichte des Mythos gekommen. Das theologische Konzept der „Entmythologisierung" von Rudolf Bultmann hatte einen – seiner Intention vermutlich widersprechenden – einseitigen und für die historische Sensibilität der Theologie gegenüber ihren

eigenen Ursprüngen verheerenden Erfolg. „Entmythologisierung" – unge-
schickter Ausdruck für eine nicht hinreichend entwickelte theologische Hermeneutik des Mythos – wurde zum Kampfruf des mündigen animal rationale
neuzeitlicher Provenienz gegen die unzumutbare Irrationalität der mythischen Sprache und Mitteilungsformen in der biblischen Tradition. Dabei war
es Rudolf Bultmann, dessen theologische Herkunft und dessen Aufgeschlos-
senheit für die Methode genealogischen Fragens dieser Entwicklung hätten
gegensteuern können – und müssen.

Die 'Gegenseite' – die Rede ist vom Offenbarungspositivismus Karl
Barths – kam ihrerseits keineswegs dafür in Betracht, mythenapologetisch
gegenzusteuern. Dazu war der Gegenstand der Auseinandersetzung zwischen den beiden epochenbestimmenden theologischen Lagern der dialektischen Theologie zu andersartig, ging es doch wesentlich um den Streit über
den Vorrang von Anthropologie und Christologie. So fiel die Diskussion der
Mythologie durch die Maschen des Theologengezänks. Von diesem Aderlaß
hat sich die Beschäftigung der Theologie mit ihren historischen Ursprüngen
bis dato nicht wirklich erholt. So gesehen entbehrt es nicht einer gewissen
Pikanterie, daß und wie sich die Theologie von der Philosophie ihr Thema
auf kompetente Weise hat abnehmen lassen. Das wohl eindrücklichste
Beispiel für diese Art von Abtretung ist Hans Blumenbergs ›Arbeit am
Mythos‹, ein philosophisches Buch, das, wie andere einschlägige Arbeiten
des Autors auch, den Rang eines theologischen Standardwerkes beanspruchen darf.

Die Autoren des vorliegenden Bandes versuchen in der Form eines theologisch-philosophischen Dialogs bzw. Disputs und im Ausgang von einer in-
terdisziplinären Auseinandersetzung mit Blumenbergs ›Arbeit am Mythos‹
die Philosophie des Mythos in die Theologie zu tragen, dort zu provozieren
und nach Möglichkeiten theologischer Antworten in Geschichte und Gegenwart zu suchen. Dazu erwies es sich als notwendig, in beiden Feldern, in der
Philosophie und in der Theologie, genealogisch zu arbeiten und für den neu
zu entwickelnden Dialog diejenigen Stadien der Mythenrezeption zu rekapi-
tulieren, in denen mythische Gehalte sowohl das philosophische Denken als
auch die Religion maßgeblich beeinflußten bzw. sogar revolutionierten. Mit
Blumenberg sind sich die hier versammelten Autoren darin einig, daß die
Frage nach der Ursprungsform mythischer Gehalte keiner unmittelbaren
Antwort fähig ist, weil bestenfalls jeweils nur ein bestimmtes Stadium der
Geschichte der Mythenrezeption historisch rekonstruierbar ist.[3] Diese Stadien lassen wohl Hypothesen über Genesis und Ursprungsgehalt von
Mythen zu, erlauben aber nicht deren Verifikation. Gerade deshalb muß es
im übrigen fragwürdig bleiben, ob überhaupt essentialistisch vom „Wesen"
des Mythos die Rede sein kann, kurz: ob von Mythos im Singular zu sprechen historisch und hermeneutisch zulässig ist. Der Klärungsbedürftigkeit

dieses Problems wegen haben die Autoren ihre Vorbehalte gegen Blumenbergs und anderer Neigungen diskutiert, von *dem* Mythos zu sprechen, so wie generalisierend auch verbreitet von *dem* Logos oder *dem* Dogma die Rede ist.[4]

Die Autoren setzen mit ihrem Rückblick auf die Rezeptionsgeschichte von Mythen relativ spät an, nämlich erst dort, wo sicher nicht mehr Geburtsstunden mythischen Bewußtseins in seiner archaischen Form und mit archäologischer Relevanz zu vermuten sind, sondern allenfalls von Reflexionen auf mythische Erfahrungsweisen und Traditionen die Rede sein kann. Philosophiehistorisch ist es daher vielversprechend, mit Platons mythenkritischem Versuch, durch Schöpfung neuer Mythen Kritik der Philosophie zu üben, einzusetzen (vgl. dazu die Beiträge Quarch, Rudolph), während der theologische Rekurs von der theologischen Konzeption solcher biblischer Autoren seinen Ausgang nimmt, an denen sich zeigen läßt, daß Entmythologisierung nur für den Preis der Zerstörung des religiösen Gehaltes der frühen Texte zu haben ist (vgl. Beitrag von Soosten). Flankiert wird dieser Zugang durch eine religionsgeschichtliche Studie, die den Blick auf die Konkurrenz zwischen politischen Erlösungsmythen und dem Christusmythus in der Epoche des Urchristentums lenkt, um zu zeigen, wie politisch nicht nur die Mythologien, sondern wie mythisch auch die Politik in dieser Zeit gewesen sind (Beitrag Hartwich).

In diesem Band geht es nicht um eine unmittelbare Auseinandersetzung mit den Gehalten von Mythen, sondern es geht um philosophische und theologische Mythologien und damit um die Mythenrezeption in diesen Disziplinen. Anders gesagt: es geht um den Mythos als sinnstiftendes Prinzip und in diesem Sinn als „symbolische Form" von Kultur, soweit dies sich in den betreffenden Disziplinen spiegelt. Dieser Zugang schließt die Frage nach der Aktualität bzw. der „Gegenwärtigkeit" (Kolakowski) des Mythos ein. Sie wurde in diesem Jahrhundert nachhaltig von Ernst Cassirer aufgeworfen, der die Präsenz mythischen Bewußtseins nicht allein – wie dann detaillierter noch Kolakowski – im Gewande der Begriffswelten von Wissenschaft und Metaphysik nachwies, sondern vor allem in der virulenten Form politischer Ideologien. Gerade in dieser Virulenz erwies sich ihm die Relevanz des Mythos als „symbolischer Form" der Kultur. Die These zu formulieren, daß die Verführungskunst politischer (Ver-)Führer ebenso wie die Verführbarkeit der Verführten auf einer Appetenz des Menschen zu solchen Weltdeutungen beruht, die sich durch alle ihre Metamorphosen hindurch immer wieder als eine mythische identifizieren lassen, ist ein Risiko.[5] Diese These scheint historische Einsichten in die Geschichtlichkeit der Kultur zu unterlaufen und einer Metaphysik des Menschenwesens wie auch von Kulturkonstanten das Wort zu reden, wie sie gerade dem kulturgeschichtlichen Relativismus Ernst Cassirers zuwiderlaufen dürften. Es ist dies eine Frage an die Aktualität des

Mythos im allgemeinen und an den besonderen Rang im besonderen, der
der Untersuchung Cassirers in diesem Zusammenhang zukommen könnte.
Natürlich ist sie von zusätzlicher Bedeutung dann, wenn sich eine aktuelle
politische Relevanz von Mythenkritik erweisen ließe. Deshalb ist in diesem
Buch ein Beitrag der Mythosdeutung Cassirers gewidmet (Beitrag Kaegi),
ein Beitrag, der sich zugleich in besonders enger Korrespondenz zu den der
platonischen Philosophie und Mythenkritik gewidmeten Beiträgen wie auch
zu dem über die Mythosrenaissance des „ältesten Systemprogramms des
deutschen Idealismus" (Beitrag Kuhlmann) versteht.

Literatur

Blumenberg, H.: Arbeit am Mythos, Frankfurt a. M. 1979.
–: Wirklichkeitsbegriff und Wirkungspotential des Mythos, in: M. Fuhrmann (Hrsg.),
Terror und Spiel. Probleme der Mythenrezeption (Poetik und Hermeneutik 4),
München 1983.
Cassirer, E.: Philosophie der symbolischen Formen, Zweiter Teil: Das mythische
Denken, Berlin 1925.
–: The Myth of the State, New Haven/London 1946.
Kolakowski, L., Die Gegenwärtigkeit des Mythos, München 1973.
Rudolph, E.: Mythos – Logos – Dogma. Eine Auseinandersetzung mit Blumenberg,
in: O. Bayer (Hrsg.), Mythos und Religion. Interdisziplinäre Aspekte, Stuttgart
1990.
Schelling, F. W. J.: Einleitung in die Philosophie der Mythologie, in: Schellings
Werke, hrsg. v. M. Schröter, München 1959.
Soosten, J. v.: Arbeit am Dogma. Eine theologische Antwort auf Hans Blumenbergs
›Arbeit am Mythos‹, in: O. Bayer (Hrsg.), Mythos und Religion. Interdisziplinäre
Aspekte, Stuttgart 1990.

HERAKLES UND JESUS CHRISTUS ALS MÄRTYRER UND IMPERATOREN

Die Gründermythen Roms und seiner Feinde

Von WOLF-DANIEL HARTWICH

1. Der Mythos und seine Funktionen

Die Exegeten der 'Religionsgeschichtlichen Schule' haben an vielen Beispielen festgestellt, daß die Autoren des Neuen Testaments ähnliche Geschichten von Jesus Christus erzählen wie andere Literaten der hellenistisch-römischen Zeit von Herakles. Die Auswertung dieser Analogien beschränkt sich zumeist auf die Behauptung der literarischen Abhängigkeit einzelner Autoren und beachtet zuwenig die unterschiedlichen Funktionen der Mythen in der antiken Theologie.[1] Varro hat diese im 1. Jahrhundert v. Chr. in seiner klassischen Religionstheorie systematisiert, die uns durch Augustinus im 6. Buch des ›Gottesstaates‹ überliefert ist. Er unterscheidet die mythische Theologie der Dichter, die natürliche Theologie der Philosophen seit Xenophanes und seinem Schüler Parmenides, die die Mythen allegorisch deutet, und die politische Theologie der Priester.

Gerade die Heraklesmythen, die für die Propaganda des Römischen Reichs und die literarische Polemik seiner Gegner funktionalisiert werden, haben Entsprechungen in der Christologie. In Herakles als Wohltäter der Menschheit, Welterlöser und weisem König verdichtet sich ein *umkämpftes Herrschaftsprogramm*. Die christologischen Repliken auf Heraklesmythen sind provoziert durch die Gleichzeitigkeit der Verkündigung der Wiederkehr des Goldenen Zeitalters unter seinem Friedensherrscher Herakles in Gestalt des Augustus und des messianischen Gottesreichs des wiederkehrenden Menschensohnes.[2]

Indem sich eine Gemeinschaft über das beispielhafte Handeln der Götter und Helden ihrer Kulte erzählt, rechtfertigt sie ihre innere Ordnung und ihr Verhalten gegenüber anderen Gemeinschaften. In Rom hat diese 'positive politische Theologie' seit Numa eine lange Tradition.

In Zeiten bedrohlicher historischer Erfahrung und strukturellen Umbruchs wird Identitätsstiftung für die Gemeinschaft überlebensnotwendig. Die Literatur bezieht sich dann verstärkt auf verbindlich überlieferte Heilserfahrungen und Verheißungen aus der mythischen „Vergangenheit" der Gemeinschaft vor den Konflikten der Gegenwart, die die Sinnzusammenhänge des Gemeinschaftshandelns in Frage gestellt haben. Methodisch wird hier der Zusammenhang zwischen der programmatischen Funktion des Mythos und den rhetorischen Mitteln wichtig, mit denen er gestaltet wird.

Die Augustusmythologen reagieren auf die Krise der traditionellen politischen Theologie Roms durch den Bürgerkrieg, der die res publica zerriß, und vermitteln den Römern eine neue Identität in der Reichsidee. Die geschichtliche Entwicklung der christlichen Gemeinschaft von der jüdischen Sekte zur katholischen Kirche spiegelt sich im Funktionswandel der Repliken auf Heraklesmythen in ihrer Apologetik. Das messianisch radikalisierte Judentum ist Teil des geistigen Widerstands gegen Rom, das in den Christenverfolgungen Neros und Domitians als öffentlicher Feind der Gemeinschaft erfahren wird. Christliche, jüdische und griechische Gruppen bilden analoge Formen einer polemischen *'negativen politischen Theologie'* gegen die theologische Legitimation des Römischen Reichs aus, das ihre religiöse und kulturelle Identität bedroht. Die polemische Strategie gegen Rom gerät in eine Krise, als die graekophilen Kaiser Hadrian, Traian und Marc Aurel den Herakleskult zum Träger ihres kosmopolitischen, toleranten und sozial engagierten Herrscherideals machen, was zur Auflösung der Front gegen Rom führt.

Zugleich vollzieht sich die Trennung der christlichen Gemeinden vom Judentum. Die Heidenmission breitet sich im Imperium Romanum aus. Die Spätschriften des Neuen Testaments beantworten die Herausforderung, die Identität der Kirche aus Juden und Heiden gegen das Judentum und in Konkurrenz zur römischen Reichsidee zu stiften, mit der Ausbildung einer Gründerchristologie analog zur Gründermythologie Roms. Theologischer Fluchtpunkt ist Augustinus' Deutung der biblischen und römischen Gründermythen auf eine politische Ekklesiologie der civitas dei als Gegenbild der civitas terrena hin.

2. Die positive und negative politische Theologie der Heraklesmythen

Die Aufnahme von Heraklesmythen in die literarische Kontroverse um die religiöse Legitimität des römischen Kaiserreichs ist ein *Renaissancephänomen*. Die Situation der Gegenwart wird in historischer Konflikterfahrung wiedererkannt, deren Niederschlag in Erzählungen zugänglich ist. Das religionsphänomenologische Paradigma sieht die Faszination eines Mythos in seinem gesamtmenschlich Archetypischen begründet und versucht, durch Subsumtion ähnlich anmutender Mythen unter einen vagen Oberbegriff den prähistorischen Ursprungsmythos zu benennen. Die Renaissance von Mythen legt jedoch das Modell einer *Faszinationsgeschichte* der historischen

Situationen nahe, in denen Gemeinschaften die Deutung ihrer Konflikte mit ihren Individuen und ihrer Umwelt in einen Mythos eintragen konnten. Erst bestimmte historische Erfahrungen machen bestimmte Mythen faszinierend.[3] *„Die mythische Vorzeit" ist immer Gegenbild einer bestimmten Gegenwart.*

Der Vergleich von Mythenrezeptionen muß methodisch unterscheiden, ob im kulturellen Gedächtnis verschiedener Gruppen eine gemeinsame Tradition präsent ist, ob in einer ähnlichen Situation unterschiedliche kulturelle Traditionen analog polemisch zugespitzt werden oder ob eine direkte Replik vorliegt. Es kehren zwei Heraklesmythen, deren entgegengesetzte Intention in den Kontroversen um die griechische Kolonisation ausgebildet wurde, in den literarischen Legitimationskämpfen um die Gründung des römischen Kaiserreichs und der Kirche wieder.

Ab dem 8. Jh. v. Chr. gründen Verbände griechischer Siedler Kolonialstädte in Nordafrika, Kleinasien, Sizilien und am Schwarzen Meer. Die Griechen, die sich von ihrer autochtonen Geschichte und Kultur trennten, müssen in bedrohlichen Konflikten mit den Barbaren ihre Identität wahren und ihren Übergriff auf das Land der Gräber fremder Ahnen rechtfertigen. Solidarität und Abgrenzung der Kolonisten drücken sich im Kult des Stadtgründers aus. Dieser Ahnherr der herrschenden Familie wird mit einer Gestalt der mythischen Vorzeit identifiziert, da für die Siedler die Stadtgründung die Kosmogonie ihre Lebenswelt und den Beginn ihrer Geschichte bedeutet. Der Gründer zäunte (nemein) in eo tempore den Tempelbezirk (temenos) und die Gemeindeweide ein. Das Gesetz (nomos) regelt die Verteilung der Lebensmöglichkeiten, der Kultus rechtfertigt sie. Die Mythen von den Reisen des Herakles, den Argonauten und dem Kampf um Troja – in die beiden letzteren wird Herakles eingebaut – dienen zur *Legitimation der „Landnahme"* und artikulieren die Gemeinschaft aller griechischer Siedlergruppen. Das Konzept der Polis und ihres Gründerkultes wird im 6./5. Jh. von den Kolonialstädten auf die Mutterstädte in Griechenland übertragen.[4] Herakles wird daher von Pindar zum ersten Athleten des panhellenischen Solidaritätsrituals der Olympischen Spiele stilisiert. Alexander bedient sich der positiven politischen Theologie dieses Heraklesmythos zur Rechtfertigung seiner Welteroberung. Er proklamiert sich aufgrund seiner Expeditionen zur Zivilisierung der Welt zum neuen Herakles. Die ambivalente Erfahrung der Griechen, die sich angesichts der imperialen Zivilisationsideologie des Makedonenkönigs in der Rolle der Kolonisierten vorfinden, artikuliert sich zunächst im *herrschafts- und zivilisationskritischen Heraklesmythos der Kyniker.* Dem imperialen Herakles, der den Nomos einer Polis stiftet, wird der „wahre" Herakles als Gründer einer Sekte kritisch gegenübergestellt, die ein naturgemäßes Leben (physis) in der Wahrheit (aletheia) durch Vegetarismus, Ehe- und Familienlosigkeit vertritt. Ahnenkult, Frauentausch und Verteilung des Opferfleisches konstituieren die traditionale Gesellschaft. Die Kyniker begeben sich durch ihre extravagante Lebensweise und ihre Provokationen gegenüber den Institutionen der Polis bzw. den Tyrannen freiwillig in die Rolle einer verachteten und verfolgten Randgruppe. Sie entwerfen in ihrer Lebensführung ein Gegenmodell zur Paideia der Sophisten, die zum erfolgreichen Handeln in der Polis befähigen soll. Dem Erziehungskonzept der Sophisten, daß der Mensch aus einem Rohzustand erst gebildet werden müsse, setzen die Kyniker das Ideal der „Verwilderung" entgegen. Herakles ist der *Herrscher des Naturzustandes (physis) im Goldenen Zeitalter*, des Urstandes der Freiheit, der als utopisches Gegenbild zur Degenerationsgeschichte der zivilisierten Menschheit unter der Herrschaft des Gesetzes (nomos) aufgebaut wird. Die paradiesische Fruchtbarkeit und der Vegetarismus bringen im Goldenen Zeitalter von allein den Tierfrieden hervor. Herakles muß nicht erst die unzähmbar wilden Bestien vernichten. Die negative Rolle des Zivilisationsheros übernimmt Prometheus, der mit dem Feuer den Übergang von der Rohkost zum gekochten Fleisch bringt.[5] Der tendenziöse Vergleich (Synkrisis) der Gründer begegnet immer wieder als rhetorische Funktion des literarischen Heraklesmythos zur Apologie abweichender Lebensformen und Sinngebungen gegenüber der Einheitsgesellschaft.

3. Der Mythos des wahren und des falschen Weges

Der Antithese von physis gleich aletheia und nomos als Programm des kynischen Widerstands liegt eine dualistische natürliche Theologie des gemeinvorderorientalischen „Mythos von den zwei Wegen" zugrunde, deren Wirkungsgeschichte vom Gilgameschepos, dem Alten Testament (5. Mose 30) und den Anfängen der griechischen Philosophie bis zu der vielzitierten Erzählung des Prodikus von ›Herakles am Scheideweg‹ bei Xenophon (Memorabilien 2, 1, 21–34) reicht. Dieser Text hat protreptische Funktion; er soll zu einer bestimmten philosophischen Lebensführung bekehren. Am Ende seiner Kindheit begegnen Herakles zwei Göttinnen, Personifikationen von Tugend (Arete) und Laster (Kakia). Jede will ihn überzeugen, daß sie ihn auf seinem weiteren Lebensweg zur Glückseligkeit führen werde. Freude durch sinnliche Genüsse abseits von Krieg und Geschäften ist der leichte und kurze Weg (Hedonismus). Unsterblicher Ruhm durch Leistungen für Griechenland, Freundeshilfe, Gottesverehrung, Kriegskunst und athletische Leibesübungen ist der schwierige lange Weg.

Das Leben des Herakles wird nicht als tragisches Geschick gedeutet, sondern als Folge seiner freien Entscheidung für die Tugend, durch die er sich einen göttlich zugesagten Lohn erwirbt.[6] Das Außergewöhnliche, Übermenschliche der mythologischen Taten des Herakles als Thema der mythisch-poetischen Theologie wird zurückgedrängt. Die Wahl des Herakles ist Paradigma für die Erziehung des Menschen zu Weisheit und Tugend (paideia).

Prodikus verknüpft Hesiods Maxime vom bequemen Weg zum Schlechten und dem anfänglich beschwerlichen Pfad zur Tugend mit der metaphysischen Grundentscheidung (krisis) zwischen Sein und Schein als Wahl zwischen zwei Wegen bei Parmenides.[7] Die Göttin Aletheia offenbart dem Parmenides im Himmel die Wahrheit über das „Sein" als „Mythos des richtigen Weges": nur das „Sein" ist, das „Nicht-Sein" gibt es nicht und es ist nicht zu denken. Eine Unterweltdämonin zeigt Parmenides dann, wie die unwissende Menschenmenge auf ihrem Lebensweg von Sinnestäuschungen, Scheinmeinungen, Wunschdenken und Geschlechterspannung irregeführt wird, da sie zwischen Sein und Nicht-Sein schwankt. Das Aussehen der Lasterallegorie bei Prodikus, eine Hetäre, ist durch Kosmetik verändert: es ist scheinhaft, nicht naturgemäß. Sie heißt nur der Meinung ihrer Freunde nach Glückseligkeit. Nach Klaus Heinrich ist die natürliche Theologie des Parmenides Aufklärung des Heraklesmythos.[8] Der Heros widersetzt sich den Mächten des Todes und des Schicksals, die menschliche Identität bedrohen, verfällt ihnen aber letztlich tragisch. Der Weise entlarvt das Werden im Entstehen und Vergehen als Schein (des Schwankens zwischen Sein und Nichts) und kann seine Identität wahren, indem er Distanz zum Leben der Menschen nimmt, an dem er gleichwohl teilbehält. Die unantastbare Autonomie des Weisen ist *Freiheit von der Furcht vor Schicksal und Tod*, die die anderen Menschen beherrscht. Die apriorische Identitätserfahrung im Bild der unio mystica mit dem Sein relativiert alle Differenz- und Kontingenzerfahrungen in der Sinnenwelt. Die Menge der Menschen ist dagegen „doppelköpfig"; sie findet keine Identität in ihren Konflikten und verendet an ihnen. Der Rhetor Prodikus vermittelt den aufgeklärten Gehalt des Mythos wiederum als narrative Theologie. Xenophon läßt den neuen Heros Sokrates den Mythos nacherzählen.

Das Opfer des Weisen für die Teilhabe am ewigen Sein ist, daß er das Leben, den Umgang der Mitbürger, als Leiden bis zur Tötung erfährt, das so zum sittlichen Gut wird. Das Martyrium des Weisen ist nicht Folge tragischer Verblendung, sondern einer bewußten Entscheidung.

Die Konzeption wird bei Xenophon in Richtung der Verbindung des Ideals eines tätigen Lebens mit einer dualistischen Anthropologie in der Stoa fortentwickelt: Ein Leben nach den göttlichen Prinzipien des Seins – dem Wahren, Schönen und Guten – ist nur durch das Leiden (ponos) des Leibes möglich, das ihn der Herrschaft der Vernunft unterwirft. Leidens- und Todesbereitschaft reinigt von den Affekten, die den Weisen versuchen, in den tragischen Aporien disparater Entscheidungsmöglichkeiten der Sinnenwelt seine Identität zu verlieren.

Das Judentum versucht in der Weisheitsliteratur einen Gegenentwurf zur griechischen Philosophie, durch deren Religionskritik es seine Identität bedroht sieht. In dieser Polemik wird die Tradition der zwei Führerinnen protreptisch verwendet. In den Sprüchen Salomos 1–9 stellt sich die jüdische Weisheit als Gefährtin Gottes vor, die den „Weg des Lebens" repräsentiert, während die als Hetäre personifizierte heidnische Philosophie ihre Anhänger, die Gottlosen und Spötter, ins Totenreich führt (Sprüche 5, 3–6). Nur die *Thora* ist die Weisung des richtigen Weges, der im Tun der Thora besteht. Die heidnische Aufklärung der religiösen Tradition führt in die größte Ferne vom Gott der Lebenden, die wahre Schriftgelehrsamkeit in seine innigste Nähe. Die Vorstellung des „ewigen Lebens" der Schriftgelehrten in der himmlischen Welt tritt in Konkurrenz mit den Metaphern der Teilhabe des Weisen am göttlichen Sein bei Parmenides.

Bei Matthäus übernimmt *Jesus* die Rolle des wahren Schriftgelehrten, der alle Weisen überbietet, da ihm Gott die endzeitlichen Geheimnisse offenbart hat (Matthäus 11, 25). Die messianische Schriftauslegung Jesu in der Bergpredigt konkurriert zugleich mit der mündlichen Überlieferung der Pharisäer um die richtige halachische Deutung, d. h. die „Erfüllung" des Gesetzes (Matthäus 5, 17).[9] In Matthäus 7, 7–20 wird ein Protreptikus mit dem Zwei-Wege-Motiv eingeschaltet.[10] Er beginnt mit der gattungstypischen Aufforderung: „Suchet (zeteite), so werdet ihr finden!" Die Aufforderung: „Klopfet an, so wird euch aufgetan" leitet auf das Bild von den zwei Pforten und Wegen hin. Der „Weg der Suche" (Dizesis) wird von Parmenides her zur festen Metapher für die Philosophie als Methode des Lebens in der Wahrheit, die sich polemisch gegen den Kursus der Sophisten wendet. Bei Matthäus dient sie als Interpretament des gerechten Handelns nach der Thora für eine judenchristliche Heidenmission. Als Prinzipien der Lebensführung werden bei Matthäus Gott gegenüber ausdauerndes Gebet und im Verhältnis zu anderen Menschen die bei Griechen und Juden gleichfalls bekannte 'Goldene Regel' genannt. Die Ziele der Wege und Pforten sind ewiges Leben und Verdammnis ins Totenreich. Der Weg zum Leben ist voll Drangsal. Dann warnt Jesus vor den falschen Propheten, deren Schafsverkleidung nicht ihrer Wolfsnatur entspreche. Diese weissagen, tun Wunder und exorzieren mit der magischen Kraft des Namens Christi, ihre falsche Exegese löst aber die Thora auf; sie verführt die Menge, den falschen Weg der Lebensführung zu wählen und keine guten Werke zu tun. Der messianische Lehrer Jesus offenbart den Christen die richtige Interpretation, die im Endgericht eingeklagt wird. Es ist der Heidenmissionar Paulus, dem die Judenchristen in Rom vorwerfen, das Gesetz aufzulösen (Römer 3, 31). Nach der Apostelgeschichte gehören Wunder und Exorzismen „im Namen Jesu Christi" zur Missionsmethode des Paulus. Gegen das charismatische Evangelium des Paulus von Jesus Christus als 'Ende des Gesetzes' baut Matthäus das Christusbekenntnis des ersten Heidenmissionars Petrus aus, den Jesus zum Kanzler seines Reiches, Schlüsselbewahrer der Pforte zum ewigen Leben, ernennt (Matthäus 15, 16–19). Die apokryphe Petrustradition identifiziert Paulus mit dem Zauberer Simon Magus, der in der Synkrisis mit Petrus unterliegt. Jesu Darbietung der beiden Wege bei Matthäus ist nicht unparteiisch. Er ist wie Herakles und Sokrates zugleich Vorbild der Wahl des *Leidensweges zum ewigen Leben*, bei Matthäus für die Mission der christlichen Schriftgelehrten, die gekreuzigt werden (Matthäus 23, 34). Auch der 1. Petrusbrief belegt die Vorbildfunktion von Petri Zeugnis der Leiden Christi für Heidenchristen, die nach dem Gesetz leben und daher dem Antisemitismus ihrer Umwelt ausgesetzt sind.

Im Johannesevangelium bezeichnet sich Jesus selbst als die Pforte und den Weg, durch die zu gehen man sich entscheiden (krisis) müsse (Johannes 10, 1.7.9; 14, 6). Die Rede „ich bin der Weg, die Wahrheit und das Leben" identifiziert Führer, Weg und Ziel.

Jesus übernimmt die Rolle der metaphorischen Göttin Aletheia. Die Vermittlung der Thora fällt weg. Wer aus der Wahrheit ist und wem sie ihren Weg offenbart, tut die Wahrheit. Alles andere ist des Teufels.

4. Der Mythos von den zwei Reichen

Nach Mary Douglas spiegelt sich das Selbstverständnis der Gesellschaft entfremdeter Untergruppen, wenn sie zum aktuellen politischen Problem werden, in einer dualistischen Ethik. Den Verhältnissen dieser Welt wird die Legitimität abgesprochen und in der Lebensführung der Gruppe ihr Umsturz exemplarisch antizipiert. Wenn der Konflikt der Wertvorstellungen im sozialen Umgang nicht mehr zu überbrücken ist, werden sie zu kontradiktorischen kosmischen Prinzipien einer mythischen Wirklichkeitserfahrung hypostasiert. Statt diesseitiger geschichtlicher Vermittlung ist nur noch jenseitige eschatologische Vergeltung denkbar.[11] Diese Entwicklung zeigt sich an der Metamorphose des Mythos von der Wahl des Herakles zwischen zwei Stadtgöttinnen als Allegorien zweier Herrschafts- und Lebensformen in *kynischer und judenchristlicher Polemik gegen Rom.* Domitians Verbannung der griechischen Philosophen aus Rom, seine Christenverfolgung und antijüdische Haltung erklären die Bildung einer polemischen Front dieser Gruppen.

Der Rhetor Dio Chrysostomus zieht, unter Domitian vom Kaiserhof verbannt, als Kyniker incognito im Römischen Reich umher und spricht ›Über die Herrschaft‹.[12] In der ersten Rede variiert er die Erzählung von Herakles am Scheideweg. Hermes führt Herakles, um ihn zu prüfen, ob er aus Habgier oder Gerechtigkeitsliebe König werden will, auf einen Berg gegenüber einem Massiv mit zwei Spitzen. Ein sicherer, breiter Weg führt zur Königsspitze, auf der die erhabene, aber bescheidene Göttin Königsherrschaft, die Tochter des Königs Zeus, thront. Ein absturzgefährdeter enger Pfad, der voll Blut und Leichen ist, windet sich zum Wohnsitz der Tyrannis, die die Königsherrschaft durch Prunksucht überbieten will. Als Herakles die Basileia als Göttin verehrt und die Tyrannis aus Abscheu vom schwankenden Thron stoßen will, überträgt ihm Zeus die Herrschaft über alle Menschen. Herakles ist Retter (soter) der Menschheit, weil er mit militärischen Mitteln Tyrannen in aller Welt verjagt. Dio stellt sich so als Kyniker in die Nachfolge des Herakles, wenn er die Flavier mit rhetorischen Mitteln bekämpft. *Das universale Königtum des Herakles ist ein mythisches Gegenbild des Römischen Kaiserreichs.*

Weitgehende Analogien hierzu weist die Erzählung von der Versuchung Jesu auf dem Berg aus der Logienquelle auf, einer frühen Tradition, die Matthäus und Lukas überliefern (Matthäus 4, 8–11/Lukas 4, 5–8). Ein Engel führt Jesus in die Wüste, wo er vom Teufel versucht wird. Satan zeigt Jesus die Königreiche dieser Welt. Alle Macht ist Satan übergeben und er kann souverän über sie verfügen (Lukas 4, 6). Satan verspricht, Jesus die Herrschaft zu übertragen, wenn dieser ihn mit Kniefall verehrt, was unter Hinweis auf die Alleinverehrung Gottes abgelehnt wird. Wie bei Dio qualifiziert sich der Sohn Gottes durch Unbestechlichkeit hinsichtlich der richtigen Gottesverehrung.

Nach Gerd Theißen sind es folgende zeitgeschichtliche Erfahrungen, die der Autor mythisch bearbeitet: die Einführung der Proskynese in das römische Hofzeremoniell durch Caligula, die auf heftige Ablehnung stößt, die willkürliche Erhebung von Klientelfürsten durch den römischen Kaiser, die mit Proskynese verbunden war, und der Konflikt um die Aufstellung des Götterbildes Caligulas im Jerusalemer Tempel.[13] Der Text hat paränetische Funktion: Die Christen sollen in Nachfolge Jesu sich zum jüdischen Monotheismus halten und den religiösen Ansprüchen des römischen Kaisertums widerstehen.

Die Funktion der analog strukturierten Mythen bei Dio und in der Logienquelle ist Polemik gegen die politische Theologie des Imperium Romanum. Das mythische Königtum des Kynikers Herakles hinterfragt die Verehrung des Kaisers als Retter der Welt (soter tou kosmou) und Wohltäter (euergetes) der Menschheit. Die Synkrisis des Gottessohnes und Messiasprätendenten Jesus, dem nach bestandener Prüfung die Engel dienen (Matthäus 4, 11), mit dem Herrn der Welt verknüpft den Zwei-Reiche-Mythos mit frühjüdischer Engellehre, die die Weltherrschaft Roms religiös deutet, aber als negative politische Theologie, also auf ihren bevorstehenden Sturz hin. Nach 5. Mose 32, 8 in der Überlieferung der griechischsprachigen Diaspora (Septuaginta) verteilt Gott die Herrschaft über die Völker unter seine Söhne, die Engelfürsten, die unter den Menschen in den Königen wirksam sind. Es wird eine mythische Entsprechung zwischen den Auseinandersetzungen der Gottessöhne im Himmel und den politischen Machtkonstellationen auf Erden gesehen (Himmelfahrt des Jesaja 6, 9 f.). Sammael (= Satan), der Volksgeist Roms, besiegt die anderen Völkerengel und wird zum Herrn der Welt und ihrer Mächte und Gewalten, dessen irdischer Repräsentant der römische Kaiser ist. Nur Michael, der Schutzengel Israels, widersteht ihm noch. Der Messias wird Satan aber endzeitlich besiegen (Himmelfahrt des Jesaja, 4).[14]

In der Apokalypse des Johannes wird der erneute Konflikt von judenchristlichem Gottesdienst und römischem Kaiserkult – der Anbetung des Tieres – unter Domitian in kosmischer Dimension als Synkrisis Satans, der von Michael aus dem Himmel auf die Erde verjagt wird, mit dem triumphierenden geschlachteten Lamm Christus mythisch erlebt.

Ein Engel führt den Visionär nacheinander in die Wüste und auf einen hohen Berg, um ihm die Hure Babylon auf dem Tier als Typos Roms (Offenbarung 17) und das Neue Jerusalem, die Braut des Lammes (Offenbarung 21), zu zeigen. Wie bei Dio ist die Hure (und das Tier) in Purpur, Scharlach, Gold und Edelsteine gekleidet und mit Blut besudelt. Sie verbildlichen das Nebeneinander der Kulte des Kaisers und der Dea Roma. Der Widerpart der Dea Rom in der Synkrisis ist die Weisheit, die in hellenistischer Zeit als Stadtgöttin Jerusalems galt.[15]

Der Seher muß aber keine Entscheidung mehr treffen! Der Untergang der Hure, des Tiers und Satans sind in der apokalyptischen Ereignisordnung bereits vorherbestimmt.

5. Der wahre Herrscher als Diener und Schmerzensmann

Nach der Betrachtung, wie dissidente Gruppen im Römischen Reich sich nach außen, den Verfügungsansprüchen des Staates gegenüber, polemisch legitimieren, soll gezeigt werden, wie Autorität innerhalb dieser Gruppen begründet wird. Jesus und Herakles haben dabei analoge Vorbildfunktion in *anarchistischen Gegenentwürfen* zu den Herrschaftsformen der Gesamtgesellschaft.

Die Vorbildlichkeit des Herakles für Besitz-, Heimat- und Familienlosigkeit, Nacktheit, Schlafen auf dem Erdboden als Kennzeichen kynischer Lebensführung ist der Menschensohnchristologie als Identifikationsmodell für die Nachfolge der Jünger analog.[16] Das Heraustreten aus den gesellschaftlichen Zusammenhängen ist in der Jesusbewegung durch die kompromißlose Nähe Gottes und der kommenden Welt in Jesus motiviert, bei den Kynikern durch ihre göttliche Sendung (apostolos), den Menschen Souveränität als Freiheit von Sorge zu demonstrieren (Epiktet, Vom Kynismus, 46–49). Jesus und die Seinen leiden in dieser Welt, obwohl der Menschensohn zum Herrn des Gerichts bestimmt ist und die Jünger dann auf Thronen sitzen werden. Auch Gottessohnschaft und Königtum des Herakles kontrastieren auffällig seinem Leiden unter den Frondiensten für Eurystheus. Dieser war aber nicht einmal König über sich selbst, da von Sorge um seine Herrschaft beherrscht. Herakles dagegen war König der ganzen Welt, da er überall Gerechtigkeit und Heiligkeit einführte (Epiktet, Diatriben 3, 26, 31).

Der Dualismus macht Ohnmacht und Leiden in der Welt zur notwendigen Legitimation eines transzendenten Herrschaftsanspruchs. Die Nachfolge des wahren Herrschers bedeutet Unverständnis, Schmähung und Verfolgung bis zum Tod, aber auch Teilhabe an seinem transzendenten Reich. Wenn Niedrigkeit Hoheit bedingt, ändert sich für die avantgardistische Gemeinschaft die Semantik der begrifflichen Opposition von Herr und Knecht. Die Freundschaft der Kyniker beruht darauf, gemeinsam zugleich am Zepter des Zeus teilzuhaben und Diener (diakonos) zu sein (Epiktet, Vom Kynismus 63).

Innerhalb der christlichen Gemeinschaft wird das Verhältnis von auctoritas, persönlichem Ansehen, und potestas, Amtsgewalt als Machtmittel, wie es in der Außenwelt besteht, umgekehrt. Im Dialog mit den Zebedaiden nach Lukas 22, 24–27 erwidert Jesus auf die Frage nach der Rangordnung im Jüngerkreis: „Die Herrscher, die sich Wohltäter (euergetai) nennen lassen, unterdrücken die Völker; so verhält es sich unter euch nicht, sondern . . . der Führer soll sein wie der Diener (diakonos)." Vorbildfunktion für das Dienen bis zur Hingabe des Lebens für andere hat der Menschensohn. Die Opposition Euerget/Diakon verwendet Begriffe der imperialen und der widerständigen Heraklestradition als Sozialparänese.

Auch Dio konfrontiert in der 4. Rede ›Über die Herrschaft‹ beide Heraklestraditionen in einem fiktiven Bericht über ein Gespräch zwischen dem Kyniker Diogenes und dem Weltherrscher Alexander.[17] Diogenes verspottet die Legende, Zeus-Ammon habe Alexander in Tiergestalt gezeugt als Bastardisierung.[18] Die wahre Gotteskindschaft kann Alexander nur erwerben, wenn er den Irrweg der Sophisten verläßt und von dem wegkundigen Diogenes die göttliche Erziehung zum freien Menschen empfängt, die zur Königsherrschaft befähigt. Der Mensch ist frei, wenn er nicht von egoistischen Wünschen irregeführt wird, sondern guten Prinzipien dient. Herakles wurde durch seine leidvollen Kämpfe (poneroi athloi) zur sittlichen Autonomie erzogen. *Dios negative politische Theologie ist Religionskritik am Volksglauben, der von den Hofpoeten ideologisch instrumentalisiert wurde.*

Der herrschaftskritische Mythos des *Antihelden Herakles* und die Kenosischristologie werden literarisch analog dargestellt: als Parodien auf die Gattung Enkomion, die einen Helden nach dem Schema: seine Herkunft – seine Werke – sein Lohn feiert.[19] Im Philipperhymnus und in Dion Chrysostomus,

›Diogenes: Von der Tugend‹ (27 f.), tritt an die Stelle der Großtaten Erniedrigung, Leiden und Tod. Der Synkrisis von Heroen und Athleten, die trotz ihres Reichtums und ihrer Schönheit niemandem genützt haben, mit Herakles, den man für den gequältesten Menschen hielt, entspricht in Philipper 2, daß Jesus nicht in gottgleicher Gestalt entrückt blieb, sondern in Knechtsgestalt als Mensch erwiesen wurde. Der Erhöhung des Herakles nach seinem Tod durch Zeus zum Gatten der Göttin Hebe als Lohn seiner Leidenswettkämpfe, die die Anbetung aller Menschen zur Folge hat, entspricht die Erhöhung Jesu durch Gott aufgrund seines Gehorsams bis zum Kreuzestod und die Auszeichnung mit dem höchsten Namen, die Proskynese und Akklamation der Engel, Menschen und Unterirdischen zur Folge hat.

6. Heros und Märtyrer

Der Märtyrerbericht ist die literarische Gattung, in der interkulturell Akte zivilen Ungehorsams gegen die römische Verwaltung als Dialog zwischen Märtyrer und Kaiser bzw. Statthalter thematisiert werden. Dabei werden Heraklesmythen agitatorisch umgesetzt. Den geistigen Hintergrund bildet durchweg die kynisch-stoische Tradition. Der Märtyer kämpft wie der Heros gegen die Gewalten der Wirklichkeit, die seine Identität bedroht, bis er ihr erliegt. Das Martyrium ist Kampf der Wahrheit gegen das Gesetz der Macht. Der Märtyrertod ist der Sieg der Wahrheit, da die Gewalt nicht recht bekommt. Der Märtyrer siegt durch sein Widerstehen. Eng verknüpft mit der Behauptung von Identität bis zur physischen Zerlegung durch Folter und gewaltsamen Auslöschung des Lebens ist die Vorstellung von jenseitiger Wiederherstellung und ewigem Leben. Absolute Identität gibt es nur „im Himmel". Im menschlichen Leben ist Identität stets geschichtlich und gemeinschaftlich vermittelt. Die Märtyrer sterben daher für die Thora oder ihre Polis. Nur der Jesus des Johannesevangeliums, der „von oben" kommt, stirbt für die Wahrheit seiner göttlichen Identität und Sendung.

In den jüdischen und griechischen Martyrien steht nicht die Wahrheit gegen das Gesetz, sondern das eigene Gesetz, das als wahr erkannt wurde, gegen das fremde Gesetz, das aufgenötigt werden soll. Das römische Kaisertum erhebt den Anspruch, die überkommenen Werte und Institutionen (mos maiorum = patrioi nomoi) der unterworfenen Nationen zu schützen, nivelliert sie jedoch gleichzeitig. Gerade die Bedrohung der Identität führt aber zur redlichen Überprüfung ihrer Vermittlung und deren Bewährung.

a) Das Martyrium des Griechentums gegen Rom

Die sog. heidnischen Märtyrerakten dokumentieren den ständigen Konflikt zwischen Bürgern der Oberschicht Alexandrias und Rom im 1. und 2. Jahrhundert. Die griechischen Patrioten Alexandrias legitimieren ihren Widerstand unter Berufung auf ihren Stadtgründer Herakles-Alexander und die kynische Paideia, die sie mit ihrer eigenen gymnasialen gleichsetzen.[20] Das oben angesprochene Zerbröckeln der polemischen Front gegen die römische Reichsideologie seit Traian isoliert jedoch die griechischen Oppositionellen. Einerseits ist Dio Chrysostomus' Rede ›An die Alexandriner‹ symptomatisch. Dio wird unter Traian rehabilitiert und fällt jetzt Dissidenten in den Rücken, die für die Ideale sterben, die er selbst als Kyniker vertreten hat. Dio wendet sich gleichfalls gegen die Sophisten und die falschen Kyniker, die die Massen aufwiegeln. Der Aristokratie wirft er vor, Alexander nachzueifern, der behauptete, wie Herakles ein Sohn des Zeus zu sein. Verglichen mit dem gebildeten und fürsorglichen Kaiser Hadrian ähnelten die Alexandriner in ihrem Hochmut gegenüber Rom weniger Herakles als betrunkenen Kentauren und Kyklopen (Reden 32, 95). Dio negiert seine eigene negative politische Theologie wiederum als Synkrisis von Alexander und Herakles.

Andererseits werfen die Alexandriner den Juden Opportunismus gegenüber den Römern vor. Der Vorwurf ist nicht ganz unbegründet, wenn man an Philo von Alexandriens Wertung des römischen Kaisertums denkt. Philo akzeptiert die Verehrung des Friedensstifters Augustus als Herakles (Gesandtschaft an Caligula 81; 90–92) und verleiht seiner Herrschaft messianische Züge (Gesandtschaft an Caligula 143–147). Es ist für einen Juden eine verlogene Vermittlung von Ideal und Geschichte, von irgendeinem Kaiser die entscheidende Besserung der Verhältnisse dieser Welt zu erwarten, da das Kommen des Messias die Geschichte gerade abbricht.

b) Das Martyrium für die Thora gegen Rom

Der Rückgriff auf Gestalten aus dem antihellenistischen Makkabäeraufstand gegen die Diadochenherrscher als Identifikationsfiguren für den Widerstand gegen Rom liegt für das typologische jüdische Geschichtsdenken nahe. Die bekannten Martyrien des Rabbi Eleasar und der Mutter mit den sieben Söhnen werden daher neu bearbeitet. Der Text weist sowohl Merkmale der Gattung Epitaphios Logos, der Gedenkrede für gefallene Soldaten, denen ewiges Leben zugesprochen wird, als auch der kynisch-stoischen Diatribe mit Dialog zwischen Philosoph und Herrscher (wie oben Dio

Chrysostomus, 4. Rede) auf.[21] Den beiden Gattungen entsprechen zwei inhaltliche Aspekte:

Die fiktive Grabinschrift würdigt die Märtyrer als Retter des Volkes vor dem Tyrannen, dem Feind der Verfassung (politeia) der Hebräer (4. Makkabäer 17, 9 f.). Caesar und Augustus haben den jüdischen Bewohnern hellenistischer Städte das Recht auf eigene Lebensweise und freie Religionsausübung (= patrioi nomoi), Selbstverwaltungsinstitutionen und Gerichtsbarkeit (= politeia) verbrieft. Diese Privilegien werden von der griechischen Bevölkerung nicht akzeptiert, und es kommt wie in Alexandrien zu Ausschreitungen, die der Kaiser schlichten muß. Die philhellenistischen Kaiser sind jedoch nicht bereit, den Rechten der Juden Geltung zu verschaffen. Obwohl die *Politisierung des Diasporajudentums* von außen erfolgte, eigneten sich die jüdischen Pamphletisten gegen die hellenistische Überfremdung die Kampfbegriffe patrioi nomoi und politeia Israel an.[22] Im 4. Makkabäerbuch sterben die Juden für ihre „Vaterstadt", indem sie sich vorbildlich der Zwangshellenisierung durch den „Usurpator" widersetzen.

Der Autor von 4. Makkabäer will über die nationale Programmatik hinaus in einem dialogischen Lehrvortrag die These, daß die Vernunft Herrscherin über die Affekte ist, an Beispielen aus der jüdischen Geschichte belegen. Die historische Konflikterfahrung wird in eine dualistische Anthropologie eingetragen.

Während ihrer Folterung bis zum Tod „argumentieren die Märtyrer philosophisch gegen den Herrscher" (4. Makkabäer 8, 15). Der Anspruch des Tyrannen, Basileus zu sein, wird am Maßstab der Paideia durch die Thora abgelehnt (4. Makkabäer 5, 22–26; 13, 24). Die jüdische Religion wird in 4. Makkabäer durch das Martyrium als die wahre Philosophie erwiesen, die durch Überwindung der leiblichen Bedürfnisse Unsterblichkeit verleiht. Der Tyrann übernimmt die Rolle des Sophisten, indem er die Speisegebote der jüdischen Religion (nomos), die wider die Natur (physis) seien, gegen ihren Wahrheitsanspruch (aletheia) ausspielen will (4. Makkabäer 5, 5–8). Dio verwendet das Bild des Sophisten als Folterknecht, dem es nicht gelingt, die sittlichen Grundsätze des zum Sohne Gottes gebildeten Menschen auszubrennen, als Allegorese von Herakles' Feuertod (4. Rede 32). Philo nennt die Selbstverbrennung des Herakles als Beispiel für den Tugendwettkampf (agon) des Weisen gegen die Affekte, deren stärkster die Todesangst ist (Von der Freiheit des Tüchtigen, 25 f.). Philo spiritualisiert hier die Rolle des Herakles als Gründer und erstem Athleten der Olympischen Spiele. Jeder Athlet ist wie der Gründer Repräsentant seiner Polis, weswegen sich Pindars Hymnen auf die Sieger der heiligen Spiele an den Schutzheros seiner Gemeinde richten.[23] *Die natürliche Theologie allegorisiert das positive politische Theologem des „Athleten" zum „Tugendhelden" und ermöglicht so seine Übersetzung in das negative politische Theologem des „Märtyrers".*[24] Die Deutung des Martyriums für die Thora als Agon der jüdischen Athleten gegen den heidnischen Tyrannen (4. Makkabäer 17, 11–15) verknüpft die Funktion des „pro patria mori" als superrogatorischer Akt, der die Diasporagemeinde motivieren soll, die Gebote zu halten, mit der stoischen Forderung des ruhmreichen Freitods des Weisen, der den Leib vernichtet, um dem Tyrannen keine moralischen Zugeständnisse zu machen (4. Makkabäer 6, 10–22).

c) Jesu Martyrium für die Wahrheit vor dem Nomos Roms und der Juden

Johannes kritisiert in seiner Darstellung der Zweifrontenkonstellation von dem Statthalter Roms und den Hohepriestern als Stellvertreter der Juden im Prozeß Jesu die positiven politischen Theologien Roms und der Juden. Die Hohenpriester appellieren an Pilatus, ihrem Gesetz gegenüber dem Anspruch Jesu, König der Juden und Sohn Gottes zu sein, Geltung zu verschaffen, da sie keinen König außer dem Kaiser hätten. In Palästina hat Caesar die Hohenpriester vertraglich mit der Einhaltung der patrioi nomoi und des Tempelkults betraut. Bereits unter Pompeius berief sich eine jüdische Gesandtschaft gegen zwei hasmonäische Thronprätendenten auf eine Garantie ihrer patrioi nomoi durch den Senat, die Theokratie als Priesterherrschaft beinhalte (Flavius Josephus, Jüdische Altertümer 14, 41). Die Propaganda der Priesterpartei tilgt das Königtum Israels aus dem Geschichtsbild und den Messias als Sohn Davids aus der Zukunftserwartung. Die Berufung der Hohenpriester auf den Kaiser polemisiert gegen Herodes Agrippa II., den letzten König über ganz Palästina, der für sich die altisraelitische Verehrung des irdischen Königs als göttliches Wesen in Anspruch nahm, worauf Lukas (Apostelgeschichte 12, 22 f.) und der Priester Josephus sein grauenhaftes Todesleiden als Strafe zurückführen.[25]

Jesus begründet in Johannes 18, 36 f. seine Basileia vor dem Statthalter des Kaisers mit seiner Sendung, die Wahrheit zu bezeugen (martyrein aletheian) wie Diogenes die Basileia des kynischen Weisen vor Alexander in Dio Chrysostomus' 4. Rede. Pilatus beweist mit seiner Frage: „Was ist Wahrheit?" in der Synkrisis mit Jesus seine mangelnde Paideia, d. h. bei Johannes, daß er nicht „aus der Wahrheit" ist. Die Macht des Kaisers, die er vertritt, ist daher nicht die wahre Basileia. *Das Märtyrerkönigtum ist die politische Konsequenz der Aleteiachristologie*, die Jesus als Offenbarer der Wahrheit und Weg des ewigen Lebens beschreibt, das Tun der Wahrheit.

Der Konflikt zwischen den Freunden des Kaiser und Jesus, der für seine Freunde stirbt, wird dualistisch überhöht zur Synkrisis des Herrn der Welt mit der Friedensherrschaft Jesu, die nicht von dieser Welt ist (Johannes 12, 31 f.; 14, 27).

Die kynische Antithese nomos/aletheia dient andererseits der Polemik gegen den Nomos der jüdischen Selbstverwaltungsinstanzen, mit denen die Christen in Konflikt geraten.

7. Die Gründermythologie Roms, des Judentums und der Kirche

Das Römische Kaiserreich und die Kirche aus Juden und Heiden rechtfertigen sich in ihrer Neuartigkeit vor dem antiken Traditionsdenken durch Gründungsgeschichten mit einem bedeutenden Helden, den jeder kennt, als Hauptfigur. Der Legitimationskampf der gens Iulia gegen die Senatsnobilität führt zur positiven Neubewertung des Königtums der römischen Frühzeit und seines Gründers Romulus. Dem Einzäunen der Gemeindeweide als mythischem Gründungsakt der griechischen Polis entspricht in Rom das Umpflügen des Stadtackers, der kultischen Funktion des Gottes Quirinius, der mit Romulus identifiziert wird.[26] Vergil knüpft an die Rechtfertigung der griechischen Kolonisation durch die Nationalepen und den Nationalheros Herakles an, wenn er die Gründungsgeschichte des römischen Weltreichs um ihren Helden Äneas erzählt. Auf dem Höhepunkt der Macht Roms seit Traian wird versucht, ein kynisches Sozialkaisertum mit der kultischen Verehrung des Kaisers als Herakles programmatisch zu verknüpfen. Aelius Aristides deutet in seinem Herakleshymnus an Marc Aurel die Taten des Helden auf die militärische Befriedung der Welt, die Einführung der Rechtseinheit und die Verbesserung der Infrastruktur als Errungenschaften des Römischen Reiches. Mit den kynischen Topoi vom Kampf gegen Tyrannen und alles, was gegen die Natur (para physin) ist, wird die Herrschaft der Kaiser und der römische Nomos der Erde gerechtfertigt.

Die erzwungene Trennung der Juden, die die Wiederkunft des gekreuzigten Propheten Jesus als Messias erwarten, vom Synagogenverband und ihre Konfrontation mit der Heidenmission, die das erwählte Volk Gottes den unreinen Völkern gleichstellt, macht es notwendig, sich auf den normativen (mythischen) Ursprung der Stiftung der Kirche zu beziehen. Die Bezeichnung des Gekreuzigten als erhöhter Gründer und Heiland (archegos kai soter) durch Petrus nach Apostelgeschichte 5, 31 verwendet kultische Bezeichnungen für Herakles (Dio Chrysostomus, Reden 1, 84; 33, 47). Petrus benennt nach Apostelgeschichte 4, 9 die Gnadenwirkung von Tod und Auferstehung Jesu in Heilungen als Euergesie, dem Rechtsbegriff für öffentliche Stiftungen des Kaisers als dem Eigentümer des Staatsschatzes.[27] Der Kaiser erweist seinem Volk Wohltaten, um mit dem Heiland Herakles identifiziert zu werden. Die Mission der Christen will Juden und Heiden in Heilserfahrungen Jesus als Messias, den endzeitlichen König von Gottes Gnaden, erweisen. Petrus steht bei Lukas für eine Vermittlungstheologie zwischen Juden- und Heidenchristen hinsichtlich der trennenden Speisegebote, die in

Apostelgeschichte 9 mit einer Vision begründet wird, in der Gott alle Speisen für koscher erklärt. Lukas harmonisiert so die Konflikterfahrung der Judenchristen mit der paulinischen Heidenmission. Auch im Johannes-evangelium, im Epheser- und Hebräerbrief geht es um die Einheit von Juden und Heiden in der christlichen Gemeinschaft und die Kritik partikula-ristischer patrioi nomoi und Institutionen des politisierten Judentums. Klaus Haacker hat die religionsphänomenologische Kategorie des Stifters zur Beschreibung der Christologie bei Johannes und in den Spätschriften des Neuen Testaments herangezogen. Johannes, Epheser und Hebräer lassen sich z. T. als Enkomien auf den Stifter gattungsmäßig beschreiben, die die göttliche Herkunft und Legitimation des Stifters, die Stiftung der Gemein-schaft als sein Werk und seine Erhöhung als seinen Lohn beinhalten.[28]

Der Mittelteil des Stifterenkomions gehört der unabhängigen Gattung Ktisis an, einer Erzählung über eine Stadtgründung durch einen Helden der Frühzeit. Marcel Detienne hat die wichtigsten Topoi des weitverbreiteten Genres zusammengestellt: Ursache des Auszugs, Autorisation des Stadtgrün-ders (archegetes, oikistes) durch ein Orakel, Sammlung der Siedler (apoi-kia) als Kultverband (thiasos) und zugleich menschliches Erstlingsopfer (aparche) der neuen Stadt für den Orakelgott, Wanderung, Auffindung des mantisch vorbestimmten Ortes, Anlage der Burg, Einsetzung eines neuen Kultes und Kampf mit den Nachbarn.[29]

Wie in den Stiftungserzählungen des Christentums ist der *Tod des Grün-ders*, dessen Grab auf der Agora Kultort wird, ein konstitutives Element in der religiösen Identität der Polis. Der Reichstheologe Vergil übernimmt in der ›Aeneis‹ die dreifache Legitimation der Gründung durch Opfer, Orakel und Kulttransfer als Ausdruck der pietas Roms. Der Tod des unschuldigen Gerechten Laokoon ist Bedingung des Auszugs und Gründungsopfer Roms. Aeneas nimmt die Hausgötter des Vaters in die Fremde mit. Der Erzvater Anchises offenbart visionär die weitere Geschichte Roms.

Aus der apologetischen Situation der Christen ergeben sich Affinitäten zu Besonderheiten der imperialen Heraklestradition unter den Gründersagen: Herakles und Jesus sind *'Sohn des Schöpfergottes'*, was die Universalität ihrer Sendung begründet. Nach Hebräer 1, Johannes 1 und Aristides' Hera-kleshymnos legitimiert die besondere Ähnlichkeit des Gottessohnes mit seinem Vater aufgrund der Erstgeburt in Hebräer 1, 6, der Geburt im Schoße des Vaters in Johannes 1, 18 bzw. besonderer sexueller Intensität der Zeu-gung bei Aristides (40, 2) seine Einsetzung in das Amt des höchsten Reprä-sentanten Gottes zur Reinigung der Menschheit von ihren Sünden, zum Erben des Alls in Hebräer 1, 3, zum Präfekten (= hyparchos) der Erde bei Aristides (40, 4), „über alle Reiche, Macht, Gewalt Herrschaft" in Epheser 1, 21; 2, 5. Gottes Gründung des Kosmos ist durch den Sohn vermittelt, und seine Gemeinschaftsgründungen besitzen als Mikrokosmen daher dieselbe

Dignität. *Durch die Vorstellung des Sühnenmittlers kann das widerständige politische Theologem des Märtyrers zum legitimatorischen des Gründers uminterpretiert werden.* Das Martyrium der Gerechten ist dann das Gründungsopfer, das die Gemeinschaft Gott wohlgefällig macht. So werden die makkabäischen Märtyrer, deren Leiden und Tod das von Gott abgefallene Volk entsühnt, zu den Gründerheroen des jüdischen Königtums und des orthodoxen Tempelkultes. Die zentralistische Ideologie der Kaiserzeit, die den Wirkungsbereich von Entscheidungen und Ereignissen ausweitet, katalysiert die Universalisierung dieser politisierten Sühnevorstellungen. Horaz deutet den Bürgerkrieg als Abfall von der einmütigen Verehrung der Götter Roms, deren Zorn zu sühnen Augustus als Gerechter erwählt ist (1. Ode). Aristides erweitert diese kultische Funktion des politischen Handelns des Kaisers als Herakles auf die ganze Erde. Das Neue Testament universalisiert analog die Sühnewirkung der jüdischen Martyrien für das Volk Israel zum Sühnetod Jesu für die Völker, der die Kirche begründet (Johannes 11, 49–52!). Die Erhöhung des Gottessohnes ist bei Johannes die Bedingung, daß die Gemeinschaft im hl. Geist einen Fürsprecher vor Gott bekommt. Der *Leidensaspekt* fällt bei Horaz, Aristides und Johannes weg.

Auch die Vorstellung des stellvertretenden Todes Jesu („für viele") in den Abendmahlworten läßt sich vom menschlichen Gründungsopfer der Polis her verstehen. Die Menschenopfermetapher ist für das jüdische Sündopfer kultlogisch sinnlos, da das Blut eines getöteten Menschen Rache und Gericht herbeischreit (1. Mose 4, 10; 9, 5; in Hebräer 12, 24 von Jesu Blut). Die Deutungen des Todes Jesu als Passahlamm und Bundesblut sind in die Gründungsvorstellung integriert als Hinweis auf den Exodus ins gelobte Land und die Stiftung des Nomos der Gemeinschaft durch ihren Führer (in Offenbarung 5, 9f. noch als künftige theokratische Herrscherkaste der Erde).

Die zweite Analogie, daß Jesus und Herakles-Romulus nicht wie die anderen Märtyrer und Heroen lokal an ihren Gräbern verehrt werden, weil sie *„in den Himmel aufgenommen"* wurden, weist auf die Zuschreibung weltweiter Bedeutung. Die Funktion der universalistischen Gründerchristologie ist neben der polemischen Begründung neuer Identität gegenüber dem Judentum die Integration der bisherigen jüdisch-christlichen Legitimationsmodelle. Die ekstatische Pfingsterfahrung des messianischen Gottesgeistes (Apostelgeschichte 2) wird mit der Erhöhung des Gründers verknüpft (Apostelgeschichte 1; Johannes 6, 7). Das Amt der Apostel, die von Jesus als Gemeindegründer ausgesandt werden, wird in die Sendung Jesu durch den Vater als des Stifters par excellence aufgehoben.

Die Vorstellung von Jesus als Anführer aller Glaubenszeugen von Abel bis zu den jüdischen Märtyrern und Eremiten der Gegenwart in Hebräer 13 entspricht in dieser integrativen Funktion dem mythischen Konzept des Herakles-Archegos, der Ahnherr einer Reihe vorbildlicher Sterblicher ist.[30]

Auch das Martyrium des Täufers: „nach mir wird der kommen, der mehr ist als ich, denn er ist vor mir gewesen" (Johannes 1, 15) und Jesu Selbstaussage, er sei vor Abraham gewesen, obwohl er als Jude Sohn Abrahams ist, belegen das Modell: Die qualitative Priorität der Ursprungsgestalt wird als Vorzeitigkeit ausgedrückt. *Die archaistische Argumentation dient der christlichen Enteignung jüdischer Traditionen.*

Nach Klaus Haacker liegt die Pointe des Johannesprologs in der Synkrisis der Stifter Mose und Jesus in Vers 1, 17 als zentrales Element im Legitimationskampf der christlichen Gemeinschaft gegenüber dem Judentum in der Situation des allmählichen Synagogenausschlusses und der beginnenden Heidenmission: „Moses hat das Gesetz gegeben, die Gnade und die Wahrheit ist durch Jesus Christus geworden."[31] Der Prolog stellt die Antithese nomos/aletheia aus dem Martyrium Jesu vor den römischen und jüdischen Verwaltungsinstanzen in den Zusammenhang der Gründerchristologie. In Konkurrenz zu Mose stiftet Jesus den Jüngerkreis, indem er das „neue Gebot" der gegenseitigen Liebe gibt (Johannes 13, 34f.).

Haacker macht das Stiftermythologem zur religionsphänomenologischen Kategorie, die auf alle Stifterreligionen zutrifft. Die Stiftungserzählungen der Kirche in Johannes, Epheser und Hebräer lassen sich jedoch als Repliken auf die Gründermythen des zeitgenössischen Judentums lesen. J. C. H. Lebram hat zwei konkurrierende Traditionen über *Mose als Gründer eines Idealstaates der Juden* und Stifter des bildlosen Tempelkultes in Jerusalem aus dem Konflikt des 2./1. Jahrhunderts um die hellenistische Kultreform und die Wiedereinweihung des Heiligtums durch die Makkabäer rekonstruiert.[32] Die jüdischen Literaten weichen von der biblischen David-Salomo-Tradition ab, um den Gesetzgeber des Judentums mit den griechisch-römischen Gründerheroen konkurrenzfähig zu machen. Die eine Gründungsgeschichte rechtfertigt das makkabäisch-hasmonäische Priesterkönigtum. Mose gründet hier eine nationale Religion, deren Opferriten im Gegensatz zu denen der Heiden stehen. Er setzt fremdenfeindliche und insbesondere antiägyptische nomoi ein, erzieht die Juden zur Martyriumsbereitschaft und führt Eroberungskriege gegen die Völker der Umwelt. Die andere Gründungsgeschichte entstammt dem hellenisierenden Judentum, gegen dessen Assimilationsbereitschaft die Makkabäerbücher polemisieren. Es lieferte nach Lebram „seiner Religion die Elemente, die das Christentum zur Weltreligion werden ließen". Die Kirche vollstreckt den von den Hellenisten beabsichtigten Bund mit den Völkern (1. Makkabäer 1, 11), der vom Judentum als Abfall vom exklusiven Bund Gottes mit Israel gewertet wird. Mose ist ägyptischer Priester, der in die älteste religiöse Philosophie eingeweiht ist. Er gründet als Überbietung der ägyptischen Volksreligion das Judentum als Kult des „einen, das uns alle umfaßt ..., das wir den Himmel, die Welt und die Natur des Seienden nennen". Die universalistische Religion der Vernunft und Toleranz stellt ein friedliches Verhältnis zu den Nachbarn Israels her. Erst seine Nachfolger (die Makkabäer und Hasmonäer), abergläubische Tyrannen und Raubritter, führen partikularistische Sitten wie Beschneidung, Speisegebote und Schlachtopfer ein. Es gibt also bereits im Judentum die Kontroverse über das Verhältnis der Religion des universalen Schöpfers zum partikularistischen Nomos in der Thora Mose, die mit den Begriffen der griechischen politischen Theologie geführt wird. *Der fiktive Bericht über eine mythische Stadtgründung entwirft ein religiöses und politisches Programm für Israel.*

Nach Johannes, Epheser und Hebräer überwindet die Gründung einer Lebensgemeinschaft aus Juden und Heiden und ihres universalen Kultes durch den Tod ihres Gründers Jesus den kultischen Partikularismus der Gründung des Mose. Das Modell der Gründung einer Polis und der Stiftung der Gemeinschaft der Bürger als kultischer Akt liegt in Epheser 2, 11–22 zugrunde. Die Beschneidung trennte Juden und Heiden politisch. Die Heiden waren Fremde (xenoi) und Beisassen (paroikoi), keine Vollbürger der politeia Israel und hatten daher keinen Anteil an der Heilsvermittlung ihres Kultes, dem Bund der Verheißungen. Erst als sich die Heiden Jesus anschließen, verbessert sich ihr Status. Jesus Christus hebt die fremdenfeindlichen Gesetze der politeia Israel auf, so daß die Heiden Mitbürger (sympolitai) werden können. Er gründet einen neuen Tempel, in dem sein Kreuzestod das Opfer ist, wo Juden und Heiden gemeinsam Gott im Geist anbeten, und stellt so „*innenpolitischen*" Frieden her.

Die Funktion dieses Mythos wird erhellt durch die jüdische Gründungslegende Alexandrias. Die Deutung Alexanders als neuem Herakles drückt sich in der legendären Gründung einer neuen Stadt seines Namens und eines neuen Kultes aus. Die Ptolemäer errichten einen Tempel in Alexandria, um Griechen und Ägypter in der Verehrung des einen Gottes Zeus-Serapis neben den Reliquien des vergöttlichten Gründers selbst zusammenzuführen. Die Legende über die Errichtung des Judenviertels und die Einführung des Monotheismus durch Alexander vertritt den Anspruch der alexandrinischen Juden des 1. Jahrhunderts n. Chr. auf Gleichberechtigung (isopoliteia) unter Berufung auf den Stadtgründer angesichts des Judenhasses der alexandrinischen Griechen.[33] Dem Programm der Integration der Juden in eine heidnische Bürgerschaft durch die Gründung einer neuen Stadt und einer neuen Kultform für den einen Gott entspricht in Epheser die Einbürgerung der Heiden in die politeia Israel durch die Gründung der Kirche. Der Unterschied ist aber, daß in der Alexanderlegende Religion und Lebensweise der Juden als der vorbildlichen Monotheisten geschützt werden, während Epheser das Judentum in die Kirche auflöst. Die Strategie von *Eingliederung und Auslöschung* erinnert fatal an die Pazifizierungspraktiken Roms, die in den Jüdischen Kriegen durchexerziert wurden, am entschiedensten von dem universalistischen Heraklesprätendenten Hadrian.

Im Hebräerbrief wird die christliche Gemeinschaft als universalistische Theokratie konzipiert, die auf einer Kultordnung basiert, die älter und besser ist als der Nomos der Juden und das levitische Priestertum und jetzt durch den neuen Hohepriester Jesus in Kraft gesetzt wird. Jesus überbietet die Legitimität des Mose durch seine Gottessohnschaft (Hebräer 3, 1–6). Das Gesetz und der nationale Tempelkult werden als vorläufig und unvollkommen erwiesen (Hebräer 10). Jesu Tod, der als agon beschrieben wird (Hebräer 12, 1–3), ist das einmalige Opfer im neuen universalen Tempelkult (Hebräer 9), das Zugang zu Gott im Allerheiligsten schafft (Hebräer 10, 9). Die Erzväter siedelten als Paröken im verheißenen Land, da die Polis durch Gott, also kultisch, noch nicht gegründet war (Hebräer 11, 8–10), und das Volk Israel befindet sich noch auf der Wüstenwanderung (Hebräer 4). Die Christen werden ermutigt, das Judentum zu verlassen, um *ihre künftige Polis zu suchen* (Hebräer 13, 14), wofür die kultischen Voraussetzungen durch Jesu Tod jetzt da sind. Jesus ist der Gründer des Heils (archegos tou soterias). Irad Malkin weist auf die Analogie zwischen der Landverheißung im Alten Testament und den Gründungsorakeln aus Delphi hin, die die Lage der künftigen griechischen Kolonialstadt angeben.[34] Im Hebräerbrief werden beide Modelle kombiniert, um das Verhältnis der Gründung der christlichen Kultgemeinschaft zum Alten Bund im Schema von Verheißung und Erfüllung zu deuten.

Das Doppelwerk des Lukas macht die historische Erfahrung der Verflechtung der Heidenmission mit der Ausbreitung des Imperium Romanum immer wieder explizit. Die Erzählungen von Zeugung und Himmelfahrt Jesu, die Lukas als Prologe zu den beiden Teilen seiner „Kirchengeschichte" formuliert, kann man als Stellungnahme zu den ideologischen Konsequenzen lesen.

Die römische Reichspropaganda verwendet den Mythos von der Selbstverbrennung des Herakles als erzähltes Ritual der Kaiserapotheose, die mit der Gottessohnschaft des Herrschers begründet wird. Der Genius des Kaisers steigt unter besonderen Prodigien (Donner, Finsternis, Wolke, Erdbeben) in Gestalt eines Adlers aus dem Scheiterhaufen auf. Die *Himmelfahrt des Herakles* wird auf den Gottessohn Romulus übertragen, der zum neuen Gott Quirinius erhöht wird, dem Fürbitter der Größe Roms bei Jupiter (Ovid, Fasti 500–509). Die Prodigien, die namentliche Erwähnung von Zeugen der Apotheose und die vergebliche Suche nach sterblichen Überresten (ossilegium) als juristische Bestätigung des Vorgangs sind auch Topoi in den Erzählungen über Tod, Auferstehung und Erscheinungen Jesu. Nach Lukas kommen Jesus, der sich durch Weisheit und Gerechtigkeit bis zum Martyrium als wahrer Sohn Gottes und König der Juden erwiesen hat, die Ehren des Kaisers zu. Der judenchristliche Messianismus als Kaiserkritik entspricht der königskritischen Theokratie im Alten Testament. Bei Livius

(Römische Geschichte 1, 16) erscheint Romulus einem Repräsentanten der Römer, die dem Verschwundenen nachtrauern. Dieses entspricht der enttäuschten Hoffnung der Emmausjünger, Jesus werde Israel erlösen. In Apostelgeschichte 1 stellen die Jünger als Repräsentanten der Urgemeinde dem epiphanen Gekreuzigten die Frage, wann er das Reich für Israel aufrichten werde. Die Ankündigung der Geburt des Gottessohnes war ja in Lukas 1, 32 f. mit der Verheißung seiner Herrschaft auf dem Thron Davids über das Haus Jakob als dem ewigen Reich verbunden. Romulus verkündet vom Himmel, es sei Gottes Wille, daß Rom mit seiner Kriegskunst Herr der Welt werde. Bei Lukas wird gegen das goldene Zeitalter unter Rom darauf bestanden, daß der unbekannte Zeitpunkt des Anbruchs des Reiches nur von Gott bestimmt wird. Der Messianismus Israels, nicht die Reichsidee Roms, ist der Bezugspunkt der Heidenmission, die der Gottesgeist im Vorfeld der Endzeit bewirkt. Romulus macht die Römer zu Kriegern, denen keine menschliche Macht wird widerstehen können. Jesus setzt die Jünger zu Märtyrern ein, deren Mission es ja ist, den Übermächtigen zu widerstehen.

Als Antwort auf Ciceros *allegorische Aufklärung der Kaiserapotheose* als Angleichung des menschlichen Willens des Politikers an die göttlichen Tugenden präzisieren die Reichstheologen die Mythen von der Zeugung und der Selbstverbrennung des Herakles ontologisch. Nach der Interpretation Ovids (Metamorphosen 6, 262 ff.), der Herakles mit Augustus identifiziert (Metamorphosen 6, 270), trennt die Verbrennung den vergänglichen mütterlichen Anteil vom unsterblichen väterlichen Anteil des Gottessohnes und bewirkt so die Apotheose. Herrmann Fränkel sieht hier die Vorform von Tertullians Vorstellung der zwei unvermischten Naturen in der Person des Gott-Menschen Jesus Christus, die zum Dogma der Kirche wurde.[35] Philo vertritt dagegen die „monophysitische" Anschauung, daß bei den Halbgöttern in der Mischung der Naturen die stärkere göttliche die menschliche überwältigt, was die Vergottung ermöglicht (Freiheit des Tüchtigen 105). Auch Aristides verwendet den Begriff physis zur Charakterisierung der Einwohnung des Zeus in Herakles bei der Zeugung, die ihn befähigt, die Autonomie der zerstrittenen Städte kriegerisch aufzuheben und sie dem universalen Nomos eines Reiches und seiner Friedensidee einzugliedern: Zeus wollte seinem Nachkommen die größte Fülle seiner Natur (pleiston physeos) eingeben um des Alls willen, damit die menschlichen Angelegenheiten geordnet würden. Der Kolosserbrief formuliert analog das Werk Christi: „Gott wollte in ihm mit seiner ganzen Fülle (panta pleroma) wohnen, um das All mit sich zu versöhnen und Frieden zu schaffen im Himmel und auf Erden" (Kolosser 1, 19 f.).

Die Versöhnung der Welt mit Gott in Christus geschieht aber wie bei Aristides kriegerisch: sie setzt die Erledigung konkurrierender autonomer Mittler voraus: der mythischen Engelwelt, an die die Judenchristen in Kolossai glauben. Die Besiegten werden im Triumphzug herumgeführt, um den Sieg der paulinischen Theologie zu demonstrieren (Kolosser 2, 15). Der geistesgeschichtlichen Entwicklung von den Heroenmythen zum christologischen Dogma ist die Erfahrung der Durchsetzung von Einheit und Katholizität (= pleroma) durch Rom einbeschrieben.

Die heidenchristliche Theologie in Epheser und Kolosser rechtfertigt keinen Herrschaftsanspruch gegenüber Rom. Die Gründerideologie, mit der Rom die Völker beherrscht, wird verwendet, um die Vorherrschaft der Heiden gegenüber den Juden in der Kirche zu rechtfertigen. Die Naherwartung, die auf den Abbruch der Weltgeschichte Roms spekuliert, fällt weg. Die Kirche wird in Analogie zum römischen Kaiserreich als stetig wachsender Organismus mit dem Herrscher als Haupt beschrieben. Die *Entschärfung des antirömischen Affekts in Nomos und Messianismus der Judenchristen ist Bedingung, daß die Kirche Staatskult Roms werden kann.*

Augustinus widerlegt im ›Gottesstaat‹ angesichts der Eroberung Roms durch die Barbaren den Vorwurf, das Christentum sei als Staatskult untauglich, mit einer negativen politischen Theologie, die den Sturz der Herrschaft Roms erklärt.[36] Augustinus deutet die Erzählung von Kain und Abel als die Gründungsgeschichte der ersten Stadt (1. Mose 4, 17) und Typos der Erzählung von Romulus und Remus. Der Gründer der civitas terrena, Kain, tötet den Bürger der civitas Dei, Abel. Die Opferung des Guten durch den Bösen ist die Signatur der Weltgeschichte. Die Wiederholung des Brudermords bei der Gründung Roms zeigt die Verfallenheit des Weltreiches mit sich selbst, die einen gottgefälligen Kult und gesegnetes Gemeinschaftshandeln unmöglich macht (Gottesstaat 15, 5f.).

Der andere Typos Roms ist der den Völkern des Orients noch verhaßte Unterdrücker Babylon, dessen Paläste und Turmheiligtümer (ziqurat) bereits in Trümmern lagen. Augustinus liest 1. Mose 10 und 11 nach der jüdischen Überlieferung (Josephus, Jüdische Altertümer 1, 4; Midrasch Bereschit Rabba 41, 7f.) als Geschichte über die Gründung Babels durch den Jäger Nimrod. Die Widerstandsgruppen des Orients konnten in dem babylonischen Heros Ninurta, der, mit Löwenfell und Keule dargestellt, Ungeheuer jagt, unschwer den römischen Herakles wiedererkennen. Nimrods Jagden werden auf die militärische Unterwerfung der ganzen Welt durch Rom gedeutet (wie die Taten des Herakles bei Aristides unter positivem Vorzeichen!). Der Turmbau in der Hauptstadt Babel ist der Typos des Kaiserkults. Nimrod thront auf dem Kultturm, dem Haus (bajit) Nimrods, wie Jahwe im Jerusalemer Tempel (bajit JHWH).[37] Die Prunkstadt und der Tempel Nimrods werden von Gott vernichtet (Gottesstaat 16, 4). Das positive Gegenbild in der Synkrisis ist Abraham, der mit der dem wahren Gottesglauben und der Landverheißung aus Babylonien aufbricht (Gottesstaat 16, 12ff.).

Es ist festzuhalten, wie hilfreich die jüdische Perspektive nach wie vor für eine geschichtstheologische Bewältigung des römischen Erbes der Kirche ist. Die Kirche gründet auf der Nähe der Herrschaft Gottes in Jesus Christus und realisiert daher die Spannung zwischen Ursprung und Ende der Geschichte. Die Erwartung endzeitlicher Gottesherrschaft bricht die Macht des Ursprungsmythos, aus dem sich jede geschichtliche Herrschaftssetzung rechtfertigen kann. *Die messianische wie die natürliche Theologie sind negative politische Theologie.* Die Aufklärung der Mythen auf ihre Aletheia hin schützt sie davor, zur Begründung eines Nomos, also einer Territorialordnung, instrumentalisiert zu werden. Die christliche Theologie muß die Mythen von Gründer und Reich als Metaphern der künftigen Theokratie des Schöpfers aufklären, um der Übernahme eines Nomos dieser Welt durch die Kirche entgegenzuwirken.

Literatur

The Acts of the Pagan Martyrs, übersetzt von H. A. Musurillo, Oxford 1954.

Andreae, B.: Laokoon und die Gründung Roms, Kulturgeschichte der Antiken Welt, Bd. 39, Mainz 1988.

Aelius Aristides, The complete works, übersetzt von C. A. Behr, Leiden 1981 ff.

Berger, K.: Hellenistische Gattungen im Neuen Testament, in: Aufstieg und Niedergang der Römischen Welt, Bd. II, 25, 2, 1031–1432, Berlin – New York 1984.

–: Formgeschichte des Neuen Testaments, Heidelberg 1984.

Berger, K./C. Colpe: Religionsgeschichtliches Textbuch zum Neuen Testament, Neues Testament Deutsch Textreihe, Bd. 1, Göttingen 1987.

Brommer, F.: Herakles, Köln 1953.

Burkert, W.: Geschichte der griechischen Religion, Religionen der Menschheit, Bd. 15, Stuttgart 1977, 319–324.

–: Structure and History in Greek Mythology and Ritual, Sather Classical Lectures, Bd. 47, Berkeley 1979, 78–98.

Cancik, H.: Augustin als Konstantiner, in: J. Taubes (Hrsg.), Der Fürst dieser Welt, Religionstheorie und Politische Theologie, Bd. 1, München – Paderborn 1983, 136–152.

Cornell, T. J.: Gründer, in: Reallexikon Antike und Christentum, Bd. 12, Stuttgart 1983, 1107–1171.

Culiano, I. P.: The Angels of the Nations, in: R. Broek/M. Vermaseren (Hrsg.), Studies in Gnosticism and Hellenistic Religions presented to Gilles Quispel, Études Préliminaires aux Religions Orientales dans l'Empire Romain, Bd. 91, Leiden 1981, 78–91.

Dehandschutter, B. A.: Martyrium und Agon, in: J. W. van Henten (1989), 215–220.

Detienne, M.: Apollon und Dionysos in der griechischen Religion, in: R. Faber/ R. Schlesier (1986), 124–133.

Dion Chrysostomus, Sämtliche Reden, übersetzt von W. Elliger, Zürich 1967.

Ebach, J.: Der Blick des Engels. Für eine Benjaminische Lektüre der hebräischen Bibel, in: N. Bolz/R. Faber (Hrsg.), Walter Benjamin, Würzburg 1985, 57–189.

Effe, B.: Held und Literatur, Poetica 12 (1980), 145–166.

Epiktet, Vom Kynismus, übersetzt von M. Billerbeck, Leiden 1978.

Faber, R.: Archaisch/Archaismus, in: H. Cancik/B. Gladigow/M. Laubscher (Hrsg.), Handbuch religionswissenschaftlicher Grundbegriffe, Bd. 2, Stuttgart 1990, 51–56.

Faber, R./R. Schlesier (Hrsg.): Die Restauration der Götter, Würzburg 1986.

Flusser, D.: Die Thora in der Bergpredigt, in: Ders., Entdeckungen im Neuen Testament, Bd. 1, Neukirchen-Vluyn 1987, 21–32.

Fränkel, H.: Ovid. A poet between two worlds, Berkeley 1945.

Galinski, G. K.: The Herakles theme. The adaptations of the hero in literature from Homer to the 20th century, Oxford 1972.

Ginzberg, L.: The Legends of the Jews, Bd. 5, Philadelphia 1937.

Günther, R./R. Müller: Das goldene Zeitalter, Leipzig 1988.

Haacker, K.: Die Stiftung des Heils, Arbeiten zur Theologie, Bd. 47, Stuttgart 1972.

Heinrich, K.: Das Floß der Medusa, in: R. Schlesier (Hrsg.), Faszination des Mythos, Basel – Frankfurt a. M. 1985, 335–399.

–: Parmenides und Jona, Frankfurt a. M. 1982.

Henten, J. W. van (Hrsg.): Die Entstehung der jüdischen Martyrologie, Studia Post Biblica, Bd. 38, Leiden 1989.

–: De joodse martelaren als grondleggers van een nieuwe ordre, Leiden 1986.

Höistadt, R.: Cynic Hero and Cynic King, Uppsala 1948.

Kippenberg, G.: Die jüdischen Überlieferungen als patrioi nomoi, in: R. Faber/ R. Schlesier (1986), 45–61.

Kirk, G. S.: Griechische Mythen, Wien 1982.

Lang, B.: Der vergöttlichte König im polytheistischen Israel, in: D. Zeller, Menschwerdung Gottes – Vergöttlichung von Menschen, Novum Testamentum et Orbis Antiquus, Bd. 7, Freiburg i. Br. – Göttingen 1988, 37–59.

Lanwerd, S.: Dualismus, in: H. Cancik/B. Gladigow/M. Laubscher, Handbuch religionswissenschaftlicher Grundbegriffe, Stuttgart 1990, Bd. 2, S. 233–236.

Lebram, J. C. H.: Der Idealstaat der Juden, in: O. Betz/K. Haacker/M. Hengel (Hrsg.), Josephus Studien. Festschrift Otto Michel, Göttingen 1974, 233–253.

–: Jerusalem, Wohnsitz der Weisheit, in: Vermaseren, M. J. (Hrsg.), Studies in Hellenistic Religions, Études Préliminaires aux Religions Orientales dans l'Empire Romain, Bd. 93, Leiden 1981, 103–129.

–: Jüdische Martyrologie und Weisheitsüberlieferung, in: J. W. van Henten (1989), 88–127.

Lenz, F. W.: Der Herakleshymnos, in: Ders., Aristideisstudien, Akademie der Wissenschaften Berlin Abteilung: Altertum, Bd. 40, Berlin 1964, 211–223.

Malherbe, A.: Herakles, in: Reallexion Antike und Christentum, Bd. 14, Stuttgart 1988, 559–583.

Malkin, I.: Religion and Colonisation in Ancient Greek, Studies in Greek and Roman Religions, Bd. 3, Leiden 1987.

Merkelbach, R.: Mythische Episoden im Alexanderroman, in: S. Sahin/E. Schwertheim/J. Wagner (Hrsg.), Studien zur Religion und Kultur Kleinasiens. Festschrift

Karl Dörner, Études Préliminaires aux Religions Orientales dans l'Empire Romain, Bd. 66, Leiden 1978, Bd. 2, 602–617.

Panofsky, E.: Hercules am Scheidewege, Studien der Bibliothek Warburg, Bd. 18, Berlin 1930.

Pfister, F.: Eine jüdische Gründungslegende Alexandrias, Akademie der Wissenschaften Heidelberg Philosophisch-Historische Klasse, Bd. 11, Heidelberg 1914.

–: Herakles und Christus, Archiv für Religionswissenschaft 34 (1937), 47–59.

–: Alexander der Große in den Prophezeiungen der Griechen, Juden und Christen, Akademie der Wissenschaften Berlin Abteilung Altertum, Bd. 3, Berlin 1956.

Philo von Alexandrien, Die Werke in deutscher Übersetzung, Bd. 7, Berlin 1964.

Radke, G.: Zur Entwicklung der Gottesvorstellung und Gottesverehrung in Rom, Impulse der Forschung, Bd. 50, Darmstadt 1987.

Rhode, E.: Psyche, Leipzig ²1898.

Simon, M.: Hercule et le Christianisme, Strasbourg 1955.

Snell, B.: Das Symbol des Weges, in: Ders., Die Entdeckung des Geistes, Göttingen ⁶1986, 219–231.

Theißen, G.: Wanderradikalismus, in: Ders., Studien zur Soziologie des Urchristentums, Wissenschaftliche Untersuchungen zum Neuen Testament, Bd. 19, Tübingen 1983, 79–106.

–: Lokalkolorit und Zeitgeschichte in den Evangelien, Novum Testamentum et Orbis Antiquus, Bd. 8., Freiburg i. Br. – Göttingen 1989.

Veyne, P.: Brot und Spiele, Frankfurt a. M. – New York 1988.

Vidal-Naquet, P.: Der schwarze Jäger, Frankfurt a. M. 1989.

DIE KONFIGURATION VON MYTHOLOGIE
UND CHRISTOLOGIE

Von Joachim von Soosten

Die Prozeßakte über das Verfahren, in dem die Leitvorstellungen der christlichen Überlieferung vom mythisch-mythologischen Denken definitiv geschieden werden sollten, ist nie mit einem unwiderruflichen Entscheid zu schließen gewesen. Die höchstrichterlichen Urteile, gefällt im Namen der *Ent*mythologisierung, sind immer wieder einer Revision unterzogen worden. Kein Wunder, daß in diesem Prozeß ab einem gewissen Zeitpunkt die Rollen getauscht wurden. In dem Maße nämlich, in dem die Moderne aus dem Traum der szientifischen Rationalität im Anblick ihrer Folgen bitter erwacht, gelten die philosophischen Bemühungen in verstärktem Maß der Rehabilitierung des Mythischen. Die Verkehrung der Fronten spricht sich nirgendwo deutlicher aus als in den Voten, die im Namen der *Re*mythologisierung den Prozeß der Entzauberung der Welt zu revozieren trachten.

Nun sollten die Beweggründe, die zur Formulierung konträrer Programme geführt haben, nicht leichtfertig beiseite geschoben werden. So war etwa Rudolf Bultmann, mit dessen Name sich das Programm der Entmythologisierung der christlichen Überlieferung verbindet, von der Sorge bewegt, wie der christliche Glaube mit dem wissenschaftlichen Weltbild der Moderne koexistieren kann, dessen Luft der moderne Mensch eben unweigerlich atmet. Andererseits ist das breitgefächerte Spektrum derer, die sich mit dem Ergebnis der Entmythologisierung nicht anfreunden können, von der Sorge bestimmt, wie die lebensweltlichen Grundlagen menschlichen Zusammenlebens gegen die Akzeleration der Rationalisierungsdynamik moderner Gesellschaften gesichert werden können. Im Ergebnis enden jedoch beide Wege, auf denen ein Ausweg aus dem durch die Moderne gestellten Dilemma gesucht wird, in der Verwerfung der jeweils anderen Marschroute. Die Beobachtung, daß sich die Debatte um die Relevanz des Mythischen festgefahren hat, kann freilich auch dazu ermuntern, die Alternative zwischen dem „Entweder" einer unkritischen Erledigung und dem „Oder" einer ebenso unkritischen Rehabilitierung des Mythischen fallenzulassen. Dieser Versuch soll in den folgenden Überlegungen unternommen werden. In einem ersten Schritt möchte ich die Aufgabenstellung, die diesem Vorhaben zugrunde liegt, anhand einer Rückschau auf die Interpretationskonzepte von Rudolf Bultmann und Wolfhart Pannenberg präzisieren (I). Sodann wende ich mich der Diskussion einiger exegetischer Gesichtspunkte eines neutestamentlichen Textes in systematischer Absicht zu. Und zwar sollen am Beispiel des Kapitels 5 aus dem Römerbrief Überlegungen zu der von Paulus vollzogenen christologischen Transformation mythisch-mythologischer Motive angestrengt werden (II). Ich versuche an dieser Stelle einen Vorschlag zu plausibilisieren, der das Verhältnis von Mythologie und Christologie bei Paulus als ein Modell der Konfiguration versteht. An den systematischen Befund schließe ich vorläufige Erwägungen an, die dieses Modell erläutern sollen. Sie berühren das Problem des Verhältnisses von Religion und Mythos insgesamt. Das theoretische Rüstzeug entleihe ich dabei der Kulturphilosophie Ernst Cassirers (III).

I

Das Neue Testament berichtet vom Leben, Sterben und Auferstehen Jesu Christi als Ereignis der Rechtfertigung des Sünders. Die älteste Schicht der urchristlichen Überlieferung hat diesen Bericht in kerygmatischen und homologischen Formeln wie „Christus ist für unsere Sünden gestorben nach der Schrift, er ist begraben und am dritten Tage auferweckt worden nach der Schrift" (1. Kor 15, 3 f.) oder „Gott hat Christus von den Toten auferweckt" (Röm 8, 11) verdichtet. Unsicher fällt das Urteil darüber aus, als was diese Formeln anzusehen sind. Nach Auskunft eines exegetischen Lehrbuchs werden sie einerseits „Bekenntnisformeln" genannt, andererseits gelten sie als ein kurzer „Abriß der christlichen Lehre".[1] Ungeachtet der spezifischen Differenz, die im Neuen Testament zwischen Bekenntnis und Lehre vorherrscht,[2] ist beiden Bezeichnungen gemein, daß sie die kerygmatischen und homologischen Formeln von ihrer Funktion her begreifen. So kann das Bekenntnis als Ausdruck des auf Christus konzentrierten Glaubens gewertet werden, die Lehre hingegen als Ausdruck der Unterscheidung dieses Glaubens von möglicher Irrlehre. Ihre Grenze findet diese Betrachtungsweise allerdings darin, daß sie über die Funktion hinaus keine Angabe über die *semantische Form* macht. Äußere Stilmerkmale weisen die genannten Aussagen als „Formeln" aus. Als diese gleichen sie jedoch eher Klappentexten, die zum Hören und zur Lektüre der in ihnen prägnant verdichteten Erzählungen einladen, als einer Aufzählung wesentlicher Lehrwahrheiten. Jede Formel impliziert eine größere Erzählung über die Geschichte Jesu Christi und deren eschatologisch-soteriologische Bedeutung, ohne die sie nicht hinreichend verstanden werden kann.

Bekenntnis und Lehre ruhen in der Bibel zu weiten Teilen auf Erzählungen auf. Auf dieser Voraussetzung basiert auch die paulinische Theologie. Die in den urchristlichen Gemeinden in Umlauf befindlichen Formeln, die Paulus aufgreift und ausdeutet, können nicht verstanden werden, ohne daß man sich in die jeweiligen Erzählungen vertieft, für die sie stehen. Zur Eigenart der neutestamentlichen Überlieferung gehört dabei die sprachliche Vielfalt, in der die soteriologische Bedeutung Jesu Christi auseinandergefaltet wird. So ist im Kontext des kultisch-religiösen Vorstellungskomplexes, in dessen Mittelpunkt Buße und Versöhnung stehen, die Bedeutung Christi im Bild des Opfers, des stellvertretenden Leidens und der Selbsthingabe interpretiert worden (Röm 3, 35; 1. Kor 5, 7; Röm 8, 3; Röm 8, 32; 2. Kor 5.19). Ein anderer Motivzusammenhang interpretiert die universale Bedeutung Christi im Bild des Lösegelds und der Befreiung (1. Kor 6, 20; 7, 23; Gal 3, 13; 4, 5). Der Hintergrund zeigt hier noch deutlich die Spuren der mythologischen Vorstellung eines Machtkampfes zwischen Gott und den satanischen Mächten. Schließlich hebt Paulus die universale Heilsbedeutung Christi durch eine Gegenüberstellung von Adam und Christus hervor (Röm 5; 1. Kor 15) Die Beispiele ließen sich mehren und weiter differenzieren. Schon die Angabe dessen, von dem erzählt wird, ob also vom „Menschensohn" die Rede ist, dem „Sohn Gottes" oder dem „Kyrios", ergibt eine jeweils anders akzentuierte Geschichte über die Heilsbedeutung Christi, die jeweils unterschiedliche Nuancen zutage fördert. Das Neue Testament gleicht so gesehen einem Leporello, das nicht ein einziges Bild oder eine einzige Erzählung privilegiert, sondern in seiner Gesamtheit auseinandergefaltet werden will.

Theologisch ist allerdings im Blick zu halten, mit welcher Intention und in welcher Grundrichtung die Einzelbilder zusammengefügt sind. Hermeneutisch ist also der Rückverweis von der sprachlichen Vielfalt auf das darin Zur-Sprache-Gebrachte zu achten.[3] Das neutestamentliche Leporello verzeichnet eben nicht eine Vielzahl von Geliebten, sondern zeigt immer denselben Geliebten in unterschiedlichem Gewand, Gesicht und Gestalt. Alle Bilder und alle Erzählungen sind *einem* Traum verpflichtet. Es sind Erzählungen vom Heil, das den Menschen in Jesus Christus begegnet. Dieses eine Thema ist „mehrsprachlich" verfaßt. Erzählt wird mit Hilfe jeweils unterschiedlicher Vorstellungen und Erfahrungstraditionen. Wer diese Vorstellungen, Rahmungen und Erzähltraditionen nebeneinanderhält, wird unschwer Spannungen, ja Unvereinbarkeiten zwischen ihnen feststellen müssen. Die Unausgeglichenheit und Widersprüchlichkeit der Erzähl- und Vorstellungswelt – gekennzeichnet als mythische Redeformen – hat denn auch Rudolf Bultmann zu einem der Tatbestände deklariert, die zu der kritischen Aufgabe der Entmythologisierung des Neuen Testaments nötigen – und zwar zu einer Aufgabe, die durch die Unausgeglichenheiten und Spannungen der Überlieferung zueinander selbst gestellt ist.[4]

Bultmann hat sich nicht gescheut, den Preis für die geforderte Vereinheitlichung zu entrichten, mit der das Weltbild des Neuen Testaments mit dem des modernen Menschen versöhnt werden sollte. Angetrieben durch einen extremen Reduktionismus, besteht das Resultat seines zentralistischen Systematisierungswillens in der „entweltlichten" Eindimensionalität und Unanschaulichkeit eines bloßen „Daß" des Gekommenseins Jesu Christi. Gleichwohl läßt sich von Bultmann auch lernen, und zwar dann, wenn man sich seine anfängliche Aufgabenstellung vergegenwärtigt. Denn diese sah keineswegs die Eliminierung der mythischen Redeweise des Neuen Testaments vor, sondern deren kritische Interpretation. Die kritische Interpretation der mythischen Rede- und Erzählformen dürfte aber im Gegensatz zu dem von Bultmann eingeschlagenen Weg nur dann gelingen, wenn berücksichtigt wird, daß sich die Sprachformen von dem, was sie zur Sprache bringen, nicht trennen lassen, ohne das Zur-Sprache-Gebrachte selbst zum Verschwinden zu bringen. Denn dem Verfahren der Entmythologisierung, das einen Schnitt zwischen die heilsgeschichtliche Bedeutsamkeit Jesu Christi und die Erzählformen legt, in denen diese Bedeutsamkeit zur Sprache gebracht wird, fällt letztlich auch das Kerygma selbst zum Opfer.[5]

Eine aufschlußreiche Strategie, die extreme Dissoziation von Mythos und biblischer Glaubensüberlieferung zu überwinden, die für Bultmanns Entmythologisierungsprogramm kennzeichnend ist, bieten die Überlegungen von Wolfhart Pannenberg. Im Streit zwischen mythischem Denken und biblischer Glaubensüberlieferung führt Pannenberg Mircea Eliade in den Zeugenstand. Eliade sieht in Mythen bekanntlich Berichte, die vom Handeln der Gottheiten oder Götter in einer unvordenklichen Urzeit – *in illo tempore* – künden. Der Unterschied zwischen den Mythen und der biblischen, insbesondere der neutestamentlichen Überlieferung wird von ihm unter dem Gesichtspunkt des jeweils inhärenten Zeitverständnisses bestimmt. Und zwar durchbricht das Christentum im Gefolge einer durch das Judentum angebahnten Entwicklung die für die Mythen charakteristische Vorstellung zyklischer Zeitrhythmen. Es situiert das Heilsgeschehen nicht in einer mythischen Urzeit, sondern bindet es an die historische Zeit: die Zeit, da Pontius Pilatus Statthalter von Judäa war.[6] Das Ereignis, auf das das Neue Testament verweist, hat sich nicht am Ursprung der Zeit abgespielt, sondern in der *Zeit der Geschichte*. Wollen sich die Mythen gegen die Ungewißheit der Zukunft durch den Rekurs auf die der Geschichte vorausliegenden Urbilder der Vergangenheit sichern, so rückt im Gegensatz dazu im eschatologischen Denken der biblischen Schriften die *Zukunft* an die Stelle der ordnungsgründenden Urzeit. Damit ist aber das mythische Denken durchbrochen. Die eschatologische Ankunft der *basileia thou theou* in der Person des Jesus von Nazareth negiert den Mythos: An die Stelle der zyklischen Zeit tritt die geschichtliche Zeit, an die Stelle der Protologie die Eschatologie. Das sind die wichtigsten Stichworte der Mythosinterpretation von Eliade, die sich Pannenberg zu eigen macht: „Eschatologische Erwartung ist als solche nicht my-

thologisch, sofern sie die Orientierung des Bewußtseins an der Archetypik
eines Ursprungsgeschehens durchbricht und sogar umkehrt."[7]

Die Kategorie, unter der der Wahrheitsanspruch der biblischen Glaubensüberlieferung im Unterschied zum mythischen Denken versammelt wird,
heißt bei Pannenberg „Dogma". Die Bedeutung von „Dogma" wird dabei
begriffsgeschichtlich an der altkirchlichen Lehrentwicklung präzisiert.[8] Im
Anschluß an Origenes versteht Pannenberg die christlichen Lehren als *dog-
mata theou*. Damit wird unterstrichen, daß es sich bei der Wahrheit des
Dogmas weder um eine bloße „Meinung" im Sinne von Schulauffassung
noch um einen rechtsverbindlichen „Beschluß" einer Institution handelt,
sondern um eine Wahrheit, die mit Gottes Offenbarung gegeben ist[9]. Unter
diesem Gesichtspunkt gelingt es Pannenberg, ein semantisches Begriffsge-
flecht zu knüpfen, das es erlaubt, drei Größen zueinander in Beziehung zu
setzen. Die Dogmen Gottes sind zusammengefaßt in Gottes Offenbarung in
Christus, die Dogmen der Kirche gelten als Ausdruck der Dogmen Gottes,
die Dogmatik schließlich prüft die Übereinstimmung der Dogmen der
Kirche mit dem Dogma Gottes. „Die *Dogmatik* fragt nach der Wahrheit des
Dogmas, danach also, ob die *Dogmen der Kirche* Ausdruck der Offenbarung Gottes und also *Dogmen Gottes* selbst sind, uns sie verfolgt diese
Frage, indem sie das Dogma auslegt."[10] Mit der Vernetzung dieser drei
Ebenen hält Pannenberg zum einen die Bezogenheit dogmatischer Reflexion auf die Offenbarung Gottes in Christus fest; ferner gelingt ihm der Anschluß des dogmatischen Diskurses an die kirchliche Lehrüberlieferung;
schließlich – und darauf konzentrieren sich die folgenden Überlegungen –
kommt darin deutlich die Abgrenzung des Wahrheitsanspruchs des Dogmas
vom mythischen Denken zum Ausdruck.

Durch Bultmann kritisch geschult, betont Pannenberg, daß „der Mythos
im Christentum nicht einfach eliminiert, sondern integriert und aufgehoben
ist".[11] Zwar werden die Elemente des mythischen Denkens durch die ge-
schichtlich-eschatologisch bestimmte Botschaft des Neuen Testaments aus
dem Wahrheitsanspruch des Dogmas verbannt. Gleichwohl wird der Mythos
vom Dogma noch benötigt. Unter die Botmäßigkeit des Dogmas gestellt,
wird er nun in die Funktion der Veranschaulichung des geschichtlichen Selbsterweises Gottes eingewiesen. In seiner ästhetischen Funktion fällt ihm gewissermaßen die Aufgabe der *nachträglichen Respezifikation* der unter dem
Titel des Dogmas vorgenommenen Generalisierung der christlichen Botschaft zu.

Pannenbergs Plädoyer für die Unterscheidung zwischen dem zyklisch-
archetypischen und dem eschatologisch-geschichtlichen Denken leuchtet
unmittelbar ein, wenn man die Frage nach dem spezifischen Gehalt der biblischen Glaubensüberlieferung zu beantworten sucht. Es verhilft überdies zu
der Einsicht, daß die Berufung auf die narrative Gestalt der biblischen Über-

lieferung zur Begründung der These von der friedlichen Koexistenz des mythischen mit dem christlichen Denken noch nicht ausreicht.[12] Freilich entsteht der Eindruck, daß Pannenberg sich vor allem deshalb der Mythostheorie von Eliade bedient, um die Besonderheit der biblischen Überlieferung vom Mythos strikt distanzieren zu können. Problematisch scheint diese Strategie vor allem deswegen, weil sie insgeheim den traditionellen Gegensatz von Mythos und Logos erneuert. Denn im Hintergrund von Pannenbergs Überlegungen steht der an anderer Stelle geführte Nachweis der Kompatibilität des philosophischen Gottesbegriffs metaphysischer Provenienz mit dem Wahrheitsanspruch des christlichen Gottesbegriffs.[13] Zwar fällt das Urteil über das mythische Denken günstiger aus als bei den Vorläufern dieser Sichtweise, insofern dem Mythos im Rahmen seiner *ästhetischen* Funktionalisierung eine unverzichtbare Aufgabe zugestanden wird. Eine Bedeutung, die auch *epistemologisch* gewürdigt werden könnte, hat er allerdings nicht mehr. „Der Mythos jedenfalls hat im Christentum nicht mehr die Funktion, die universale Wahrheit des geschichtlichen Selbsterweises Gottes argumentativ zu bewähren, sondern nur noch die, sie zu veranschaulichen."[14]

Im kritischen Blick auf die Deutungstraditionen, die sich mit den bisher umrissenen Überlegungen Rudolf Bultmanns einerseits und Wolfhart Pannenbergs andererseits verbinden, stellt sich die Frage, ob sich nicht doch eine Konzeption ausfindig machen läßt, die es erlaubt, über die formal-semantische und ästhetische Bedeutung des mythischen Denkens für die biblische Überlieferung hinaus auch dessen epistemologische Relevanz aufzuzeigen. Dieser Versuch soll vorangebracht werden mit einer Betrachtung des Verhältnisses von Mythologie und Christologie bei Paulus. Hierfür greife ich aus dem christologischen Leporello des Neuen Testaments die „Adam-Christus-Typologie" in Röm 5 heraus.

II

Zu den außergewöhnlich auffälligen mythologischen Stoffen, die in der neutestamentlichen Überlieferung begegnen, gehört der Adamsmythos im fünften Kapitel des Römerbriefs (Röm 5, 12–21). Paulus bedient sich hier der Figur des Adam, um einen Kontrast zu Christus aufzubauen. Von besonderem Interesse ist dabei die Wirkung des jeweils „Einen" im Blick auf die „Vielen". Durch die Übertretung des göttlichen Gebots, nicht vom Baum der Erkenntnis zu essen, brachte Adam die Sünde in die Welt und in ihrer Folge die Herrschaft des Todes über die Menschheit. Der Tat Adams und ihrer Wirkung stellt Paulus Christus in einem kontrastiven Vergleich gegenüber. Der Gehorsam Christi führt im Gegensatz zum Ungehorsam Adams die Menschheit zur Rechtfertigung zum Leben: „Wie nämlich durch den Ungehorsam des einen Menschen die Vielen zu Sündern geworden sind, so werden auch durch den Gehorsam des Einen die Vielen zu Gerechten werden" (V. 19).[15]

Die religionsgeschichtliche Forschung hat gezeigt, daß der Text aus dem Römerbrief, der in der Exegese unter dem Titel der ›Adam-Christus-Typologie‹ geführt wird, seiner Tradition nach auf einem breiten Stoffgeflecht aufruht. Im Mittelpunkt der Tradition, auf die Paulus zurückgreift, stehen Spekulationen über die vorgegebene Bestimmtheit der Menschen durch Sünde und Tod, durch Sündenstrafe und Todesverhängnis. Ihren biblischen Ausgangspunkt besitzen sie in dem Sündenfallmythos, wie er in Gen 3 berichtet wird. Die paulinische Argumentation in Röm 5 bildet nun keineswegs den Schlußpunkt der Transformation und Interpretationen, die der Sündenfallmythos im Kontext der jüdisch-christlichen Überlieferung erfahren hat. Es ist vor allem die augustinische Spekulation über die „Erbsünde", die die Interpretation des Sündenfallmythos aus Gen 3 auf der Grundlage der paulinischen Lehre weiterführt. Die Weiterbildung des Sündenfallmythos im Medium seiner Interpretation und Transformation ist jedenfalls nie zur Ruhe gekommen. Dies zeigt schon der Blick auf die in Gen 3 beheimatete Erzählung, bei der es sich wohl um eine Ursprungsgestalt des Sündenfallmythos handelt. Nach Überzeugung der alttestamentlichen Forschung haben ihn die Redaktoren der biblischen Urgeschichte bereits einer korrigierenden Auslegung unterworfen und ihn in die ersten elf Kapitel der Urgeschichte eingefügt. In ihr bildet er von nun an nur einen „Strebebogen am Kreuzgewölbe"[16] einer großen Erzählung, die von der Schöpfung der Welt und den Drohungen wie Verheißungen berichtet, unter denen die Wirklichkeit des Menschen 'jenseits von Eden' steht.

Der spezielle Hintergrund der paulinischen Argumentation in Röm 5 ist nach Auskunft der religionsgeschichtlichen Forschung durch bestimmte jüdisch-apokalyptische Vorstellungskomplexe formiert.[17] Ebenso wie bei Paulus wird in der jüdischen Apokalyptik das *soteriologische* Problem der Sünde anhand einer Spekulation über die Auswirkungen des Ungehorsams von Adam gegenüber Gott erörtert. Nach den Vorstellungen der Apokalyptik ist Adam dem gegenwärtigen Äon zum universalen Verhängnis geworden. Lastet aber seit Adam das universale Verhängnis des Todes über der Menschheit, stellt sich die Frage, ob einem Menschen überhaupt Befreiung aus diesem Geschick im kommenden Äon zuteil werden kann. Die Antwort erfolgt mit dem Hinweis auf die Funktion des Gesetzes. Da das Gesetz nach Dtn 30.19 jedem einzelnen „Tod und Leben" vorlegt, eröffnet sich durch die Befolgung des Gesetzes auch die Möglichkeit des Heils. Es sind die Gerechten, die dem Untergang entgehen und gerettet werden. Im Unterschied zur paulinischen Argumentation erwägt man hier augenscheinlich nicht die

Aufhebung der Sünde Adams durch den kommenden Messias. Es ist das Gesetz, das im Kontext der jüdischen Apokalyptik mit eschatologisch-soteriologischer Bedeutung ausgezeichnet wird.

In Röm 5 ist es nicht mehr das Gesetz allein, das die Möglichkeit des Heils eröffnet. Die Funktion des Gesetzes wird darauf beschnitten, die Sünde „in Rechnung zu stellen" (vgl. V. 13); das Gesetz deckt die Sünde als Sünde auf und hat insofern eine lediglich mittelbar soteriologische Bedeutung. Es ist nun Christus, durch den die Möglichkeit des Heils angesichts der durch Adam heraufgeführten Herrschaft der Sünde und des Todes eröffnet wird. Nicht durch die Befolgung des Gesetzes werden die „Vielen zu Gerechten werden", sondern dadurch, daß „Einer" das Gesetz befolgt hat, nämlich „durch den Gehorsam Christi werden die Vielen zu Gerechten werden" (vgl. V. 19). Darum kann Paulus an anderer Stelle auch sagen, daß das Gesetz durch Christus erfüllt ist (vgl. Röm 10.4). Dem soteriologischen Problem, wie es in der jüdisch-apokalyptischen Adamsmythologie bedacht wird, wird damit eine entscheidende Wendung gegeben. Die mythologische Spekulation über die Tat und Wirkung Adams wird *christologisch* transformiert: Die Herrschaft der Sünde und des Todes ist durch Christus durchbrochen. Christus wird damit zur eschatologisch-soteriologischen Voraussetzung der „Gerechtigkeit zum ewigen Leben" (V. 21).

Der Blick auf die christologisch-eschatologische Transformation der jüdisch-apokalyptischen Ausdeutung des Adamsmythos in Röm 5 scheint den Schluß nahezulegen, Paulus bediene sich der Tradition zu lediglich illustrativen Zwecken. Demnach wäre die Geschichte der Menschheit von seiten Adams nicht mehr als eine Negativfolie, die dazu benutzt wird, das Heilsgeschehen Christi in seiner schlechterdings exzeptionellen Tragweite herauszustellen. Für diese Sichtweise spricht die kontextgebundene Argumentation von Paulus. So deutet er im ersten Korintherbrief die wahrscheinlich im hellenistischen Judentum beheimatete Urmensch-Adam-Spekulation, die sich biblisch auf Gen 1, 26 und Gen 2, 7 bezieht, auf Christus um (1. Kor 15, 45–49); im Römerbrief hingegen rekurriert er auf die der Apokalyptik zugehörige Adam-Lehre, in deren Mittelpunkt der Fall des ersten Menschen steht, wie er in Gen 3 berichtet wird. Je nach Kontext zentriert Paulus unterschiedliche Traditionsströme auf das Christusgeschehen als dem eigentlichen Thema seiner Theologie. Die Bezugnahme auf die unterschiedlichen Traditionsströme müßte demgegenüber als uneigentlich gelten.

Unbestreitbar legen die Briefe des Paulus an die urchristlichen Gemeinden Zeugnis von seiner rhetorischen Meisterschaft ab. Die Beispiele hierfür ließen sich mehren. Rhetorische Meisterschaft zeichnet sich bekanntlich dadurch aus, daß der geübte Redner sich auf die Zuhörer und Leser, zu denen er spricht, und die Orte, an denen er redet, einzustellen weiß. Unterschiedlicher Sprachen mächtig, wird der Sinn dessen, was er vorträgt, aber doch unverwechselbar sein. Solch ein geübter und gewitzter Rhetor ist auch Paulus (vgl. 1. Kor 9, 29–23). Im Blick auf das eigentliche Thema der paulinischen Theologie korrespondiert der Würdigung paulinischer Redefertigkeit freilich allzuoft ihre Abwertung. Gegenüber der Christusbotschaft erscheint die Argumentationskunst des Paulus, die strategische Bezugnahme auf die Stoffe und Motivkomplexe der jüdischen Tradition, als bloße Technik der Überzeugung, die dem Wahrheitsanspruch des Heilsgeschehens in Christus ephemer bleibt.

Im Kontext von Röm 5 treibt diese Sichtweise insgeheim der Frage zu, ob Paulus nicht um der Prägnanz seiner Botschaft willen besser daran getan hätte, auf die Interpretation der jüdisch-apokalyptischen Adam-Spekulation ganz zu verzichten, statt den Leser mit einer komplexen, gegensätzlichen und undurchsichtigen Argumentation zu belasten. Freilich wird dann die Antwort auf die Frage unausweichlich, warum Paulus schließlich dennoch die Interpretation der ihm vorgegebenen Tradition gewagt hat. Im Rahmen der vorausgesetzten hermeneutischen Präferenz kann die Auskunft dann nur lauten, daß es Paulus auf die „grundsätzliche Herausstellung der *Unvergleichbarkeit* des Adam- und Christusgeschehens"[18] ankam. Rundweg bestreiten läßt sich dieses Urteil nicht. Gleichwohl haftet ihm der Mangel an, daß es ausschließlich *konfrontativ* bestimmt ist. Die Tradition, auf die Paulus zurückgreift, kommt dabei einzig und allein in ihrer *negativen* Funktion in den Blick. Sie dient als eine im Zweifelsfall auch entbehrliche Folie, vor der das Christusgeschehen in seiner schlechterdings unvergleichbaren Bedeutung abgesetzt werden kann.

Abgesehen davon, daß die apologetische Programmatik, die sich in der konfrontativen Auslegung von Röm 5 ausspricht, nur diejenigen auf den Plan ruft, die den Spieß umkehren und sich anschicken, die Motive der mythologischen Tradition aus ihrer dogmatischen Umklammerung wieder zu entreißen, stellt sich die Frage, ob es denn wirklich undenkbar ist, die von Paulus christologisch interpretierte Spekulation über Adam nicht auch *positiv* zu würdigen. Positiv in dem Sinne, daß die Bedeutung, die mit dem Namen Jesu Christi verbunden ist, sich nur entfalten und auslegen läßt im Zusammenhang der und im Bezug auf die historisch immer schon tradierten und religiös eingeübten Interpretationsmodelle. Vor dem Hintergrund dieser Einsicht ließe sich von einer bleibenden *Angewiesenheit* der neutestamentlichen Überlieferung auf die ihr vorgegebenen Interpretationsmodelle sprechen. Damit soll nun keinesfalls behauptet werden, daß die neutestamentliche Überlieferung in ihrer Gänze von der ihr vorgegebenen Tradition präfiguriert ist. Die Alternative Konfrontation oder Präfiguration überzeugt schon deswegen nicht, weil sie die Eigenart des neutestamentlichen Umgangs mit der mythologischen Tradition eher verdeckt als erschließt.

Statt dessen möchte ich den Vorschlag unterbreiten, das paulinische Interpretationshandeln im *Modell der Konfiguration* zu verstehen. Dieses Modell der Konfiguration ist dadurch gekennzeichnet, daß es sowohl der Entsprechung als auch der Nicht-Entsprechung zwischen der vorgegebenen mythologischen Tradition und der christologisch ausgerichteten Interpretation der neutestamentlichen Überlieferung zum Recht verhilft. Denn die Interpretation des Namens Christi im Neuen Testament hat in meinen Augen nicht nur eine negativ-exklusive, sondern eben und gerade auch eine positiv-integrative Funktion. Daß die Konfiguration von Mythologie und Christologie in der neutestamentlichen Überlieferung von erheblicher hermeneutischer Relevanz ist, muß sich freilich an der neutestamentlichen Überlieferung selbst erweisen lassen. Deswegen soll nochmals exemplarisch auf Röm 5 verwiesen werden.

Zunächst läßt sich nicht übersehen, daß das Adam-Mythologem, welches Paulus unter dem Vorzeichen des Evangeliums interpretiert, eine entscheidende *Korrektur* erfährt. Die Geschichte der Menschheit erscheint unter der christologischen Perspektive als ein ausschließlich negativ qualifizierter Zusammenhang: In ihr hat der Tod die Herrschaft über das Leben inne. Adam als „Typus der Vielen" wird dabei als der Repräsentant der unter die Vorherrschaft der Sünde geratenen Geschichte aufgefaßt. Als der „erste" Mensch ist er zugleich der exemplarische Mensch. Das Dasein des Menschen unter der Vorherrschaft der Sünde ist also nicht ein schicksalhaftes Verhängnis, das von Adams Fall herrührt, sondern Sünde und Tod gewinnen in jedem einzelnen Menschen aufs neue die Oberhand.

Adam als exemplarischen Menschen – eben als „Typos" – zu begreifen, heißt, ein Verständnis dafür zu gewinnen, daß die negativ qualifizierte Geschichte der Menschheit in jedem Menschen einen abermaligen Anfang nimmt. Insofern das Gesetz die Funktion innehat, die Sünde jedes Einzelnen „in Rechnung zu stellen", kann die Verantwortung für das Leben unter der Sünde nicht auf Adams Fall *in illo tempore* abgeschoben werden, sondern muß als selbst-verschuldet angenommen werden. Damit ist aber jede mythologische Konzeption korrigiert, die die Todesverfallenheit der Menschen unter der Sünde als unabänderliches Schicksal begreift, das Adam in grauer Vorzeit über die Menschheit brachte. Nicht nur, weil Adam sündigte, behauptet sich nach Paulus der Tod über das Leben, der Tod behauptet sich eben auch und vorrangig deswegen, „weil alle sündigten" (V. 12).

Die vorangegangenen Überlegungen weisen darauf hin, daß die von Paulus vorgenommene Korrektur des Adam-Mythologems durchaus als eine sich unter dem Vorzeichen des Evangeliums vollziehende „Entmythologisierung" der schicksalhaften Auffassung des Sündenfallmythos verstanden werden kann. Es darf freilich nicht übersehen werden, daß Paulus die mythologische Sündenfalldeutung nicht einfach beiseite schiebt. Seine

Interpretation vollzieht sich nicht im Sinn eines negativen Ausschlusses der
mythologischen Tradition, sondern im Sinn einer positiven *Integration* des
überkommenen mythologischen Motivs in einen von Christus her bestimmten Auslegungshorizont. Insofern kann gesagt werden: In der christologisch bestimmten Durchführung der Entmythologisierung wird der Mythos gleichsam gerettet. Diese These muß freilich auf einer weiteren Ebene
der Auslegung von Röm 5 bewährt werden.

Die theologische Pointe, die im Argumentationsgang in Röm 5 zur Geltung gebracht wird, besteht in der These, daß die unter der Herrschaft der
Sünde stehende Geschichte der Menschheit durch Christus überwunden ist.
Die Geschichte steht durch Christus nicht mehr im Zeichen des Todes, sondern unter dem Zeichen des durch die Gnade Gottes in Christus bestimmten
Lebens. Der Argumentationsstil, der auf diese Pointe hinarbeitet, ist auffällig beherrscht von antithetischen Gegenüberstellungen. Adam steht Christus gegenüber, der Fehltritt von jenem wird mit dem Gehorsam von diesem
konfrontiert; der Sünde wird die Gnade gegenübergestellt, dem Tod das
Leben. Freilich zeigt sich bei näherer Betrachtung, daß das Muster der Gegenüberstellung von Adam und Christus durchbrochen wird. Die einfache
antithetische Parallele zwischen Adam und Christus wird von Paulus ausdrücklich abgelehnt. In den Versen 15–17 argumentiert Paulus nicht im
Sinne von „wenn das Eine gilt, dann gilt auch das Andere", so daß es statthaft wäre zu behaupten: Wie die Übertretung Adams hinsichtlich ihrer
Folgen bedacht sein will, so auch die Gnadengabe Gottes. Vielmehr sagt
Paulus: „*Wenn* nämlich aufgrund des Fehltritts des Einen die Vielen gestorben sind, *um wieviel* mehr hat dann die Gnade Gottes und das Gnaden-
geschenk des Einen Menschen Jesus Christus eine (über die Wirkung des
Fehltritts) hinausgehende Wirkung entfaltet" (V. 15). Und: „*Wenn* nämlich
aufgrund des Fehltritts des Einen der Tod die Herrschaft gewann durch den
Einen, *um wievel mehr* werden dann die, die die (darüber) hinausgehende
Wirkung der Gnade und des Gerechtigkeitsgeschenks empfangen, im Leben
zur Herrschaft gelangen durch den Einen Jesus Christus" (V. 17). Nach
Paulus übertrifft Christus Adam in seiner Wirkung, so daß gesagt werden
muß: Wenn das Eine gilt, dann gilt das Andere „erst recht" beziehungsweise
dann gilt das Andere „um so mehr". Christus wiegt den Fehltritt Adams also
nicht einfach auf. Vielmehr wird des Menschen Sünde durch die Gnade
Gottes und das Gnadengeschenk Jesu Christi überboten.

Unter dem Gesichtspunkt der Verse 15–17 stellen sich Bedenken gegen
den Weg der Auslegung ein, die zu erweisen sucht, daß die Adam-Mytho-
logie im Römerbrief mehr als nur eine durch die Christologie ausgeschlos-
sene Konzeption in Betracht kommt. Die Überbietung Adams durch Christus, für die Paulus in den Versen 15–17 votiert, scheint jedenfalls nicht so
sehr für eine Modifikation des mythologischen Stoffes durch Paulus zu spre-

chen, sondern eher für die ultimative Konfrontation von Adammythos und Christusdogma. Exklusiv privilegiert würde die christologische Interpretation, so daß der mythologische Stoff nur noch als Negativ-Folie seiner christologischen Destruktion fungiert. Die Vergleichbarkeit und somit auch die Angewiesenheit der Interpretation des Christusgeschehens auf die mythologische Tradition wäre damit grundsätzlich ausgeschlossen.

Freilich spricht gegen diese Auslegung, daß Paulus im Fortgang der Argumentation sich der Konzeption der Entsprechung zwischen Adam und Christus erneut bedient: „Wie (es) durch Einen Fehltritt für alle Menschen zur Verurteilung kam, so auch durch Eine Rechtfertigungstat für alle Menschen zur Rechtfertigung (zum) Leben. Wie nämlich durch den Ungehorsam des einen Menschen die Vielen zu Sündern geworden sind, so werden auch durch den Gehorsam des Einen die Vielen zu Gerechten werden" (V. 18 f.). In den Versen 15–17 lehnt Paulus die antithetische Entsprechung zwischen Adam und Christus ausdrücklich ab, in den Versen 18 und 19 wird sie hingegen bestätigt. Besteht also ein Widerspruch in der Argumentation des Paulus? Wohl kaum. Denn legt man den Textabschnitt aus dem Römerbrief in seinem Zusammenhang aus, dann muß Paulus keineswegs ein Widerspruch unterstellt werden. Vielmehr kann man davon ausgehen, daß die Verse 18 und 19 Gültigkeit nur unter dem Vorbehalt der Verse 15–17 erlangen. Die Entsprechung zwischen Adam und Christus ist nach Paulus theologisch erst statthaft unter Berücksichtigung ihrer Nicht-Entsprechung. Oder anders: Erst unter dem Vorbehalt des „um wieviel mehr" ist die Entsprechung zwischen Adam und Paulus hinreichend präzisiert und insofern zum Gebrauch freigegeben.

Für diese Interpretation spricht zu einem nicht geringen Teil der rabbinische Argumentationsstil, dessen Paulus sich hier bedient. Der bei Paulus zweimal begegnende Schluß „um wieviel mehr" (V. 15 und 17) – *Qal Wachomer* – stellt zunächst ein bei den Rabbinen geläufiges Argumentationselement dar.[19] Dieses rabbinische Argumentationsverfahren „besteht darin, daß sich an irgendeinem Punkt berührende Aussagen aufeinander bezogen werden, sofern das Verhältnis derselben zueinander als Steigerung darzustellen ist".[20] Zu beachten ist, daß der mit formaler Evidenz ausgestattete Steigerungsbezug dabei nur unter der Voraussetzung einer Entsprechung der zueinander in Beziehung gesetzten Verhältnisse erfolgen kann. Die Entsprechung zwischen zwei Aussagekomplexen wird im rabbinischen Qal-Wachomer-Schluß also nicht negiert, sondern im Sinne der Steigerung interpretiert. Paulus verwendet die rabbinische Argumentationsform, auf die er in Röm 5 zurückgreift, genau in diesem Sinne. Der mit der Wendung „um wieviel mehr" entfaltete Steigerungsbezug erfolgt unter der Berücksichtigung einer Entsprechung zwischen Adam und Christus. Diese Entsprechung (V. 18 f.) ist theologisch freilich nur unter dem Vorbehalt des „um wieviel mehr" (V. 15–17) recht zur Sprache zu bringen. Insofern läuft die Argumentation von Paulus eben nicht auf die Negation einer Entsprechung zwischen Adam und Christus hinaus, sondern auf deren theologische Präzisierung: „Insofern der Entsprechungsgedanke theologisch korrigiert wird, wird die Entsprechung als solche bejaht."[21] Es geht mithin nicht um die Unvergleichbarkeit von Adam- und Christusgeschehen, sondern um die Auszeichnung der Perspektive, unter der sie allererst in ein Verhältnis der Entsprechung treten können.

Im Blick auf das Verhältnis von mythologischer Tradition und deren christologischer Interpretation sind die exegetischen Erwägungen zur Adam-Christus-Typologie in Röm 5 von erheblicher hermeneutischer Relevanz. Die sich unter dem Vorzeichen der Christologie vollziehende Interpretation des Adam-Mythologems schneidet den intimen Kontakt nicht einfach ab, den sie mit den mythologischen Motiven der vorausliegenden Tradition hält. Sie destruiert nicht die Mythologie, sondern sie interpretiert sie. Diese Interpretation privilegiert nicht die Christologie auf Kosten der Mythologie, sondern sie integriert diese in den Auslegungshorizont jener. Diese Integration vollzieht sich wiederum nicht in einem exklusiv-negativen, sondern in einem inklusiv-positiven Sinne. Die christologische Korrektur der Mythologie bleibt auf letztere geradezu angewiesen, so daß das Zuneigungsverhältnis von Christologie und Mythologie nicht aufgekündigt wird. Vielmehr wird der Mythos im Vollzug seiner „Entmythologisierung" gerettet. Ohne Bezug auf die mythologische Adamfigur läßt sich nämlich die Bedeutsamkeit, die sich mit dem Namen Christus verbindet, weder zur Sprache bringen noch theologisch verstehen – auch wenn nach Röm 5 Adam nun von Christus her verstanden werden muß. Insofern zeigt sich aber die *bleibende Angewiesenheit* der christologischen Interpretation der Menschheitsgeschichte auf die mythologischen Stoffe der Tradition. Denn: „Der mit Christus eröffnete Menschheitszusammenhang bleibt auf Adam angewiesen, weil die neue von der Zukunft bestimmte Geschichte um des Glaubens willen der von ihr her endenden Geschichte als Entsprechung bedarf, um selbst theologisch angemessen zur Sprache kommen zu können."[22] Ein konfrontatives Ultimatum, welches der Mythologie (und damit der jüdischen Tradition) mit ihrer Erledigung droht, hat Paulus nie gestellt.

III

Das Beispiel von Röm 5 steht für eine theologische Argumentation ein, die zur Artikulation der Heilsbedeutung Jesu Christi auf mythologisch gefärbte Stoffe des zeitgenössischen Judentums zurückgreift und diese zugleich im Horizont des eschatologisch Neuen, das in Christus angesagt wird, transformiert und modifiziert. Gleichwohl wird die mythologische Tradition nicht einfach abgestreift. Vielmehr konfigurieren in dem paulinischen Argumentationsmodell die mythologischen Elemente der jüdischen Überlieferung mit der eschatologischen Deutung des Heilsgeschehens Jesu Christi. Das Modell der Konfiguration von Mythologie und Christologie besitzt für die begriffliche Selbstdeutung des christlichen Glaubens insofern Relevanz, als sich an ihm die grundsätzlich unüberholbare Angewiesenheit des dogmatisch-theologischen Diskurses auf die mythologisch kolorierte Vorstellungswelt zeigt, auf der das Christentum aufruht.

Ein Blick auf die Motive, die in die paulinische Modellbildung eingehen, zeigt darüber hinaus, daß sich das mythische Denken nirgendwo in seiner ursprünglichen Gestalt zeigt. Die mythologischen Vorstellungskomplexe, die sich – um bei Röm 5 zu bleiben – um die Gestalt Adams gruppieren, sind immer schon tradierte und variierte Formungen, anhand deren sich lediglich einzelne Stadien ihrer Umbildung ablesen lassen. Dies gilt bereits für die Erzählung aus Gen 3. Die unhintergehbare Geschichte der Umformungen mythischer Motive in der jüdisch-christlichen Überlieferung kann geradezu als ein Indiz dafür angesehen werden, daß die Selbstartikulation des biblischen Denkens unrevidierbar aus dem Stand seiner „ersten Naivität" herausgetreten ist. Zu beobachten ist immer nur der Umgang mit dem Mythischen, nirgendwo enthüllt sich das Mythische aber in einer Gestalt, die nicht schon von diesem Umgang bestimmt wäre. Die paulinische Theologie bildet unter diesem Gesichtspunkt nicht mehr als eine Stufe im Prozeß der Variation, Transformation und Interpretation des mythisch-mythologischen Hintergrundes des biblischen Glaubens. Für die begriffliche Selbstartikulation des christlichen Glaubens bildet sie aber auch nicht weniger als diese Stufe, da sie die überkommene Tradition unter dem Vorzeichen der eschatologischen Heilsbedeutung Jesu Christi entscheidend transformiert und so aus dem Kontext des jüdischen Glaubens herausbewegt. Die sorgfältige Analyse dieser Transformation gehört somit zu den unerläßlichen Aufgabenstellungen christlicher Theologie. Bedenken stellen sich erst dort ein, wo diese Transformation im Horizont eines entwicklungslogischen Denkens in den Rang eines Stadiums gehoben wird, in dem „Mythos" und „Dogma" definitiv voneinander geschieden werden. Denn der Blick auf die frühchristliche Theologie verdeutlicht, daß die mythischen Bildwelten in den dogmatischen Bestand des christlichen Glaubens – nach dem Diktum von Ernst Cassirer – „so tief eingesenkt sind, daß sie aus ihm nicht entfernt werden können, ohne diesen Bestand selbst zu gefährden".[23]

Freilich ist die begriffliche Selbstartikulation des christlichen Glaubens nicht allein deswegen auf die mythische Grundierung der biblischen Überlieferung angewiesen, weil diese unter semantisch-formalem Aspekt als *Erzählung* begegnet. Das sicherlich auch. Denn theologische Reflexion, die den

Wahrheitsgehalt des christlichen Glaubens zu bewähren sucht, besitzt ihren Grund nicht in einem punktuellen „Daß" des Gekommenseins Jesu Christi, sondern in der Geschichte im doppelten Wortsinn: in der eschatologisch-soteriologischen Nähe der basileia thou theou in der Person Jesu Christi, die als die Geschichte Gottes mit den Menschen eben nur als Geschichte erzählt werden kann. Insofern gilt: „Wer Gott verstehen will, muß auf erzählte Geschichte hören und sich selber im Erzählen des Gehörten versuchen."[24] Darüber hinaus zeigt sich jedoch die Angewiesenheit des theologischen Denkens auf die mythologischen Stoffe der Überlieferung auch und gerade an der Eigenart dessen selbst, was die biblische Glaubensüberlieferung zum Erzählen veranlaßt. Die Bedeutung Jesu Christi läßt sich nämlich nur unter der Bezugnahme auf die Auffassungen des religiösen Kontextes zur Sprache bringen, in die mythische Motive im Medium ihrer Interpretation und Modifikation schon immer eingegangen sind. Der Umstand, daß diese Überlieferung im christlichen Glauben eine entscheidende Transformation erfährt, kann nicht darüber hinwegtäuschen, daß sie in die Konstitution des eschatologisch-soteriologischen Wahrheitsanspruchs miteingeht, der mit dem Namen Jesu Christi verbunden ist. „Versucht man aus dem Glaubensinhalt der Religion die mythischen Grundbestandteile herauszulösen und abzuschneiden: so behält man nicht mehr die Religion in ihrer wirklichen, in ihrer objektiv-geschichtlichen Erscheinung, sondern nur noch ein Schattenbild von ihr, eine leere Abstraktion zurück."[25]

Das Modell der Konfiguration, mit Hilfe dessen sich die christologisch orientierte Transformation der mythisch-mythologischen Stoffe der Überlieferung bei Paulus verstehen läßt, beleuchtet die eigentümliche Angewiesenheit des dogmatisch-theologischen Diskurses auf die spezifischen Mythen, die in die biblische Glaubensüberlieferung eingeflossen sind. Die vorangegangenen Überlegungen haben zu zeigen gesucht, daß sich diese Angewiesenheit sowohl im Blick auf die Form als auch auf den Inhalt des Mythischen analysieren und würdigen läßt. Unter diesem Gesichtspunkt stellt sich freilich auch die Aufgabe einer Analyse der epistemologischen Bedeutung des Mythischen für die theologische Artikulation des christlichen Glaubens.

Auf dem Weg der Beantwortung dieser Frage taucht das Problem des Verhältnisses von „Mythos" und „Religion" in seiner grundsätzlichen Tragweite auf. Wenn es richtig ist, daß sich die Religion von den spezifischen Mythen, die in ihre Konstitution unaufgebbar miteingehen, prinzipiell nicht ablösen läßt, so bleibt gleichwohl die Frage nach der Unterscheidung von Religion und Mythos in ihrer gegenseitigen Beziehung aufeinander. Sofern sich die Einsicht in die Angewiesenheit der Religion auf das Mythische nicht umgehen läßt, stellt sich das Problem der angesprochenen Unterscheidung mit um so größerer Dringlichkeit. Einen bedenkenswerten Hinweis erteilt die Kulturphilosophie Ernst Cassirers, der sich im zweiten Band seiner ›Philosophie der symbolischen Formen‹ des mythischen Denkens annimmt. Seine Auskunft lautet: „Die Religion vollzieht den Schnitt, der dem Mythos als solchem fremd ist: indem sie sich der sinnlichen Bilder und Zeichen bedient, *weiß* sie sie zugleich als solche."[26]

Vorausgesetzt wird bei diesem Urteil, daß die kulturelle Formation des Mythischen vornehmlich durch die Funktion des Ausdrucks bestimmt ist, bei der zwischen Zeichen und Bezeichnetem nicht unterschieden wird. Die Religion unterscheidet sich vom mythischen Denken, insofern sie zwischen Zeichen und Bezeichnetem bei genereller Berücksichtigung einer Analogie zwischen beiden einen Unterschied setzt. Cassirer verzeichnet den Distinktionsgewinn, der die Religion über das mythische Denken hinausführt, unter der Rubrik der Darstellungsfunktion. Daß Cassirer den Unterschied zwischen Mythos und Religion mittels einer Analyse der Funktion des jeweiligen Zeichengebrauchs bestimmt und damit in die Richtung einer formalen Semiotik weist, soll an dieser Stelle nicht weiter verfolgt werden. Festzuhalten ist an dieser Stelle vielmehr, daß Cassirer die Auffassung vertritt, Sprache (sprachliches Zeichen) und Anschauungsinhalt seien in der mythischen Formation der Kultur bestrebt, „ineinander aufzugehen und zur gegenseitigen Deckung zu gelangen".[27] Das religiöse Denken löst sich nun gerade dadurch vom Weltbild des Mythos, indem es die tendenzielle Übereinstimmung von Sprache und Anschauungsinhalt im Mythischen aufsprengt. Die Religion „entmythologisiert" den Mythos, indem sie ihn zu interpretieren und zu modifizieren versteht. Interpretieren wiederum kann sie ihn aber nur, weil sie die Bildwelt des Mythos von den in ihr ausgedrückten Anschauungsinhalten zu unterscheiden weiß. Zu dieser Unterscheidungsleistung ist die Religion schließlich fähig, weil sie die im Mythos verwendeten Bilder *als* Bilder weiß. Der Vollzug der „Entmythologisierung" gründet in genau dieser Unterscheidungsleistung der Religion. Es muß daher nicht überraschen, daß Cassirer das *Bilderverbot* im Sinne dieser Unterscheidungsleistung als das vornehmste Kennzeichen des jüdischen Glaubens zu würdigen weiß.[28]

Entmythologisierung wird von Cassirer freilich nicht in dem Sinne verstanden, als könne die Religion des Mythischen vollständig sich entledigen. Einerseits stehen Sprache und Bezeichnetes im Mythischen trotz erstrebter Deckungsgleichheit bereits in einer latenten Spannung. Jeder Mythos drängt also immer schon über sich hinaus; er wartet gleichsam auf seine Transformation. Andererseits bleibt die Religion in ihrer sprachlichen Selbstartikulation auf das semantische Potential des Mythischen unaufgebbar angewiesen. Denn das religiöse Bewußtsein ist nach Cassirer dadurch gekennzeichnet, „daß in ihm der Konflikt zwischen dem reinen Sinngehalt, den es in sich faßt, und zwischen dem bildlichen Ausdruck eben dieses Gehalts niemals zur Ruhe kommt, sondern daß er in allen Phasen seiner Entwicklung stets aufs neue hervorbricht. Die Versöhnung zwischen diesen beiden Extremen wird ständig gesucht, ohne doch jemals vollständig erreicht zu werden. In dem Hinausstreben über die mythische Welt der Bilder und in der unlöslichen Verklammerung und Verhaftung mit eben dieser Welt liegt ein Grundmoment des religiösen Prozesses selbst. Auch die höchste geistige Sublimierung, die die Religion erfährt, bringt diesen Gegensatz nicht zum Verschwinden: sie dient nur dazu, ihn immer schärfer kenntlich zu machen und ihn in seiner immanenten Notwendigkeit zu *verstehen.*"[29]

Der theologisch hochreflektierte Paulus, ob seiner theologischen ratio hochgerühmt und vielgescholten, ist möglicherweise und wider Erwarten dem Mythischen tiefer verpflichtet, als es zunächst den Anschein hat. Sollte sich die inverse Wechselbeziehung von Mythologie und Christologie, die im Modell der Konfiguration ausgesagt wird, für seine Theologie tatsächlich behaupten lassen können, dann wäre jedenfalls ein Weg der Interpretation nicht mehr statthaft, der in Mythologie und Christologie Alternativen sähe. Der Schnitt verläuft nicht zwischen Mythologie auf der einen Seite und Christologie auf der anderen. Vielmehr handelt es sich bei den beiden „Logien" um unterschiedliche Perspektiven, die um der soteriologisch-eschatologischen Bedeutsamkeit Christi willen von Paulus miteinander ins Gespräch gebracht werden.[30] In diesem Gespräch überleben denn auch die spezifischen Mythen, die zum Reservoir der biblischen Glaubensüberlieferung gehören. Aus paulinischer Perspektive geurteilt, warten sie schon immer darauf, angeeignet, interpretiert und fortgesetzt zu werden. Ihre „Entmythologisierung" im Sinne ihrer Transformation ist freilich weder umzukehren noch zu einem definitiven Abschluß in Namen des „Dogmas" zu bringen. Sie ist zu vollziehen. Denn in ihrem Vollzug regenerieren sich die Ressourcen, aus denen sich die theologische ratio speist. An diese Einsicht appelliert nicht zuletzt das paulinische Modell der Konfiguration von Mythologie und Christologie.

Literatur

Barth, Karl: Christus und Adam nach Röm 5, Zürich 1952.
Brandenburger, Egon: Adam und Christus. Exegetisch-religionsgeschichtliche Untersuchungen zu Röm 5, 12–21 (1 Kor 15), Neukirchen 1962.
Bultmann, Rudolf: Die Geschichte der synoptischen Tradition, 2., neubearb. Aufl. Göttingen 1931.
–: Neues Testament und Mythologie. Das Problem der Entmythologisierung der neutestamentlichen Verkündigung. Nachdruck der 1941 erschienenen Fassung, hrsg. v. Eberhard Jüngel, München 1985.
–: Adam und Christus nach Röm 5 (1959), in: Ders., Exegetica, Tübingen 1967, 424–444.

Campenhausen, Hans von: Das Bekenntnis im Urchristentum, in: ZNW 63 (1972), 210–253.

Cassirer, Ernst: Philosophie der symbolischen Formen II. Das mythische Denken, Nachdruck, 8. Aufl., Darmstadt 1987.

Conzelmann, Hans/Andreas Lindemann: Arbeitsbuch zum Neuen Testament, 3., verb. Aufl., Tübingen 1977.

Dalferth, Ingolf U.: Die soteriologische Relevanz der Kategorie des Opfers. Dogmatische Erwägungen im Anschluß an die gegenwärtige exegetische Diskussion, in: Freude an der Wahrheit. Freundesgabe an Eberhard Jüngel, hrsg. v. Wilhelm Hüffmeister und Wolf Krötke, Berlin 1984, 102–128.

Ebeling, Gerhard: Theologie und Verkündigung, Tübingen 1962.

Eliade, Mircea: Das Heilige und das Profane. Vom Wesen des Religiösen (1959), Frankfurt a. M. 1984.

Elze, Martin: Der Begriff des Dogmas in der Alten Kirche, in: ZThK 61 (1964), 421–438.

Jüngel, Eberhard: Das Gesetz zwischen Adam und Christus. Eine theologische Studie zu Röm 5, 12–21 (1963), in: Ders., Unterwegs zur Sache. Theologische Bemerkungen, 2. Aufl., München 1988, 145–172.

–: Glauben und Verstehen. Zum Theologiebegriff Rudolf Bultmanns, Heidelberg 1985.

Kirk, Geoffrey: Myth. Its Meaning and Function in Ancient and Other Cultures, Berkeley/Los Angeles 1970.

Müller, Heinrich: Der rabbinische Qal-Wachomer-Schluß in paulinischer Typologie. Zur Adam-Christus-Typologie in Röm 5, in: ZNW 58 (1967), 73–92.

Pannenberg, Wolfhart: Die Aufnahme des philosophischen Gottesbegriffs als dogmatisches Problem der frühchristlichen Theologie (1959), in: Ders., Grundfragen systematischer Theologie, Göttingen 1967, 296–346.

–: Systematische Theologie, Bd. 1, Göttingen 1988.

–: Die weltgründende Funktion des Mythos und der christliche Offenbarungsglaube, in: Mythos und Rationalität, hrsg. v. Hans Heinrich Schmid, Gütersloh 1988, 108–122.

Ricœur, Paul: Symbolik des Bösen. Phänomenologie der Schuld II, 2. Aufl., Freiburg i. Br./München 1988.

Soosten, Joachim von: Arbeit am Dogma. Eine theologische Antwort auf Hans Blumenbergs ›Arbeit am Mythos‹, in: Mythos und Religion, hrsg. v. Oswald Bayer, Stuttgart 1990, 80–100.

Wilkens, Ulrich: Der Brief an die Römer (EKK VI/1), 2., verb. Aufl., Zürich u. a. 1987.

DIE LOGIK DER ENTMYTHOLOGISIERUNG

Rudolf Bultmanns existentiale Interpretation als rationale Grundlegung mythischen Redens

Von Jörg Dierken

I

Die Theologie Rudolf Bultmanns[1] als ein Dokument der *Begründung* mythischer Rede zu lesen dürfte gegenwärtig eher Befremden als Zustimmung auslösen. Verbindet doch das theologische und philosophische Vorverständnis mit dem Namen Bultmann die Erinnerung an ein dezidiert mythen*kritisches* Programm: eben Entmythologisierung – und nicht Remythologisierung. Daran hat auch Bultmanns oft wiederholte Beteuerung, daß der positive Sinn der Entmythologisierung erst mit der Formel von der 'existentialen Interpretation' getroffen werde, wenig geändert. Vielmehr führte der durch Bultmanns Vortrag ›Neues Testament und Mythologie‹ ausgelöste Grundsatzstreit bei breiten Teilen des irritierten theologischen[2] – und auch philosophischen[3] – Bewußtseins zu dem Urteil, daß hier *Destruktion* vorwalte und nicht *Konstruktion*. Dies lassen jedenfalls die Anti-Kritiken erkennen, die in der Entmythologisierung nicht nur die Zerstörung der tradierten religiösen Vorstellungsformen erblickten, sondern auch die der christlich zentralen Inhalte schlechthin. So entstand in der durch Bultmanns Vortrag ausgelösten, fast 30 Jahre die theologische Welt in Atem haltenden Debatte etwa die Meinung, daß jedes ernsthafte Reden vom christlichen Gott immer schon 'mythologisch' sei.[4] Ferner wurde gegen Bultmann eingewandt, daß es die objektive Faktizität des historischen Heilsereignisses sicherzustellen gelte, auch wenn dies schwerlich anders denn mythisch-objektivierend möglich sein sollte.[5] Und die Entmythologisierungsthese provozierte gar die Gegenforderung nach einer Verstärkung der Mythologie, da nur die symbolische Sprache der Mythologie imstande sei, das christliche Gottesbild „festzustellen".[6]

Freilich waren die genannten Stimmen weniger an der Mythologie als solcher interessiert; es ging ihnen – wie vielen anderen – vielmehr darum, die orthodoxe Position der Positivität des Heilsgeschehens gegen eine als grundstürzend empfundene Kritik zu immunisieren. Diesem Interesse diente auch die Remythologisierungsforderung, die die zuletzt angeführte Stimme er-

hoben hat.[7] Von dieser orthodoxen Kritik an der Theologie Bultmanns hob
sich nicht nur die Position einer liberalen Radikalisierung des Entmythologisierungsprogramms ab, die mit der Objektivität des Mythos auch den trans-
subjektiven Ursprung des 'Kerygmas' zugunsten eines heilvollen 'Zu-sich-
selbst-Kommens' des Menschen eliminieren wollte.[8] Sondern von jener
Orthodoxie unterscheidet sich auch die Stoßrichtung eines gegenwärtigen
Vorschlages, der der entweltlichenden und deshalb „tonlose[n] Eindimensionalität der Entmythologisierung" eine „Remythologisierung" entgegen-
setzen möchte, damit die „extreme Dissoziation des Ästhetischen und des
Religiösen" überwunden werden kann.[9] Er zielt jenseits des spezifisch hermeneutischen Verfahrens, dem Bultmann den Namen der Entmythologisierung gegeben hat, auf eine symbolische Beerbung mythischer Potentiale ab,
um die Differenz von Geist und Natur zu überführen in eine ebenso sinnen-
fällige wie imaginierbare Lebenstotalität. Reagiert dieses Remythologisie-
rungsdenken in einer – weil ästhetisch-zweckfrei – unprogrammatischen
Weise auf die moderne 'Entzauberung der Welt', so finden sich doch auch dezidiert strategische Bemühungen, die Mythen als Gegenmittel einzusetzen
gegen die mit der modernen Weltentzauberung und Lebensrationalisierung
einhergehenden Gefahren, unter denen der durch die entmythologisierte
Vernunft generierte „Monomythos der alleinseligmachenden Revolutions-
geschichte" besonders hervorsticht.[10] Ihm gilt es in einem „Plädoyer für aufgeklärte Polymythie" entgegenzutreten[11]: Sein Alleingeltungsanspruch soll
durch eine Pluralität konkurrierender Mythen neutralisiert werden.
Mythen, definiert als menschlicherseits notwendige „Geschichten", sollen
dasjenige „Minimum an Chaos" installieren, ohne das die moderne Indivi-
dualitätskultur – die zugleich eine der Konkurrenz ist – nicht bestehen
kann.[12] In dieser Optik wird schließlich die Frage nach dem Wahrheitsgehalt
der Mythen dispensiert zugunsten der Ausrichtung auf ihre modernitätskon-
servative Funktion: Als austauschbare Äquivalente sollen sie an der Börse
des Geistes dafür sorgen, daß nichts etwas an ihm selbst ist und deshalb trans-
individuelle Geltungsansprüche erheben kann.

So unterschiedlich die genannten Stimmen auch sind: gemeinsam ist
ihnen das Interesse an einer Remythologisierung, welche der modernen
Entgötterung der Welt mit einer Entzauberung der allgewaltigen Rationalität begegnen kann. Überspitzt gesagt vereint die Skepsis gegenüber dieser
Rationalität die verschiedenartigen Meta-Kritiken der Entmythologisierung. Denn Entmythologisierung steht gerade für eine solche Rationalität,
von der die einen behaupten, sie verhindere den Glauben an objektive Heilstatsachen, während die anderen sie als Begründung der Heilsgeschichte
autonomer Subjektivität ansehen. Daher nimmt es nicht wunder, daß sowohl die Bemühungen um eine – tendenziell vormoderne – Wiederauf-
richtung der Autorität von Heilstatsachen als auch das Bestreben um eine

– tendenziell postmoderne – Schadensbegrenzung revolutionärer Heilsgeschichte sich einer funktionalen Indienstnahme von Mythen bedienen.
Diese sollen das Gegengewicht bilden zu einer antimythischen Rationalität,
die für die – freilich verschiedenartig beurteilten – Schäden der Modernität
verantwortlich sei. Deshalb geht es in vielen Varianten der Entmythologisie-
rungskritik nicht primär um die Mythen als solche, sondern um ihre Bedeutung für die Diagnose und Therapie der aufklärungsgeschädigten Gegen-
wartskultur.

Angesichts der Plausibilität, die den Remythologisierungsstrategien indirekt mit der gesteigerten Aufmerksamkeit für die Kosten der modernen
Rationalisierung zuwächst, gerät eine Rückbesinnung auf Bultmann unter
Legitimationsdruck; dies gilt zumal dann, wenn sein Entmythologisierungs-
denken gar als rationale Grundlegung mythischen Redens gedeutet werden
soll. Eine produktive Erinnerung an Bultmann muß daher zum einen den
Nachweis erbringen, daß die Entmythologisierung keineswegs eine einsin-
nige Huldigung an diejenige Rationalität ist, deren Folgelasten die politische
Strategie der Remythologisierung geboten erscheinen lassen. Und der Versuch, die genannte Denkfigur nicht nur als die Bewegung 'vom Mythos zum
Logos' zu deuten, sondern ebenso in umgekehrtem Richtungssinn, steht
zum anderen in der Pflicht, mit Hilfe der existentialen Interpretation eine
Struktur des Logos zu erhellen, die ihrerseits eine mythische Explikation erfordert und ermöglicht – ohne sie freilich hiermit selbst schon realisiert zu
haben.

Das erste der beiden Erfordernisse kann dadurch eingelöst werden, daß
die Entmythologisierung in dem Kontext betrachtet wird, in dem sie ursprünglich entstanden ist: nämlich der Hermeneutik. Denn sie ist zunächst
keine Theorie über den Mythos, sondern eine *hermeneutische Methode*, die
die Abständigkeit zwischen der urchristlichen Verkündigung und der modernen Bewußtseinslage konstruktiv überwinden möchte.[13] Entmythologisierung ist „ein hermeneutisches Verfahren, das mythologische Aussagen
bzw. Texte nach ihrem Wirklichkeitsgehalt befragt" (GuV IV, 128); erforderlich wird sie, weil im Neuen Testament die Botschaft in einem mythischen
'Weltbild' erscheint, das gegenwärtig nicht mehr glaubhaft ist. „Man kann
nicht" – so die berühmte Formulierung Bultmanns – „elektrisches Licht und
Radioapparat benutzen, in Krankheitsfällen moderne medizinische und kli-
nische Mittel in Anspruch nehmen und gleichzeitig an die Geister- und Wun-
derwelt des Neuen Testaments glauben" (NTuM, 16). Gewiß spricht aus
dieser Formulierung keine Sensibilität für die Ambivalenz der durch elektrisches Licht und Radioapparat symbolisierten Moderne.[14] Auch läßt sich
schwerlich bestreiten, daß Bultmanns kausalistisch geprägtes Verständnis
des modernen 'Weltbildes' der Komplexität moderner Naturwissenschaften
nicht entspricht[15] – zumal bereits der von Bultmann mit dem Stichwort

'Weltbild' bezeichnete Sachverhalt aus dem Schema eines genetisierenden Erklärens herausfällt: das kausalistische Weltbild müßte das mit ihm entstandene Genetisieren selbst genetisch erklären, und sei es auch dadurch, daß es als Resultat der neuzeitlichen Autonomisierung des Subjekts verstanden wird.[16] Gleichwohl basiert Bultmanns kritisches Bemühen um den Mythos nicht bloß auf einer unkritischen Sicht der Moderne. Für ein kritisches Verhältnis zur Moderne spricht nicht nur die antipositivistische Ausrichtung seiner historiographischen Methodologie (vgl. GuV II, 211 ff.; GuV III, 109 ff.), sondern vor allem sein Interesse an der *Wahrheit* des Mythos trotz der von ihm gesehenen Relativierung des Wahrheitsbegriffes durch die moderne Wissenschaft (vgl. GuV II, 281). Es geht Bultmann gerade nicht darum, die Mythen des Neuen Testaments mit der „Naturwissenschaft [zu] eliminier[en]", sondern darum, sie in einer angemessenen geschichtswissenschaftlichen Optik kritisch zu „interpretieren" (GuV IV, 133; vgl. NTuM, 25).

Das zweite Erfordernis, das den doppelten Richtungssinn in der Bewegung zwischen Mythos und Logos betrifft, kann dadurch eingelöst werden, daß Bultmanns Methodologie in ihrer inneren Beziehung zu dem interpretationsbedürftigen 'mythischen' Sachverhalt betrachtet wird. Die der Entmythologisierung zugrundeliegende These lautet: „Das mythologische Denken objektiviert ... das Jenseits zum Diesseits" (GuV IV, 134). Und diese Objektivation ist deshalb kritikbedürftig, weil der Mythos von der „eigentlichen Wirklichkeit des Menschen" reden will (ebd.). Daß der Mythos aber 'uneigentlich' vom 'Eigentlichen' redet, läßt sich nur dann erweisen, wenn ein spezifischer Logos der 'Eigentlichkeit' gezeigt werden kann. Doch eben dies ist nicht unmittelbar möglich, da die 'Eigentlichkeit' nicht in der Logik des Logos verfaßt ist. 'Eigentlichkeit' ist bestimmt als der Eigen*vollzug* menschlicher Existenz, und diesem gegenüber vollzieht sich der Logos in der Weise *bestimmender Objektivation* – wie insbesondere an seinem modernen Ort, der Wissenschaft, sichtbar wird.[17] Gegenüber dieser Objektivationslogik nicht nur des Mythos, sondern auch der rationalen Wissenschaft kann nur eine solche Struktur auf die 'Eigentlichkeit' verweisen, die innerhalb ihrer selbst ein Moment der Negation enthält. Dies ist nach Bultmann der „LOGOS TOU STAUROU" (I Kor 1, 17f.; GuV I, 207 u. ö.), das Wort vom Kreuz, das die menschliche Existenz sich selbst 'preisgeben' heißt. Auf dieses 'Logos' zielt die Entmythologisierung ab, und dieses 'Wort' ist auch der Inbegriff von Bultmanns Verständnis des 'Logos'.[18] Allerdings impliziert die Entmythologisierung eine Veränderung der Bestimmtheit des Logos, die ihn der allgemeinen Logik des Logos enthebt. Daher kann dieser Logos auch nicht durch eine spezifische Differenz gegenüber dem genus proximum 'Logos' bestimmt werden. Denn dieser Logos ist keine bestimmende Objektivierung, sondern seine Bestimmtheit *ist* nur als das Ereignis der die Selbstpreisgabe provozierenden 'Anrede'. Seine Bestimmtheit ist nichts anderes als das Ereignis seines Vollzugs. Eben darum koinzidiert er auch mit der Eigentlichkeit menschlichen Existenzvollzugs: ist diese doch ihrerseits nichts anderes als das Ereignis der Selbstpreisgabe, begründet in dem existential einsichtigen Tatbestand, daß menschliche Existenz nur dann sie selbst *sein* kann, wenn sie *nicht* im Sinne „objektiver Feststellbarkeit" (GuV I, 35) *gewußt* und mithin *'verfehlt'* wird. Für die existentiale Begründung und Explikation dieses Tatbestandes muß Bultmann jedoch wiederum auf eine Objektivation zurückgreifen: nämlich die *Selbst*vergegenständlichung der menschlichen Existenz. Allein mit ihrer Hilfe ist es möglich, den Vollzug des *Selbst*seins *selbst*, also nicht nur negativ als Folge der Entmythologisierung, zu erfassen. Die Vergegenständlichung des Selbst, vollzogen im Akt des Selbstbewußtseins, konstituiert die Explikationsfolie für die 'Eigentlichkeit' des Existenzvollzugs. Ob ihres Objektivationsmoments hat sie in formalisiertem Sinne wiederum einen quasi mythischen Charakter. Sie markiert mithin auf dem Boden des Existenzvollzuges eine Differenz zu dessen reiner Aktualität. Deshalb ist auch in der existentialen Thematisierung der Eigentlichkeit durch die Struktur des Selbstbewußtseins ein Moment der Negation enthalten: Es entspricht umgekehrt dem Negationsmoment in der Figur der Entmythologisierung.

Nach dieser kleinen Hinführung (I) soll im folgenden zunächst die Bewegung der Entmythologisierung entfaltet werden, die der exponierten Logik 'vom Mythos zum Logos' folgt (II; III). Sodann gilt es, die existentiale Interpretation als die umgekehrte Bewegung ins Auge zu fassen, welche den Logos der 'Eigentlichkeit' nur darstellen kann mit Hilfe tendenziell mythischer Objektivationen (IV; V). In dieser in sich gegenläufigen Doppelbewegung wird implizit auch eine Verhältnisbestimmung von Theologie und Philosophie vorgenommen. Sie basiert auf der Differenz einer positiven und einer negativen Entfaltung von Eigentlichkeit, welche abschließend anhand des kategorialen Zentrums des Bultmannschen Denkens in den Blick genommen werden soll: nämlich der Figur der paradoxen Identität (VI).

II

Sucht man eine Definition dessen, was Bultmann unter 'Mythos' oder auch 'Mythologie'[19] versteht, so stößt man auf vielfältige Variationen der bereits erwähnten Formel: „Der Mythos objektiviert das Jenseitige zum Diesseitigen" (GuV IV 146).[20] Eben dies sieht Bultmann darin gegeben, daß der Mythos der transzendenten Sphäre eine immanent-verfügbare Gegenständlichkeit zuerkennt. Wenn er etwa göttliche Gestalten oder Mächte in den natürlichen oder psychologischen Lauf des weltlichen Geschehens eingreifen läßt, so redet er vom Ewigen in den Kategorien limitierter Zeit, vom Unendlichen in den Kategorien begrenzten Raums, vom Heiligen in den Kategorien profaner Weltlichkeit. Diese Gestalten und Mächte handeln zwar wie weltliche Kräfte und Menschen, aber sie übertreffen diese zugleich im Grad ihrer Willkür und Stärke. Folglich ist es die Absicht des Mythos, dem Menschen seine fundamentale Abhängigkeit vor Augen zu stellen. Der Mythos offenbart, daß der Mensch nicht nur innerhalb seiner Welt in einer Abhängigkeit existiert – mithin dem Dauerkonflikt von Natur und Kultur ausgesetzt ist –, sondern darüber hinaus kennzeichnet er geradezu das Wesen des Menschen, von gewissen „jenseits des Bekannten waltenden Mächten abhängig" zu sein (NTuM, 23). Denn diese Mächte bedeuten den „Grund und [die] Grenze" des menschlichen Daseins (NTuM, 23; vgl. KuM II, 183). Im Mythos werden sie jedoch in einer unangemessenen Weise verobjektiviert und ins Diesseits gesetzt, so daß der Mensch zugleich über sie verfügen zu können hofft. Dies zeigt sich an der alten Nachbarschaft von Mythos und Kultus: Im Kultus greift der Mensch auf die mythischen Objektivationen zurück, damit er sich durch entsprechende Verrichtungen jene Mächte geneigt stimme, um sich selbst zu erhalten.

Für Bultmanns Verständnis des Mythos ist der Sachverhalt der Objektivation fundamentaler als die bloße Differenz von Form und Inhalt. Nicht weil im Mythos vom Jenseitigen in der Form des Diesseitigen geredet wird, ist er entmythologisierungsbedürftig, sondern weil er den seiner *Natur* nach nicht objektivierbaren Sachverhalt eines Grundes und einer Grenze des menschlichen Daseins verobjektiviert und mithin der Erkenntnis- und Handlungskompetenz des begründeten und begrenzten Menschen zu unterstellen sucht. Daß das Stichwort der 'Objektivierung' im Zentrum von Bultmanns Mythosverständnis steht, geht vor allem aus Bultmanns Interpretation von ätiologischen Mythen als naiven und primitiven Gestalten der Wissenschaft hervor (vgl. KuM II, 182f.; GuV IV, 134). Sie dienen dazu, die Herkunft von unerklärbaren Dingen, Handlungsweisen oder auch Charaktereigenschaften durch den Rekurs auf Götter oder Mächte zu erklären. Diese Erklärungsabsicht teilen die ätiologischen Mythen mit der Wissenschaft; sie können daher als ihre Vorform angesehen werden. Eine Wesensverwandtschaft waltet zwischen beiden nun nicht allein in der gemeinsamen Zielrichtung, sondern mehr noch darin, daß sie ihre Erklärungsabsicht jeweils durch Objektivierungen realisieren. So pflegt der ätiologische Mythos „ein objektivierendes Denken wie das der Wissenschaft" (KuM II, 183); sichtbar wird es insbesondere an der Kausalitätsorientierung von Mythos wie Wissenschaft. Freilich behauptet Bultmann mit dem Hinweis auf die Strukturanalogie keineswegs, daß Mythos und Wissenschaft identisch wären. Eine mythisch-mirakulöse Sichtweise der fraglichen Phänomene ist durchaus von einer neuzeitlichen Sicht der Welt als eines universalen Ursache-Wirkungs-Zusammenhangs unterschieden. Auch enthält die moderne Wissenschaft in ihren Objektivationen faktisch ein Entmythologisierungspotential: Im „Konflikt zwischen dem objektivierenden Denken des Mythos und dem objektivierenden Denken der Wissenschaft bleibt das letztere selbstverständlich der Sieger" (KuM II, 184). Daß aber gleichwohl Mythos und Wissenschaft angesichts des in ihnen geltenden Objektivationsprinzips zusammengehören, zeigt der von Bultmann herausgestellte Gegensatz, den die existentiale Interpretation gegenüber beiden bildet. Die Demarkationslinie, die Bultmanns Entmythologisierung zieht, verläuft nämlich nicht zwischen Mythos und Wissenschaft, sondern zwischen Mythos *und* Wissenschaft auf der einen und der existentialen Explikation wahrer Gehalte auf der anderen Seite. Ist es doch keineswegs Sinn der Entmythologisierung, das von ihr interpretierte „objektivierende Denken des Mythos ... der Begrifflichkeit des objektivierenden Denkens der Wissenschaft zu überliefern" (KuM II, 187). Vielmehr zielt die Entmythologisierung darauf, die Gehalte mythologischen Denkens in einer solchen Weise zur Sprache zu bringen, die „frei von jedem Weltbild ist, wie es das objektivierende Denken entwirft, sei es das des Mythos, sei es das der Wissenschaft" (ebd.).[21]

Das deutlichste Indiz dafür, daß Bultmanns Mythosverständnis vornehmlich um den mit dem Stichwort 'Objektivierung' bezeichneten Sachverhalt kreist und nicht hauptsächlich durch den Gegensatz zur modernen Wissenschaft bestimmt ist, bildet Bultmanns Abgrenzung seines Entmythologisierungsprogramms gegenüber der neuzeitlichen, religionswissenschaftlich argumentierenden Theologie. Bultmann ist zwar der Auffassung, daß sein Mythosverständnis auf den Ergebnissen der religionsgeschichtlichen Forschung fußt, aber er lehnt gleichzeitig deren systematisch-theologischen Begriffsapparat ab. Denn dieser bezweckt, so Bultmann, die Erhebung „ewige[r], zeitlose[r] Wahrheiten", während es der im Neuen Testament begegnenden Mythologie um ein geschichtliches „Ereignis" zu tun ist (NTuM, 26). Hat Bultmann eine Kontinuität zur religionsgeschichtlichen Schule darin gesehen, daß er mit ihr solche Vorstellungen mythologisch nennt, die das „Jenseitige als Diesseitiges" erscheinen lassen (NTuM, 22, Anm. 20), so erblickt er eine Diskontinuität darin, daß er anders als seine theologischen Vorgänger die Entmythologisierung nicht durch eine Trennung von „Schale und Kern" realisieren will (NTuM, 26).[22] Denn diese Trennung basiert gerade auf der von Bultmann bestrittenen Möglichkeit einer Abstraktion 'ewiger Wahrheiten' von ihrer geschichtlichen Erscheinung. Diese Möglichkeit hatte die religionsgeschichtliche Denktradition durch die Kombination zweier Annahmen zu begründen gesucht: Zum einen wurde dem Verständnis der Menschheitsgeschichte ein Entwicklungsmodell zugrunde gelegt, demzufolge die Menschheit in ihrer frühen, der 'Kindheit' vergleichbaren Phase für die sie überwältigende Naturerfahrung notwendigerweise mythische oder symbolische Vorstellungen auspräge. [23] Und zum anderen wurden hinter den mythischen Ausdrucksformen historische Tatsachen sowie zeitlos gültige, übersinnliche Wahrheiten vermutet, welche es durch kritische Interpretation aus der unangemessenen Form herauszulösen gelte. [24] Legitimiert durch jene geschichtstheoretische Annahme, konnte der adäquate Umgang mit den Mythen also darin gesehen werden, diese Tatsachen sowie 'ewigen Wahrheiten' zu erheben, um sie sodann an ihren historischen Ort zu verweisen oder auf ihren unmythischen Begriff zu bringen. Vor allem gegen letzteres richtet sich Bultmanns Protest. Denn es ist nur von relativem Gewicht, ob dieser Begriff – je nach dem Stand der theologischen Systematik oder der historischen Einsicht – sittlich- oder mystisch-religiöse Gehalte umfaßt [25]: in jedem Falle verfehlt er als *Begriff* das in den Mythen Gemeinte, nämlich das von Bultmann so genannte 'Kerygma', die Verkündigungs*botschaft* von dem *Ereignis* der Fleischwerdung des Logos, das den *Vollzug* einer eschatologischen *'Entweltlichung'* des Menschen provozieren will. Dabei ist es von geringerer Bedeutung, ob jener Begriff das religiöse Leben expliziert oder ob er eine praktische Norm durchzusetzen sucht. In beiden Fällen schiebt sich eine zeitlose, 'allgemeine Wahrheit' vor den Ereignis- und Botschaftscharakter des Neuen Testaments. Enthält Bultmanns Mythenverständnis zwar eine gewisse Affinität zu der geschichtstheoretischen Annahme einer mythenprägenden Frühphase der Menschheit, wenn es den Mythos als eine naive Vorform der Wissenschaft ansieht, so unterscheidet es sich jedoch grundlegend von der Annahme eines zwar historisch erhobenen, aber selbst invarianten religiösen Gehalts, der in einem sittlich gefärbten oder auch mystisch getönten Religionsbegriff wissenschaftlich identifizierbar ist.

Richtet sich Bultmanns Kritik an den älteren Entmythologisierungsversuchen nicht auf deren begrifflich explizierbare Resultate, sondern auf deren Vorgehensweise überhaupt, so erhebt sich die Frage, wie denn nun die von Bultmann selbst propagierte Entmythologisierung durchgeführt werden soll. Diese Frage kann allein durch eine Klärung des *kategorialen Status* der aus dem Neuen Testament erhebbaren Lehre und des mit ihr verbundenen *Botschafts*charakters beantwortet werden, um dessentwillen Bultmann seine Entmythologisierungshermeneutik ausbildet. Denn Bultmann unterzieht nicht die religionsgeschichtlich gewonnenen *Begriffe* der urchristlichen Frömmigkeit oder Sittlichkeit einer Neubestimmung. Vielmehr überbietet er als Historiker seine Vorgänger an kritischer Radikalität und Skepsis bezüglich eines authentischen Bildes neutestamentlicher Religion, um den so gewonnenen Freiraum als Theologe mit einer kerygmatheologischen Fassung der Lehre im Sinne von *Anrede* auszufüllen. [26] Ihre Vergegenwärtigung ist die positive Absicht der Entmythologisierung. Zur Anrede werden geschichtliche Phänomene wie die neutestamentliche Lehre dann, wenn „aus ihr die Möglichkeiten menschlichen Selbstverständnisses vernehmbar werden und zur verantwortlichen Wahl herausfordern" (GuV IV, 131). Allerdings ist es hierzu vonnöten, daß sich der die Geschichte interpretierende Mensch den Phänomenen unterstellt: Ein theoretisch-distanziertes 'Sehen' ist ihnen nicht angemessen. Das angemessene Verhältnis zu den geschichtlichen Phänomenen ist vielmehr ein 'hörendes' Verstehen, das die Priorität des Phänomens in der Erschließung von menschlichen Daseinsmöglichkeiten manifest werden läßt. In diesem Sinne redet 'mich' auch die neutestamentliche Lehre – teils unmittelbar-direkt, teils durch Tatsachen-Mitteilung indirekt – an und „lehrt mich so, mich selbst neu [zu] verstehen" (GuV I, 160). Warum die neutestamentliche Lehre hierzu fähig ist, läßt sich jedoch nicht vorgängig begründen, sondern allein in dem Ereignis des Angeredet-Seins und des Gewinns eines neuen Selbstverständnisses verstehen. Wie die Lehre in einem theologisch qualifizierten Sinn immer „Verkündigung, Anrede" und mithin 'Kerygma' ist (GuV I, 260), so ist umgekehrt „das Kerygma, die Anrede, ... also Lehre, sofern es ein bestimmtes Verstehen impliziert" (GuV I, 180). [27] Aus dieser rückläufigen Wechselbestimmung einer prioritären 'Lehre' bzw. 'Anrede' und einer sekundären Prägung des menschlichen Selbstverständnisses erhellt, daß beide Faktoren Momente eines identischen Zusammenhangs sind, welcher allein durch den *Vollzug* der aufeinander bezogenen Momente konstituiert ist. Was – mythologisch gesprochen – Gott mir durch das neutestamentliche Kerygma sagen will, läßt sich erst dann erfassen, wenn mein Selbstverständnis dadurch neu bestimmt wird. Und daß es Gott ist, der mich durch das Kerygma anspricht, wird darin offenbar, daß der Grund gerade meines Selbstverständnisses mir erschlossen wird; unbegründet durch mich, kann nur der grundlose Grund meiner selbst mich so bestimmen, daß ich mein Selbstverständnis hierdurch grundlegend bestimmt weiß und neu wähle. [28] Bestimmendes und Bestimmtes schlagen mithin im Vollzug der rückläufig-wechselseitigen Relation von Anrede und Verstehen ineinander um. Abstrahiert von dem Vollzug dieser Relation fallen beide Momente jedoch in den Status entmythologisierungspflichtiger Objektivationen zurück: Die Anrede wird zu einem Religionsbegriff verdinglicht, und das Selbstverstehen wird in einer anthropologischen Beschreibung eines vorausgesetzten Ich fixiert. Kommt hingegen die Lehre durch Entmythologisierung als Anrede zu stehen und wird hiermit in eine Relation zum Selbstverstehen gestellt, so zeigt sich der positive Sinn von Bultmanns Hermeneutik: Sie intendiert, die – mythologischen – Objektivationen in der immanenten Bestimmungszirkularität eines reinen Vollzugsaktualismus zu verflüssigen. Dieser Aktualismus heißt in Bultmanns Terminologie 'Geschichtlichkeit' (vgl. NTuM, 40ff.; GuV I, 117ff.). Geschichtlichkeit ist ebenso der Charakter des 'Ereignisses', von dem das Neue Testament in kerygmatischer Gestalt redet, wie auch das Kennzeichen des verstehenden Menschen, dessen

Sein die 'Entscheidungs-Tat' ist, in der er „sich selbst als seine Möglichkeit wählt" (GuV I, 118). Anrede und Verstehen sind nicht als gegebene Sachverhalte bestimmt, sondern sie *sind* immer nur, insofern sie *vollzogen* werden. Darum ist Geschichtlichkeit weder gegenständlich-mythologisch explizierbar noch historisch-wissenschaftlich diagnostizierbar. In extremer Opposition zu einem geschichtlich invarianten *Begriff* von Religion stehend, ist Geschichtlichkeit aber paradoxerweise selbst transhistorisch, da sie den reinen *Vollzug* als das *Wesen* oder die Bestimmtheit der Religion ausweist.[29]

III

Mit der Ausrichtung der Entmythologisierung auf den reinen Vollzug, die Geschichtlichkeit, tritt indessen das Problem auf, wie denn der spezifische Charakter dieser Aktualität erfaßt werden kann. Das Wesen des Vollzugs ist freilich nichts anderes als dieser selbst; *was* er ist, ist, *daß* er ist. Und mit der rückläufigen Wechselbestimmung von Anrede und Verstehen – oder auch: von Wort Gottes und Glaube – ist der Vollzug des Sich-aufeinander-Beziehens beider Faktoren selbst bestimmt, da Bestimmendes und Bestimmtes ineinanderfallen. Gleichwohl stellt sich das Problem, daß die spezifische Bestimmtheit des Vollzugs gegenüber seiner bloßen Aktualität entfaltet werden muß. Denn ließe sich seine spezifische Bestimmtheit nicht explizieren, würde dieser Vollzug nur als ein unvermitteltes, abstraktes Sistieren der mythischen, historischen oder wissenschaftlichen Objektivationenfolge erscheinen. Er wäre solcherart die irrationale Dezision eines zwar Vergegenständlichungen hervorbringenden, aber darin rationalen Zusammenhanges. In diesem Falle wäre der Mythos der Exponent des Logos, während die Entmythologisierung hiergegen die reine Negation jeglicher Logik aufbieten würde. An ihr selbst betrachtet, wäre überdies die durch die existentiale Interpretation realisierte 'Geschichtlichkeit' unbegründet, da sie die möglichen Relate eines Begründungsverhältnisses in die reine Wechselrelation von Bestimmendem und Bestimmtem zurücknimmt. Werden Grund und Folge, Anrede und Verstehen oder Gotteswort und Menschenglaube in ein reines Wechselverhältnis gestellt, so neutralisieren sie gegenseitig das Vermögen des Bestimmens ihres Oppositums: Die Bestimmtheit des Grundes ist infolge der Folge; was Anrede ist, ist erst durch Verstehen verstehbar; das Gotteswort wird Wort Gottes im Menschenglauben. Geht auf diese Weise die antimythische Begründung der Geschichtlichkeit an ihrer immanenten Grundlosigkeit selbst zugrunde, so wäre der existential interpretierte Vollzug an ihm selbst dasselbe, was eine bloß dezisionistische Entmythologisierung gegenüber ihrem mythischen Oppositum bedeutete: nämlich eine abstrakte und irrationale Unmittelbarkeit.

Eine solche Unmittelbarkeit ist nun keineswegs das Ziel der Bultmann-schen Hermeneutik. Denn Bultmann begreift Geschichtlichkeit als eine in sich strukturierte, existentiale Kategorie: Sie beinhaltet, daß das menschliche Dasein „allein im Vollzug des Existierens besteht", indem es seine Geschichte als individuelles Bestimmtsein durch seine Vergangenheit im Akte der „Entscheidung" sich zu eigen macht und als seine Zukunft übernimmt (GuV IV, 170).[30] Der rein formale Charakter dieser Kategorie verwehrt zunächst eine inhaltliche Qualifizierung des Daseins: Sie ermöglicht nur die Unterscheidung zwischen einem 'Bei-sich-Sein' und einem 'Bei-anderem-Sein', zwischen der Freiheit des Menschen, „er selbst zu sein" (GuV IV, 152), und der Unfreiheit, „nie zu seinem eigentlichen Selbst" zu kommen (GuV II, 278). Wie Freiheit und Unfreiheit, Selbstsein und Nicht-Selbstsein finden 'Eigentlichkeit' und 'Uneigentlichkeit' in der existentialen Kategorie der Geschichtlichkeit ihr Maß. Umgekehrt erlauben es allein die genannten Opposita, das Dasein in seiner Geschichtlichkeit von bloßem „Vorhandensein" zu unterscheiden (GuV IV, 105).

Gleichwohl sind die genannten Opposita nur notwendige, aber noch keine hinreichenden Merkmale von Geschichtlichkeit. Denn in diesen existentialen Konstellationen läßt sich nicht die in der Entmythologisierung gewonnene Einsicht explizieren, daß Geschichtlichkeit allererst durch die Anrede konstituiert wird. Damit sich das 'hörende' Verstehen als Relat zum kerygmatischen 'Wort' ereignen kann, ist das Geschehen der Anrede unabdingbar. Wie bereits angedeutet, kann die Anrede zum einen eine direkte oder unmittelbare sein; Bitte, Dank, Aufforderung etwa sind hier zu nennen. Sie kann zum anderen auch eine indirekte oder mittelbare sein, nämlich dann, wenn sie eine sachhaltige Mitteilung beinhaltet. Beide Charaktere der Anrede werden von Bultmann gegeneinander bestimmt und sodann durcheinander vermittelt: Schwerlich ereignet sich eine direkte Anrede, ohne daß von *etwas* geredet wird – und kaum werden in indirekter Anrede Mitteilungen gemacht, ohne daß zum Mitgeteilten selbst das *Mitteilen* hinzugehört. Eben dies ist bei solchen Mitteilungen der Fall, die auf 'hörendes' Verstehen abzielen. Hierzu zählt insbesondere die Mitteilung eines solchen Faktums, das „nicht aus einem grundsätzlich gegebenen Weltverständnis zu begreifen ist" (GuV I, 158), weil es den Sinn hat, ein eschatologisches 'Heilsfaktum' zu sein. Diesen Sinn hat es freilich nur insofern, als es von Gott – nach Bultmanns berühmter Definition: der „Alles bestimmende[n] Wirklichkeit" (GuV I, 26) – konstituiert ist, und Gott für seine Verstehbarkeit seitens des Menschen einsteht. Dieses Faktum ist für Bultmann das Handeln Gottes in Jesus Christus, das allein durch die hiermit autorisierte Predigt mitgeteilt wird und hierin präsent ist. Denn die Mitteilung kann ebensowenig vom mitgeteilten Faktum getrennt werden wie das Faktum von der Mitteilung. Wenngleich Bultmanns Denken voraussetzt, daß Heilsfaktum und Mitteilung aus ihnen selbst heraus in Geltung stehen, richtet er seine Aufmerksamkeit weniger auf die Begründung dieses theologischen Sachverhaltes als vielmehr auf dessen Aneignung durch den verstehenden Menschen. Bultmann ist bestrebt, den ob seiner objektiven Selbstgültigkeit tendenziell mythischen Gehalt existential in die aktuale Subjektivität zu transformieren. Daher werden Faktum und Mitteilung in der Perspektive thematisch, in der sie imstande sind, „mir eine neue Möglichkeit meines Daseins zu erschließen" (GuV I, 158), deren vorzüglichste mit meiner existentiellen 'Bestimmtheit durch Gott' zusammenfällt. In die Geschichtlichkeit menschlichen Daseins wird solcherart göttliche Bestimmtheit eingeschrieben. Wie von Gott – analog zur Relation von Anrede und Verstehen – nur dann angemessen geredet werden kann, wenn man „von sich selbst rede[t]" (GuV I, 28), so ist das existentielle Reden 'von sich selber' nur dann Gott adäquat, wenn es aus der „eigene[n] Existenz als [einer] durch Gott bestimmte[n]" (GuV I, 89) heraus geschieht. Eben diese Existenz ist der Glaube, der freilich immer nur „als Glaube an" – also „an Gott in der Offenbarung" – möglich ist (GuV I, 89).[31] Doch umgekehrt ist der Glaube auch „die einzige Zugangsart zu diesem Gegenstand" (ebd.). Der Glaube ist das durch die Anrede konstituierte Sich-Verstehen des Menschen *als* sein Bestimmtsein durch Gott.

Konzentriert sich nach Bultmann nun einerseits die existentiale Bestimmtheit der Geschichtlichkeit in der Figur des Selbstseins und beinhaltet andererseits die existentielle[32] Realisierung der Geschichtlichkeit das im Glauben verstandene Bestimmtsein durch Gott, so erhebt sich die Frage, wie die beiden gegeneinander bestimmten Bestimmtheiten zusammenstimmen können. Diese Frage ist der Prüfstein für die Tragfähigkeit von Bultmanns Entmythologisierungslogik. Denn sie muß imstande sein, eine mit der mythischen Objektivation untergegangene Folie für die Explikation der Bestimmung von Geschichtlichkeit 'am Orte' von deren Vollzug wiederzugewinnen. Anderenfalls würde sie nämlich den Mythos nicht interpretieren, sondern lediglich eliminieren.

Mit seiner kerygmatheologischen Deutung des 'Wortes' vom Kreuz (I Kor 1, 18) stellt Bultmann eine Beantwortung jener Frage in Aussicht. Überdies versammelt der 'LOGOS TOU STAUROU' auch die zentralen Motive der neutestamentlichen Überlieferung. Und schließlich ist seine Logik geeignet, das eigentümliche Verhältnis von Mitteilung und Mitgeteiltem zu erhellen. Denn der Gehalt der Mitteilung ist eine *Tatsache*: Der Sachgehalt der Anrede ist eine „Tat Gottes", nämlich die Heilstat, daß Gott seinen Sohn sandte, 'als die Zeit erfüllt war' (Gal 4, 4), welcher „gestorben und auferstanden ist ‚um unserer Übertretungen willen' bzw. ‚um unserer Gerechtmachung willen'" (Röm 4, 25; GuV I, 176).[33] Diese Heilstat deckt jedoch keineswegs göttliche Mysterien auf; eine Belehrung über die 'Natur' Gottes sowie seine 'ORGE' und seine mit dem Leben und Sterben des Sohnes manifeste 'CHARIS' findet nicht statt. Allerdings kann Bultmann es nicht vermeiden, zur Explikation der Heilstat auf theologische Mythologeme zurückzugreifen – sosehr die Heilstat eine reine Tatsache sein soll. So zieht Bultmann etwa die paulinische Satisfaktionsterminologie heran, obwohl nach Bultmann „das Kerygma des Paulus" – und dies „gilt mit entsprechenden Modifikationen für die ganze urchristliche Verkündigung" – „ein Faktum" verkündigt (GuV I, 176). In diesem Faktum ist nun die Verkündigung selbst grundgelegt: „Die Mitteilung [ist] keine bloße zufällige und nebensächliche Vermittlung, sondern gehört, als die durch das Heilsfaktum autorisierte Predigt, selbst zum Heilsfaktum" – wie „umgekehrt ... auch das Heilsfaktum nicht ohne die Predigt [ist], was es ist" (GuV I, 180).

Die Bestimmtheit des Faktums – also: *was* es ist – muß sich mithin aus seiner inneren Relation zur Mitteilung rekonstruieren lassen, wie denn auch der Charakter der Mitteilung nur mit Bezug auf das Faktum erfaßt werden kann. Gleichwohl bilden Faktum und Mitteilung kein einfaches Relativitätsverhältnis. Denn erstens wird die Relation des Faktums zur Mitteilung durch einen Gegensatz bestimmt. Hiernach ist das Faktum gerade keine Mitteilung; es *unterbricht* vielmehr einen vorausgesetzten Mitteilungszusammenhang, wie er etwa objektiv als Belehrung und subjektiv als Selbstinszenierung erscheint. Das Faktum *ist* demgegenüber „die nackte Tatsache des Kreuzes Jesu", und das „Daß, das Hier und Jetzt, die Faktizität der Person [sc. Jesu Christi konstituiert] die Offenbarung" (GuV I, 207; 208). Als eine solche Tatsache sistiert das Kreuz eine einfache Kontinuität der Mitteilung. Und eben dies ist seine Bestimmtheit: Seine bloße *Tatsächlichkeit* „bedeutet an den Menschen die Frage, ob er sich in seiner Sicherheit ... preisgeben will" (GuV I, 207. Herv. v. mir, JD). Mit dieser Bedeutung der Tatsächlichkeit wird die gegensätzliche Bestimmtheit von Faktum und Mitteilung allerdings auch sofort durch eine umgekehrte ergänzt: Über den Gegensatz von Faktum und Mitteilung vermittelt, ist die Relation zweitens durch eine innere Kontinuität ausgezeichnet. Denn nur hierdurch kann das Faktum selbst eine Bedeutung *'haben'*; nur hierdurch kann die Mitteilung als zum Faktum selbst *gehörig* gekennzeichnet werden. Überdies läßt sich vermöge der gegensatzvermittelten Relation innerer Kontinuität auch die Bestimmtheit der Mitteilung erheben. Sie ist nämlich keine bloße Mitteilung, sondern angesichts des 'Daß-Charakters' des Mitgeteilten eine 'Frage an den Menschen' – genauer die Frage an *mich*, ob ich mich selbst *'mitkreuzigen'* lassen und mir solcherart „durch dies historische Faktum ein neues Verständnis [... meiner] selbst erschließen lassen will" (GuV I, 207). Wurde durch die Faktizität der einfache – theologisch: zum alten Äon gehörige – Zusammenhang der Mitteilung sistiert, so erhält der gegensatzvermittelte – theologisch: eschatologische – Mitteilungszusammenhang selbst das Gepräge von Gegensätzen oder

Negationen. Die Form der *Frage*, der Inhalt der *Selbsthingabe* und die An-rede-Pragmatik *gegenüber* mir sind solche Negationen, die derjenigen Struktur entsprechen, deren Vollzug das reine 'Daß' in seiner be-deutungs-sistierenden Bedeutung ist. So ist für das paulinische Kerygma „sein Daß [entscheidend], sein Hier und Jetzt, in dem jenes Hier und Jetzt [sc. Jesu Christi] in der Anrede vergegenwärtigt wird" (GuV I, 208). Und Johannes stellt – wenn auch mit anderen Mitteln als Paulus – ebenfalls nur „das Daß der Offenbarung dar, ohne ihr Was zu veranschaulichen" – um sie hierdurch „als de[n] Anstoß, als das Gericht über die ‚Welt', als die Negierung der menschlichen Selbstbehauptung" erscheinen zu lassen (ThdNT, 419; 421).

Ist nun mit der Logik des 'LOGOS TOU STAUROU' eine Folie für die Bestimmtheit von Geschichtlichkeit gewonnen, so ist freilich noch die Frage offen, wie die existentiale Figur des 'Selbstseins' zusammenstimmen kann mit der in jener Logik enthaltenen existentiellen des 'Sich-neu-Verstehens', die gar in ein 'Sich-selbst-Preisgeben' einmünden soll. Die Richtung, in die Bultmanns Antwort auf diese Frage zielt, läßt sich leicht angeben. Bultmann behauptet nämlich, daß der Mensch sein Selbstsein nur *in* der Selbstpreis-gabe finden und realisieren kann (vgl. GuV I, 34; GuV II, 278 ff.). Denn an-derenfalls bleibt der Mensch *an sich selbst gebunden*, wobei mit der Bindung an sich selbst widersprüchlicherweise eine *Selbständigkeit* einhergeht. Phänomenal gesehen, ist das Selbst, an das der Mensch gebunden ist, seine Vergangenheit. Strukturell ist es jedoch die Objektivierung seiner selbst, die Bultmann theologisch als des Menschen *Sünde* auslegt. Es ist die von der Tat-handlung des Ich getrennte Vergegenständlichung desselben, das 'Werk', das das Ich aus sich heraussetzt, damit es sich in ihm abschätzen und selbstsi-cher machen kann. „Beim Werk bleibe ich der, der ich bin." Denn: „Ich trete neben es." Aber: „In der Tat werde ich überhaupt erst, ... ich lebe in ihr und stehe nicht neben ihr" (GuV II, 156). Inbegriff der *Selbständigkeit* des Sich-selbst-Sicherns durch das Werk ist der Selbstruhm als Geltungsdrang gegenüber *anderem*. Und dieser Selbstruhm wird mit dem 'LOGOS TOU STAUROU' 'mitgekreuzigt', „damit sich kein Fleisch von Gott rühme" (I Kor 1, 29). Gegenüber dem Selbstruhm, der auf dem Werk basiert und von der Intention des 'Sich-selbst-Sicherns' lebt, ist der in der Selbstpreis-gabe wirkliche Glaube an den 'LOGOS TOU STAUROU' durch Gott bestimmter „Gehorsam", denn der Mensch „soll sich verlieren, um sich so erst wirklich zu finden" (GuV II, 155). Der Glaube ist als reine Hingabe dem Werk entgegengesetzt: „Der Glaube ist Tat und nur im Vollzuge seiner selbst sicher" (GuV I, 113; TE, 157). Ist dies die zentrale Botschaft des 'LOGOS TOU STAUROU', auf dessen Freilegung die Entmythologisierung abzielt, so muß indessen eine der Entmythologisierung in ihrem Richtungssinn ent-gegengesetzte Figur bemüht werden, um den Gehalt dieser aktualistischen Botschaft dem in der Selbstthematisierung begriffenen, 'natürlichen' Menschen verständlich zu machen. Denn hierzu ist die in der Analyse des 'Daß' gewonnene Struktur der gegensatzvermittelten inneren Kontinuität von Faktum und Bedeutung nicht imstande: Sie kann die in Objektivation einmündende Selbstthematisierung nur unterbrechen und somit den Akt der Selbstpreisgabe provozieren – sie kann aber nicht seine Begründung entfalten.

IV

Will die Theologie ihrer „Aufgabe" nachkommen, „dieses Wort vom Kreuz verständlich zu machen" (GuV III, 192), so muß sie die Bedingungen ausarbeiten, unter denen ein solches Verstehen möglich ist. Denn dadurch, daß die in jenem Wort thematische Faktizität und die hiermit gesetzte – negative – Bedeutung herausgestellt wird, ist das Verstehen noch nicht gewährleistet: Aus der bloßen Tatsächlichkeit des Kreuzes läßt sich nämlich nicht ableiten, daß es sich hierbei um ein „Heilsfaktum" (GuV I, 177) handelt. Daher muß um der Verstehbarkeit dieses Sachverhaltes willen ein intersubjektiv kommunizierbarer Interpretationsrahmen aufgestellt werden, der die Bedeutung des Heilsfaktums als *Negation* allen verobjektivierenden 'Be-Deutens' des Selbst zu explizieren erlaubt. Mit dem Kreuz Christi ist die „Zweideutigkeit" verbunden, daß es – wie alle historischen Sachverhalte – als ein „vorfindliches Weltfaktum" betrachtet werden kann (ebd.), aus dem keineswegs erkennbar ist, daß seine *Bedeutung* jene *Negation von Bedeutung* ist. Würde es bloß als ein vorfindliches Weltfaktum angesehen, so würde dies das Verstehen seiner spezifischen Bedeutung strikt verhindern. Um es aber in seiner Bedeutung als Heilsfaktum zu erfassen, ist ein Begriff davon erforderlich, *was* überhaupt der Sachverhalt 'Heilsfaktum' besagt. Um diesen Sachverhalt zu begreifen, ist allerdings eine kategorial andere Struktur vonnöten, als sie der gegensatzvermittelten Relation von Faktum und Bedeutung inhäriert: Gegenüber der in der Aktualität des reinen '*Daß*' gegebenen Relation zielt das Bemühen um dessen Verstehensbedingungen auf die Explikation seines '*Was*', um mit der Bestimmtheit dieses Sachverhaltes auch die mit seiner Faktizität gesetzte Bedeutung als eines 'Heilsfaktums' *verstehen* zu können. Mit dieser Veränderung der kategorialen Struktur ist überdies ein Perspektivenwechsel verbunden: Die mit dem 'LOGOS TOU STAUROU' einhergehende Binnenperspektive auf die durch das Faktum gesetzte Negation von Bedeutung wird nun durch eine ihr umgekehrt entsprechende Außenperspektive ergänzt. In dieser kommt es, da die die Binnenperspektive kennzeichnende Relation umgekehrt wird, folglich auch zu einer Neubegründung des objektivierenden Denkens und Redens. Freilich enthält auch das solcherart neubegründete Denken und Reden ein Widerlager gegen denjenigen Objektivismus, den Bultmann unter Hinweis auf seinen 'uneigentlich' entfalteten 'eigentlichen' Inhalt kritisch entmythologisiert hat. Denn die Neubegründung eines – cum grano salis: mythischen – Denkens und Redens erfolgt dadurch, daß nun ein 'uneigentlicher' Inhalt entfaltet wird, der vermöge seines Charakters *indirekt* den 'eigentlichen' Sachverhalt kenntlich werden läßt. 'Was' das Heilsfaktum ist, wird mithin nicht an ihm selbst, sondern *sub contrario* an einer in ihm selbst zugrundegehenden Negativfolie erkennbar. Ihre Wahrnehmung erfolgt in jener Außenperspektive auf die Binnenstruktur des Heilsfaktums. Da diese als die des 'LOGOS TOU STAUROU' durch eine Logik der Offenbarung geprägt ist, kennzeichnet die Außenperspektive eine gleichsam 'natürliche' Logik des menschlichen Verstehens. In traditioneller theologischer Terminologie gesprochen, folgt hieraus: Zur Explikation von Offenbarung ist eine natürliche Theologie unumgänglich. Einen Zugang zur natürlichen Theologie Bultmanns eröffnet seine geschichtswissenschaftlich-hermeneutische Kategorie des 'Vorverständnisses' und deren subjektivitätstheoretisch-theologische Näherbestimmung.

Wenngleich Bultmanns Hermeneutik auf die Freilegung transhistorischer 'Geschichtlichkeit' abzielt, kann sie einer spezifisch geschichtswissenschaftlichen Methodologie nicht entraten. Auch eine „existentiale Interpretation der Geschichte" bedarf „der objektivierenden Betrachtung der historischen Vergangenheit" (GuV IV, 132), da diese anderenfalls zu einer bloßen Projektionsfläche für die Selbstdeutung gegenwärtiger Existenz degradiert werden würde. Historische Tatsachen müssen wahrgenommen, geschichtliche Zusammenhänge müssen wissenschaftlich aufgehellt werden. Deshalb gilt für den objektivierenden Blick des Historikers, daß er nicht durch eine Brille dogmatischer Voraussetzungen, gleich welcher Art, getrübt werden darf. Die Interpretation historischer Ereignisse und zumal diejenige geschichtlicher Dokumente und Texte muß mithin *voraussetzungslos* sein. Solche Voraussetzungslosigkeit läßt sich nicht durch ein Dekret herbeiführen. Denn sie beruht darauf, daß das in jede geschichtliche Interpretation einfließende 'Vorverständnis' *ins Bewußtsein* erhoben wird (vgl. GuV II, 228; GuV III, 142ff.). Die geschichtswissenschaftliche Forderung der Voraussetzungslosigkeit kann mithin nur dadurch eingelöst werden, daß das interpretierende Subjekt sich Rechenschaft ablegt über das seine Hermeneutik mitbestimmende Vorverständnis. Über die Basisannahmen des modernen historischen Bewußtseins hinaus gehört nach Bultmann diejenige „Fragestellung" oder diejenige „Perspektive" (GuV III, 146) zum Vorverständnis, die für das Verstehensinteresse eines Historikers leitend ist. Ohne eine bestimmte Perspektive oder Fragestellung, also ohne ein Bewußtsein von dem „Woraufhin der Interpretation" (GuV II, 216), ist eine adäquate Auslegung namentlich von biblisch-mythischen und philosophischen Texten nicht möglich, da sie ihrerseits nicht ohne inneres Ziel sind. Dieses 'Woraufhin' wurzelt nach Bultmann in dem „Lebensverhältnis des Interpreten zu der Sache ..., die im Text – direkt oder indirekt – zu Worte kommt" (GuV II,

217). Vorausgesetzt für eine Interpretation geschichtlicher Texte ist mithin das Lebensverhältnis des Auslegers zu der im Auszulegenden thematischen Sache; voraussetzungslos wird das Verstehen demnach nur dann, wenn diese Voraussetzung und mit ihr die 'Sache' ins Bewußtsein gehoben werden. Das den Lebenszusammenhang des Auslegers mit der Sache umschließende Vorverständnis muß also in das Verstehen selbst mit eingehen. In diesem Sinne ist für Bultmanns Hermeneutik „die ‚subjektivste' Interpretation ... die ‚objektivste'" (GuV II, 230). Freilich ist auch die subjektivste Interpretation nur insofern objektiv, als sie „dem Gegenstand, wenn er in eine bestimmte Fragestellung gerückt ist, angemessen [ist]" (GuV II, 229). Liegt die Objektivität der Interpretation in ihrer Subjektivität begründet, und basiert ihre 'Subjektivität' auf einer mit der Fragestellung ermöglichten Gegenstandsadäquanz, so muß folglich in der Subjektivität der Frage die Objektivität des Gegenstandes selbst aufscheinen. Eine reine Zirkularität der beiden Faktoren Subjektivität und Objektivität kann von Bultmann nur dadurch vermieden werden, daß sich die Objektivität in der Subjektivität auffinden läßt. Eben dies ist hinsichtlich der biblisch-mythischen Texte in der Frage der Fall, die nach Bultmann die menschliche Subjektivität prägt: nämlich die „Frage nach Gott" (GuV III, 149). In ihr kommt der Gegenstand dieser Texte, ihre 'Sache', adäquat zur Sprache. Denn „in der Frage nach ihm" kann „der Mensch sehr wohl wissen ..., wer Gott ist" (GuV II, 232). Die im Vorverständnis enthaltene Gottesfrage eröffnet ein adäquates *Wissen* um Gott. In ihr kommt überdies zu Bewußtsein, *was* sein in dem Heilsfaktum kulminierendes 'Handeln' ist, von dem die Texte reden. Doch auch die mit der menschlichen Subjektivität verbundene Gottesfrage ist nicht unmittelbar aus ihr heraus verständlich. Denn nach Bultmanns Hermeneutik fußt diese mit der menschlichen Subjektivität verbundene Frage auf der Frage nach der Subjektivität selbst. Das in der Frage ermöglichte Wissen um Gott wird allererst verständlich in dem Wissen um das Selbst des Fragenden.

Setzt die Möglichkeit des Fragens ein Wissen voraus,[34] und ist „das Wissen um Gott ... zunächst ein Wissen des Menschen um sich selbst" (GuV II, 86), so gilt es zu explizieren, *was* denn der Mensch von *sich* wissen kann, um hierauf sein Wissen um Gott zu gründen. Dieses Wissen, das in der Frage des Menschen nach sich selbst entdeckt wird, kulminiert in dem Wissen um seine „Fragwürdigkeit" (GuV I, 298). Bultmann läßt wenigstens drei Stufen der Begründung dieses Sachverhaltes erkennen. Erstens erfährt der Mensch aufgrund seiner Doppelbürgerschaft im Reich der Natur und in dem der Kultur seine Naturabhängigkeit, wenn er kraft seiner Vernunft nach sich selbst fragt. Diese durch Kultur- und Vernunftanstrengungen nicht auflösbare Abhängigkeit tritt insbesondere durch das Unterworfensein unter die Struktur der Zeit zutage: Die Zeit macht den Menschen zu einem endlichen Wesen, obwohl sie in dieser Potenz nur in der Selbstwahrnehmung des Menschen zutage tritt, in der der

Mensch als um sich wissender sich zugleich in eine unendliche Selbstverantwortung gestellt sieht (vgl. RuK, 24 ff.; GuV II, 82 ff. u. ö.). Zweitens steht der Mensch unter dem Widerspruch von Sollen und Wollen. Wie die Stimme des Gewissens zeigt, ist mit dem menschlichen Leben die Differenz des imperativischen 'Du sollst' und des indikativischen 'Ich will' verbunden, welche den Menschen in seinem „eigenen Inneren ... selbst zwiespältig" zu sein verurteilt (GuV II, 89). Gerade indem der Mensch im Gewissen sich selber erfaßt, erlebt er sein Selbst als ein in sich gebrochenes. Drittens offenbart sich im Zuge der Selbstthematisierung, daß der Mensch überhaupt nicht imstande ist, sein Selbst als solches zu begreifen. Denn unter der Bedingung zeitlichen Existierens kommt das sein existierendes Selbst erfassende Subjekt gleichsam immer schon zu spät und springt aus seiner eigenen Existenz heraus. Zudem hat jeder Selbstbezug das Selbst immer schon gespalten, denn das sich auf sich beziehende Ich setzt in dem Akt des Bezugs ein von sich unterschiedenes Ich als Objekt desselben voraus. Das im Akt des Selbstbezugs vorausgesetzte Ich, „das ich als das Gegebene nehme, ist ein Phantom ohne existentielle Wirklichkeit" (GuV I, 29). Von diesem phantomhaften Ich ist das Ich, das sich selbst begreifen will, gleichwohl abhängig. Gerade das Ich, das sich selbst begreifen will, gerät somit in eine Abhängigkeit von sich selbst, und das als ein Gegebenes hingenommene Selbst ist in seiner Objektqualität für das sich selbst erfassen wollende Ich ein Phantom.

Die 'Fragwürdigkeit' des Menschen zeigt sich also darin, daß der Mensch sich in seinem Wissen-von-sich in eine Selbstabhängigkeit verstrickt, derzufolge er unter sich 'versklavt' ist. Das Sich-Wissen des Menschen offenbart deshalb sub contrario, daß der Mensch sich nicht *wissen* kann. Denn der Versuch, ein Wissen von sich zu gewinnen, führt nur dahin, daß der Mensch in seinem Selbst die es bestimmende Struktur der Abhängigkeit erfaßt, in welcher noch der Gegenstand der Abhängigkeit den Charakter eines Phantoms hat. Eben darum *ist* der Mensch in seinem Sich-Wissen 'fragwürdig': Sein Wissen macht geradezu die 'Würde' aus, aufgrund deren er selbst die 'Frage' ist.[35] Und diese mit dem menschlichen Ich untrennbar verbundene Frage ist die Gottesfrage, denn die in ihr enthaltene Bestimmtheit ist – gemäß der Logik des 'Vorverständnisses' – der Gehalt seines Wissens um Gott, geht es doch um den Möglichkeitsgrund des Selbstseins des Menschen. Freilich ist es nur der Gehalt; ein verkappter Gottesbeweis, der die Negativität der Gottesfrage in die Positivität einer göttlichen Antwort ummünzt, ist durch die Einsicht in die menschliche Fragwürdigkeit nicht geführt. Gewiß kann der Mensch ebenso die Gottesfrage in einen falschen Gottesbeweis verkehren wie seine „Abhängigkeit in Freiheit umlüg[en]" (GuV I, 302). Dies ist dann der Fall, wenn er sein phantomhaftes und gleichsam ihm gegenüber 'jenseitiges' Ich zu einem 'diesseitigen' objektiviert und hierdurch sich selbst zu begründen und zu sichern sucht. Doch hiermit verfestigt er nur die Selbstabhängigkeit. Sie ist nur dadurch zu durchbrechen, daß der Mensch *sich selbst preisgeben* und *von sich frei* werden könnte. Eine solche Freiheit von sich selbst kann mit Bultmann die „Bestimmtheit des Menschen durch Gott" (GuV I, 34 u. ö.) genannt werden. Darin, daß diese Bestimmtheit des Menschen *nicht* durch ihn selbst bestimmt ist, entspricht sie der Bestimmtheit der in der Unmöglichkeit des Sich-Wissens aufscheinenden Gottes*frage*. Diese Bestimmtheit ist zunächst eine „bloße Negation"; sie besagt nämlich nur, daß die „tatsächliche Wirklichkeit des Menschen leer von Gott ist" (GuV II, 93). Denn wollte sie mehr sein als eine bloße Negation, so müßte der Mensch sich *selbst* von sich frei machen können. Dies ist ihm jedoch aufgrund der im Wissen manifesten Struktur seines Selbst verwehrt. Damit er „befreit [werde …] von sich selbst" (GuV II, 96) und damit seine Bestimmtheit durch Gott nicht nur eine bloße Negation sei, ist es unumgänglich, in einer gleichsam mythischen Weise Gott selbst zu thematisieren. Die rationale Analyse des im Selbstwissen des Menschen begründeten Wissens um Gott erfüllt sich deshalb in einer Grundlegung des mythischen Redens von Gottes Handeln.[36] Allein hierin kann die sich anderenfalls in bloßer Negation erschöpfende Bestimmtheit in eine positive überführt werden.[37]

V

Hat die natürliche Theologie die Aufgabe, die Bedeutung des Wortes vom Kreuz deutlich zu machen, und realisiert sie diese Aufgabe, indem sie den Charakter des menschlichen Sich-Wissens als einer Gottesfrage herausstellt, so kann die diese Frage 'beantwortende' Offenbarungstheologie nicht die Grundstruktur der Bestimmtheit verlassen, die in der natürlichen Gottesfrage expliziert ist. In seiner Offenbarung ist Gott ebensowenig ein schlechterdings fremdes 'Mirakel' wie der unter der Offenbarung stehende Mensch ein anderes Wesen als der 'natürliche' Mensch. Trotz dieser Kontinuität sind die natürliche Theologie, die das Verstehen des 'LOGOS TOU STAUROU' ermöglicht, und die Offenbarungstheologie, die quasi mythisch das auf das 'Heilsfaktum' abzielende Handeln Gottes entfaltet, nicht identisch: Erhellt jene die strukturelle *Notwendigkeit* eines Von-sich-befreit-Werdens des Menschen, so beinhaltet diese dessen *Wirklichkeit* als eines Bestimmtseins durch Gott. Diese Wirklichkeit kann nun nicht anders als in einer gleichsam mythischen Darstellungsweise zur Sprache gebracht werden – sosehr sie sich gerade dadurch auszeichnet, aktualer Vollzug zu sein. Sie läßt sich als solche auch nicht durch den Rekurs auf eine Negativfolie begründen: Begründet durch einen von der Wirklichkeit unterschiedenen Grund, wäre diese Wirklichkeit nicht mehr das, was sie als Grund der Befreiung des Menschen ist. Rational begründen läßt sich nur, *daß* die Wirklichkeit *ihrerseits* als Wirklichkeit erscheinen muß. Eben darum impliziert die Entmythologisierungs-hermeneutik Bultmanns über den Umweg einer Analyse der Verstehensbe-dingungen oder des 'Was' der Faktizität eine Grundlegung mythischen Redens – die in der Aktualität dieses Redens freilich immer schon zugrunde gegangen ist.

Die sachliche Kontinuität in der Bestimmtheit des Gehalts von natür-licher und Offenbarungstheologie läßt sich leicht erweisen. Denn das Re-sultat der natürlichen Theologie besagt, daß der Mensch unter sich 'ver-sklavt' ist und mithin sein Selbstsein nur in einer Befreiung von sich selbst realisieren kann. Diese Befreiung von sich selbst läßt sich jedoch nicht auf dem Wege einer Selbstbefreiung erreichen. Wohl kann der natürliche Mensch noch seine Befreiung von sich selbst als eine „Tat der Freiheit" (TE, 91) zu erweisen suchen. Damit verfehlt er jedoch gerade dasjenige, um des-sentwillen die Tat der Freiheit vollzogen wird: nämlich sein Selbstsein. Daher bleibt für den Menschen nur „die Frage nach Gott" als einem ihm ge-genüber anderen, „nur das Ausschauen nach der göttlichen Gnade, in der der ... Jenseitige uns von uns selbst befreit" (GuV II, 95). Daß er dies aber tut, läßt sich nur sub specie einer *Tat des Jenseitigen* sagen. Diese Tat des Jen-seitigen und das durch sie gesetzte 'Faktum' des Heils kann der Mensch je-doch nicht begründen. Begründen kann er nur die Unbegründbarkeit dieser Tat Gottes durch ihn selbst. Er kann diese Tat nur in seiner Anerkennung gelten lassen: Sie ist als Wechsel von der Negativität der menschlichen Be-stimmtheit durch die Gottesfrage zu der Positivität der Bestimmtheit durch Gott zu *glauben*. Zwar enthält der Glaube keine anderen Inhalte als die-jenigen, die bereits mit der Gottesfrage manifest sind. Er beinhaltet nichts anderes, als daß das Selbstsein sich allein in der Selbstpreisgabe realisiert; der Glaube sagt, daß der Mensch „in der Frage nach sich selbst von sich selbst wegsehen [... muß], um vom Andern her für den Andern zu sein" (TE, 91). Aber im Unterschied zum Unglauben versteht er die Selbstpreis-gabe als ein in der göttlichen Gnadentat gegebenes 'Geschenk'. Solcherart *weiß* der Glaube um das passive Konstituiertsein des Menschen und voll-zieht sein Befreitsein von sich selbst. Dieses Wissen um die Gegebenheit seiner selbst und der hiermit gesetzte Vollzug der Freiheit ist nur von der Positivität des anderen her erreichbar: Allein die Gnadentat Gottes gewährt die Befreiung von mir selbst, positiv von Bultmann entfaltet als ein 'Sein für den Anderen' in der Offenheit der jeweiligen Zukunft. Allerdings ist diese Gnadentat Gottes nur *für* den von mir getätigten Glauben, der – wie die Gnadentat – die Differenz von Frage und Antwort, von Selbstpreisgabe und Selbstsein übergreifen können muß. Den Hintergrund für die skizzierte Denkfigur bildet eine subjektivitätstheoretische Rezeption des lutherischen Motivs von dem natürlich-sündigen Menschen, der in seiner Selbstbezogen-heit immer schon 'verkrümmt' ist und der nur durch göttliche Vergebungsgnade aus seiner 'incurvatio' geführt werden kann. Deren Wirklichkeit kann der Mensch nicht bewerkstelligen. Was Gnade und Vergebung sind, „kann [zwar] jedermann verstehen, wenn er will; daß aber Gott wirklich vergeben hat, ist freilich nie einzusehen, sondern nur zu glauben" (GuV I, 92). Einsehen kann der Glaube jedoch, daß der Mensch sich *nicht* von sich selbst frei machen kann (vgl. GuV II, 96). Folgt diese Einsicht auch konsequent der im natürlichen Wissen um die Fragwürdigkeit des Menschen herausgestellten Struktur, insofern sie durch das *Sich-nicht-wissen-Können* geprägt ist, so kommt sie gleichwohl erst auf dem offenbarungstheologisch fundierten Boden des Glaubens zur Erfüllung, da das *positive Wissen* um die Unmöglichkeit der Selbstbefreiung nicht vom abhängigkeitsgeprägten Selbstverstehen des Menschen produzierbar ist. Eben darum vermag auch nur der Glaube die in sich gegenläufige Identität von natürlich-theologischer Frage und offenbarungstheologischer Antwort zu erfassen. „Erst der Glaube vermag zu sagen: die Frage ist die Antwort, und indem er das sagt, treibt er ‚natürliche Theologie'" (GuV I, 304).

Rekurriert nun einerseits die mythische Rede von der Tat Gottes auf die Bestimmungen, die in der rationalen Analyse der Struktur von Subjektivität zutage treten, und vollendet andererseits erst die Offenbarungstheologie die natürlich-theologische Bestimmung von Subjektivität, so muß sich *innerhalb* der Offenbarungstheologie eine Perspektive auf die natürliche rekonstruieren lassen. Anderenfalls bliebe die Offenbarungstheologie abhängig von der Außenperspektive, die mit der natürlichen Theologie auf die Tat Gottes eröffnet ist. Dann aber könnte sie nicht das beinhalten, wofür sie nach Bultmann steht: nämlich einen durch keine Einsicht produzierbaren Akt des menschlicherseits anderen. Die Rekonstruktion der natürlichen Außenperspektive durch die offenbarungstheologische Binnenperspektive ist mit Hilfe der Relation von Gesetz und Evangelium möglich. Denn diese Relation entspricht derjenigen, die in der Rede von der Gnade sachlogisch immer schon in Anspruch genommen ist: also der Relation von Sünde als der im fruchtlosen Bemühen um ein selbsteigenes Sein begriffenen Subjektivität und Gnade als ihrer Befreiung hiervon. Wie die Rede von der Gnadentat Gottes nur verstehbar ist, wenn sie auf die unerlöste Selbstabhängigkeit des Menschen bezogen wird, so kann auch „das Evangelium nur gepredigt werden ..., wenn der Mensch unter dem Gesetz steht" (GuV I, 319). Das Evangelium, dessen konzentrierteste Fassung der 'LOGOS TOU STAUROU' ist, ist in seiner spezifischen Bestimmtheit als 'Ärgernis' und 'Torheit' (I Kor 1, 23) nur nachvollziehbar, wenn das im 'Gesetz' als dem 'Zuchtmeister auf Christus hin' (Gal 3, 24) enthaltene Vorverständnis vorausgesetzt ist (vgl. GuV I, 207; 177). Dabei ist für Bultmann das Gesetz nicht identisch mit der alttestamentlichen Thora. Es ist vielmehr „mit meiner geschichtlichen Existenz gegeben" (GuV I, 109; vgl. TE, 153) und weist mich in dieselbe ein. Das Gesetz hat daher keineswegs nur den Charakter der positiven Forderung. Es ist auch dem natürlichen Menschen verständlich, wie zumal das Phänomen des Gewissens zeigt. Dennoch ist das Gesetz kein bloß mit dem geschichtlichen Leben gegebener und mithin bloß 'natürlicher' Sachverhalt. Denn damit das Gesetz seine Funktion erfüllen kann, mich in meine den Sündenzustand schließlich transzendierende Geschichte einzuweisen, muß es „in vermittelter Weise Gottes Wort" (GuV I, 335) sein, dessen unmittelbare Weise die Positivität des Evangeliums ist. Nur wenn das Evangelium des 'LOGOS TOU STAUROU' von dem Gesetz als einem mittelbaren Gotteswort präludiert wird, ist es verständlich. Doch diesen Charakter hat das Gesetz nicht als ein bloß natürliches: Es ist als vermitteltes Wort Gottes selbst ein Erweis der Gnade (vgl. GuV I, 326). Eben darum impliziert die Offenbarungstheologie ihrerseits eine Perspektive, in der die natürlich-theologische Außenperspektive auf sie rekonstruiert werden kann.

Allerdings vermeidet die Bultmannsche Hermeneutik es strikt, diese Perspektive aus der unmittelbaren Gestalt des Gotteswortes im Evangelium heraus zu entfalten. Daß das Gesetz die vermittelte Weise des Wortes Gottes ist, müßte jedoch durch das Gotteswort selbst vermittelt sein. Genauer und über Bultmanns Aufstellungen hinausgehend, wäre der Gedanke durchzuführen, daß das evangelische Gotteswort *selbst* die Relation von Gesetz *und* Evangelium vermitteln können muß. Hierzu wäre es erforderlich, Gott an ihm selbst zu explizieren, damit die evangelische und die gesetzliche Gestalt seines Wortes *theo-logisch* vermittelt werden können. Zwar schärft Bultmann ein, daß das Gotteswort stets auf sich selbst basiert und durch sich selbst wirkt. Auch kennt er in der durch das Gotteswort autorisierten Predigt eine Instanz, durch die es seine Wirksamkeit entwickeln kann[38] – wenn es denn wirken soll. Aber die Dominanz der existential-subjektivitätstheoretischen Denkform verbietet es Bultmann, eine *Selbst*darstellung Gottes sub contrario am 'Orte' des Gesetzes als des Inbegriffs der aporetischen Struktur menschlicher Subjektivität und natürlicher Geschichtlichkeit auszusagen. Dies würde auch erfordern, die den Menschen kennzeichnende Entzweiungsstruktur in den Selbstvollzug des Gottesgedankens zu integrieren. Doch Bultmann ist mit aller Kraft bemüht, die Entzweiung auf die menschliche Subjektivität allein zurückzuschieben. Er insistiert deshalb auf der reinen Kontingenz der Offenbarung, um auch sie als ein spekulativ uneinholbares Ärgernis für den Menschen herauszustellen und um die Unmöglichkeit einer begrifflichen Demonstration ihres 'Daß' zu betonen. „Völlig zufällig, völlig kontingent, völlig als ein Ereignis tritt das Wort in unsere Welt hinein" (GuV I, 37). Was die Kontingenz der Offenbarung für den Gottesgedanken selbst bedeutet, bleibt jedoch ungeklärt. Die gleichsam mythische Rede vom Tatwort Gottes intendiert daher nur, den Glauben als das eigentliche Selbstsein des Menschen auf eine für den natürlich-sündigen Menschen kontingente Wirklichkeit zu beziehen. Und dieser Glaube transzendiert das sündige Selbst in dessen Preisgabe. Deshalb ist die kontingent ergehende Offenbarung allein *funktional* für den Glauben. Nach Bultmann glaubt der Christ, daß Gott „hier und jetzt an mir handelt und zu mir spricht", da sein Handeln und Sprechen nicht in einen allgemeinen Kontext gestellt sind (GuV IV, 174).[39] Dieser dem Entscheidungsaktualismus entsprechende Aktualismus des 'Hier und Jetzt' unterstreicht den Primat einer augenblickshaften Wirklichkeit gegenüber den anderen Modi, in denen sich das menschliche Leben selbst erfassen könnte. Und er begründet den Primat des Zufalls vor der Notwendigkeit, der seinerseits für jede äußere Begründung abgründig ist. Reine Kontingenz, das unableitbare 'Daß' der Gnade ist für Bultmann das zwar rational verstehbare, aber allem Verstehen selbst vorausliegende Fundament gelingenden Selbstseins. Darum kann von jenem Daß nur mythisch, nämlich als einer im Weltzusammenhang unaufweisbaren Aktualität Gottes gesprochen werden. Nach Bultmann „muß gesagt werden, daß das Wort Gottes nur in dem Augenblick, in dem es gesprochen wird, das ist, was es ist" (GuV IV, 184). Und was es ist, ist an der Faktizität des 'LOGOS TOU STAUROU' deutlich geworden: nämlich das Ereignis, in dem mir die Selbstpreisgabe gewährt wird. Daß ihre Wirklichkeit als die Möglichkeitsbedingung gelingenden menschlichen Lebens kontingent auf das anderenfalls notwendig in seiner Selbsterfassung verstrickte Leben trifft, bringt Bultmann in der Rede von einem ursprünglichen Handeln Gottes zur Sprache. Denn anders kann schwerlich von einer ebenso lebenstiftenden wie der Selbsterfassung des Lebens vorausliegenden Kontingenz positiv gesprochen werden. In dieser Rede vom Handeln Gottes manifestiert sich Gottes *Geheimnis*, menschlichem Leben sein *Selbst*sein in der *Selbstpreisgabe* zu schenken. Dieser Sachverhalt markiert die Grenze der Rationalität von Bultmanns Theologie. Doch wie das Geheimnis um seiner Manifestation willen ist, so ist das irrationale Fundament von Bultmanns Theologie zugleich eine Funktion ihrer Entmythologisierungsrationalität.

VI

Mit der skizzierten Konstellation ist das kategoriale Zentrum des Bultmannschen Denkens berührt: nämlich die Gedankenfigur der paradoxen Identität. Sie prägt Bultmanns Denken insgesamt. So ist etwa die Bedeutung des Heilsfaktums, das Be-Deuten zu sistieren, durch ein inneres Paradox bestimmt. Zudem ist die Möglichkeit des Verstehens dieser Bedeutung eines Faktums durch die Figur des Paradoxes gekennzeichnet. Ferner ist es ein paradoxer Sachverhalt, daß die Positivität menschlichen Sich-Wissens in der Negativität der Gottesfrage kulminiert, weil jenes Sich-Wissen einen negativen Gehalt hat, der nur in dieser Frage positiv erfaßt ist. Die hierin aufscheinende paradox-relative Identität des Negativen und des Positiven wird überdies in ein rückläufiges Frage-Antwort-Verhältnis eingelagert, in dem schließlich im Lichte der Antwort die Frage die Antwort ist. Ein Paradox durchwaltet endlich auch die Relation von Logos und Mythos, wie sie durch das Verhältnis von natürlicher und Offenbarungstheologie exponiert ist. Quer zu dieser immer wiederkehrenden Figur steht einzig der absolute Primat des kontingenten 'Daß' der göttlichen Gnadentat. Sofern allerdings ihr Gehalt, also ihr 'Was', expliziert werden soll, macht sich die besagte Figur schnell wieder geltend: Zielt ihre Bestimmtheit doch auf nichts anderes, als daß der Mensch kraft seines Bezogenseins auf die Gnade sein Selbst in der Preisgabe gewinnt. Drei Hinweise mögen diese Figur noch verdeutlichen, bevor nach ihrer Angemessenheit für den Umgang mit dem Mythischen gefragt wird.

Erstens spricht Bultmann von einer „paradoxen Identität" (GuV IV, 173; KuM II, 197), wenn er den Charakter der Rede vom Handeln Gottes beschreibt. Denn diese Rede ist keineswegs als eine symbolische oder bildliche Ausdrucksweise zu verstehen, sondern sie meint „ein Handeln in vollem realen, ‚objektiven' Sinne" (KuM II, 196). Zugleich aber ist einem „wissenschaftlichen, objektiven Beobachter ... das Handeln Gottes ein Geheimnis" (GuV IV, 173). Zur Behebung dieses Widerspruchs bemüht Bultmann die Gedankenfigur der paradoxen Identität. Identisch sind nämlich nach Bultmann Gottes Handeln und natürliche 'weltliche' Ereignisse. Das Handeln Gottes vollzieht sich nicht außerhalb, sondern *innerhalb* weltlicher Geschehenszusammenhänge. Gleichwohl bleibt es als Handeln *Gottes* dem objektivierenden Blick verborgen. Denn es ist nicht identisch mit jedem innerweltlichen Ereignis. Dieses Handeln in hohem Maße auf das Feld intersubjektiver Begegnungen beziehend, unterscheidet Bultmann das Handeln Gottes von solchen Ereignissen, die für mich in meiner existentiellen Selbstwahrnehmung gleichgültig sind. Da Bultmann das Handeln Gottes innerhalb der weltlichen Ereignisse in eine Analogie zu zwischenmenschlichen Verhältnissen stellt, kann er den Bereich naturhafter Geschehnisse ausblenden – sofern sie nicht in existentieller Hinsicht bedeutsam sind, wie der Beginn, die einschneidenden Wendepunkte und das Ende des einzelnen Lebens. Doch es ist nicht nur die Differenz von Subjektivität und Naturwelt, die für die Verborgenheit des Handelns Gottes auch inmitten weltlicher Ereignisse verantwortlich zeichnet. Vielmehr basiert der paradoxe Charakter der Identität des Handelns Gottes und der innerweltlichen Geschehnisse darauf, daß natürlichen und geschichtlich feststellbaren Zusammenhängen *zum Trotz* ein Ereignis als Handeln Gottes verstanden wird. Dieses Verstehen basiert auf dem Glauben, dem eine Logik des 'Dennoch' eingestiftet ist: Vom Glauben „ist das Dennoch unabtrennbar" (KuM II, 198). Dieses Dennoch macht sich insbesondere in seiner Offenheit für die Zukunft geltend, also in der Preisgabe einer kausalistischen Planungsrationalität. Weiß doch der Glaube, „daß Gott gerade da ... begegnet, ... wo für den menschlichen Blick das Nichts ist" (KuM II, 203).

Zweitens, aufgrund eines weiteren Paradoxes ist das Nichts kein subjektives Erzeugnis. Das im 'Dennoch' sich aussprechende Paradox des Glaubens ist nach Bultmann nämlich nicht von Gnaden des Glaubens. Denn es korrespondiert nur dem Paradox, das im Johannesprolog aufs prägnanteste ausgesprochen ist: 'Das Wort ward Fleisch' (Joh 1, 14; vgl. EJ, 41 u. ö.).[40] Der Logos inkarniert sich in einer einzelnen Gestalt innerhalb der historischen Geschichte. Jesus Christus ist das ursprüngliche Tat-Wort Gottes, die ebenso kontingente wie definitive Offenbarung Gottes. Ist nun mit der Inkarnation eine Identität von Gott und Mensch, von eschatologischem Logos und historischer Kontingenz angezeigt, so ist der paradoxe Charakter dieser Identität darin zu sehen, daß sie sich der historischen Aufweisbarkeit entzieht. Für den objektivierenden Blick des Historikers ist nicht nachzuvollziehen, daß „Jesus von Nazareth ... der Logos Gottes" ist (KuM II, 205). Darum ist, um mit Bultmanns Terminologie zu sprechen, das Verhältnis dieses historischen Ereignisses und des hierin waltenden eschatologischen Geschehens eines der paradoxen Identität. Eschatologisch ist dieses Geschehen, weil Gott in ihm der Welt und ihrer Geschichte ein Ende gesetzt hat. Historisch ist dieses Ereignis, weil es inmitten der Welt und ihrer Geschichte stattfindet. Eine Begründung des 'Dennoch' des Glaubens ist in der paradoxen Identität des historischen und eschatologischen Geschehens insofern enthalten, als es den Glauben aus der Welt und ihrer Geschichte herausnimmt: Die christliche Existenz vollzieht sich im Modus der Entweltlichung – aber innerhalb der Welt. Ihr Sein wird niemals zu einer Gegebenheit, sondern gegeben ist nur die Priorität der Gnade als einer Einweisung in das geschichtliche Sein des Glaubens. Und dieses ist *immer* ein „Sein aus der Zukunft" (GuE, 181). Daher sind das Paradox des Glaubens und das Paradox der Fleischwerdung des Logos – paradox – identisch.

Drittens bestimmt die Gedankenfigur der paradoxen Identität das Verhältnis von einer mythischen und einer rationalen sowie einer uneigentlichen und einer eigentlichen Explikationsweise. Bultmann sieht konsequent, daß jeder Versuch, den Gehalt der mythischen Rede mit anderen mythischen Sprachmitteln zu entfalten, in einen progressus ad infinitum führt (vgl. GuV IV, 134f.). Denn auch deren Sinn wäre wiederum deutungspflichtig, was unter Heranziehung weiterer mythischer Sprechweisen eine ruinöse Iteration mit sich brächte. Daher muß die Deutung des Sinnes der mythischen Rede sich einer nichtmythischen Sprache bedienen. Eine solche Sprache findet Bultmann bekanntlich in der Begrifflichkeit, in der Heidegger seine philosophische Ontologie als Existential-Analytik vorträgt. Ihren rein formalen Charakter rühmend, erblickt Bultmann die Pointe der existentialen Analytik darin, daß sie jedwede partikulare existentielle Frage in das Existieren selbst eingeschrieben habe. Die existentialanalytische Philosophie zeige nämlich, „daß die Existenz des Menschen nur im Existieren zu ihrer Eigentlichkeit kommt, sich also nur immer jeweils im konkreten Hier und Jetzt verwirklicht" (KuM II, 193). Unbeschadet der von seiten Heideggers aus zu stellenden Rückfrage nach der Stimmigkeit dieser Rezeption ergibt sich jedoch im Hinblick auf Bultmanns existentiell-theologische Füllung der existentialen Grundstruktur menschlichen Daseins die Frage, ob denn in sie überhaupt die Eigentlichkeit des Existierens eingezeichnet werden kann, da sie ebenso Selbstsein wie auch Selbstpreisgabe als Bestimmtheit durch Gott sein soll. Im Unterschied zu Bultmann erblickt Heideggers existentiale Analytik die Eigentlichkeit des Daseins gerade in dessen freiem Bei-sich-selbst-Sein. Diese Freiheit des Bei-sich-selbst-Seins aber gilt es nach Bultmann um der Eigentlichkeit willen *preiszugeben*. Die Eigentlichkeit des Daseins kommt paradoxerweise gerade dann in den Blick, wenn die auf die Eigentlichkeit abzielende Struktur des Bei-sich-selbst-Seins negiert ist und eine *existentielle Bestimmtheit* den *Stellenwert eines Existentials* einnimmt. Hatte Bultmann die existentiale Begrifflichkeit gewählt, um eine Negativfolie zur Interpretation der mythischen Sprache zu gewinnen, und zielte diese Interpretation auf die Eigentlichkeit des im Mythos uneigentlich Ausgesprochenen, so stellt sich nun heraus, daß die formale Existentialität des Daseins als eines Sich-selbst-Übernehmens in vollkommener Freiheit gleichsam uneigentlich ist gegenüber der Eigentlichkeit des Bestimmtseins durch Gott. Für diesen Sachverhalt kann es indessen eine eigentliche Explikationsweise nicht geben: Verlangt das Bestimmtsein durch Gott doch wiederum existential ausgesagt zu werden, nämlich als ein Selbstsein, das durch ein Von-sich-befreit-Werden konstituiert ist, oder als ein Ende der Geschichte in der Geschichte. Die paradoxe Identität des 'Dennoch' des Glaubens und der Inkarnation des Logos zeigen dies überdeutlich. Deshalb sind, wider Bultmanns Intention, Eigentlichkeit und Uneigentlichkeit *paradox identisch*: Als jeweilige einfache Negation ihres Gegenteils beanspruchen sie einander kategorial. Das Resultat von Bultmanns Bemühungen, den Mythos unmythisch auszusagen, lautet daher: Es *gibt* keine von der Uneigentlichkeit abgehobene Eigentlichkeit. Die Differenz von Eigentlichkeit und Uneigentlichkeit verdankt sich vielmehr einer *begrifflichen Konstruktion*.

Will man vor diesem Hintergrund Bultmans Umgang mit dem Mythischen würdigen, so sticht zunächst dieses aus der Logik seiner Theologie gewonnene Resultat ins Auge. In aller Kürze kann es folgendermaßen umformuliert werden: Die Logik der Entmythologisierung zeigt die Unmöglichkeit

einer eigentlichen, gleichsam rein 'logo-logischen' Explikation des von Bultmann herauspräparierten existentialen Gehalts des Mythos. Denn mythisch
– freilich in jenem von Bultmann betonten 'anderen Sinn' – ist die Verfaßtheit existentialer Rationalität selbst. Nirgends wird dies so deutlich wie an
der rational rekonstruierbaren Figur der paradoxen Identität. Denn sie, die
auf das logische 'Zugleich' der in ihr versammelten Relate abhebt, wird von
Bultmann nicht in der Form des 'Zugleich' rein aktual erfaßt. Vielmehr
bemüht Bultmann zur Explikation dieses 'Zugleich' eine Vielzahl von
einfachen Negationsverhältnissen, deren Bezüge wiederum in einfachen
Negationsformen expliziert werden. Auf diesem Umstand basiert der bei
Bultmann oftmals begegnende Dualismus etwa von Sünde und Gnade, 'Uneigentlichkeit' und 'Eigentlichkeit', Gott und Mensch – vor allem aber von
einer bloß 'historischen' und einer ihr gegenüber 'eschatologischen' Geschichte. Auf dem Sachverhalt, daß das 'Zugleich' die in es eingegangenen
Relate nicht als solche manifest werden läßt, fußt auch der vielgescholtene
Punktualismus Bultmanns. Er schlägt sich in seiner Rede von dem Jetzt der
Entscheidung ebenso nieder wie in dem Gedanken einer kontingenten Ereignishaftigkeit der Offenbarung. Indessen erhellt die Einsicht in die Verfaßtheit der paradoxen Identität, daß nicht jener Dualismus und dieser
Punktualismus als solche kritikbedürftig sind. Anlaß zu kritischen Rückfragen gibt vielmehr der Tatbestand, daß Bultmann die funktionale Bezogenheit der Relate des Dualismus nicht konsequent deutlich macht, wie sich
an seiner Askese bezüglich einer Rekonstruktion der göttlichen *Selbst*darstellung sub specie des Gesetzes zeigte.

Unbeschadet dieser Desiderate lassen sich aus der Analyse von Bultmanns Denken Einsichten gewinnen, die auch in der gegenwärtigen Diskussion um den Mythos Beachtung verdienen. Hierzu gehört zunächst die Zwei-
sinnigkeit der Bewegung vom Mythos zum Logos und umgekehrt – auch
wenn freilich Bultmann selbst eher eine Einsinnigkeit dieser Bewegung zu
suggerieren scheint. Darüber hinaus geht aus Bultmanns Aufstellungen
hervor, daß das 'Daß', zumal wenn es für reine Kontingenz steht, allein in
mythischer Form bestimmt werden und zur Sprache kommen kann. Und
schließlich ist Bultmanns Denkfigur der paradoxen Identität geeignet, die
Unmöglichkeit einer eigentlichen Rede vom Eigentlichen nachzuweisen.
Eigentlichkeit kann es mithin gar nicht *geben* – sosehr Bultmann bemüht ist,
seine Hermeneutik in ihren Dienst zu stellen. Abgelöst von der Terminologie Bultmanns folgt hieraus, daß eine bloß rationale Explikation von Ver-
standesrationalität zu kurz greift. Und dieser dialektische Sachverhalt ist rationaler Einsicht zugänglich. Daher trägt die *kritische* Bultmann-Lektüre
dazu bei, den Geltungsbereich einer rationalen Selbstexplikation von Rationalität abzustecken – und, in eins hiermit, die gegenläufige Rationalität des
religiösen Mythos zu erhellen. Eben dies zeigt die Zuordnung von natür-

licher oder philosophischer Theologie und Offenbarung. Beide genannten Resultate einer solchen Lektüre können für eine gegenwärtige Diskussion um das Mythische fruchtbar gemacht werden. Denn sie enthalten ebenso Resistenzpotentiale gegenüber einer postmodernen Remythologisierungs- euphorie wie auch gegenüber einer vormodernen Verstandesgläubigkeit. Und sie gewähren eine Aussicht auf einen produktiven Diskurs zwischen Theologie und Philosophie, der weder von einem inhaltlich exklusiven Heilsbewußtsein noch von einem bloß formalen Wissen um die Alleingültig- keit leerer Funktionen gehemmt wird.

Literatur

Barth, K.: Die Kirchliche Dogmatik, Bd. III/2, Zollikon 1948.

–: Rudolf Bultmann. Ein Versuch, ihn zu verstehen, ThSt 34, Zürich 1952.

Blumenberg, H.: Marginalien zur theologischen Logik Rudolf Bultmanns, PhR 2 (1954/55), 121–140.

Bornkamm, G.: Die Theologie Rudolf Bultmanns in der neueren Diskussion. Zum Problem der Entmythologisierung und Hermeneutik, ThR 29 (1963), 33–141.

Bultmann, R.: Das Evangelium des Johannes, Göttingen [13]1953.

–: Ethische und mystische Religion im Urchristentum, in: J. Moltmann (Hrsg.), Anfänge der dialektischen Theologie, Teil 2, München 1963, 29–47.

–: Geschichte und Eschatologie, Tübingen 1958.

–: Glauben und Verstehen. Gesammelte Aufsätze, Bde. I–IV, Tübingen [6]1966 (Bd. I), [4]1965 (Bd. II), [3]1965 (Bd. III), [2]1967 (Bd. IV).

–: Neues Testament und Mythologie. Das Problem der Entmythologisierung der neu- testamentlichen Verkündigung, Nachdruck der 1941 erschienenen Fassung, hrsg. v. E. Jüngel, München 1985.

–: Religion und Kultur, in: J. Moltmann (Hrsg.), Anfänge der dialektischen Theo- logie, Teil 2, 11–29.

–: Theologie als Wissenschaft, ZThK 81 (1984), 447–469.

–: Theologie des Neuen Testaments, Tübingen [8]1980.

–: Theologische Enzyklopädie, hrsg. v. E. Jüngel u. K. W. Müller, Tübingen 1984.

–: Zum Problem der Entmythologisierung, in: H.-W. Bartsch (Hrsg.), Kerygma und Mythos, Bd. II, Hamburg 1952, 179–208.

–: Zur Frage der Entmythologisierung. Antwort an Karl Jaspers, in: H.-W. Bartsch (Hrsg.), Kerygma und Mythos, Bd. III, Hamburg [2]1957, 47–59.

Buri, F.: Entmythologisierung oder Entkerygmatisierung der Theologie, in: H.-W. Bartsch (Hrsg.), Kerygma und Mythos, Bd. II, Hamburg 1952, 85–101.

Dalferth, I. U.: Mythos, Ritual, Dogmatik. Strukturen der religiösen Text-Welt, EvTh 47 (1987), 272–291.

Gadamer, H.-G.: Wahrheit und Methode. Grundzüge einer philosophischen Herme- neutik, Tübingen [4]1975.

Hartlich, Chr., u. W. Sachs: Der Ursprung des Mythosbegriffs in der modernen Bibel- wissenschaft, Tübingen 1952.

Heidegger, M.: Die Zeit des Weltbildes, in: Ders., Holzwege, Ges. Ausg., Bd. 5, hrsg. v. F.-W. Herrmann, Frankfurt a. M. 1977, 75–113.

–: Sein und Zeit, Tübingen ¹⁵1979.

Horstmann, A.: Art.: Mythos, Mythologie, in: Historisches Wörterbuch der Philosophie, Bd. IV, Basel 1984, Sp. 281–318.

Jaspers, K.: Wahrheit und Unheil der Bultmannschen Entmythologisierung, in: H.-W. Bartsch (Hrsg.), Kerygma und Mythos, Bd. III, Hamburg ²1957, 9–46.

Jüngel, E.: Glauben und Verstehen. Zum Theologiebegriff Rudolf Bultmanns, SHAW. PH 1985/1, Heidelberg 1985.

Kinder, E. (Hrsg.): Zur Entmythologisierung. Ein Wort lutherischer Theologie, München 1952.

Künneth, W.: Bultmanns Philosophie oder Heilswirklichkeit?, in: E. Kinder (Hrsg.): Zur Entmythologisierung. Ein Wort lutherischer Theologie, München 1952, 61–90.

Marquard, O.: Lob des Polytheismus. Über Monomythie und Polymythie, in: Ders., Abschied vom Prinzipiellen, Stuttgart 1981, 91–116.

Müller, K. W.: Zu Rudolf Bultmanns Alpirsbacher Vortrag über ›Theologie als Wissenschaften‹, ZThK 81 (1984), 470 f.

Ott, H.: Geschichte und Heilsgeschichte in der Theologie Rudolf Bultmanns, Tübingen 1955.

Pannenberg, W.: Christentum und Mythos, in: Ders., Grundfragen systematischer Theologie, Bd. 2, Göttingen 1980, 13–65.

–: Die weltgründende Funktion des Mythos und der christliche Offenbarungsglaube, in: H. H. Schmid (Hrsg.), Mythos und Rationalität, Gütersloh 1988, 108–122.

Prenter, R.: Mythos und Evangelium, in: H.-W. Bartsch (Hrsg.), Kerygma und Mythos, Bd. II, Hamburg 1952, 69–84.

Schniewind, J.: Antwort an Rudolf Bultmann. Thesen zum Problem der Entmythologisierung, in: H.-W. Bartsch (Hrsg.), Kerygma und Mythos, Bd. I, Hamburg ⁴1960, 77–121.

Thyen, H.: Rudolf Bultmann als Historiker und Theologe, in: Rudolf Bultmann 100 Jahre, Oldenburger Vorträge, hrsg. v. Kulturdezernat der Stadt Oldenburg, Oldenburg 1984, 11–33.

Timm, H.: Remythologisierung? Der akkumulative Symbolismus im Christentum, in: K. H. Bohrer (Hrsg.), Mythos und Moderne, Frankfurt a. M. 1983, 432–456.

TRAUM, METAPHER UND MYTHOS
AM BEISPIEL „KAIN UND ABEL"

Von Hartwig von Schubert

Der Mensch erkannte Chawwa sein Weib, sie wurde schwanger, und sie gebar den Kajin. Da sprach sie: Kaniti – Erworben habe ich mit *Ihm* einen Mann. Sie fuhr fort zu gebären, seinen Bruder, den Habel. Habel wurde ein Schafhirt, Kajin wurde ein Diener des Ackers. Nach Verlauf des Tages wars, Kajin brachte von der Frucht des Feldes *Ihm* eine Spende, und auch Habel brachte von den Erstlingen seiner Schafe, von ihrem Fett. *Er* achtete auf Habel und seine Spende, auf Kajin und seine Spende achtete er nicht. Da entflammte Kajin sehr, und sein Antlitz fiel. *Er* sprach zu Kajin: Warum entflammt es dich? warum ist dein Antlitz gefallen? Ists nicht so: meinst du Gutes, trags hoch, meinst du nicht Gutes aber: vorm Einlaß Sünde, ein Lagerer, nach dir seine Begier – du aber walte ihm ob. Kajin sprach zu Habel, seinem Bruder. Aber dann wars, als sie auf dem Felde waren: Kajin stand auf wider Habel seinen Bruder und tötete ihn.

Genesis 4, 1–8
Übersetzung von Martin Buber
gemeinsam mit Franz Rosenzweig, 1954

Wie steht es um unser Verständnis mythischer Sprache? Wir sind gewohnt, Unbekanntes zielgerichtet aufzuschließen, es zu ent-decken, zu besetzen, zu bestellen und zu beherrschen. Manche Dinge aber verschließen sich nur um so mehr, je härter man gegen sie anrennt und je fordernder und zupackender man sie sich aneignen will. So wie der Fuchs in der Erzählung vom Kleinen Prinzen von Antoine de St.-Exupéry nur durch behutsames Annähern zähmbar ist, so lassen auch Mythen sich nur im Spiel, fast beiläufig, nicht wuchtig intentional erfahren und erleben. Mythen gleichen darin den Bildern der Träume. Die folgenden skizzenhaften Überlegungen sollen zeigen, daß sich methodische Erkenntnisse der psychoanalytischen Traumdeutung und der sprachphilosophischen Metaphorologie auf die Deutung von Mythen sinnvoll anwenden lassen. Traum, Metapher und Mythos sind sich darin ähnlich, daß sie sich gegen einen Widerstand durchsetzen, sich an ihm ausbilden und ihn integrieren.

Träume sind die Hüter des Schlafes. Sie bilden jene Zwischenwelt zwischen Wachen und Schlafen, die der Regression des Schlafes durch Wunscherfüllung den nötigen Schutzraum erhält. In ihren Träumen schenkt sich die Seele die Welt, in der sie sich den Schlaf leisten kann. Sowohl von innen andrängende Erinnerungen und körperliche Regungen als auch störende Eindrücke von außen werden eingesponnen in die Traumgeschichte. Ist das Traumbewußtsein frei, höchst disparaten Elementen nebeneinander Raum zu geben, so pflegt das Wachbewußtsein eher, in Ansehung der realen Umstände und Möglichkeiten und nach den Regeln der Logik zu ordnen, zu analysieren und zu planen. Auch das Traumbewußtsein ordnet und plant, nur daß es nicht auf die engen Grenzen der Realität Rücksicht nehmen muß. Es erlaubt sich, Realitäten nach Bedarf zusammenzufügen, und zwar – das ist bedeutsam – nach Maßgabe seiner inneren, der Phantasie des Wachbewußtseins weit überlegenen, dabei aber keineswegs grenzenlosen oder gar irrationalen Imaginationskraft. Das Traumbewußtsein ist sehr gründlich, sehr treffsicher in der bildlichen Darstellung dramatischer Vorgänge und seiner Akteure und Kräfte, beschränkt sich dabei aber auf den Augenblick. Es kann darüber Aufschluß geben und zum Ausdruck bringen, wo der Träumende jetzt steht und was ihn hier und jetzt in den Grundlagen seiner seelischen Verfassung betrifft, prägt und steuert. Weitreichende Entscheidungen kann es daraus nicht ziehen, geschweige denn zu utopisch-alternativen Konzeptionen vordringen.

Es lohnt sich auch nach einem Jahrhundert psychoanalytischer Praxis und fortschreitender Theoriebildung immer noch, sich aus der „Geburtsurkunde" der modernen, psychotherapeutischen Traumlehre, also aus der „Traumdeutung" Sigmund Freuds über die Grundzüge der Bedeutung des Traumes im Gesamtzusammenhang menschlichen Geistes unterrichten zu lassen. Den wesentlichen Unterschied zwischen der antiken, von Artemidoros von Daldis überlieferten Weise der Traumdeutung und der von ihm entwickelten sieht Freud in der Wahl des Subjekts der Deutung: Eine Traumerscheinung bedeutet zwar auch in der antiken Deutungspraxis „das, woran es erinnert". Aber: „Wohlverstanden, woran es den Traumdeuter erinnert! Eine nicht zu beherrschende Quelle der Willkür und Unsicherheit ergibt sich aus dem Umstand, daß das Traumelement den Deuter an verschiedene Dinge und jeden an etwas anderes erinnern kann. Die Technik, die ich im folgenden auseinandersetze, weicht von der antiken in dem einen wesentlichen Punkte ab, daß sie dem Träumer selbst die Deutungsarbeit auferlegt. Sie will nicht berücksichtigen, was dem Traumdeuter, sondern was dem Träumer zu dem betreffenden Element des Traumes einfällt."[1] In der Geschichte der Traumdeutung war es ein großer Schritt, die Deutung nicht dem professionellen Deuter, sondern dem Träumer selbst zur Aufgabe zu machen. Der Träumer wird angeregt, eigene Deutungen und Lösungen zu suchen. Thomas Mann, der in enger Verbindung mit Freud stand, hat dies in seiner Darstellung der Deutung der Träume Pharaos durch Joseph anschaulich geschildert. Joseph führt bei Thomas Mann den jungen Pharao durch behutsame, sich an den Traumelementen entlangtastende Fragen bis an den Punkt, wo dem Träumer der latente Inhalt evident wird, und zwar so unerwartet, daß er noch meint, Joseph habe die Deutung ausgesprochen: „‚Nein, das sagst du nur so und hast es mir nur so vorkommen lassen, als ein Schelmensohn‘, widersprach Amenhotep, ‚als ob ich selber geweissagt hätte und meine Träume gedeutet. Warum konnt' ich es denn nicht zuvor, ehe du kamst, und wußte nur, was falsch war, nicht aber, was recht? Denn daß diese Deutung recht, darüber besteht nicht der leiseste Zweifel in meiner Seele, und genau erkennt mein einiger Traum sich in der Deutung wieder. Du bist wahrlich ein inspiriertes Lamm, aber von ausgesprochener Besonderheit. Denn du bist kein Sklave des bindenden Musters der Tiefe und hast mir nicht erst Fluchzeit und dann Segenszeit wahrgesagt, sondern umgekehrt, erst den Segen und dann die Heimsuchung, das ist das Originelle!' ‚Du warst es, Herr der Länder‘, antwortete Joseph, ‚und es lag an dir. Denn du hast geträumt, nämlich zuerst die fetten Kühe und Ähren und dann die erbärmlichen, und bist der einzig Originelle.'"[2]

Eine zweite, wesentliche und neue Erkenntnis war die Einsicht, daß Träume Wunscherfüllungen sind. Das gilt auch für Angstträume, die ja auch von niemand anderem als dem Träumer selbst hervorgebracht werden. Wer wirklich ernst damit macht, den Träumer als Autor seiner Träume anzuerkennen, der muß die Entfaltung der Angst im Traum als eine Erfüllung eines Bedürfnisses des Träumers achten. Sogar der Alptraum dient der Bereitstellung einer erwünschten Situation, in der der Träumer ein Opfer ist, sich einen Verzicht auferlegt oder sich einer Verletzung oder Behinderung aussetzt, all das vermutlich, um sich Schlimmeres zu ersparen. Jenes Schlimmere ist nach der Vermutung Freuds die Konfrontation mit der aus guten Gründen gefürchteten eigenen Aggressivität und Zerstörungslust: Wer stilisierte sich nicht lieber als Abel, um sich nicht eingestehen zu müssen, auch Kain zu sein?

Ein weiteres, mit dem zweiten eigentlich schon mitgenanntes Moment der Freudschen Traumdeutung besteht in der Unterstellung, daß der Traum die Wünsche nicht offen zu erkennen gibt, sondern entstellt und nur indirekt erfüllt. Diese kompositorische Bearbeitung der Wünsche durch den Traum verstand Freud als Übertragung sogenannter „latenter Trauminhalte" oder „Traumgedanken" in „manifeste Trauminhalte". Letztere sind die Bilder und Ereignisse des Traumes. Ersteres ist das, was sie „bedeuten". Damit meinte er nicht, daß die im Traum begegnenden Erscheinungen und „Dinge" vollständig durch Begriffe oder klare Sätze ersetzt werden könnten. Das wäre nur dann der Fall, „wenn es für den Traum keine Zensur gäbe".[3] Ganz im Einklang mit der weiter unten noch näher zu erläuternden heutigen Metapherntheorie[4] lehnt Freud also eine allegorische Deutung oder Punkt-für-Punkt-Übersetzung der Traumsymbole ab. Als Symbole sind sie gleichwohl Bedeutungsträger, Übertragungen und Repräsentationen. Freud erläuterte den Prozeß der Traumbildung anhand des Vorganges der

offenen oder verinnerlichten politischen Zensur und begriff die Zurückfüh-
rung der Traumentstellung auf eine Zensur oder Abwehr sogar als den Kern
seiner Traumauffassung.[5] Der Vergleich mit der Zensur kann uns übrigens
auch schon auf den Hintergrund der Mythenbildung hinweisen: „Wo findet
man im sozialen Leben eine ähnliche Entstellung eines psychischen Akts?
Nur dort, wo es sich um zwei Personen handelt, von denen die eine eine gewisse Macht besitzt, die zweite wegen dieser Macht eine Rücksicht zu
nehmen hat. Diese zweite Person entstellt dann ihre psychischen Akte,
oder, wie wir auch sagen können, sie *verstellt* sich. Die Höflichkeit, die ich
alle Tage übe, ist zum guten Teil eine solche Verstellung; … In ähnlicher
Lage befindet sich der politische Schriftsteller, der den Machthabern unan-
genehme Wahrheiten zu sagen hat." „Je nach der Stärke und Empfindlich-
keit dieser Zensur sieht er sich genötigt, entweder bloß gewisse Formen des
Angriffs einzuhalten, oder in Anspielungen anstatt in direkten Beziehungen
zu reden, oder er muß seine anstößige Mitteilung hinter einer harmlos erscheinenden Verkleidung verbergen, er darf z. B. von Vorfällen zwischen
zwei Mandarinen im Reich der Mitte erzählen, während er die Beamten des
Vaterlandes im Auge hat. Je strenger die Zensur waltet, desto weitgehender
wird die Verkleidung, desto witziger oft die Mittel, welche den Leser doch
auf die Spur der eigentlichen Bedeutung leiten."[6] Nötigt dieser Vergleich
nun nicht doch dazu, von einer allegorischen Interpretation zu sprechen? Erscheinen die Traumsymbole nicht doch als Masken und insofern als bloße In-
strumente der Traumgedanken? Letzlich nicht, denn die Botschaft kann
eben *nicht* auch anders gesagt werden. In jenem Akt der Verstellung liegt ein
eigenes, unersetzbares Element der ganzen Botschaft, nämlich ihre emotionale Besetzung und Bewertung. Sie berichtet eben immer auch von jener
Bedrohung. Die Botschaft wird eben nicht „neutral" aufgenommen, sondern als Störung, als Provokation, als in irgendeinem Sinne erregend, so erregend, daß der Betroffene sich lieber behutsam und Stück für Stück an sie
annähert. Aus solchen Stücken, die für mehr als sie selbst stehen, setzt sich
der manifeste Trauminhalt zusammen. Die in ihm vollzogene Entstellung
der eigentlichen „Traumgedanken" ist der beste Schutz gegen eine mögliche
Überforderung durch die „nackte" Wahrheit. Dieser Prozeß der Annäherung unterscheidet übrigens auch die Allegorie von der rhetorisch geschickt
getroffenen Metapher. Die Allegorie ist reproduktiv und dient dem spiele-
risch-künstlerischen Austausch zwischen Wissenden und Gebildeten, die
sich damit als solche gegenseitig zu erkennen geben, gelegentlich auch der
heimlichen Kommunikation unter Verschworenen. Die Elemente des eigentlichen Textes werden in einer Allegorisierung Stück für Stück durch ihr alle-
gorisches Pendant ersetzt. Wovon die Allegorie „eigentlich" redet, erschließt sich dem, der den darunterliegenden Text, den er bereits kennt, im
Geist mitliest. Beide Seiten haben genug Vorkenntnisse und wissen, was

wirklich gemeint ist. Die gelungene Metapher dagegen ist produktiv und kreativ und leitet den Zuhörer überhaupt erst dazu an, sich neuen, bisher noch nicht wahrgenommenen Perspektiven zu öffnen.[7]

Zur Verstellung bedient sich das Traumbewußtsein laut Freud verschiedener „Techniken": der Verdichtung, der Verschiebung, der Mischbildung, der Umkehrung, etc. In all diesen Gestaltungsvorgängen werden konfligierende Kräfte miteinander vermittelt. Es werden Kämpfe ausgetragen und unerledigte Aufgaben in Angriff genommen. Die besondere „Toleranz" des Traumbewußtseins ermöglicht es, daß die widerstreitenden Kräfte, die progressiven wie die regressiven, die sadistischen nicht anders als die kindischen, die heroischen wie die altruistischen Motive in ihren jeweiligen Ambivalenzen im Traum zur Darstellung kommen können. Da das Wachbewußtsein diese Vielfalt in ihrer Spannung schwer ertragen kann, pflegt es bereits im Moment des Erwachens die Erinnerung an den Traum zu verwischen. So kommt es, daß wohl die meisten Menschen die Mehrheit ihrer Träume vergessen und nur eine kleine Auswahl erinnern. Wenn dies aber geschieht und wenn sich der Betreffende nach dem Erwachen nicht nur die Zeit nimmt, bei seinem Traum zu verweilen, sondern ihn sogar erzählt, sich dem Staunen und dem Entdecken einzelner Elemente hingibt und schließlich die Assoziationen und Einfälle beachtet, die die einzelnen Züge des Traumes bei ihm auslösen, so begibt er sich auf den Weg zu den latenten Traumgedanken, die den Beziehungszusammenhang des Traumsymbols darstellen. Freud schildert sehr anschaulich die hohe Verdichtung der Traumsymbole, die sich darin zeigt, daß ein einzelner symbolischer Zug eine schier unendliche Kette von Assoziationen freisetzen kann, wobei jede Assoziation ihrerseits wieder neue Assoziationen auslösen kann.[8] Die Assoziationen bilden gewissermaßen eine Brücke von den manifesten Traumsymbolen zu den hinter ihnen liegenden und durch assoziative Verknüpfung zu rekonstruierenden, latenten Trauminhalten. In ihrer freien, spontanen Unmittelbarkeit teilen sie die Unkontrolliertheit des Traumes, durch ihren Bezug auf die Wirklichkeit knüpfen sie an die analytische Kraft des begrifflichen Denkens an.

Das Traumbewußtsein spiegelt verborgene und gleichwohl steuernde Elemente der wachbewußten Erlebnisbewältigung. Aus ihrer Anschaulichkeit ergibt sich der diagnostisch-therapeutische Wert der Träume. Vor dem Hintergrund des Traumes als Repräsentanten der Persönlichkeitsverfassung, also des So-Seins läßt sich nämlich die Möglichkeit des Anders-Seins durchspielen, zumindest schon mal erahnen. Wahrscheinlich aber ist eine solche Bereitschaft zur Begegnung mit sich selbst nur möglich auf dem Hintergrund der Gewißheit, sich selbst nicht rechtfertigen zu müssen. Diese „annehmende" und „zulassende" oder „aufdeckende" Haltung zu vermitteln, ist eine der zentralen Aufgaben des Analytikers. Helles wie Dunkles, edle Re-

gungen ebenso wie sadistische Niedertracht dürfen sich zeigen. Es kommt
bei solchem Verweilen zu erstaunlichen Evidenzerfahrungen. Es wird dem
Analysanden deutlich, was sich in den Traumbildern symbolisiert, welche
Anteile seiner Persönlichkeit ihm in Gestalten des Traumes begegnen,
welche Muster seine innere Prägung trägt. Schließlich kann das Wachbe-
wußtsein dank seiner auf die äußere Realität gerichteten Gestaltungskraft
Lehren für die weitere Lebensgestaltung aus diesen Einsichten ziehen.
Indem das Traumbewußtsein dem Wachbewußtsein Aufschluß über seine
Verfassung im Wurzelbereich liefert, stellt es das Wachbewußtsein vor die
Aufgabe, die Arbeit an den Konflikten aufzunehmen, die bisher nur vom
Traumbewußtsein gesehen wurden. Oft sind es ja gar nicht so sehr die äußeren Verhältnisse als solche, die einer Veränderung entgegenstehen, sondern
die internalisierten und immer neu wiederholten und übertragenen Mechanismen, die „Scheren im Kopf", die den Zugang zur Vielfalt der Verhaltens-
alternativen verstellen.

Bevor nun der Schritt von der Traum- zur Mythendeutung erfolgt, sollen
zunächst die schon angekündigten Gedanken zur neueren Metapherntheorie bedacht werden. Sie sollen eine Brücke bilden von der Interpretation der sehr individuellen und privaten Sphäre der Träume zu derjenigen
der kollektiv tradierten Mythen. Was sind Metaphern und Symbole? Metaphern haben etwas Spontanes, sie verdichten einen komplexen Eindruck
und bringen ihn auf den Punkt. Was viele staunend ahnen oder empfinden,
sei es schön oder schrecklich, komisch oder tragisch, wird plötzlich von je-
mandem in ein treffendes Wort gefaßt. Er nennt es „beim Namen". Und nur,
wenn andere jenen „Namen" oder das ungewohnte Prädikat auch treffend
finden, „zündet" oder „gelingt" die Metapher und weckt dabei die Sinne:
die Freude der Erkenntnis bei denen, die ähnlich denken, das Staunen
derer, die den neuen Sinn zu verstehen suchen, oder den Zorn derer, die sich
angegriffen fühlen. Ein Beispiel ist das geradezu zur Signatur der Neuzeit ge-
wordene Wort von Nietzsche: „Gott ist tot, die Menschen haben ihn ge-
tötet." Wie sollte „töten" hier einen wortwörtlichen, lexikalischen Sinn
haben? Es hat hier einen metaphorischen, höchst dramatischen Sinn. Tritt
bei der Verwendung einer Metapher keine der genannten Reaktionen ein,
so ist die Metapher gescheitert, sei es, daß sie einfach ungeschickt gewählt
wurde oder daß die Zuhörer sie nicht verstehen, weil sie ihren Kontext und
Horizont nicht erkennen. In der betreffenden Szene bei Nietzsche treten
bekanntlich Leute auf, die den Mann belächeln, der ihnen vom Tode Gottes
berichtet. Sollte es sich bei jener Szene vielleicht gar um einen hochverdich-
teten Mythos handeln?

Lange Zeit ist die Metapher als ein schmückendes, aber nicht sinnge-
bendes Einzelwort verstanden worden, das von seinem eigentlichen auf
einen ihm lexikalisch fremden Ort übertragen wird. In diesem Sinn ersetzt es

das lexikalisch eigentlich zu verwendende Wort durch eine Verfremdung und dient dann der Veranschaulichung und Verlebendigung der Rede. Schulbeispiel war für Jahrhunderte die von Aristoteles in seiner Rhetorik (III, 4, 1406 b–1407 a) ausgewählte Metapher des Löwen aus der Ilias (XX, 158–177). Der Löwe als Metapher des Mutigen und Kräftigen! Eine nüchterne, klare Rede soll sich gemäß der Tradition von Cicero bis Wittgenstein in der Verwendung von Metaphern mäßigen, wenn nicht gar ohne Metaphern auskommen. Diese Auffassung verkennt aber die Kontextualität menschlichen Erkennens. Warum zum Beispiel nicht auch der Löwe als Metapher der Bestialität? So hat es Christa Wolf gesehen. Bei ihr ist Achilles „das Vieh".[9] Bei genauerem Hinsehen ist kein Wort auf lexikalische Eindeutigkeit festgelegt, vielmehr sind alle Worte in ihrem Ursprung Metaphern, auch wenn dies aufgrund allgemeiner Gewöhnung nicht mehr bewußt ist. Dies hat die andere Tradition der Metaphern-Auslegung von Quintilian über Vico, Hamann und Herder bis Weischedel und Blumenberg überzeugend vorgeführt. Kein Wort ist im linguistisch strengen Sinn „selbstverständlich", sondern gewinnt seine vermittelnde Funktion aus dem Beziehungsfeld, in dem es steht, also aus seinem Zusammenhang mit den Wortnachbarn und dem seines eigenen Bildfeldes wie auch aus dem lebenspraktischen Kontext. Die neuere Sprachentwicklungsforschung bei Kleinkindern zeigt, in welch explosiver Weise sich in der Sprachbildungsphase Sprache an Sprache entzündet (vgl. J. Kagan [1984]; D. N. Stern [1991]; ders. [1992]; G. Szagun [1991]; K. Zimmer [1991]; dieselbe [1992 a]; dieselbe [1992 b]; M. Dornes [1993]; R. Rymer [1993]). Je weniger Bedeutungsraum einem Wort in einem bestimmten Kontext gelassen wird, je eindeutiger es also wird, desto mehr schwindet seine metaphorische Weite (Lexikalisierung). Sobald es aber die gewohnten Grenzen zu einem neuen Sinnbezug überspringt, wird es in einem anderen Kontext wieder zur Metapher. Es kann aber auch geschehen, daß eine Metapher weite kollektive Anerkennung gewinnt, ohne lexikalisch eindeutig zu werden. Dann steht die Metapher für ein komplexes Phänomen und ist zum Symbol geworden. Symbole sind zwar auch immer nur Teile, als Leitmetaphern mit hohen Rekurrenzwerten repräsentieren sie aber ein weit ausgedehntes Ganzes. Da das Ganze als Ganzes nicht erscheinen kann, bringen seine Symbole oder Insignien es an verschiedenen Orten pars pro toto in Erinnerung. Weder soll dabei das Teil schon für das Ganze gehalten werden, das macht seine Uneigentlichkeit aus, noch kann man sicher sein, daß sich in der Achtung vor dem Teil in einer Hinsicht auch wirklich die Anerkennung des Ganzen in allen anderen Hinsichten ausdrückt. Symbole setzen sich durch und können wieder sterben und ihre Mächtigkeit verlieren.

Im Symbol ebenso wie in der Metapher geht es um eine kontradiktorische Wirklichkeit oder spannungsvolle Wirkmächtigkeit von Erscheinungen auf Menschen. In der Metapher – hier ist eher an Worte und Gesten zu denken –

wie auch im Symbol – darüber hinaus Gegenstände und Handlungen – wird
eine Deutung ausgerufen, die neu ist und insofern eine ältere, gegenläufige,
latent vorhandene Deutung voraussetzt: Es ist etwas entdeckt worden oder
soll aufgedeckt werden, was so nicht gesehen oder eingesehen worden ist.
Etwas, dessen Eindruck verblaßt war, bekommt wieder Bedeutung. Was
bisher eine schon bekannte Bedeutung hatte, bekommt jetzt zusätzlich noch
eine dazu. Sowohl Symbole wie auch Metaphern wollen eine Einsicht vermitteln, die darin besteht, das durch sie behauptete „Mehr" an Sinn einzu-
holen. Wie verhalten sich Metaphern und Symbole genetisch zueinander?
Es wäre zu überlegen, ob nicht am Anfang jedes Übertragungsvorgangs
immer die Metapher steht, sie weist – grammatisch formuliert – durch Verwendung eines unerwarteten Prädikates auf eine neue Erfahrung hin, die
mit einem Subjekt gemacht wurde. Nach einer berühmten Formulierung
Goethes wird eine Erscheinung durch Symbolik in Idee verwandelt, und zwar
so, „daß die Idee im Bild immer unendlich wirksam und unerreichbar bleibt
und, selbst in allen Sprachen ausgesprochen, doch unaussprechlich bliebe"
(Maximen und Reflexionen, 749). Die Erscheinung wird zum Gegenstand
einer Interpretation. Kann die Interpretation die Erscheinung ersetzen?
Nein, denn die Erscheinung bleibt als Idee gegenüber ihrer Interpretation
„unaussprechlich" und ist nur im Rekurs auf den gegenseitigen Verweisungs-
zusammenhang von Prädikat und Subjekt nachvollziehbar. In der metaphorischen Verwendung sind beide, Prädikat und Subjekt, nicht mehr, was sie
vorher waren. Allerdings: Ohne das, was sie vorher waren, könnten sie sich
auch nicht gegenseitig zu dem machen, was sie dann werden. Wenn es
stimmt, daß Metapher und Symbol in einer genetischen Folge stehen, dann
würde das metaphorische Prädikat durch sinnlich-künstlerische und politische Ausgestaltung zu einem Symbol gerinnen. Das Symbol setzt gemeinhin
bereits eine gewisse Vertrautheit voraus, die nur an ihren Rändern noch
weiter auszubreiten ist. Metaphern wären dann neue Symbole, Symbole ge-
reifte Metaphern. Leben Metaphern nicht von der kreativen, zündenden
Einsicht, die sie vermitteln, und Symbole von der anhaltenden Bewährung
der bereits mit ihnen gemachten Erfahrung? Die Metapher stellt einen
neuen Konsens allererst her, indem sie unerwartet, gegen den üblichen
Sprachgebrauch aufleuchtet und eine Sache von einer neuen Seite ansichtig
werden läßt. Wenn Metaphern „rhetorisch beherrscht" werden, dann
werden sie zur Allegorie und sind tatsächlich nur schmückendes Ornament
zur Unterhaltung der Zuhörer. Nach Aristoteles aber ist es eine *Kunst*, gute
Metaphern zu bilden. Es gehört ein Ingenium dazu. Können Symbole in Ver-
gessenheit geraten, so können Metaphern mißglücken. Dann sind die Versuche, Verhältnisse zu bewahren oder neu zu begründen und neuen Sinn zu
erheben, gescheitert. Zur Wirkung kommen beide, indem sich jemand auf
die Deutung einläßt und an ihr teilnimmt, sie im einen Fall erneut bestätigt

findet, sich im andern Fall von ihr entzünden oder überzeugen läßt. Das Geschehen, das sich dann entfaltet, zeigt bei einer Metapher, ob und wie sie verstanden wurde, und bei einem Symbol ist es maßgeblich für den weiteren Sinngehalt des Symbols. Das Symbol gibt zu denken, die Metapher bringt auf eine Idee. In narrativer Erweiterung verbinden sich Symbole zu Mythen und Metaphern zu Gleichnissen.[10]

Nach diesem Exkurs nun zurück zu Traum und Mythos. Inwiefern verhilft das Metaphernverständnis zu einer Einsicht in den Mythos als Analogon zum Traum? Die These lautet: Träume haben in ihrer Spontaneität den Charakter von Metaphern und in ihrer narrativen Struktur den Charakter von Mythen. Erkennt man in ihnen allerdings weitverbreitete Muster – Freud schon hat eine Reihe „typischer" Traumszenen aufgezählt –, dann mag man sie auch als Symbole verstehen. Freud hat in seiner Traumdeutung mehrfach auf den engen Zusammenhang von Traum und Mythos hingewiesen. Allgemein bekannt ist seine Hochschätzung des Ödipusmythos, so daß der Eindruck entstehen konnte, als sei dieser Stoff für ihn der Mythos schlechthin, auf dessen Drama alle denkbaren psychischen Prozesse zurückzuführen seien. Das ist sicherlich eine Überzeichnung. Aber geht man denn so fehl, wenn man den entwicklungspsychologisch sekundären Dreierkonflikt, der unweigerlich auf die primäre Zweiersymbiose von Mutter und Kind folgt, als Grundmodell für jede Art von Konflikten versteht? Was könnte eine bisher als harmonisch wahrgenommene Einheit noch deutlicher als eine schon im Kern spannungsvolle Vielheit erkennen lassen, wenn nicht das Auftreten des die beiden Teile unterschiedlich affizierenden Dritten? Es geht auch hier um die Spannung zwischen Einheit und Vielheit, wie sie immer wieder der Ausgangspunkt vieler philosophischer und religiöser Bemühungen gewesen ist. Es mag sein, daß die Fixierung auf das Ödipusmotiv den sexuellen Charakter des Dreierkonfliktes in der allgemeinen Rezeption der Psychoanalyse zu sehr in den Vordergrund geschoben hat. Erstens aber hat der Begriff des Sexuellen bei Freud immer die Konnotationen des weiten Feldes des Erotischen und Vitalen, und zweitens hat die Psychoanalyse inzwischen an einer Fülle weiterer Mythen und Märchen ihre hermeneutische Kunst versucht. Freud weist auf Motive der Odyssee hin.[11] Des weiteren läßt sich auch auf die von Freud festgestellte, hohe strukturelle Verdichtung von Träumen hinweisen, die ja bei Mythen um nichts weniger auffällt.[12]

Wenn es stimmt, daß auch solche Mythen, die wir zum festen und „selbstverständlichen" Traditionsbestand unserer Kultur zählen, in ihrem Ursprung die Spontaneität von Metaphern hatten, in welchem Sinne erhellen sie dann die Wirklichkeit, was geben sie zu denken, *gegen welchen Widerstand treten sie an?* Haben auch sie eine kontradiktorische Bedeutung, dann dürfte es wichtig sein, sich jeweils mögliche Gegendeutungen klar zu machen, gegen die sich ein Mythos wendet, und zu fragen, welche Kräfte

durch die Manifestation des Mythos abgewehrt werden sollen. Nimmt
man das durch die analytische Traumdeutung gewonnene Verständnis des
Traumes zu Hilfe, dann wäre zu vermuten, daß Mythen Dokumente latenter
Konflikte sind und kollektive, unbewältigte Erfahrungen spiegeln, die sie
verschlüsselt ausdrücken. In Mythen kämpfen überindividuelle Kräfte um
ihre Durchsetzung. Ihre Waffe besteht darin, daß sie wichtige und konflikt-
haft erlebte Gestalten des Lebens mit Konnotationen versehen, die die
Weise spiegeln, in der diese Gestalten bisher von einer Seite wahrgenommen wurden und von einer anderen nun auch wahrgenommen *werden
sollen*. Dieser Vorgang ist in sich ambivalent. Er soll zwar grundsätzlich dazu
dienen, eine bestimmte Rollenzuweisung zu festigen. Er kann dabei aber
nicht anders, als zugleich die Rollen eben als Rollen durchschaubar und
damit veränderbar zu machen. Der Kampf der Deutungen erspart zunächst
den Kampf „in der Wirklichkeit". Faszinationen und Dämonisierungen
werden in „uneigentlichen" Erzählungen vorgestellt und antizipiert. In der
mythischen Vergewisserung werden mögliche Irritationen des eigenen
Selbstverständnisses zunächst „nur" psychisch überwunden, in der mythischen Polemik werden „nur" mentale Wunden und Kränkungen zugefügt.
Die symbolischen Drohgebärden dienen zunächst dazu, den „realen"
Kampf zu ersetzen. Erst, wenn sie darin scheitern, zeigt sich, daß der Streit
um die Prädikationen die Gemüter um so wirkungsvoller aufgewühlt
und zur „eigentlichen" Entscheidungsschlacht vorbereitet hat. Zunächst
offenbart aber jeder, und sei es auch der rücksichtsloseste Tyrann, seine
implizite Verständigungsbereitschaft, wenn er sich überhaupt auf das Medium der Sprache einläßt. Im Zeitalter der satellitenverstärkten Televi-
sion kann jeder an sich selbst die Erfahrung machen, wie er durch entsprechende „mediengerechte" Inszenierung in die Austragung aller denkbaren Spannungen einbezogen wird. Nimmt man diesen Willen zur
Sprache auch da ernst, wo er noch so plump oder demagogisch zum Ausdruck kommt, dann werden die vorgestellten Mächte in ihrer psychischen
Mächtigkeit erkennbar, und es eröffnet sich ein gewisser Spielraum, nach
anderen als handgreiflichen Mitteln der Konfliktaustragung zu suchen.
Man mag sich allerdings wundern, wie wenig die internationale Diplo-
matie dies berücksichtigt. Mythen decouvrieren die von ihnen vertei-
digten Mächte nämlich auch und gerade da, wo sie sie eigentlich legitimieren sollen. Denn wären jene Mächte über jeden Selbstzweifel erha-
ben, so bedürften sie keiner Legitimation, und es würden sich um sie auch
keine Mythen bilden. In Mythen zeigen sich Schwächen, auf die man
– suaviter in modo, fortiter in re – eingehen kann. Mythen sind per se subversiv, insofern sie nämlich die nicht vorhandene Selbstverständlichkeit
des in ihnen Repräsentierten erkennen lassen. Mythen spiegeln die Art, in
der Gestalten des Lebens wahrgenommen werden, und dokumentieren

damit, daß diese Wahrnehmung veränderbar ist. Mythen wollen nicht nur umkämpft werden, sie sind vielmehr selbst Kampfplätze.

Überträgt man das Konzept der analytischen Traumdeutung auf die Deutung von Mythen, dann eröffnet sich die Möglichkeit einer „therapeutischen" Verwendung von Mythen: Menschen tasten sich am Leitfaden von Mythen an bisher nicht wahrgenommene Konflikte heran, und solche, die Mythen als autistischen Schutzwall verwenden, beginnen sogar, sich der kommunikativen Dynamik ihrer eigenen Mythentradition auszusetzen. Jeder Mythos ist insofern ein Ariadnefaden, der in das Labyrinth eines Minotaurus führt. In beiden Fällen beginnt die Therapie damit, freie Assoziationen, so wie sonst zum Traum, nun eben zu den Mythen zu sammeln. Einem analytischen Interpreten mythischer Bilder muß es also zunächst gelingen, seine Hörer zu einem selbständigen und gleichzeitig unkontrollierten Spiel mit den Bildern zu veranlassen. Die behutsamste Weise ist die, die Hörer die Mythen selbst erzählen zu lassen; so können sie in ihren Assoziationen so nahe an das Geschehen herantreten, wie es ihnen erträglich und sinnvoll erscheint. Auch behutsam, aber „dramatisch" im eigentlichen Sinn ist das Psychodrama, eine Methode, welche die „Wahrheit der Seele" anders als die Psychoanalyse nicht allein durch *sprachliche*, sondern erweitert durch *szenische* Erinnerung, Wiederholung und Durcharbeitung, also „durch Handeln ergründet" (Moreno). Das Psychodrama kann unter anderem dazu anleiten, sich Mythen durch Umdichtung anzueignen. Dank seiner Kanonisierung steht der vorhandene Mythos immer wieder zur „Umdichtung" bereit: Die Klienten deregulieren den Mythos und elementarisieren seine miteinander verwobenen Charaktere, die herrschende Deutung verschwimmt; erst dann wird der Mythos in der therapeutischen Gruppe szenisch improvisiert. Anschließend reflektieren die Klienten die dabei gemachten Erfahrungen (vgl. Integrative Therapie 13/1987/1 Themenheft Psychodrama; F. Buer [1989]; Integrative Therapie 19/1993/1–2 Themenheft Poesie und Bibliotherapie). Dabei durchwandern sie die verschiedenen Seiten – möglicherweise sogar die von ihnen aus gesehen „andere Seite" – des Konfliktes, die wahrzunehmen sie bisher gemieden haben. Bei all diesen Versuchen wird der Schutz- und Spielraum der Mythen nicht verlassen, sondern schöpferisch genutzt. Solch eine „Therapie" hat natürlich immer den Charakter der „Verführung". So aber sind Metaphern nun einmal, ihre „Übertragung" ist immer auch eine „Verführung".

An einem Stoff wie dem Kain-und-Abel-Mythos kann man nun jene assoziative Auslegung vorführen. Die Assoziationen zu einem solchen provokativen Stoff werden dann, wenn der Stoff wirkt, sehr persönlich und intim sein. Der Mythos wird zum Sprachmuster eigener Erfahrungen, er verführt dazu, bestimmte Begebenheiten in einem neuen Licht zu sehen und insofern bestimmte Erfahrungen überhaupt allererst wirklich zu machen. Es ist dabei nicht auszuschließen, daß der Text im Zuge einer assoziativen Auslegung auch privatistisch instrumentalisiert wird.[13] Aber was ist interessanter, als eben gerade dies offenzulegen und der Kritik zugänglich zu machen? Voraussetzung einer solchen Kritik ist natürlich die Bereitschaft der Kritiker, auch *ihre* assoziativen Unterlegungen aufzudecken. Wenn der mythische Stoff wirklich „stark" ist, wird er es an hermeneutischer Kraft nicht fehlen lassen. Vielleicht wirkt das Ingenium der historisch so fernen „Autoren" auch auf den heutigen Hörer und führt ihn spielerisch auf eine „andere Seite". Welches jene „andere Seite" sein könnte, mag durch folgende Gedanken angedeutet werden.

Die mit dem Satz: „Am Anfang schuf Gott den Himmel und die Erde" beginnende hebräische, mythische Erzählung ist Teil eines Prozesses sprachlich-literarischer Weltbewältigung, an dessen Darlegung und Modifizierung seit Jahrtausenden gearbeitet wird: in innerer Kontinuität, aber unabgeschlossen. Man fragt sich natürlich: warum diese sprachlich-literarische Form? Ist das die Kompensation einer realen Machtlosigkeit oder doch vielleicht gar die Irritation einer sich selbst unheimlich werdenden Mächtigkeit? – Auch Nimrod, der große Jäger und „erste Gewaltherrscher auf Erden" (Gen 10, 8 f.), braucht *seinen* Schöpfungsmythos, er braucht seinen Kult und seine Priester. Überwindet man ihn nicht auf freiem Felde, so doch vielleicht in den Grundlagen seines Selbstverständnisses. Der Mythos ist subversiv, selbst der Herrschaftsmythos, denn in ihm gibt sich das Patriarchat eine Blöße. Es beginnt ganz unverfänglich: Wie werde ich mir gerecht, wie meinen Vorfahren und Nachkommen, meinem Hause im kleinen und im großen, wie meinem Gott? Die Wahrnehmung des großen Hauses, des Oikos im modernen Sinne, kann nur da stattfinden, wo jemand die damit verbundene gesteigerte Ambivalenz von Lust und Angst zuläßt, wo ihn der Mut vor der eigenen Courage nicht verläßt. Wer überhaupt von der Erschaffung der Welt zu reden beginnt, ist schon kein Beisasse und Kleinbürger mehr, sondern beteiligt sich am Gespräch der „Väter", am Gespräch zwischen solchen Gestalten wie Abraham und Melchisedek – und Nimrod (Gen 14, 17–20).

Soviel zur biblischen „Urgeschichte" insgesamt, nun zu den Einzelheiten der Kain-und-Abel-Geschichte. In der historisch-kritischen Auslegungstradition stehen sich seit dem neunzehnten Jahrhundert zwei Alternativen gegenüber. Die individuell-urgeschichtliche Linie sieht in Kain den Prototyp des Mörders: Wenn alle Menschen Brüder sind, ist jeder Mörder ein Brudermörder. Die kollektiv-ethnologische Linie versteht die Passage als eine Ätiologie des südlich von Judäa siedelnden Keniter-Stammes. Eingepaßt in die Genealogie nach Adam dient sie dazu, Kain und mit ihm die Keniter näher zu charakterisieren. Den Austausch der Argumente zwischen beiden Varianten kann man in den Kommentaren zur Stelle verfolgen. Der Alttestamentler Claus Westermann kommt zu dem Schluß, „daß eine Auslegung des Textes Satz für Satz, die das Ganze in seiner Abfolge als Stammes- oder Volksgeschichte erklären will, äußerst schwierig, wenn nicht unmöglich ist".[14] Ganz abwegig war dieser Auslegungsansatz sicher nicht. Man konnte auf das Romulus-Remus-Motiv in der Gründungssage Roms verweisen, die Keniter kommen tatsächlich als Stamm in den Quellen vor, und die Rivalität zwischen Nomaden und Seßhaften ist ebenfalls ein bekanntes Phänomen. Nur beweisen läßt sich nichts. Dazu müßte man – ähnlich wie Walter Burkert es für griechiche Mythen vorgeführt hat – rituelle Begehungen anführen können, die einer Stammesgemeinschaft oder einem kenitischen Stadtstaat zur Selbstverständigung und als Ventil kollektiver Aggressionsverarbeitung gedient hätte. Die individuelle-urgeschichtliche Interpretation kann sich auf jeden Fall auf die Aufnahme der Passage in den urgeschichtlichen Kontext durch die verschiedenen Redaktoren berufen. Handeln Genesis 2 und 3 vom Menschen als Geschöpf Gottes und von der Gemeinschaft von Mann und Frau, so der Abschnitt 4, 1–16 vom Menschen und seinem Bruder.

Die Erzählung zeigt die Motive und Ereignisse, die zu dem Vergehen führen, es folgt die Anklage, das Verhör, der Gerichtsspruch in Form einer Verfluchung, die Zumessung der Strafe, die schließlich abgemildert wird. Aus der Hinrichtung wird eine Verbannung. Diese Abfolge läuft parallel zur Erzählung von der Sündenfallgeschichte. Erde heißt hebräisch Adamah, Chawa heißt Leben. Die Sündenfallgeschichte enthält die Einsicht, daß der Mensch von Staub genommen ist und wieder zu Staub werden wird. Diese Einsicht personalisiert sich in Abel. Der Name kommt von Häbäl, das bedeutet Hauch, leer und nichtig. Kain, der Erstgeborene, ist der „Haupterbberechtigte", der Landbesitzer, der die Rolle des Vaters übernimmt. Der Vater selbst wird hier gerade nur noch zitiert. Abel ist der Jüngere, ein Schafehüter, ein Nomade. Er „hat" kein Land. Wie kann man auch das Grün der Weiden besitzen oder die Frische des Wassers kaufen oder den Regen in der Steppe zu Eigentum erklären? Kain kann das, aber Abel hat dazu offensichtlich kein Verhältnis. Im Namen Abels klingt hebräisch „Hauch, Nichtigkeit" an. Der Name Kain ist entweder verwandt mit arabisch qn'h – Lanze, Rohr – oder hat vielleicht etwas mit Metallverarbeitung zu tun. Im Ausruf der Mutter „Kaniti" liegt allerdings eine Anspielung auf hebräisch qnh = kaufen, erwerben, erschaffen. Sie hat einen Mann hervorgebracht! Es mag möglich sein, daß in der Berufsdifferenzierung Ackermann/Hirte eine Erinnerung an die Arbeitsteilung der „neolithischen Revolution" liegt. Im Gang der Erzählung ist es allerdings die Gottesbeziehung, die beide zu Todfeinden macht. Der „erste Krieg" ist ein Religionskrieg; sind vielleicht alle Kriege „Religionskriege"? Vielleicht weil gerade im Kultus, in der kulturspezifischen Religion die Andersartigkeit des Anderen am augenfälligsten zum Ausdruck kommt? Im Opfer zeigt sich die tiefe Angst des Menschen, in der

vielfältigen Aneignung seiner Welt hier oder dort „zu weit gegangen" zu
sein. Also sucht er die Gottheit günstig zu stimmen. Gelingt es dem einen, so
werden Neid und Eifersucht des Andern nicht auf sich warten lassen. Hier
zeigt es sich, wer nicht nur zeitweilig eine Glückssträhne hat, sondern wer
existenziell der Erste ist. Der Ackermann geht in der Aneignung der Welt er-
heblich weiter als der wandernde Nomade. Der Preis für diese Kühnheit ist
nicht nur die beständige Angst vor dem Angriff gekränkter chtonischer
Mächte, sondern auch der erhebliche Aufwand, der zur Aufrechterhaltung
des sozialen Friedens von den Seßhaften getrieben werden muß. Sollte der
Nomade ein zwar kargeres Leben führen, dafür aber in einem friedlicheren
Verhältnis zur Natur leben? Er kann in Konkurrenzsituationen einfach in anderes Gelände ausweichen, das kann der Seßhafte nicht. Ein übernatür-
liches himmlisches Erstgeburtsrecht könnte das natürliche Erstgeburtsrecht
des Kain in Frage stellen. Es gibt allerdings im Text keine Hinweise, daß
Kain die Nichtbeachtung durch Jahwe „verdient" hätte. Es ist eben so: Er
zieht religiös den kürzeren, er vermag aus seinem Opfer keine Gewißheit
seines Existenzrechts zu gewinnen. Abel wird gefördert, Kain geht leer aus.
Es ist die Willkürlichkeit geschöpflicher Existenz, die nicht nur Abel, sondern auch Kain mit Himmel und Erde, mit Wind und Staub teilt und die für
das menschliche Bewußtsein entweder als völlig in Ordnung, als „sehr gut"
(Genesis 1) erfahren oder aber als Kränkung erlebt werden kann. Kennt die
Urgeschichte etwa schon die drei – für uns heute mit den Namen Galilei,
Darwin und Freud verbundenen – großen Kränkungen der Menschheit?[15]
Nicht der Mensch –übrigens auch nicht Gott –, sondern der Baum des Lebens steht in der Mitte des Gartens und im Zentrum der Schöpfung, der
Mensch ist sterblich wie die anderen Geschöpfe, nach der Priesterschaft am
selben Tage geschaffen wie die Tiere (vgl. Gen 1, 24–31) und schließlich, wie
die Sündenfallgeschichte lehrt, nicht „Herr im eigenen Haus", sondern
„Opfer" mächtiger Neigungen. Noch einmal ein Rückblick auf die Sündenfallgeschichte: Der Mensch unterstellt Gott Betrug und Neid, nimmt ihn erst
noch zaghaft gegen die eigenen argwöhnischen Gedanken in Schutz, greift
dann selber nach der begehrten Rolle. Er wartet nicht mehr auf die Bestätigung, sondern will aggressiv *erkennen* – und wird damit auch erkennen, daß
er „nackt" ist. Die zunächst so unerheblich anmutende Asymmetrie der
Bäume im Paradies erscheint Eva im Verlauf des Gesprächs mit der
Schlange als Anlaß zur Empörung, als Grund, Gott zu mißtrauen, als Aufforderung, die Verhältnisse richtigzustellen. Der Gott ist gar nicht Gott, er gibt
sich nur den Schein, er hat Angst und sichert sich, indem er *sich* einen Baum
reserviert. Dieser eine Baum, er wird zum Skandal, zum Symbol der göttlichen Anmaßung, zum Dokument der Beleidigung des Menschengeschlechts: Erkennt das Gute und das Böse, werdet wie Gott, stürmt den
Himmel, erobert die Religion, besetzt den Baum! – Wie aber kann man die

Last der Unterscheidung des Guten und des Bösen zu seiner Sache machen wollen?! Wie kann man das Leben beherrschen wollen?! Als stünde nicht am Ende die Ratlosigkeit, die Nacktheit, die sokratische Bescheidenheit, die eingesteht, der Idee des Guten und des Bösen nicht mächtig zu sein. Sowenig aber die Athener den Sokrates, so wenig können Eva und Adam die eine verwehrte Frucht und so wenig kann der Kain den Abel ertragen. Dabei gehört es doch zur Vielfalt der Erscheinungen, daß es Starke und Schwache gibt: Je kühner die Entwürfe des Lebens, desto mächtiger die Gefühle des Neides und der Kränkung. Wer utopische Maßstäbe einer moralischen Natur – man denke an das Bild von gemeinsam friedlich weidenden Löwen und Lämmern – oder auch nur einer moralischen Menschennatur meint real *durchsetzen* zu müssen, wer also auf totale Symmetrie aus ist, der wird zum strengsten und erbarmungslosesten Richter werden und die Welt mit dem Terror der Tugend überziehen müssen. Es ist die moralische Empörung über den ungerechten Jahwe, der seinen Liebling Abel ungeniert vorzieht, die Kain zum Mörder macht, genauer müßte man sagen: zum Richter, denn strenggenommen vollzieht er die Hinrichtung an Abel nur stellvertretend. Im Grunde will er – vielleicht erst seine Eltern, dahinter aber letztlich: – Jahwe treffen, den launischen Gott. Mit dem Brudermord allerdings ist nun ausgerechnet er es, der tatsächlich eine moralische Grenze überschreitet und ungeheuerliche Gewalt in die Welt trägt.

Vielen Auslegern der biblischen Urgeschichte ist die eigentümliche Parallelität von Sündenfallgeschichte und Brudermordgeschichte aufgefallen. Alle Konflikte in der biblischen Urgeschichte sind Dreierkonflikte. Der erste Konflikt ist der zwischen Gott, der Schlange und der Frau. Der zweite ist der zwischen der Frau, dem Mann und Gott, der dritte ist der zwischen dem älteren und dem jüngeren Bruder und Gott. Der Konflikt zwischen Gott und der Schlange überträgt sich auf die Frau, sie übernimmt ihn. Der Konflikt, den die Frau und der Mann unter sich erleben, ist Teil ihres gemeinsamen Konfliktes mit Gott: „Der Mensch sprach: Das Weib, *das du mir gegeben hast*, sie gab mir vom Baum, und ich aß" (Gen 3, 12). Diesen Konflikt übertragen sie auf die Kinder. Und die Kinder übernehmen ihn, anstatt die Eltern und hinter den Eltern Gott selber zur Rede zu stellen, wie es im Buch Hiob vorgeführt wird (Hiob 16 und 19). Bei Kain richtet sich die Aggression gegen den jüngeren Bruder. Er richtet nicht gegen Gott seinen Zorn, wie es dem Duktus der Geschichte nach völlig angemessen wäre, und läßt sich nicht auf die zur Reifung jedes Menschen unerläßliche harte Auseinandersetzung mit seinem Gott ein, sondern verfolgt statt dessen den Bruder mit Neid. Der Bruder – in Wahrheit natürlich „dessen Gott" – ist für ihn der Stein des Anstoßes, der beseitigt werden muß. Will Kain erst noch mit Abel sprechen, so kommt es dann eben doch nicht zum Dialog: die verzweifelte Gewalttat ist unausweichlich.

Allzuschnell wird Kain als der Mörder und Abel als das unschuldige Opfer eingestuft. Warum aber läßt sich Abel so willenlos erschlagen? Warum geht nichts von ihm aus, warum ist er so stumm in der Geschichte? Die Erzählung zeichnet ihn im Grunde gar nicht positiv. Wir als Leser tun das erst. Der einzige, der in der Geschichte sprachfähig bleibt, ist Gott. Er bestreitet nicht seine Ungerechtigkeit, als Kain finster blickt, sondern spricht ihn an: „Warum blickst du finster?" Man muß sich den Blick nach unten vorstellen, Kains verbitterte, mißtrauische Miene und dann die behutsamen, vorsichtigen, umschreibenden, väterlichen Worte Jahwes dazu hören. Der „Lagernde" mag ein Dämon sein, er repräsentiert vermutlich den Automatismus der sprachunfähigen Gewalt. Könnten Kain und Abel sich einander mitteilen, wären sie in der Lage, sich dem Gott im Konflikt zu nähern, ihren Streit im Medium der Sprache auszutragen, so wäre es denkbar, daß der Segen des einen von dem anderen nicht als persönlicher Angriff empfunden würde. Gerade weil sie Brüder sind, erleben sie die Verschiedenartigkeit ihrer Naturen als so besonders bedrohlich. Ist es nicht vielleicht ein eigener Anteil, den der Bruder da repräsentiert? Sind nicht Kain und Abel zwei Seiten ein und derselben Persönlichkeit? Läge doch dem Kain genauso wie dem Abel etwas an dem Anderen, am Fremden, am Gegenüber! Läge dem Kain doch etwas an seiner Schwäche, am Empfindlichen, am Schutzbedürftigen, an Abels heimlicher Stärke, die eine andere ist als die Stärke des Starken, des von Natur aus Exponierten, des Erstgeborenen. Ließe er doch gelten, daß Abel statt „materieller" Vorzüge einen intimeren Zugang, eine tiefere Vertrautheit und eine größere Freiheit im Umgang mit dem religiösen Grund hat: „Und der Herr sah wohlgefällig auf Abel und sein Opfer, auf Kain aber und sein Opfer sah er nicht. Da ergrimmte Kain gar sehr und blickte finster." Warum nur wird er neidisch, warum kann er sich nicht vermitteln lassen, warum genießt er nicht die Nähe seines Bruders, der ihn in die Nähe Gottes bringt? Warum kann er nicht ertragen, daß er nicht alles hat, daß ihm zum Ganzsein ein Anderer nötig ist, der ihn ergänzt, der ihn führt, wo er nun einmal blind ist? Es wird genug geben, worin Abel umgekehrt auf Kain angewiesen ist. Die Welt ist nicht symmetrisch, die Forderung nach Symmetrie ist vielmehr eine, wenn nicht *die* Wurzel des Bösen. Dagegen, daß Kain zum Mörder und Abel zum Ermordeten wird, müssen beide, Kain und Abel, allerdings gemeinsam vorbeugen. Kain gegen Kain, ein solcher Konflikt läßt sich durch ein Gleichgewicht des Schreckens offensichtlich eine Weile regulieren, aber Kain gegen Abel, wie läßt sich diese Rivalität versöhnen?

Was als Familiendrama erzählt wird, wird als Geschichte der mythischen Urfamilie erzählt. Als *Ur*geschichte tritt sie also als eminent politische auf, deren Dynamik sich demnach nicht auf die Kleinfamilie und ihre individualpsychologischen Konstellationen beschränkt.

Was also ist jene oben angekündigte „andere Seite"? Wenn der Text in der assoziativ-dramatischen Identifikation wirklich zum Sprechen kommt, dann kommt auch der Hörer zum Sprechen, als der, der auch er ist: Kain, der Bruder Abels, und umgekehrt auch selbst Abel, der Bruder Kains. Die verfeindeten Brüder unter uns und in jedem von uns lernen Gott und die Welt jeweils aus den Augen des anderen zu sehen. Wenn sie die tödliche Gefahr ihres Konflikts im Mythos erkennen, sind sie gewarnt und können ihn – zunächst jeder mit seinem eigentlichen Gegner, nämlich mit seinem Gott – austragen.

Literatur

Allemann, Beda (1968): Die Metapher und das metaphorische Wesen der Sprache, in: Arbeitsgemeinschaft Weltgespräch (1968) (Hrsg.), Welterfahrungen in der Sprache 1 (Weltgespräch; 4), Freiburg i. Br. u. a., 29–43.

Assmann, Jan (1982) (Hrsg.): Funktionen und Leistungen des Mythos: Drei altorientalische Beispiele (Orbis biblicus et orientalis; 48), Göttingen.

Berger, Klaus (1991): Historische Psychologie des Neuen Testaments (Stuttgarter Bibelstudien; 46/7), Stuttgart.

Blumenberg, Hans (1957): Licht als Metapher der Wahrheit, in: Studium Generale 10 (1957), 432–447.

– (1960): Paradigmen zu einer Metaphorologie (Archiv Begriffsgeschichte; 6), Bonn.

Brooke-Rose, Christine (1958) (²1965): A Grammar of Metaphor, London.

Buer, Ferdinand (1989): Die Philosophie des J. L. Moreno – die Grundlage des Psychodrama, in: Integrative Therapie 15/1989/2, 121–140.

Bürkle, Horst, et al. (1988): Tiefenpsychologische Deutung des Glaubens? Anfragen an Eugen Drewermann (Quaestiones disputatae; 113), Freiburg i. Br., Basel, Wien.

Burkert, Walter (1972): Homo necans. Interpretationen altgriechischer Opferriten und Mythen (Religionsgeschichte. Versuche und Vorarbeiten; 32), Berlin, New York.

– (1977): Griechische Religion der archaischen und klassischen Epoche (Die Religionen der Menschheit; 15), Stuttgart.

– (1990): Wilder Ursprung. Opferritual und Mythos bei den Griechen (Kleine kulturwissenschaftliche Bibliothek; 22), Berlin.

Dolto, Françoise, Gérard Séverin (1980): Dynamik des Evangeliums: Evangelientexte im Gespräch zwischen Psychoanalyse und Theologie, Freiburg i. Br.; franz.: L'évangile au risque de la psychanalyse.

Dornes, Martin (1993): Der kompetente Säugling, Frankfurt a. M.

Drewermann, Eugen (1983/84): Strukturen des Bösen. Die jahwistische Urgeschichte in exegetischer, psychologischer und philosophischer Sicht (Paderborner Theologische Studien 4–6), Paderborn.

– (1984) (²1985): Tiefenpsychologie und Exegese, Bd. 1: Die Wahrheit der Formen. Traum, Mythos, Märchen, Sage und Legende, Bd. 2: Die Wahrheit der Werke und der Worte. Wunder, Vision, Weissagung, Apokalypse, Geschichte, Gleichnis, Olten.

Drewermann, Eugen (1986): „Dein Name ist wie der Geschmack des Lebens." Tiefenpsychologische Deutung der Kindheitsgeschichte nach dem Lukasevangelium, Freiburg i. Br., Basel, Wien.

– (1988): „An ihren Früchten sollt ihr sie erkennen." Antwort auf Gerhard Lohfinks und Rudolf Peschs › Tiefenpsychologie und keine Exegese‹, Olten, Freiburg i. Br.

– (1988/90): Das Markusevangelium, Teil 1 und 2, Olten, Freiburg i. Br.

Drewermann, Eugen, Michael Helfer, Günter Höver (1986): Freispruch für Kain? Über den Umgang mit Schuld, Mainz.

Fehrenbach, Gregor (1991): Drewermann verstehen. Eine kritische Hinführung, Olten.

Freud, Sigmund (1900) (⁸1930): Die Traumdeutung (GW II/III), London.

– (1916/17): Vorlesungen zur Einführung in die Psychoanalyse (GW XI), London.

Harsch, Helmuth, Gerhard Voss (1972) (Hrsg.): Versuche mehrdimensionaler Schriftauslegung, Stuttgart, München.

Kagan, Jerome (1984): The Nature of the Child, New York.

Lohfink, Gerhard, Rudolf Pesch (1987): Tiefenpsychologie und keine Exegese. Eine Auseinandersetzung mit Eugen Drewermann, Stuttgart.

Mann, Thomas (1933) (1971): Joseph und seine Brüder (Bd. 3), Frankfurt a. M.

Martin, Gabriel Marcel (1990): Eugen Drewermanns „Strukturen des Bösen" als Ausgangspunkt eines umstrittenen theologischen Denkweges, in: ThLZ 115/1990, 321–332.

Nase, Eckart, Joachim Scharfenberg (1977): Psychoanalyse und Religion, Darmstadt.

Ricœur, Paul (1975): La metaphore vive, Paris.

Rymer, Russ (1993): Genie. An Abused Child's Flight from Silence, New York.

Seifert, Theodor (1986): Weltentstehung. Die Kraft von tausend Feuern, Stuttgart.

Spiegel, Yorick (1972) (Hrsg.): Psychoanalytische Interpretation biblischer Texte, München.

– (1978): Doppeldeutlich. Tiefendimensionen biblischer Texte, München.

Stern, Daniel N. (1991): Tagebuch eines Babys, München.

– (1992): Die Lebenserfahrung des Säuglings, Stuttgart.

Szagun, Gisela (1991): Das wichtigste Jahr, München.

Theißen, Gert (1983): Psychologische Aspekte paulinischer Theologie (Forschungen zur Religion und Literatur des Alten und Neuen Testaments; 131), Göttingen.

Weinrich, Harald (1958): Münze und Wort. Untersuchung an einem Bildfeld, in: Romanica. FS für Rohlfs.

– (1963): Semantik der kühnen Metapher, in: Dtsch. Vjschr. Lit.-wiss. u. Geistesgesch. 37/3 (1963), 325–344.

– (1966) (⁴1970): Linguistik der Lüge, Heidelberg.

– (1967): Semantik der Metapher, in: Folia linguist. 1/3 (1967), 3–17.

– (1980): Metapher, in: HWP V, 1179–1186.

Westermann, Claus (1974): Genesis Bd. I/1 (Biblischer Kommentar Altes Testament), Neukirchen.

Wolf, Christa (1983): Kassandra, Darmstadt.

Zimmer, Katharina (1991): Das wichtigste Jahr, München.

– (1992a): Das Leben vor dem Leben, München.

– (1992b): Schritte ins Leben, München.

PLATONS WEG VOM LOGOS ZUM MYTHOS

Von ENNO RUDOLPH

Einführende Bemerkungen

Die fortschrittsverliebte These, die eine irreversible ideen- und religionsgeschichtliche Entwicklung vom Mythos zum Logos unterstellt, ist so eindeutig nicht zu belegen, wie es durch die geläufigen Rekonstruktionen des
Siegeszuges rationaler Philosophie bereits in der griechischen Antike mit-
unter nahegelegt wird. Daraus allerdings folgt keineswegs, einer dialektischen Interpretation des Verhältnisses zwischen Logos und Mythos im Sinne
von Adorno und Horkheimer das Wort zu reden. Adorno/Horkheimer sehen
in der souveränen Macht eines Odysseus – repräsentativ für die Heldentypo-
logie der griechischen Mythologie – ebenso effektiv emanzipierte Vernunft
und rationale Götterkritik am Werke, wie umgekehrt in der Aufklärung
ihrer Auffassung nach eine säkularisierte Renaissance der Souveränität
mythischer Subjekte wirksam war.[1]

Ein Mythos aber, der die Kompetenz des Logos in Frage stellt, die Welt zu
erklären und zu beherrschen, und der gleichwohl im Herrschaftsbereich aufgeklärter Rationalität nicht nur anerkannt, sondern sogar benötigt wird, hat
im historischen Paradigma der Aufklärung keinen Platz. Dies sieht in der
Blüte der antiken Philosophie ganz anders aus. Die antike Behandlung der
Differenz zwischen mythischer Weltdeutung und rationaler Welterklärung
stellt die Möglichkeit unter Beweis, daß Logos und Mythos nicht nur koexistieren, sondern daß der Logos des Mythos sogar in einem sehr präzisen
Sinne bedarf. Es war Platon, an dessen Theorie des Mythos und seiner deik-
tischen Funktion deutlich wird, daß er mythische Weisen der Weltdeutung
gerade dort einsetzt, wo die logische Redeweise an ihrem eigenen Thema
scheitert: Mythos als Korrektiv und als Komplement des Logos.

Platon wird gern als der Vater des Siegeszuges des Logos über den Mythos
dargestellt, wobei seine „Feindschaft gegen den poetischen Mythos" (Blumenberg) als ausschlaggebender Charakterzug unterstrichen wird.[2] Generell wird dabei übersehen, daß Platon im Kontext desjenigen Dialoges, in
dem sich seine Mythenkritik besonders profiliert – in der ›Politeia‹ –, einen
bestimmten, nämlich einen leichtfertigen und verantwortungslosen Umgang mit den Mythen kritisiert, nicht aber den Mythos selbst. Die „Nötigung, einen eigenen Mythos zu kreieren" (Blumenberg)[3], geht einher mit

einer nicht erst bei Aristoteles zu findenden ausdrücklichen Ehrfurcht vor der Tradition der Mythen,[4] sondern vor allem mit dem Versuch, mythische Rede auf ein neues Niveau zu heben, indem sie als Ausdrucksform einer solchen Wahrheit eingesetzt wird, um die es dem Logos zwar geht, deren er aber selbst nicht mächtig ist. Damit wird eine merkwürdige Überlegenheit des mythischen Sprechens gegenüber dem Logos deutlich, und zwar in zweifacher Hinsicht: einerseits erweist sich die mythische Rede fundamentalen philosophischen Themen als einzig angemessen – zu solchen Themen zählen etwa die Frage nach der Entstehung der Welt oder die Frage nach den Prinzipien des politischen Zusammenlebens –, und zum anderen ist die mythische Rede der Ausdruck einer Reflexion auf die Begrenztheit des menschlichen Vermögens, Wahrheit zu erkennen. So gesehen korrigiert der Mythos die Hybris des Logos – eine Rolle, die Platon gegen leichtfertige Mythenverwendungen ausspielt – und steht für eine antike Einsicht in die Endlichkeit der menschlichen Vernunft.

Es war Ernst Cassirer, der im Zusammenhang seiner Diagnose der fatalen Konjunktur politischer Mythen in Form der Ideologien totalitärer Systeme im Europa des 20. Jahrhunderts Platons verantwortlichen Umgang mit den Mythen als gelungenes Gegenbeispiel für eine Vermittlung zwischen rationaler Philosophie und mythischem Denken besonders herausstellte. Platon habe – im Unterschied zum verführerischen Einsatz politischer Mythen im Zeitalter des nur scheinbar endgültigen Sieges des Prinzips der Rationalität – gleichwohl scharf zwischen philosophischem und mythischem Denken unterschieden.[5] Ein Vergleich zwischen der Wiedergeburt alter mythischer Motive im 20. Jahrhundert und der methodischen Funktion mythischer Reden bei Platon überzeugt allein deshalb, weil beide Kulturen, diejenige der neuzeitlichen Aufklärung und diejenige der politischen Philosophie Platons, einerseits von einer ausdrücklichen Entgegensetzung zwischen Rationalität (Logos) und Mythos leben, andererseits aber essentiell Mythisches in ihren Weltdeutungstypologien verwenden. Allerdings – im Unterschied zum plötzlichen Aufkommen politischer Mythen im 20. Jahrhundert und zur folgenschweren Anfälligkeit des „homo faber" für den „homo magus" in Gestalt verführender Führer[6] – zeichnet es die Souveränität der platonischen Mythenbildung aus, logische und mythische Rede nicht zu vermischen, sondern sie methodisch nachvollziehbar zu relationieren. Mehr noch: Platon entwickelt eine Philosophie, die begründet, warum der logische Anspruch auf Wahrheit einer Korrektur durch den Mythos bedarf und wie diese kritische Funktion des Mythos zur Geltung kommt.

Ernst Cassirer geht sogar noch weiter. Er führt Platon ausdrücklich als ein gelungenes Beispiel für eine Philosophie an, die ihrerseits konstruktive Mythologie ist und so im Kampf gegen politische Mythen entschieden wirksamer sein könnte als etwa die Philosophie Hegels, wobei sich Cassirer auf

dessen philosophisches Selbstverständnis bezieht. Die „Eule der Minerva"
– Symbol der Philosophie, die zur Reform der Welt immer zu spät kommt –
beginnt ihren Flug, wenn sie keinen Einfluß auf das historische Leben mehr
ausüben kann. Die Auffassung von der Philosophie als einer Art „spekulativen Müßiggangs", wie sie mit der Metapher von der Eule der Minerva verteidigt werden könnte, widerspricht aber nach Cassirer nicht nur der gesamten Geschichte der Philosophie vor und nach Hegel, sondern als Gegenbeispiel sei bereits das platonische Modell hinreichend.[7] Platons Philosophie gilt Cassirer offenbar als Dokument für die Aufgabe der Philosophie,
nicht nur „ihre Zeit in Gedanken" angemessen zu erfassen, sondern auch
und gerade damit gegen die Zeit zu denken.

   Die Erinnerung an Platons Mythos steht also im Dienste der kritischen
Diagnose der Gefährlichkeit politischer Mythen, eine Konsequenz, die sowohl die platonische Mythologie als auch Cassirers Theorie der politischen
Mythen neu beleuchtet. Nach E. Doutté – Cassirers Gewährsmann für eine
Theorie des Mythos – liegt das Wesen des Mythos darin, «le désir collectif
personnifié» zu sein.[8] Sollte in der Tat der platonische Mythos zu dieser Auffassung, wie sie sich in der Ausbildung der totalitären Mythen niederge-
schlagen hat, einen kompromißlosen Kontrapunkt darstellen, dann hätte er
sich als Element eines Gegenmodelles zum Mythos des totalitären Kollekti-
vismus zu erweisen. Er müßte sich als eine bewußt konzipierte literarische
Ausdrucksform einer nicht kollektivistischen, sondern pluralistischen politischen Philosophie erweisen, er müßte sich erweisen als die angemessene Redeform von der Vielfalt, der Vieldeutigkeit der Welt bzw. der Vielfalt und der
Vieldeutigkeit menschlichen Lebens in der Polis. Inwieweit dieser Anspruch
der Rolle des Mythos bei Platon wirklich entspricht, inwieweit zudem sowohl seine Kosmologie als auch seine Polis-Philosophie diese These bestä-
tigten, soll im folgenden ein Stück weit untersucht werden.

1. Mythos statt Logos:
Der Weltentstehungsmythos in Platons Timaios

   Es ist offensichtlich, daß Platon im Timaios die Unterscheidung von zwei
Typen des logos voraussetzt, um gegen sie den Begriff des Mythos, das heißt
des „eikos mythos", abzuheben. Es handelt sich bei diesen beiden um den
„eikos logos" auf der einen und den „logos alethes" auf der anderen Seite.
Der Sinn der Unterscheidung zwischen diesen beiden Typen des logos dürfte
formal unstrittig sein: Platon ordnet den „logos alethes" dem Sein (ousia) in
seiner unbewegten Einheit und den eikos logos dem Werden (genesis) zu
(28b). Gemeinsam ist beiden Typen des logos, daß sie ihrem Gegenstand
nur gerecht werden können, wenn sie ihn auf möglichst adäquate Weise zur

Darstellung bringen. Diesen Anspruch, der zugleich ein Kriterium darstellt, teilen sie formal mit dem von ihnen ansonsten deutlich unterschiedenen „eikos mythos", dem dies nicht nur ausdrückliches Anliegen, sondern sogar Thema ist: die mythische Rede problematisiert die Schwierigkeit der angemessenen Rede und exemplifiziert die Tugend der Minimierung der Unangemessenheit. Die entschuldigende Erklärung, die Timaios dem eigentlichen Beginn der Weltentstehungserzählung voranschickt (29 c/d), unter Berufung auf die Grenzen und Schranken der menschlichen Natur nur gleichnishaft reden zu können, ermöglicht es, Wesentliches sowohl über den „eikos logos" als auch über den „logos alethes" in ihrer Differenz zum „eikos mythos" zu ermitteln.

Im Prolog des Timaios schlägt sich die Differenzierung der beiden Redetypen und die mit ihr einhergehende Sonderrolle des Mythos wie folgt nieder: Timaios erläutert, daß die Rede vom Ur- oder Vorbild (paradeigma) sich mit etwas befaßt, was die Eigenschaft des Beharrlichen und Unveränderlichen hat. Deshalb müsse, so die Konsequenz, diese Rede selber durch die Eigenschaften der Beharrlichkeit und der Unveränderlichkeit charakterisiert sein (29 b). Es handelt sich dabei um Eigenschaften, die bei Platon generell dem Begriff des Seins bzw. des ihm korrespondierenden logos alethes zukommen. Im Unterschied dazu entspricht der Unvollkommenheit des Abbildes (eikon) eine Redeform, die nur Annäherndes und in diesem Sinne „Wahrscheinliches" über ihren Gegenstand aussagen kann. Diese Redeform ist der eikos logos (29 c), eine naturgemäß ungenaue Redeform, die nicht Wahrheit, sondern nur 'Für-wahr-halten' (pistis) vermitteln kann (29 c).

Deutlich ist, daß der Wahrheitsanspruch des eikos logos am Gegenstand des logos alethes, der wahren Rede also, gemessen wird. Der eikos logos selber kann also nicht darüber entscheiden, ob er angemessen die Unangemessenheit des Abbildes gegenüber dem Urbild zur Sprache bringt. Dazu ist es notwendig, zu wissen, daß es sich beim Gegenstand des eikos logos um ein Abbild von etwas anderem handelt, d. h., man muß die Differenz zwischen Urbild und Abbild kennen. Wenn Timaios sodann für die Rede, zu der er im folgenden anhebt, den Titel „Mythos" wählt, und wenn zudem diese Rede – wie sich im folgenden zeigen wird – jeweils das Verhältnis von Urbild und Abbild thematisiert, dann sind eikos mythos und eikos logos als unterschiedliche Redeformen zu verstehen. Der eikos logos beschäftigt sich mit dem Werden als solchem, ohne zwischen Werden und Sein unterscheiden zu können. Deshalb ist der eikos logos immer in der Gefahr, das Werden für die Wahrheit des Seins zu halten. Der logos alethes beschäftigt sich mit dem Sein selbst, aber nur der eikos mythos handelt von der Abbildhaftigkeit des Werdens gegenüber der Urbildlichkeit des Seins und behandelt damit also die Frage, wie im Abbild das Urbild „wiederzuerkennen" ist. Der Timaios verbindet zwei platonische Lehrstücke auf virtuose Weise: die Mimesis-Lehre mit der Anamnesis-Lehre.

Der „logos alethes" übersteigt das Vermögen des Menschen grundsätzlich. Der menschliche Logos kann die Wahrheit des Seins grundsätzlich nicht uneingeschränkt zur Sprache bringen. Dazu müßte er mit dem Sein eins werden, ein Ziel, das Platon auch im Sinne haben dürfte, wenn er etwa im Liniengleichnis in der Politeia das oberste Seelenvermögen, den nous, als das Vermögen des unmittelbaren Ergreifens und Berührens (haptestai) des Seinsursprungs von allem (arche tou pantos) bezeichnet (Politeia 511 e). Von Wichtigkeit ist, daß es sich bei dieser Eigenschaft des nous um die Eigenart eines Teilvermögens der menschlichen Seele handelt, also eines Vermögens, das nicht ungetrennt von den anderen Teilen der Seele (der dianoia, der pistis und der eikasia) ist. Die unmittelbare und uneingeschränkte Einheit von nous und noeton ist ein Ideal, das strenggenommen unerreichbar bleibt.[9]

Diese wechselseitige Unabtrennbarkeit der Seelenvermögen wird im Falle der platonischen Gleichnisrede durch die Mathematik der Seele begründet: ist doch der nous auf numerisch wohlproportionierte Weise, wie es das Liniengleichnis zur Darstellung bringt, mit den weiter vom Sein entfernten Teilen der Seele verbunden, wobei gerade durch ihre proportionale Zuordnung die Einheit der Seele konstituiert wird. So ist aus dem Seelenparadigma direkt zu lernen, daß Einheit bei Platon Harmonie von Gegensätzen bedeutet, von solchen Gegensätzen, die einander ebenso ausschließen, wie die Harmonie als ganze ihnen eigentlich widerstreitet.[10] Dieses Dilemma kommt in der sprachlichen Nötigung zum Ausdruck, einen Mythos zu erzählen, um das Verhältnis zwischen Einheit und Vielheit in einer Weise so darzustellen, wie es dem Konsistenzanspruch des logos nicht möglich ist. *Der Mythos macht die Relation der Redeformen von „logos alethes" und „eikos logos" zum Gegenstand seiner Rede, indem er die ontologische Relation von Sein und Werden thematisiert.* Wie die logoi generell, so unterliegt auch der eikos mythos *formal* der Notwendigkeit, seinem Inhalt so gerecht wie möglich zu werden, und das heißt, seinen Inhalt auf eine dem Thema so ähnliche Weise wie möglich zur Darstellung zu bringen. Inhaltlich handelt er im Grunde von nichts anderem als von der Ähnlichkeitsbeziehung zwischen Sein und Werden – dramatisch auf den Höhepunkt getrieben, wo es um die größtmögliche Verähnlichung zwischen Welt und Welturbild geht, nämlich im Zusammenhang der Entstehung der Zeit als desjenigen Wesensmerkmales des Kosmos, durch das geleistet werden soll, daß dieser dem Urbild der Weltschöpfung „so ähnlich wie möglich" gemacht wird (39 e) (s. dazu unten Teil 2).

Hinzu kommt der formale Aspekt, daß der Mythos präzise als eine Ähnlichkeitsgeschichte definiert ist, die ausdrücklich reflektiert, daß sie das, was sie zum Thema hat, eben nicht adäquat, sondern nur der „menschlichen Natur entsprechend" (29c/d) darstellen kann. Es handelt sich bei dieser Geschichte um die *Darstellung einer Ähnlichkeitsbeziehung*, die selbst *nur auf ähnliche Weise* zur Sprache gebracht werden kann. Andererseits wird aber gerade diese Ähnlichkeitsgeschichte, der Inhalt des Mythos, in ähnlichstmöglicher Redeweise präsentiert. Kein Logos kann demnach höher veranschlagt werden. Denn die stets unvollständig und unvollkommen bleibende Struktur jeder menschlichen Rede wird gerade auch in der Bestimmung des „logos alethes" ausdrücklich bedacht, wenn Platon den Timaios sagen läßt, daß auch dieser, der wahre Logos, nur unerschütterlich und unwiderleglich ist, „soweit möglich und es Reden eben zukommt" (29 b/f).

So gesehen läßt sich die Verhältnisbestimmung zwischen „logos alethes" und „eikos logos" bzw. zwischen Sein und Werden auch so bestimmen, daß der Mythos zum Thema hat, zu begründen, wie es zu der Unterscheidung zwischen jenen beiden Typen des Logos überhaupt kommt, und warum *beide* durch eine mehr oder weniger große Ungenauigkeitsverhaftung ausgezeichnet sind.

Hierin liegt Kritik, und zwar eine solche, die im Vollzug des mythischen Redens selbst, d. h. in der Darstellung dessen, was sein Thema ist, ausdrücklich zur Sprache kommt. Die Kritik gilt dem „ungenauen Reden" (38b), wie es sich beispielhaft in der Unterstellung relativ selbständiger Zeitmodi manifestiert (ebd.), so als könne vom „*Sein* des Gewordenen" und vom „*Sein* des Werdenden" *wahrhaft* die Rede sein. Diese Redeweise widerspricht, wie wir dem strikten Wortlaut der Zeitdefinition von Platon direkt entnehmen können, nicht nur dem ontologischen Sinn des Redens von Einheit im Sinne des Paradigmas, sondern auch dem ontologischen Sinn des Redens von Zeit, sofern diese das adäquatestmögliche Abbild der Einheit sein soll. Auch im Sein der Zeit scheinen sich demnach Sein und Gewordenheit bzw. Sein und Werden auszuschließen. Die Rede vom *Sein* des Gewordenen bzw. vom *Sein* des Werdenden ist Schein, sie ist korrekturbedürftig, weil sie aus einer Kompetenzüberschreitung des Logos hervorgeht. Der „eikos logos" maßt sich die Kompetenz des „logos alethes" an. Diese Kompetenzüberschreitung wird im Vollzuge des mythischen Redens selbst zur Sprache gebracht und damit korrigiert.

Betrachtet man unter diesem Blickwinkel die Rolle des „eikos mythos", so kann sie gar nicht hoch genug veranschlagt werden. Der Mythos ist es nämlich ausgerechnet, der erzählt, wie in der Welt des Scheins, also im Gegenstandsbereich des Logos, Wahrheit aufzufinden ist: nämlich indem die Ebenbildlichkeit zwischen gewordener Welt und Paradigma, und damit zwischen Zeit und Aion, aufgezeigt wird, und überdies, wie es vom Sein zur Werdewelt gekommen ist. So gesehen teilt diese Rede durchaus die entscheidenden Anforderungen Blumenbergs, wie er sie an den Mythos stellt und an ihm lobt, den Logos nämlich ebenso zu kritisieren wie das dogmatische Reden auch, wofern beide durch einen anmaßenden Anspruch, „Wahrheit" absolut zur Sprache zu bringen, charakterisiert sind.[11] Platon zeigt, daß gerade im Erzählen von Geschichten, die von der Differenz zwischen Wahrheit und Schein handeln, die korrektive Überlegenheit des Mythos gegenüber dem Logos zum Ausdruck kommen kann. Es scheint zudem eine besondere Pointe darin zu liegen, daß dies im Zusammenhang der Erzählung von der Entstehung der Zeit zugespitzt ausgesprochen wird. Korrigiert nämlich wird ein Reden, das auf den ersten Blick ein ganz stringentes Reden zu sein scheint, will es doch Widersprüche ausschließen. Korrigiert wird darüber hinaus ein Reden, das dem zeitlichen Verlauf der Dinge versucht gerecht zu werden, indem es gewordenes Sein von werdendem Sein exklusiv unterscheidet, d. h. die Zeit in die gewohnten Modi unterteilt. Es wird korrigiert unter provokativer Konfrontation mit einem paradoxalen Reden, einem Reden nämlich, das ausgerechnet im Zusammenhang der Unterscheidung und der herausgestellten Heterogenität von „Ewigkeit" und Zeit versucht, zwischen beiden eine abbildhafte Beziehung herzustellen, in welcher das Abbild sogar das Primärprädikat des Urbildes übernimmt: „ewiglich" (aionios 37b). Und dies geschieht, obgleich „ewiglich" zu sein damit zu einem Prädikat von etwas wird, das seinem Wesen nach als der ausschließliche Gegensatz zum Urbild aufzufassen ist: die Zeit. Gerade dieser Gegensatz führt zu der von Platon kritisierten Hypostasierung der Zeitmodi und damit zu einem ungenauen Reden (ouden akribes) von der Zeit. Platon unterscheidet sich damit offenkundig von der Position des Parmenides, der seinerseits das Reden vom Sein des Werdens bzw. vom Sein des Vergehens ausdrücklich kritisiert: Parmenides korrigiert nämlich solches Reden unter Hinweis auf den semantischen Monismus des Seins. Platons Kritik hingegen basiert auf einer völlig anderen Ausdeutung der Einheit des Seienden. Nach Platon ist es das Eine, das in der Vielheit (von Zeit, Zahl und Bewegung) zur angemessenen Darstellung kommt. Einheit ist eine Art regulativer Idee, die für die adäquate Sprechweise über die in der Vielheit erscheinenden Dinge zum regulativen Leitfaden wird. Und entsprechend ist der eikos mythos die Rede, die sich am genauen Reden orientiert und es auf bestmögliche Weise bereits vorführt.

Der „eikos mythos" wird also als angemessene Redeweise sowohl über Schein als auch über Wahrheit, genauer: als angemessenes Reden über das Verhältnis zwischen beiden aufgeboten, und dies als Kritik sowohl wie als dialogisches Korrektiv. Es scheint sich hier primär so etwas wie eine Rehabilitierung des mythischen Sprechens auf der Ebene der Gleichnisrede zu ereignen, eine Beobachtung, die dort von Wichtigkeit ist, wo Interpreten ausschließlich Platons Mythenkritik, und nicht seinen „eigenen Mythos" zur Charakteristik seiner philosophischen Beurteilung des Mythos heranziehen.[12] Unter diesem Gesichtspunkt wird es auch fragwürdig, als Mytholo-

geme identifizierte Äußerungsweisen antiker Philosophen so zu verstehen,
als wären sie nur noch dem Wortgebrauch nach der mythologischen Tradition verhaftet, dem Inhalt nach aber bereits auf einer Ebene rationalisti-
scher Abstraktion angelangt, die diesem Wortgebrauch widerspricht bzw.
ihn überwunden haben sollte.[13]

Wir lernen bei Platon, daß der Mythos die Redeform ist, in welcher para-
doxales Reden als das genauestmögliche Reden exemplarisch vorgeführt
wird. Einerseits steht Platon damit durchaus in einer Tradition, nach der das
mythische Reden primär dadurch charakterisiert sein soll, eine Göttergeschichte zu erzählen. Faßt man diese Bestimmung so flexibel, daß auch eine
Weltentstehungsgeschichte, in der ein Demiurg als der Weltschöpfer dargestellt wird, als eine Göttergeschichte aufzufassen ist, so ist danach schwerlich ein exklusiver Gegensatz zwischen der platonischen Mythologie und der
vorplatonischen zu konstruieren. Bedenkt man andererseits, daß das mythologische Reden aus der Freiheit der poetischen Spielerei eine Tugend macht,
um die Scheinverhaftung des Logos zu verdeutlichen, so erkennt man leicht,
welche Aufwertung das paradoxale Reden gegenüber dem logischen Reden
sowohl im Sinne des „logos alethes" als auch im Sinne des „eikos logos" bei
Platon erfährt.

Zwei einschlägige Bemerkungen von Kolakowski lesen sich wie Kommen-
tare zu dieser Platon-Interpretation: „Zum Mythos kann man nicht überzeugen; die Tätigkeit des Überzeugens gehört in einen anderen Bereich der
interpersonalen Kommunikation, und zwar in den Bereich, in dem die Kriterien der technologischen Resistenz der Urteile gelten. Die diskursiv betrie-
bene Philosophie trug durch ihre Arbeit gelegentlich zur Belebung des mythischen Bewußtseins bei, obwohl sie den Mythosgehalt nicht legitim in die
Ergebnisse der analytischen Vernunft zwängen konnte, wo sie überhaupt
nur dank der eigenen Lethargie überdauern können, inaktiv und fruchtlos
wie leere Buchrücken in Bibliotheksregalen."[14] Und an anderer Stelle findet
diese Bemerkung eine Begründung, die sich aus der Eigentümlichkeit der
Gegenstände mythischer Rede herleitet, sich zum diskursiven und auf Überzeugung angelegten Gespräch nicht zu eignen: „Das, was unbedingt ist, verweigert der Sprache die Herrschaft über sich. Das, was die Welt der Objekte
transzendiert, übersteigt auch die Potenzen der Sprache, kann somit nicht
einziehen in den Horizont der wissenschaftlich legitimen Kommunikation,
liegt somit in den Besitztümern des Mythos. Angesichts der Überzeugung,
daß sich der Umfang der kommunizierbaren Erfahrung nicht von selbst
erklärt und keinerlei Grund für seine Selbstgenügsamkeit liefert, ist der
Mythos des unausgesprochenen unbedingten Seins unvermeidlich."[15]

Nicht nur, daß sich diese Sätze offensichtlich lesen lassen wollen als ein
Plädoyer für die ungebrochene Aktualität des Mythos, sondern sie lassen
sich zudem lesen als eine Bestätigung der kritischen und korrektiven Funk-

tion, die der Mythos gegenüber der logisch kommunizierbaren Erfahrung
einnimmt, so wie Platon in pädagogischer Absicht das mythische Reden entfaltet, um in ihm Grenzen und Schranken der logischen Rede ironisch zu
spiegeln.

Die aktuelle Einsicht, daß eine dialogische Verständigung, die sich auf die
Kompetenz der logischen Sprache im Sinne des Modells von Vernunft-
schlüssen verläßt, scheitern muß, scheint bereits deutlich in der platonischen
Dialogik vorgezeichnet zu sein. In der platonischen Herausstellung der Leistung und der Funktion des „eikos mythos" gegenüber dem „logos alethes"
wie auch dem „eikos logos" läßt sich ein Modell erkennen, in dem aus der
Not der naturbedingten Begrenzung des Logos, welcher in Reinheit nicht
menschenmöglich ist, eine Tugend gemacht wird. Deren Besonderheit liegt
– wie übrigens häufig bei Platon – in ihrem erzieherisch-vorbildhaften Charakter. Vorbildhaft werden Gleichnisse erzählt, die von Abbildungs- bzw.
Ähnlichkeitsbeziehungen handeln. Ähnlichkeitsreden, Gleichnisse, sprechen von Ähnlichkeitsbeziehungen, und zwar aus der Einsicht heraus, daß
das jeweilige Paradigma, zu dem etwas als ähnlich in Beziehung gesetzt wird,
sich dem definierenden Logos entzieht: das 'Gute' etwa, dessen Sprößling
die Sonne ist, bleibt im „Sonnengleichnis" selbst undefiniert, weil undefi-
nierbar (Politeia, 506 d/e). Die Sonne, an deren lichtspendender, die Seh-
fähigkeit und das Sichtbare einander vermittelnden Funktion das Gute demonstriert wird, ist ja nicht der eigentliche Gegenstand des Gleichnisses.
Die Geschichte, die über die Sonne erzählt wird, stellt gerade diese Differenz heraus, und je angemessener sie erzählt wird, desto deutlicher wird zum
einen die Differenz zwischen Darstellung und Gegenstand der Darstellung
und zum anderen die intendierte Ähnlichkeit zwischen Darstellungsmittel –
hier die Sonne als Demonstrationsobjekt – und Darstellungsziel – hier das
Gute als Quelle derjenigen Harmonie, welche Gerechtigkeit heißt. Vollends
analog verhält es sich im Timaios, wenn der „eikos mythos" als die angemessene Redeweise gewählt wird, um in den Grenzen der natürlichen Unangemessenheit, denen beide, „eikos logos" und „logos alethes", Rechnung zu
tragen haben, so angemessen wie möglich von dem zu reden, von dem es
keinen Logos gibt: dem Einen, dem „hen".

2. Vom Mythos der Zeit und seiner Aktualität

Timaios erzählt, daß der Kosmos von einem Demiurgen erschaffen
wurde, der – ein Vorbild vor Augen – die Welt nach der Vorgabe dieses Vor-
bildes gestaltet hat. Vordergründig betrachtet handelt es sich hier also um
eine philosophische Schöpfungsgeschichte. Doch genauer besehen zeigt
sich, daß es ohne dieses Original, d. h. ohne die vorbildliche Funktion dieses

Urbilds den Kosmos gar nicht gäbe, der Demiurg also gar keine Funktion hätte. Eigentliche Weltursache ist also das Original. Gleichwohl kommt auch dem Demiurgen eine spezielle Vorbildfunktion bei Platon zu: wir Menschen sollen die Welt, speziell in der Form unseres Zusammenlebens, die Polis also, ebenfalls einem Vorbild möglichst ähnlich gestalten, das wiederum zum Original des Weltschöpfers in Analogie steht, nämlich dem Vorbild der harmonischen Einheit widerstreitender und widerstrebender Interessen. Welches ist nun dieses Original? Die kurze Antwort lautet: Einheit; oder negativ: das, was niemals war oder sein wird, das Unvergängliche. Alles, was wir seit Parmenides über die Ewigkeit der Welt als Grundthese der griechischen Antike kennen, hat hier seine traditionsbildende Manifestation. Nun heißt es aber auch, daß das Original nicht unmittelbar erkannt werden kann, weil es außerkosmisch ist, wir aber nicht. Also ist das Original, das Unvergängliche, hier, also innerhalb des Kosmos, innerweltlich aufzuspüren. Und wie dies zu bewerkstelligen ist, zeigt Platon anhand seiner Analyse der Zeit.

Um den Kosmos so ähnlich zu gestalten wie möglich, schafft der Demiurg die Zeit. Die Zeit ist exemplarisch geeignet, zu zeigen, wie anhand einer innerkosmischen „empirischen" Struktur das Original, das sie abbildet, aufzuspüren ist. Platons Definition der Zeit ist so prägnant wie die Idee des Mythos entsprechend: es heißt, die Zeit sei ein nach der Zahl sich bewegendes ewigliches Abbild der in dem Einen verharrenden Ewigkeit. Es sei hier die für die Platon-Auslegung äußerst wichtige und diffizile Frage nach dem Sinn des Wortes Ewigkeit (aion) vernachlässigt und nur darauf hingewiesen, daß es naheliegt, sie mit der Geschichte der Wortbedeutung von aion als Lebenskraft bzw. Lebensganzheit in Verbindung zu bringen.[16] Es geht zunächst allein darum zu klären, was Platon über die innere Struktur der Zeit mit dieser Formel aussagt: Das Urbild, das Eine also, in dem oder besser *als* das es verharrt, ist nicht Zahl. Zahl beginnt in der griechischen Philosophie mit der Zwei. Timaios wendet große Mühe darauf zu zeigen, wie der Demiurg den Kosmos erschafft, als wäre er ein großes Lebewesen (30 d). Auch dies hängt offenkundig mit der Bedeutung von aion als Lebensganzheit zusammen. Einfache Erklärungen beschränken sich in der Regel darauf zu sagen, daß es sich bei dem erschaffenen Kosmos um so etwas wie ein sich entfaltendes und bewegendes Lebewesen handelt, das in ausdifferenzierter und komplexer Gestalt als zeitlicher Prozeß eben das auswickelt, was im aion enthalten ist.[17] Die Schilderung dieses Erschaffungsvorgangs ist wesentlich dadurch charakterisiert, daß gezeigt wird, wie der Demiurg den aus vier Elementen gestalteten Weltkörper mit der Weltseele verbindet. Dies geschieht durch Mischungsverhältnisse zwischen „immer Gleichbleibendem", also sozusagen Urbildhaftem einerseits und je Verschiedenem andererseits, und schließlich einem Dritten, das diese beiden verbindet. Diesen Mischungs-

vorgang drückt Platon in einer komplizierten Textpassage durch Zahlenver-
hältnisse aus, die aus der Konstruktion zweier Zahlenreihen, einer, die von
2^0 bis 2^3 verläuft, und einer anderen, die von 3^0 bis 3^3 verläuft, hergestellt
wird, um so jeweils aus dem arithmetischen und dem harmonischen Mittel
dieser Reihen eine neue Reihe zu bilden. Diese neue Reihe wird dann in der
Form des griechischen Buchstaben „chi", also in X Form gelegt, um dann
kreisförmig gewölbt zu werden, und zwar das Selbige nach außen, das Verschiedene nach innen: die unsichtbare Einheit, der Aion, gleichsam den
Kosmos zusammenhaltend, und die Vielfalt, die Zeit, gleichsam das Sichtbare innerkosmisch entwickelnd.

Entscheidend ist, daß die so ungleich aufeinander folgenden Zahlen
durch die Kombination von arithmethischem und harmonischem Mittel eine
proportionale Struktur bilden, die, musikalisch abgebildet, die Intervalle
bestimmter uns als Kirchentonarten bekannter Tonfolgen unmittelbar ergeben. Die Welt ist nach einem Urprinzip der Einheit so gebildet, daß das
nach Zahlen proportional Geordnete eine Harmonie ergibt, die zu rekonstruieren wäre. Harmonie gilt hier im strengen, musikalischen Sinne des
Wortes. Der Kosmos als Abbild des Einen ist Harmonie, und entsprechend
soll in diesem Sinne die Zeit als zählbar fortschreitendes Abbild, als gezählte
Einheit beschrieben werden.

In der Tat zählen wir, wenn wir Zeit messen. Und wir zählen nicht nur dis-
krete Abschnitte, Stunden, Minuten oder Sekunden, sondern wir tragen
diese ab auf die Bewegung einer jeweiligen bewegten Sache. Dadurch unterscheiden wir einen früheren von einem späteren Zustand dieser Sache,
womit wir zugleich die Kontinuität dieser Sache voraussetzen, wenn wir
von Zuständen ein und derselben Sache sprechen und nicht behaupten
wollen, daß durch die Unterscheidung verschiedener Zustände einer Sache
die Sache ihre Identität verlöre. Das Kontinuum der Bewegung verhält sich
zur Zeitfolge wie die Einheit (des Urbilds) zur Zahl, und d. h. wie das Vorbild des Demiurgen zum Kosmos.

Es ist Aristoteles, der sodann mit seiner berühmten Definition von der
Zeit als einer „Zahl der Bewegung im Blick auf das Früher und das Später"
(Physik 219b 1f.) diesen Wesenszug der platonischen Zeittheorie festhält
und zugleich präzisiert. Das Bemerkenswerte an dieser Feststellung ist
– historisch gesehen –, daß Aristoteles diese Präzision vollzieht im Rahmen
ausdrücklicher und polemischer Platon-Kritik. Aristoteles gilt uns als der
Erfinder eines operationalen Zeitbegriffs, als der Entdecker gleichsam
der Ur-Uhr. Wir zählen nämlich – so erläutert er den Sinn seiner Definition von der Zeit als „Zahl der Bewegung" – die „Anzahl" der Himmels-
rotationen auf jedem zeitlich zu messenden Bewegungsverlauf ab.[18] Dieses
Abzählen heißt Zeit messen, heißt genauer: Zeit ablesen; oder es heißt
– noch genauer gesprochen –: in den durch ihren jeweiligen Übergang von

Früherem zu Späterem charakterisierten Bewegungsverläufen, also im kontinuierlichen Zustandswechsel bewegter Dinge, das absolute und ewige Kontinuum des Himmels gleichsam *wiederzuerkennen*. Man hat aristotelisch zu reden, um Platons These von der Zeit als ein nach Zahlen sich bewegendes Abbild des Einen zu verstehen – und umgekehrt: Man hat platonisch zu reden, um die These des Aristoteles zu verstehen, daß man im Prozeß des zeitlichen Verlaufs die Einheit (der kontinuierlichen Himmelsrotation) *wiedererkenne*.

Die platonisch-aristotelische Zeitkosmologie ist moderner, als es ihr mythologisches Darstellungsgewand im Timaios oder ihr metaphysisches in der Physik des Aristoteles vermuten läßt. Einflußreichster – wenngleich auch unbewußter – Erbe beider scheint Kant zu sein. Kant definiert Zeit bekanntlich als reine Form der Anschauung, also als apriorische Bedingung der Möglichkeit, empirische Zeitfolgen überhaupt wahrnehmen zu können. Mit anderen Worten: auch nach Kant rekonstruieren wir eine bereits vorgegebene Einheit – die Form – von Zeit, wenn wir an einem beliebigen zeitlichen Prozeß einen früheren von einem späteren Zustand als Zustände eines und desselben kontinuierlichen Zusammenhangs, der in Sukzession gegeben ist, unterscheiden. Man könnte daher den Vorgang des *Wiedererkennens* von Einheit in Form des Abtragens von Einheit beim Messen von Zeitverläufen als das allen drei Zeitauffassungen – der platonischen, der aristotelischen und der kantischen – Analoge betrachten. So gesehen ist der Unterschied zwischen dieser relativ modernen Auffassung bei Kant und der antiken Platons und des Aristoteles kleiner, als es der garstige Graben zwischen ihren Epochen nahelegen mag. Platon erzählt uns die Geschichte von einer außerkosmischen Ur-Einheit, die freilich nur innerkosmisch entdeckt – platonisch gesprochen: wiederentdeckt – werden kann, und zwar als Prinzip, das im Kosmos selbst seine angemessenste Darstellung hat. Vielleicht muß man soweit gehen, zu folgern, daß jene urbildliche Einheit in der kosmischen Vielfalt, d. h. in der proportional sich entwickelnden zählbaren Prozessualität ihre einzige sinnvolle Existenz hat. In diesem Sinne also ist die Zeit selbst bei Platon „ewiglich" zu denken. So gesehen erweist sich Platon als ein für seine Zeit relativ aufgeklärter Empiriker. Und Kant? Scheint er dagegen nicht sogar eher als ein Mythologe der Apriorität des Subjekts bzw. als ein Mythologe reiner, das Subjekt konstituierender apriorischer Denk- und Anschauungsformen? Kant, als Anhänger einer gleichsam außerkosmischen, nämlich unbedingten Position des Subjekts im Verhältnis zur Welt? Die Stellung des Subjekts – kosmologisch betrachtet – ist nach Kant tatsächlich die von etwas sensu strictu Unbedingtem. Eine solche reine Position kennt Platons Kosmologie nur fiktiv-pädagogisch, nämlich als jenes Märchen von einem Urbild, das ein Demiurg benutzt, um ein Abbild zu schaffen, dem die ganze Wahrheit des Urbildes immanent ist. Sollte der alte Mythos aktueller sein als die mythenfeindliche Wissens- und Wissenschaftsidolatrie der Aufklärung?

3. Mythos und Gleichnis

Platons Philosophie bedient sich in weiten Teilen des Sprachtyps der Gleichnisrede. Im Weltentstehungsmythos des Timaios liegt insofern noch ein Spezialfall vor, als hier ausdrücklich die Gleichnisrede als mythische Rede präsentiert wird. Als eine Göttergeschichte, die durch Angabe von Motiv und Arbeitsweise des Demiurgen ein existentielles Kausalbedürfnis befriedigt, ist sie durchaus Mythos im vorplatonischen Sinne, sofern – mit Ernst Cassirer – generell angenommen werden darf, daß es auch dem Mythos darum geht, „Ursachenforschung" zu betreiben (Cassirer). Existentiell ist diese Göttergeschichte zudem dadurch, daß sie eine Antwort auf die Frage gibt, zu welchem Ende wir in diesem so geschaffenen Kosmos leben und leben sollen. Die Antwort lautet: um ihn als den am harmonisch Einen orientierten und dadurch *schön* gewordenen Ordnungszusammenhang zum Urbild für unser politisches Zusammenleben zu machen. Und gerade damit ist unmittelbar der Gleichnischarakter dieser mythischen Rede bezeichnet.

Was ein „Gleichnis" im Sinne Platons ist, hat er exemplarisch vorgeführt, indem er etwa in der ›Politeia‹ selbst ein *Gleichnis für ein Gleichnis* gibt und so in indirekter Rede über die Form indirekter Rede Auskunft gibt. Es ist das „Buchstabengleichnis" (434 d/e), mit dem demonstriert wird, daß es wesentlich für die Gleichnisrede ist, anhand eines makroskopischen Beispiels über eine mikroskopische Wahrheit Auskunft zu geben. Die Polis als Makrokosmos ist es, deren tugendhafte Konstitution – gelesen wie ein Text in Großbuchstaben – zur Darstellung bringt, wem sie ihr Leben eigentlich verdankt: nämlich der Struktur der Seele als der Quelle der einander ergänzenden Kardinaltugenden. Entsprechend verhält es sich im ›Timaios‹. Hier ist es der gesamte Kosmos, der als makroskopischer Zusammenhang vorgegeben ist und der sich der Urbildhaftigkeit des harmonischen Einheitsprinzips verdankt, dessen Struktur wir wiederum in ihm ablesen können und sollen. Der Bogen zwischen beiden Texten wird zudem dadurch geschlagen, daß die harmonische Schönheit des Kosmos ihrerseits wiederum als Darstellungsform des gerechten Zusammenlebens in der Polis dient. Es drängt sich daher die These auf, daß sich nach Platon der Kosmos zur Polis ebenso verhält wie die Polis zur Seele.

Damit ist die Frage verbunden, ob die Analogisierung beider Texte soweit getrieben werden darf, daß man auch die Gleichnisreden in der ›Politeia‹ als typische Beispiele für mythisches Sprechen im Sinne von Platon betrachten darf. Eine solche Parallelisierung – die für die Beurteilung der Bedeutung des „neuen Mythos" Platons und damit auch für seine Auffassung des Verhältnisses von Logos und Mythos äußerst folgenreich wäre – wird unterstützt durch eine weitere einschlägige Beobachtung. Im ›Timaios‹ ist es der Pythagoräer Timaios selbst, den Platon sagen läßt, daß sich der für die Darstellung des Weltentstehungsvorgangs gewählte Redetyp des „eikos mythos" gerade deshalb besonders eigne, da dieses Thema nicht in konsistenter, mithin exakt widerspruchsfreier Rede behandelt werden könne. Auffällig ist nun, daß auch zu Beginn der Diskussion des Problems der Einheit der Seele angesichts der Vielheit ihrer Teile in der ›Politeia‹ auf die Frage nach der Konsistenz der Darstellungsweise abgehoben wird. Hier begegnet die platonische Formel des Widerspruchsprinzips, auf die als unumstößliche und unhintergehbare Regel konsistenten Sprechens verwiesen wird (432b/c: cf. 602e), um zu verdeutlichen, daß die dann folgenden Gleichnisreden diese Regel keineswegs verletzen, wenn sie von einem Gegenstand handeln, der durch das eigentümliche Zusammenwirken einander ausschließlich entgegengesetzter Eigenschaften konstituiert wird, ohne daß seine Einheit dadurch zerstört wird.

Gerade dies gilt von der Seele. Um zu belegen, daß Platon in der Seele das Paradigma für die harmonische Einheit von Widersprüchen sieht – Paradigma sowohl im ontologisch urbildlichen als auch im politisch vorbildlichen Sinne –, genügt es nicht, darauf zu verweisen, daß er die Seele als den *natürlichen* Ort von Vernunft und Trieb, und damit als Arena des Kampfes zwischen Maß und Maßlosigkeit im Sinne einander ausschließender Gegensätze auffaßt. Natürlich ist es dieses Argument, das Sokrates benutzt, um den sophistischen Dialogpartnern in der Politeia zu beweisen, daß es im eminenten Sinne naturgemäß (physei) sei, das Recht des Stärkeren als ursprünglich naturgemäßes Gerechtigkeitsprinzip abzulehnen, und dagegen das Argument zu stellen, daß es naturursprünglich sei, Gegensätze als in harmonischer Einheit sich ausleben zu lassen, wenn jeder Teil der Natur das Seine (proshekon oder suum cuique) verrichte. Gemeint ist dabei mit „Natur" die Seele selbst, von der auch die Gegner des Sokrates nicht bestreiten, daß sie im eminenten Sinne des Wortes Natur, ja naturursprünglich ist. Der „Aufstand der Teile gegen das Ganze" kann nicht die Natur (der Seele) zerstören, sondern nur ihre Harmonie.

Wichtiger aber als dieser Aspekt ist es, daß Platon die Seele als eine Einheit aus solchen Teilen versteht, die zueinander ebensowohl in einem proportionalen Verhältnis stehen. Quantitative Proportionalität wird qualitativ gedeutet. Dies eben lehrt das „Liniengleichnis".[19] Und wie im Timaios ist es wieder die Proportionalität von Zahlenverhältnissen, die als paradigmatisches Harmoniemodell angeboten wird. Aus dem „Liniengleichnis" lernen wir, daß das unterste Seelenvermögen, die eikasia, Bilder und Schatten nur als solche, d. h. als Abschattungen, erkennt. Nur die ganze Seele weiß, daß es sich bei diesen Phänomenen um Abbildungen von anderem handelt.

Dazu aber ist notwendig, daß die anderen Seelenvermögen korrigierend ins Spiel gebracht werden. Eine solche Korrektur ist nur erreichbar, wenn die Seele sich selbst der proportionalen Zuordnung ihrer eigenen Teile bedient, was einer *Selbsterziehung zur angemessenen Selbsterkenntnis* gleichkommt. Bilder als solche erkennen heißt, über ein Wissen vom Abgebildeten zu verfügen, um sodann die Wahrheit des Bildes als Bild wahrnehmen zu können.

Im „Höhlengleichnis" (514aff.) werden die beiden vorangegangenen Gleichnisse, das „Sonnen-" und das „Liniengleichnis", ihrerseits in diesem Sinne ein weiteres Mal interpretiert. Gleichnisse erläutern sich bei Platon wechselseitig. Im Höhlengleichnis ist es bekanntlich das Licht der Sonne, durch dessen Wirkung es den umerzogenen Menschen nach dem Aufstieg aus der Höhle möglich ist, Sein von Schein dadurch zu unterscheiden, daß sie das Sein des Scheins erkennen. Sie wissen dann, daß die Schatten nicht die Wirklichkeit sind, sondern daß die Wahrheit der Schatten in ihrer Abschattungsweise von anderem liegt. Der Abstieg in die Höhle ist aber nach dem Aufstieg nötig, um diesen Lernprozeß zu Ende zu führen. Am Ende des Aufstiegs nämlich, im prallen Licht der Sonne, kann der Mensch nichts sehen. Er ist geblendet. Und die Gewöhnung (syntheia), von der Platon im pädagogischen Sinne spricht – ein Begriff, der metaphorisch den der periagoge ersetzt (516a) –, wird ausdrücklich dadurch erläutert, daß der Mensch lernen muß, die Welt von den trügerischen Schatten bis hin zum Sonnenlicht als die eine und ganze Wirklichkeit zu entdecken: „Ihr müßt also nun wieder herabsteigen, jeder in seiner Ordnung, zu der Wohnung der übrigen und euch mit ihnen gewöhnen, das Dunkle zu schauen. Denn gewöhnt ihr euch hinein, so werdet ihr tausendmal besser als die dortigen sehen und jedes Schattenbild erkennen, was es ist und wovon, weil ihr das Schöne, Gute und Gerechte selbst in der Wahrheit gesehen habt" (520c). Wie im Timaios, so wird auch hier die pädagogische Ausrichtung des Gleichnisses darin zu suchen sein, daß gezeigt werden soll, wie im Bild – das hier sowohl eikon als auch skia (Schattenbild) heißen kann – das Urbild *wiederzuerkennen* ist, und daß die Gleichnisrede eben derjenige Redetyp ist, durch den die Relation zwischen „Bild" und „Urbild" zur „Sprache" kommt.

Die Reihenfolge von „schön", „gut" und „gerecht" stellt eine Rangreihenfolge dar, die durch die Gleichnisse zuvor entwickelt wurde. Das Gute im Sonnengleichnis, das Gerechte im Liniengleichnis – symbolisiert als proportional festgelegte Zuordnung der Seelenteile zum Ganzen der Seele – und das Eine in allen drei Gleichnissen gleichermaßen kulminieren jeweils im absolut Schönen. Denn es heißt ausdrücklich vom Schönen, daß durch es die Idee des Guten sogar der Wahrheit selbst noch überlegen ist (508e/509f) und daß es als Ursache all dessen wirkt, was wir als schön bzw. als gerecht bezeichnen (517c).

Um die maßgebende Bedeutung des mythischen Sprechens für Platons Politeia anhand dieser Gleichnisreden aufzuzeigen, ist es nicht notwendig, sich damit zu begnügen, aus der Struktur dieser Gleichnisse – d. h. sowohl am Gleichnismodell, dem Buchstabengleichnis, als auch an den drei genannten Gleichnistypen – deren mythischen Sinn abzuleiten. Freilich, die Analogie zwischen dem Timaios-Mythos und den Gleichnissen der Politeia ist im entscheidenden Vergleichselement evident: es geht in allen Fällen um die Darstellung des Idealen im Realen und um den Erweis von der Wiedererkennbarkeit des Idealen im Realen. Es geht um eine angemessene Phänomenologie der Welt. Allen Gleichnisreden ist zudem sowohl die pädagogische Absicht als auch die ausdrückliche Reflexion auf die eingeschränkte Kompetenz des Logos gemeinsam, wie sie im Timaios der mythischen Rede ausdrücklich vorangeschickt wird.

Das Modell der Gleichnisse, das Buchstabengleichnis, zeigt überdies, daß am politischen Zusammenleben in der Polis etwas abzulesen ist, das seinen Ursprung und sein Vorbild in der Seele hat. Aufgrund dieser Offenbarung der „inneren Praxis" der Seele kann die „äußere Praxis", also die der Polis (443 d), kritisch mit ihr verglichen werden: Es geht bei diesem Vergleich um die staatsbildende Wirkung der „Polis in uns" (Jaeger), also in der Einzelseele des einzelnen Bürgers.

Die Bezeichnung „mythische Rede" charakterisiert damit die gesamte Politeia. Am Ende des Textes, zu Beginn der „Apokalypse" der Politeia, wird jene Erzählung, die das Resümee des gesamten Textes dieses Buches darstellt, selbst ausdrücklich „Mythos" genannt (621 b). In dieser Erzählung wird der Sinn des tugendhaften Lebens und der Gestaltung eines tugendhaften Gesamtlebewesens, der Polis also, durch einen Seelenwanderungsmythos erläutert, in dem plastisch geschildert wird, was die „gerechten" und was die „ungerechten" Seelen nach ihrer Trennung vom Körper und vor dem Wiedereintritt in ein neues Leben zu erwarten haben. Dabei geht es nicht allein um die triviale Botschaft, daß die bösen Tyrannen, wie Ardiaios, Höllenqualen im Tartaros erleiden, während die gerechten Seelen im Himmel unbegreifliche Schönheit schauen. Vielmehr geht es darum, die Gerechtigkeit selbst als die angemessene Darstellung von Schönheit und das Ziel des gerechten Lebens als Schönheitsteilhabe zu erklären. So wie der Ungerechte sich selbst verfehlt, so gewinnt der Gerechte sich selbst. Himmel und Hölle sind Metaphern für Selbstgewinnung bzw. Selbsterfahrung. Der apokalyptische Abschlußmythos zeigt mit dem Bild der Strafe, daß der einzelne sich selbst effektiv bestraft, wenn er nicht „das Seine" tut, also nicht gerecht wird. Der Text der Politeia zuvor zeigt, daß dies jedem selbst obliegt. Und das Buchstabengleichnis zeigte vordem noch, daß jeder einzelne selbst gemeint ist, denn der Appell an den Sinn von Gerechtigkeit, gemäß der jeder das Seine zu verrichten habe, zeigt, daß jede Einzelseele als Instanz freier

Entscheidung gemeint ist. Diese These spiegelt sich am Schluß der Politeia darin, daß der Mythos hier den Weg der Seele nach dem Tode an dem schicksalhaften Scheideweg zwischen Himmel und Unterwelt, d. h. zwischen dem Ort der Gerechten und demjenigen der Ungerechten beginnen läßt. Vom Abschluß der Politeia her wird deutlich, daß die gesamte Politeia ein „Mythos" ist. In der vorangehenden Dichterkritik handelt es sich keineswegs um platonische Mythenschelte, sondern um Kritik an mißratener Mimesis. Der Politeia-Mythos wird der mißratenen Mimesis verantwortungsloser Dichter als gelingende Mimesis entgegengehalten. Dabei ist es nicht so, daß die Homerische Poesie durchweg verurteilt wird. Vielmehr ist es Homers Odysseus, der lobend erwähnt wird als derjenige unter den gestorbenen Heroen, die sich im Jenseits – vor die Wahl gestellt, wie und als was er nach dem Wiedereintritt ins Leben existieren will – nicht für ein machtvolles Leben in Glanz, sondern für ein einfaches und zurückgezogenes Leben entscheiden. Die Politeia erzählt den Mythos von der Gerechtigkeit in der Einzelseele anhand der Darstellung des Schicksals des Lebewesens „Polis", erzähldramatisch zugespitzt in Ähnlichkeitsreden von mythologischer Struktur: nämlich in Gleichnissen, die ebenso wie der Mythos im Timaios als Darstellung von Darstellungsverhältnissen zu deuten ist.

Auch in der Politeia fehlt der mythos-typische Aspekt der göttlichen Lenkung des Menschenschicksals keineswegs. Er begegnet allerdings bei Platon wieder in der auch schon für den Timaios-Mythos typischen Brechung: so heißt es, daß nicht der Daimon, also der schicksalslenkende Gott, *uns* wählt, sondern *wir wählen uns unseren Daimon*: „Nicht euch wird der Dämon erlösen, sondern ihr werdet den Dämon wählen. Wer aber zuerst gelost hat, wähle zuerst die Lebensbahn, in welcher er dann notwendig verharren wird. Die Tugend ist herrenlos, von welcher, je nachdem jeglicher sie ehrt oder geringschätzt, er auch mehr oder minder haben wird. Die Schuld ist des Wählenden; Gott ist schuldlos" (617e).

Die Politeia erzählt den Mythos vom schuldlosen Gott, indem sie an die Autonomie und Schuldhaftigkeit der Einzelseele appelliert.

Literatur

Blumenberg, H.: Wirklichkeitsbegriff und Wirkungspotential des Mythos, in: M. Fuhrmann (Hrsg.), Terror und Spiel. Probleme der Mythenrezeption, München 1971.

Böhme, G.: Zeit und Zahl. Studien zur Zeittheorie bei Platon, Aristoteles, Leibniz und Kant, Frankfurt a. M. 1974, 77 ff.

Bollack, J.: Mythische Deutung und Deutung des Mythos, in: M. Fuhrmann (Hrsg.), Terror und Spiel. Probleme der Mythenrezeption, München 1971.

Cassirer, E.: The Myth of the State, New Haven/London 1946.

Gloy, K.: Studien zur platonischen Naturphilosophie im Timaios, Würzburg 1986.

Horkheimer, M./T. W. Adorno: Odysseus oder Mythos und Aufklärung, in: Dies., Dialektik der Aufklärung, Frankfurt a. M. 1969.

Kolakowski, L.: Die Gegenwärtigkeit des Mythos, München 1973.

Rudolph, E.: Das Problem der Einheit der Seele in Platons Politeia, in: I. Tödt (Hrsg.), Platon-Miniaturen für Georg Picht, Heidelberg 1987.

–: Zeit und Ewigkeit bei Platon und Aristoteles, in: Ders. (Hrsg.), Zeit, Bewegung, Handlung. Studien zur Zeitabhandlung des Aristoteles, Stuttgart 1988.

–: Mythos, Logos, Dogma. Eine Auseinandersetzung mit Hans Blumenberg, in: O. Bayer (Hrsg.), Mythos und Religion. Interdisziplinäre Aspekte, Stuttgart 1990.

–: Sprache zwischen Mythos und Erkenntnis. Zu Cassirers Diagnose der Tragik sprachlichen Fortschritts, in: E. Rudolph/H. Wismann (Hrsg.), Sagen, was die Zeit ist. Analysen zur Zeitlichkeit der Sprache, Stuttgart 1992 (1992 a).

–: La résurgence de l'aristotélisme de la Renaissance dans la philosophie politique de Cassirer, in: Revue de Métaphysique et de Morale, Heft 4/92, Paris 1992 (1992 b).

PLATONS KONZEPT DES „DIAMYTHOLOGEIN"

Philosophie und Mythos in Platons ›Phaidon‹

Von Christoph Quarch

Der Herr, dem das Orakel in Delphi gehört, sagt nichts
und birgt nichts, sondern er deutet an.

Heraklit[1]

Als einstmals Chairephon nach Delphi zog, um den Apoll zu befragen, ob
es einen weiseren Menschen als seinen Jugendfreund Sokrates gebe, eröffnete ihm die Pythia, daß dies nicht der Fall sei (Apol 21a). Davon in
Kenntnis gesetzt gedachte Sokrates offenbar des Heraklitischen Wortes und
fragte sich, was der Gott ihm wohl bedeuten wolle (Apol 21b; vgl. Charm
164e). Schließlich, so läßt Platon ihn in seiner ›Apologie‹ berichten, sei er zu
der Einsicht gelangt, das Orakel als Aufgabe zu interpretieren. Von da an
hielt er es für ausgemacht, daß er im Auftrag Apollons handelt, wenn er die
Menschen, denen er begegnet, daraufhin prüft, ob sie etwas wissen. „Nach
des Gottes Anweisung gehe ich jetzt noch umher, dieses zu untersuchen und
zu erforschen, wo ich nur einen für weise halte von Bürgern und Fremden;
und wenn er es mir nicht zu sein scheint, so helfe ich dem Gott und zeige ihm
[dem Menschen], daß er nicht weise ist" (Apol 23b). Das ist der Sokrates,
den wir aus Platons Dialogen kennen. Doch wie anders begegnet er uns im
›Phaidon‹, da er nicht mehr „überall umhergehen" kann – im Kerker, die
letzten Stunden seines Lebens zubringend. Hier kann er dem apollinischen
Auftrag nicht mehr in gewohnter Weise nachkommen. Dennoch, oder gerade deshalb, ist ihm der Gott nahe. Nicht nur, daß Sokrates es ihm zu verdanken hat, daß er überhaupt noch lebt (61a5), auch in der ihm beschie-
denen Zeitspanne behält das Gebot Apolls seine Gültigkeit.[2] So erzählt er
von einem immer wiederkehrenden Traum, in dem er ermahnt worden sei:
„Sokrates, treibe und mache Musik!" (60e). Daß diese Ermahnung nur vom
Gott der Leier herrühren kann, begreift Sokrates sofort. Nur meint Apoll
mit ihr offenbar etwas anderes als zuvor. Nicht zur „großartigsten Musik"
(61a), der Philosophie, kann der Gott ihn hier im Kerker ermuntern. Etwas
anderes muß er seinem Diener für dessen letzte Lebensspanne aufgetragen
haben. Und so nimmt der Leser des ›Phaidon‹ nicht ohne Erstaunen zur
Kenntnis, daß sich Sokrates in der lyrischen Kunst übt. Zum Dichter, so ver-

nehmen wir, ist er geworden. Es zieme sich aber einem solchen, Mythen zu dichten und keine vernünftigen Reden: *logoi* (61 b).[3] An die Stelle der rationalen Rechenschaftsgabe, des *logon didonai*, ist die mythische Rede getreten, das *mythologein*. Beide sind von Apollon verordnet: erstere für den freien Sokrates in der Polis, letztere für den gefesselten im Kerker.[4] Denn dieser ist nicht nur der Ort, an dem Sokrates sterben wird, er ist auch der Ort, an dem der Tod zum Gegenstand seines Philosophierens wird. So ist der Kerker der Bereich, wie Sokrates ausdrücklich betont, an dem der Mythos am Platze ist. Wer im Begriff steht, in den Hades zu wandern, „müsse wohl am ehesten Mythen über die Wanderung dorthin erzählen, wie man sie sich wohl denken könne. Was könnte einer wohl auch anderes tun, bis zum Untergang der Sonne" (61 e), d. h. zum Ende des Lebens? Gerade darin erweist Sokrates sich als echter Diener Apolls.[5] Er gleicht dessen heiligen Tieren, den Schwänen, von denen er erzählt, sie würden im Angesichte des Todes singen (84 e–85 a) – aus Freude, zu ihrem Herrn zurückzukehren. Es scheint, ausgerechnet der Sokratische Schwanengesang solle die Erfüllung des Auftrags Apollons sein. Dann würde der Gott der Klarheit, der Helligkeit und nicht zuletzt der Philosophie von Sokrates fordern, dem *logon didonai* abzuschwören, um sich dem *mythischen Gesang* zuzuwenden. Heißt das nicht, daß Philosophie und Mythos gar nicht so klar zu scheiden sind, sondern einen gemeinsamen Ursprung haben?

Daß Platons Dialog nicht nur die gemeinsame Herkunft von Mythos und Logos illustriert, sondern auch ihre wechselseitige Bezogenheit aufeinander darstellt, das ist die These, die im folgenden belegt werden soll. Nach einer theoretischen Reflexion über die Verhältnisbestimmung von Mythos und Logos wird anhand des ersten Hauptteils des ›Phaidon‹ zu zeigen versucht, daß Platon mit seinem Konzept des *diamythologein* (διαμυθολογείν) einen Modus philosophischer Rede gefunden hat, der es erlaubt, beide als Partner in ihrem gegenseitigen Bezug aufeinander für das Philosophieren fruchtbar zu machen. Der dritte Abschnitt fragt nach der Ursache dieser philosophischen Relevanz des Mythos, bevor im Schlußteil darüber nachgedacht wird, ob diese an bestimmte Gegenstände des Philosophierens gebunden ist.

I

„O Sokrates, mache Musik!" – flüstert Apoll dem zum Tode Verurteilten ins Ohr. *Hé mousiké* – das ist die eigentliche Beschäftigung der Musen, jener Töchter des Zeus und der Mnemosyne, der göttlich gestalthaften Erinnerung. Eben diese Musen sind es, die nach den Worten Hesiods sowohl „viel Trügerisches" zu sagen wissen, „das klingt, als sei es wahr", als auch „Wahrheit ertönen zu lassen", wenn sie nur wollen.[6] Was Hesiod hier, freilich selbst mit „mythischen" Worten, zu verstehen gibt, ist eine Ambivalenz, die allen Werken der *mousiké* eigen ist: Sie sagen etwas Wahres, aber dieses Wahre liegt nicht so offen zutage, daß man es nicht häufig seiner „trügerischen" Gestalt entledigen müßte. Mit anderen Worten scheint das Hesiodische Proömium auf die Interpretationsbedürftigkeit der Erzeugnisse der Musenkunst hinzuweisen.

Wenn Sokrates sich im ›Phaidon‹ nun auch in dieser versucht, und zwar indem er Mythen dichtet, dann sollten wir, von Hesiod belehrt, Vorsicht walten lassen und nicht alles für bare Münze nehmen, was dort aufgetischt wird. Bevor man aber nach den Konsequenzen fragt, die eine solche Vorsicht zur Folge hätte, scheint es nicht unberechtigt zu sein, den Mythos darauf zu befragen, wie es eigentlich kommt, daß er von sich aus seine Interpretation fordert.

Wendet man sich einem bestimmten erzählten Mythos zu, so wird man an ihm einer Dualität zweier Aspekte gewahr. Zum einen läßt sich ein jeweils individueller, geschichtlich und lokal geprägter und dementsprechend kontingenter Aspekt aufweisen, zum anderen zeigt sich dem Verstehen ein schwer zu lokalisierender zeitloser Grund, der als mythischer Gehalt die aller Zeitlichkeit enthobene Sphäre des Göttlichen ist.[7] Von ihr künden nach Hesiod die Musen als von etwas immer schon Gewußtem, gleichwohl aber auch Gegenwärtigem und Zukünftigem,[8] kurzum Ewigem, das sie als Töchter der Mnemosyne ins Gedächtnis rufen.[9] Die Kunst des Mythendichters, die *mousiké* als Mytho-logie, besteht folglich in der Darstellung (μίμησις)[10] – besser noch: Wiederholung – der mythischen Offenbarung des Seins.[11] Sie ist, um es mit Karl Kerényi zu sagen, „eine Kunst [...] mit einer eigentümlichen Voraussetzung. Diese Voraussetzung ist stofflich. Es gibt eine eigentümliche Materie, durch die die Kunst der Mythologie bestimmt wird [...]: eine alte, überlieferte Stoffmasse, enthalten in bekannten und doch nicht jede weitere Gestaltung ausschließenden Erzählungen (μυθολογίαι oder μυθολογήματα) von Göttern und göttlichen Wesen, Heroenkämpfen und Unterweltsfahrten [...]."[12] Dieses eigentlich „Mythische", Mythos im emphatischen Sinne, kommt als Mythologie in je anderen „Sondererscheinungen"[13] zum Vorschein: „Unaufhörlich wiedergeboren wird die Sage", meinte Jacob Grimm.[14] Mythologien sind mithin als Varianten der Formung und Gestaltung von mythischen Gehalten zu interpretieren.[15] Schon Friedrich Schlegel betonte in seiner ›Rede über die Mythologie‹, alles in ihr sei „Beziehung und Verwandlung", und dies eben mache „ihr inneres Leben"[16] aus. Diese Lebendigkeit der Mythologie bedingt, daß uns so etwas wie ein genuiner, reiner Mythos nie zugänglich ist, da fortwährend an ihm „gearbeitet" wird. Diese von Hans Blumenberg so genannte ›Arbeit am Mythos‹[17] ist nichts anderes als Mythologie im genannten Sinne: als Kunst – *mousiké*.

Das Entscheidende ist dabei, daß das Mythische ohne die ihm vom Mythopoeten – in unserem Fall Sokrates – verliehene kontingente Gestalt weder mitteilbar noch verstehbar ist. Diese interne Gegenstrebigkeit von „Ewigem" und „geschichtlich Kontingentem" erzählter Mythen bedingt deren gleichzeitig enthüllenden und verschließenden Charakter bzw. ihre Interpretationsbedürftigkeit. Ihren „Wahrheitsgehalt" jedoch macht allein der nur dem Verstehen zugängliche mythische Gehalt aus.[18] Dieser von Walter Benjamin in die Literaturkritik eingeführte Terminus ist für die begriffliche Klärung der Mythologie deshalb hilfreich, weil er den Blick auf eine Dimension öffnet, die unerläßlich ist, um das Phänomen des Mythos recht zu begreifen. Benjamins Pointe ist es, daß der zunächst verborgene Wahrheitsgehalt eines Textes erst im Laufe seiner Tradierung und Rezeption zutage tritt. Es ist die „Arbeit am Mythos", seine stete Neugestaltung, die ihn selbst als zeitlosen Kern aller zeitlich gebundenen Mythologien unabhängig von deren individueller Gestalt zum Vorschein kommen läßt. So gesehen ist die Wirkungsgeschichte eines Mythos der eigentliche Zugang zu seinem Verstehen.[19]

Das bedeutet aber auch, daß es für das adäquate Verstehen von Mythologien einer entsprechenden Rezeptionshaltung bedarf, die bereit ist, sich der „Arbeit am Mythos" zu stellen. Man kann diese Haltung mit Thomas Mann und Karl Kerényi[20] als „Leben im Mythos" charakterisieren, und sicher ist es nicht unbegründet, so etwas wie eine mythologische Bewußtseins- oder „Denkform"[21] zu vermuten.

Ernst Cassirer hat in seiner ›Philosophie der symbolischen Formen‹ den Versuch unternommen, die Eigenart dieses „mythischen Gegenstandsbewußtseins"[22] zu erhellen. Der Mythos ist demnach ein „selbständige[s] Prinzip"[23] des Geistes, mit der er die empirische Wirklichkeit einer „Gestaltung *zur* Welt, zu einem objektiven Sinnzusammenhang und einem objektiven Anschauungsganzen"[24] unterzieht. Der Mythos „geht auf das *Ganze* der Weltwirklichkeit",[25] wobei er, wie André Jolles betont, von der wissenschaftlichen Erkenntnis darin unterschieden ist, daß er nicht versucht, aus einer Außenperspektive „die Erfassung des Seins und der Beschaffenheit der Dinge"[26] zu leisten. Vielmehr zeichnet es das mythische Bewußtsein aus, die Wirklichkeit auf eine Weise zu befragen, daß sie sich als eine Welt selbst konstituiert.[27] Mythologie kann in diesem Sinne, wie das anfängliche Heraklit-Zitat schon andeutete, mit dem Orakel verglichen werden, insofern sie genau wie dieses *wahrsagt*[28], d. h., die Antwort, die ein Mythos auf menschliches Fragen gibt, schafft überhaupt erst ein verbindliches Orientierungsgefüge, eine Welt. Wenn hier gesagt wird, Mythologie sage *wahr* bzw. die Wahrheit, dann ist darunter offenkundig eine andere Wahrheit zu verstehen als die zweiwertige Wahrheit einer am Paradigma der Mathematik orientierten „logischen" Wissenschaft. Deshalb vermag der Mythos auf Fragen zu antworten, vor denen der Logos kapituliert. Platons Philosophie weiß darum, daß für ein mythisches Bewußtsein eine „einwertige Wahrheit" gilt, d. h. eine solche, die nicht vor der Alternative „Richtigkeit (adaequatio) – Unrichtigkeit", sondern „Unverborgenheit (ἀλήθεια) – Verborgenheit" bzw. „Verstehbarkeit – Unverstehbarkeit" steht.[29]

Die mythische Bewußtseinsform sollte nicht im Hegelschen Sinne als historisches Stadium einer Selbstverwirklichung des Geistes gedacht werden. Sie beansprucht ihr Recht zu jeder Zeit.[30] Allerdings vermag sie in den Hintergrund zu treten, was sich nicht zuletzt ihrer eigenen Dialektik verdankt.[31] Das mythische Bewußtsein ist so lange intakt, als die Menschen sich in der mythischen Welt so heimisch fühlen, daß sich ihnen die Frage nach der Glaubwürdigkeit der Mythologie gar nicht stellt.[32] Es handelt sich vielmehr um ein Leben mit den Mythen, d. h., sie werden zitiert und als verbindliche Orientierungspunkte im eigenen Leben akzeptiert.[33] So erklärt sich auch, warum für den moderen Menschen die antiken Mythen eher als Märchen aufgefaßt werden. Die Differenz von Mythos und Märchen – und auch von Mythos zu Poesie und anderen Kunstformen – liegt primär weder in seinem Inhalt noch in seiner Form, „sondern im Verhalten zu ihnen. Geht das Leben in den überlieferten Stoff mit völligem Einsatz seiner selbst ein [...], so hat man es mit Mythologie [...] zu tun."[34] Mythen werden dann zu Märchen, wenn dieser unmittelbare Bezug auf das Leben gebrochen ist.[35] Nun beobachtet Cassirer ein „stete[s] *Hinausdrängen*"[36] der Mythologie über sich selbst, an dessen Ende die Selbstverständlichkeit des mythischen Bewußtseins erschüttert ist.[37] Der erzählte Mythos wird fragwürdig, und damit stellt sich das Problem seiner Bedeutung.

Wenn im Dialog ›Protagoras‹ der gleichnamige Sophist den Mythos gegen den Logos stellt,[38] dann ist damit ein Punkt erreicht, an dem die Interpretationsbedürftigkeit des Mythos offen zutage getreten ist. Erst mit der Zersetzung des mythischen Bewußtseins im 5. Jahrhundert tut sich das Problem auf, wie Mythos und Logos in ihrem Verhältnis zueinander zu bestimmen sind.[39]

Dieses Verhältnis ist das der Interpretation. Es wird zu verfolgen sein, wie im ›Phaidon‹ Mythen und Mythologeme interpretiert werden. Drei Varianten des Umgangs mit ihnen sind zu erwarten. Eine könnte man die „reduktionistische Mytheninterpretation" nennen, die eine eigene „Wahrheit des Mythos" bestreitet.[40] Sie wäre dadurch ausgezeichnet, daß sie meint, den mythischen Gehalt in die Sprache des Logos *vollständig* übersetzen zu können, d. h. den Mythos, ohne auf ein mythisches Bewußtsein rekurrieren zu müssen, zu verstehen behauptet, um ihn sodann für beliebige Zwecke zu funktionalisieren.[41] Dies wäre im eigentlichen Sinne „Entmythologisierung".[42] Davon zu unterscheiden ist ein Interpretationstypus, der den *Mythos durch den Mythos* erklären will. Hier hätten wir es aber mit einer

„Arbeit am Mythos" zu tun, die ganz in der Sphäre des mythischen Bewußtseins verharrt und damit gerade nicht der Interpretationsbedürftigkeit des
Mythos gerecht wird.[43] So bleibt als dritte Variante des Umgangs mit
Mythen ein Mittelweg, der versucht, dem Mythos darin gerecht zu werden,
daß er sich auf ihn einläßt, d. h. sich in einen mythischen Bewußtseinszu-
stand versetzt, dem dann „logische" Erwägungen hinzutreten. Diese Konzeption rechnet einerseits nicht mit der Möglichkeit, den Wahrheitsgehalt
des Mythos auf den Logos reduzieren zu können, zollt andererseits aber
dem Umstand Tribut, daß der Mythos mit dem Ende seiner Selbstverständlichkeit nicht mehr die Kraft besitzt, seine Wahrheit aus sich selbst heraus
preiszugeben. Die These ist, daß diese Konzeption von Platon mit seinem
Unternehmen des *diamythologein* realisiert wird. Sie basiert auf dem Grundgedanken, daß auch in einer Welt, die nicht mehr durch den Mythos dominiert wird, dennoch das zurückgedrängte mythische Bewußtsein nicht nur
aktiviert werden kann, sondern *muß*, weil eine Interpretation der Welt nur
qua deren mythologischer Gestaltung möglich ist: Mythos und Logos sind
gleichermaßen von Apoll gefordert. So gilt es, nun das Spiel zwischen Sokra-
tischer „Arbeit am Mythos" und dessen mit seiner Fragwürdigkeit notwendig
gewordener Interpretation im ›Phaidon‹ zu verfolgen.

II

Der Ausgangspunkt für das eigentliche Gespräch mit Simmias und Kebes
ist des Sokrates Behauptung, der wahre Philosoph müsse willig sterben;
selbst Hand an sich zu legen, sei ihm jedoch verwehrt (61 c). Seine These
stößt bei den jungen Freunden auf Unverständnis. Deshalb spricht er Kebes
darauf an, daß er doch eigentlich von seinem Lehrer Philolaos darüber un-
terrichtet worden sein müßte, warum man nicht in eigener Verantwortung
aus dem Leben scheiden dürfe. Das ist offenbar eine Anspielung auf die
Herkunft der jungen Männer aus dem Bereich des pythagoreischen Denkens. Philolaos wird zu den sogenannten jüngeren Pythagoreern des 5. Jahrhunderts gezählt.[44] Aus dem Umkreis der Pythagoreer ist bekannt, daß
sie mit einer Seelenwanderungslehre vertraut waren.[45] Hier haben wir also
den gedanklichen Horizont des von Sokrates angesprochenen „Suizid-Ver-
botes". Es handelt sich bei ihm um ein Zitat – ein *Mythologem*[46] – aus dem
religiösen Vorstellungsbereich der orphisch-pythagoreischen Gemeinschaften. Doch die Schüler des Philolaos haben sich schon so weit von den
pythagoreischen Altvorderen entfernt, daß sie deren „Seelenlehren" nicht
mehr verstehen, geschweige denn für verbindlich halten.[47] Ihnen ist offenbar ein mythisches Bewußtsein fremd geworden. Anstelle einer daher zu
erwartenden Erklärung stellt Sokrates dem ersten Mythologem ein zweites

an die Seite. In den Mysterien, so sagt er, heiße es doch, die Menschen seien „wie in einer Feste", aus der sie sich selbst nicht befreien dürfen (62 b⁴⁸), denn die Götter seien ihre Eigentümer. Aus diesem „Argument" wird gefolgert, es sei nicht unvernünftig, das „Suizid-Verbot" zu beachten. Das ist offensichtlich kein philosophisches Rechenschaftgeben, wie wir es von Sokrates gewohnt sind. Das ist *mythologein*. Sokrates macht Musik!

Es wirft ein bezeichnendes Licht auf die eingetretene Interpretationsbedürftigkeit von mythischen Stoffen, daß Kebes und Simmias das von Sokrates angeführte Mythologem auf paradigmatische Weise mißverstehen. Sie wenden Kriterien des Logos an, durch die sie rasch die logische Inkonsistenz des Gesagten aufdecken. Doch mit diesem Versuch, das Gesagte auf den Logos zu reduzieren, verbauen sie sich gerade ein adäquates Verstehen der Mythologeme als Mythologeme.⁴⁹ Sokrates, der dies bemerkt, versäumt es deshalb nicht, den Modus der Gesprächsführung zu verändern. An die Stelle des zitierenden *mythologein* tritt nun, wie vor Gericht, das Rechenschaftgeben – das *logon apodounai* (63 e). Es folgt eine Kostprobe philosophischer Dialogführung, in deren Verlauf sich die eigentliche Thematik des ›Phaidon‹ verlagert. Es geht offenbar nicht länger um das Sterben des Menschen Sokrates, sondern um die essentielle Beschaffenheit der ψυχή. *Psyché* ist ein schwer zu übersetzendes Wort. Es bedeutet in etwa: Leben oder Lebendigkeit. Die *psyché* ist dasjenige, was in der belebten Natur (φύσις) für das Leben verantwortlich (αἰτία) ist. Die Frage nach dem Tod wird also nun gestellt als Frage nach dem Leben.

Mit der Seele hat Sokrates den Schlüssel für die Verteidigung seiner These vom „Gerne-sterben-Wollen" der Philosophen zur Hand. Denn sie erlaubt ihm eine Interpretation der zuvor vorgetragenen Mythologeme mittels einer Analogie. Dadurch werden sie nicht in eine „logische" Sprache übersetzt, sondern sie werden auf einen anderen Bereich angewendet und dadurch verstehbar. Wenn sie sagen, die Seele sei während des Lebens im Körper gefangen und würde durch den Tod befreit werden, dann kann der Tod als Reinigung der Seele von allem Leibhaften interpretiert werden. Reinigung heißt *katharsis* (κάθαρσις). Daß der Begriff *katharsis* aus dem religiösen Bereich der pythagoreischen Apollon-Religion stammt,⁵⁰ gibt der Dialog ›Kratylos‹ in aller Deutlichkeit zu verstehen, wenn Apollon dort als der „reinigende und lösende Gott" Erwähnung findet (Krat 405 b). Diesen mythischen Hintergrund verläßt Sokrates erst dann, wenn er sich der Lebensgestaltung der Philosophen zuwendet, von der gleichermaßen behauptet wird, sie müsse als *katharsis* verstanden werden. Daß man es hier mit einer anderen Bedeutung von *katharsis* zu tun hat, zeigt sich daran, daß es anders als beim Tod in der Gewalt der Philosophen steht, die „Trennung und Lösung der Seele vom Leib" (67 d) zu betreiben. *Katharsis* wird nun zu einer Aufgabe des praktischen Handelns – der Mythos erweist sich als „ethischer Imperativ".[51] Sie manifestiert sich in einem tugendhaften Leben (69b + c). In Gestalt der gereinigten Philosophenseele zeigt sich wahre menschliche Tugend (69b3), d. h. die *areté* (ἀρετή) der Seele.[52] Die pythagoreischen Mythologeme erweisen ihre Wahrheit im Aufweis eines tugendhaften Lebens. Damit scheint dem Mythos zunächst der Rücken gekehrt. Daß er dem Sokrates jedoch weiterhin im Nacken sitzt, zeigt sich spätestens am emphatischen Ende seiner Rede, an dem er erneut in die mythische Sprache des Pythagorismus verfällt (69c).[53] Damit ist kenntlich gemacht, daß Sokrates bislang nichts anderes getan hat, als die pythagoreischen Mythologeme auszuleuchten.

Von einem echten *logon didonai* konnte bislang nicht die Rede sein. Was Sokrates anführte, nennt er selbst einen „hinreichenden Aufweis" (ἱκανὸν τεκμήριον 70d2), der zwar den zitierten Mythologemen eine gewisse Plausibilität verschaffte, keineswegs aber irgendwie ihre Richtigkeit zu beweisen vermochte. Das bemerken auch die Gesprächspartner des Sokrates, und so fällt es ihnen nicht schwer, dem ihnen zugrundeliegenden mythischen Seelenverständnis ein anderes, ebenfalls mythisches, entgegenzuhalten: das des homerischen Volksglaubens. Hier dominiert die Vorstellung, die Seele würde im Tod wie ein Hauch aus dem Leib ausfahren. Dann aber, so der Einwand von Kebes, besteht die Gefahr, daß sie sich in nichts auflöst (70a). Hier zeigt sich die Schwäche des bloßen Mythenzitierens: Nun steht ein Mythologem gegen das andere. Damit ist Sokrates vor eine neue Aufgabe gestellt. Jetzt geht es nicht mehr unmittelbar darum, sich selbst zu rechtfertigen, jetzt muß er die Voraussetzungen für seine These und damit auch für sein Verhalten plausibel machen. Kurzum: Er muß die Unsterblichkeit der *psyché* beweisen.

Wie soll das nun geschehen? Welche Art von Beweis hat Sokrates im Auge? Auf den Hinweis des Kebes, es bedürfe keines geringen Zuspruchs und Glaubens, um die *psyché* für unsterblich zu halten, sagt Sokrates: „Was sollen wir machen? Sollte man nicht darüber mythologisch ein Gepräch führen, ob es sich wahrscheinlich so verhält oder nicht?" (70b5 + 6). Im griechischen Text steht das kaum zu übersetzende Wort διαμυθολογῶμεν. *Diamythologein* ist im vorplatonischen Griechisch nur an einer Stelle in einem Chorlied von Aischylos belegt.[54] Dort hat dieses Wort die Bedeutung: zu einer Geschichte zusammentragen bzw. zusammenfassend erzählen. Man kann davon ausgehen, daß Platon die Aischyleische Verwendung dieses Wortes kannte und sie sich dementsprechend zunutze machte.[55] So klingt sie auch an unserer Stelle im ›Phaidon‹ durch. Mit *diamythologomen* meint Sokrates: „Wir wollen Mythen zusammentragen, erzählen und austauschen."[56] Dabei ist nicht daran gedacht, daß einfach Geschichten erfunden werden. Im Gegenteil: Angesichts der Sprachlosigkeit der im Kerker versammelten

Getreuen in der Nachbarschaft zum Tod werden fremde Reden und Mythologeme dienstbar gemacht, zitiert[57] – ein Indiz dafür, daß es ein Mißverständnis wäre, Platon jedes mythische Bewußtsein abzusprechen. Doch damit nicht genug. Der Begriff *diamythologein* dürfte für Platon seine eigentümliche Attraktivität darin besessen haben, daß er in sich die Aspekte des *mythologein* und des *dialegesthai* vereint.[58] *Dialegesthai* aber ist das eigentliche Geschäft des Philosophen.[59] Als solches bedeutet *dialegesthai* ähnlich wie *logon didonai* den ersten Auftrag Apolls. So zeigt ein achtsamer Blick auf das Wort *diamythologein* bereits, daß in ihm die apollinischen Gebote verwachsen. Freilich gilt es nun genau hinzusehen, wie dies im ›Phaidon‹ realisiert wird. Bislang haben wir nur den Aspekt des *mythologein* im Sokratischen Reden ausgemacht, wenngleich bereits Ansätze eines „logischen" Erklärens der Mythologeme gefunden werden konnten.

Daß dieser Aspekt des *dialegesthai* nun auch gefordert ist, heißt aber nicht, daß Sokrates verspricht, einen Beweis für die Unsterblichkeit der *psyché* zu liefern. Er will lediglich bereden, ob diese wahrscheinlich ist oder nicht (εἰκὸς). Dabei ist auffallend, daß es offensichtlich eine Beziehung zwischen dem Modus der Rede *(diamythologein)* und dem Grad einer möglichen Erkenntnis (εἰκὸς) der in ihr verhandelten Unsterblichkeit der Seele gibt. Platon beabsichtigt also überhaupt nicht, eine apodiktisch sichere Argumentation über die Unsterblichkeit der *psyché* zu führen.[60] Gerade die Möglichkeit einer solchen ist von vornherein ausgeschlossen. Daß der gesamte Dialog unter diesem Vorzeichen steht, zeigt sich auch darin, daß Sokrates ganz am Ende des Gesprächs (107b), nachdem alle von ihm aufgeführten „Beweise" vorgetragen sind, dem von Simmias artikulierten Zweifel an den Ergebnissen derselben nicht nur mit großem Wohlwollen begegnet, sondern geradezu zu einer unermüdlichen Skepsis auffordert, die sich immer wieder aufklärt über die „ersten Hypothesen" – die *logoi* von der Unsterblichkeit der *psyché* –, um nach und nach größere Klarheit über sie zu gewinnen. Aber auch, wenn man sich ausreichend mit ihnen auseinandergesetzt hat, können sie letztlich nur den Charakter der Glaubwürdigkeit (πισταὶ) erlangen. „Dann werdet auch ihr der Rede folgen, soweit nur irgendein Mensch sie verfolgen kann" (107b8). Auch hier wird die Möglichkeit einer unbestreitbaren Gewißheit über die Unsterblichkeit der *psyché* geleugnet und an ihre Stelle die Wahrscheinlichkeit gesetzt, die sich mit all ihrer Kontingenz einstellt, wenn man sich hinreichend (ἱκανῶς) mit dem Für und Wider auseinandergesetzt hat. Dieses Wörtchen ἱκανῶς bzw. ἱκανόν wird von Sokrates auch verwendet, um den Charakter des Aufweises (τεκμήριον), den er sich vom angestrebten *diamythologein* verspricht, zu kennzeichnen. Das bedeutet freilich keine Abwertung des *diamythologein*. Vielmehr zeigt sich eine genaue Kenntnis der Doppelgesichtigkeit der mythischen Rede, die darin besteht, daß sie gemessen an der „zweiwertigen Wahr-

heit" des „Logos" „nur" Wahrscheinlichkeit (εἰκασία) erweisen kann, daß
sie aber nichtsdestotrotz als einzige imstande ist, Wahrheit zu erschließen,
wo der „Logos" an seine Grenzen stößt.[61]
Zwei Mythologeme vom Tod und der Seele stehen gegeneinander. Sie ins
Gespräch miteinander zu bringen ist Sinn und Zweck des *diamythologein*.
Um das zu leisten, müssen sie interpretiert werden, denn nur so kann das tertium comparationis freigelegt werden, das beide verbindet. Da, nach Sokrates' deutlichem Votum, vom Tode zu handeln Sache des Mythos ist, muß
sich der Dialog der *psyché* zuwenden. Nur wenn hinreichend geklärt ist, was
es mit dieser auf sich hat, besteht Aussicht, daß Sokrates „seine Richter" zu
überzeugen vermag.

So trägt er drei „Unsterblichkeitsbeweise" in Folge vor. Als Ausgangspunkt wählt er eine alte Rede – einen παλαιὸς λόγος (70c5).[62] Es handelt
sich dabei um den Mythos von der Wiedergeburt der Seelen, der ebenfalls
aus dem pythagoreischen Bereich stammt.[63] Dieser ist die Voraussetzung
(ὑπόθεσις), die es zu durchdenken gilt.

Die Doppelgesichtigkeit des *diamythologein* wird sogleich offenbar, wenn
Sokrates zur Interpretation schreitet. Was da jedoch an *logon didonai* geboten wird, wirkt auf den ersten Blick recht schwach. Daß das Argument
von der Entstehung aller Dinge aus ihrem Gegenteil als Beweis für die Unsterblichkeit der *psyché* nicht gelten kann, dürfte leicht deutlich sein. Es handelt sich bei ihm um eine petitio principii, d.h., das Argument hat als Prämisse, was es beweisen will. Zwar gelingt es Sokrates, das Mythologem von
der Inkarnation zu illustrieren, indem er es in Analogie zum Wechsel von
Schlafen und Wachen setzt. Doch gerade diese Analogie ist es ja, die in Frage
steht. Die Pointe besteht darin, daß sie mit der Voraussetzung operiert, daß
es jeweils ein tertium comparationis, „einen gleichen Maßstab und eine
gleiche zu Grunde liegende Wirklichkeit"[64] gibt, welches da je wacht und
schäft. Genau um dieses tertium comparationis geht es in unserem „Beweis". Er illustriert, daß es überhaupt nur dann plausibel sein kann, von
einem Zyklus von Leben und Tod zu reden, wenn man die Voraussetzung
macht, daß sich in ihm kontinuierlich etwas durchhält: die *psyché*. Die mythische *hypothesis* (ὑπόθεσις) der Reinkarnation wird so gedeutet zur philo-
sophisch-logischen Hypothese. Damit ist aber die Aufgabe formuliert, die es
fortan zu bewältigen gilt: Nun muß erwiesen werden, daß man mit Recht
von der Beständigkeit der *psyché* reden kann. Unter dieser Perspektive ist
auch deutlich, warum sich an diesen ersten „Beweisgang" nun gerade als
zweiter der von der Wiedererinnerung – Anamnesis – anschließt.

Auch bei ihr haben wir es mit einem Mythologem zu tun[65]. Im ›Menon‹, in
dem Platon seinen Sokrates erstmals die Anamnesis zum Thema machen
läßt, bringt dieser sie in Verbindung zu Männern und Frauen, die „weise"
seien περὶ θεῖα πράγματα (Men 81a5 + 6), d.h. zu Priesterinnen und Prie-

Platons Konzept des „diamythologein"   123

stern (Men 81 a 10f). Auch Pindar und andere „göttliche Dichter" finden Erwähnung. Die Nähe zur Religion ist unübersehbar, die „Anamnesis-Lehre" gehört offenbar in ihren Bereich. Auch für Sokrates ist sie ein Zitat. Doch nicht er bringt sie ins Spiel, sondern Kebes, und zwar als Sokrates-Zitat. Platon versäumt an dieser Stelle nicht, die Schwäche des reinen Zitierens zu demaskieren. Simmias hat nämlich vergessen, welche Beweise es für die Anamnesis gibt, so daß er einer „Erinnerung an die Erinnerung" bedarf. Einen Beweis aber bleibt Kebes schuldig. Wenn er auch auf die bekannte „Unterrichtsstunde" aus dem ›Menon‹ verweist, in der Sokrates durch geschicktes Fragen einem Laien zu selbständigen geometrischen Einsichten verhilft, so ist damit nichts bewiesen. Denn es müßte geklärt werden, was dazu Anlaß gibt zu behaupten, die Lösung des geometrischen Problems durch den Knaben im ›Menon‹ habe irgend etwas mit Anamnesis zu tun. Die sich im ›Phaidon‹ anschließenden Äußerungen des Sokrates lassen sich durchaus als Antwort auf diese Frage verstehen. Mit ihnen setzt erneut die „logische" Seite des *diamythologein* ein: Sokrates versucht plausibel zu machen, welchen Sinn das Anamnesis-Mythologem haben kann. Er tut das, indem er von der Alltagserfahrung des assoziierenden Erinnerns ausgeht, um dann die Frage nach dem Wissen der Ideen in den Blick zu nehmen. Dieses Mythologem eröffnet eine Perspektive, für die es sinnvoll ist, von Ideen zu reden (74 a–e). Es gibt die Vorgängigkeit des Ideenwissens und damit deren Unwandelbarkeit zu verstehen (74 e 9–76 a) und legt nahe, daß die menschliche *psyché* als Inhaberin des Ideenwissens in ihrem Sein den Ideen entsprechen muß (76 d–77 a). Das heißt, sie ist ebenso durch Beständigkeit ausgezeichnet: „Also waren, o Simmias, die Seelen auch ehe sie in menschlicher Gestalt (εἴδει) waren ohne Leiber und hatten Einsicht (φϱόνησιν)" (76 c 11–13). Diese drei durch das „Anamnesis-Mythologem" suggerierten Ergebnisse wird Platon dann im nächsten Gesprächsdurchgang des ›Phaidon‹ explizit zum Thema machen.

Doch gerade das Letzte und Entscheidende wollen Simmias und Kebes keineswegs akzeptieren. Wenn es heißt, sie seien zwar vom vorgeburtigen Sein der Seele überzeugt, nicht aber vom Sein nach dem Tod, so ist das ein Wink Platons, daß die Mythologeme von Inkarnation und Anamnesis eben keineswegs ausreichen, auch dann nicht, wenn man sie zusammennimmt, um die Frage nach dem Wesen der *psyché* erschöpfend zu beantworten. Obwohl Sokrates ausdrücklich auf seinen ersten „Unsterblichkeitsbeweis" verweist, bleibt die Skepsis der thebanischen Freunde. Denn noch steht Mythos gegen Mythos. Für sie vermochten die von Sokrates angeführten Mythologeme aus der pythagoreisch-orphischen Tradition einschließlich ihrer „logischen" Auslegung nicht den homerischen Mythos, die Rede der Menge (77 b 3 + 4) von der Zerstäubung der *psyché* zu überwinden (77 d 5–e 2).

Doch ist ja das *diamythologein* noch nicht zu seinem Ende gekommen.

Das bisherige Anführen von Mythologemen war nicht mehr als die Ouvertüre des Sokratischen Schwanengesangs. So überraschen die Zweifel der jungen Gesprächspartner keineswegs, die in dem berühmten Ausspruch vom „Kinde in uns" kulminieren, das sich vor dem Tod wie vor einem Gespenst fürchtet (77e). Es ist eben nicht damit getan, daß mythische Motive aneinandergereiht werden. *Diamythologein* heißt, sie in ein Gespräch zu verwickeln. Das vermag aber nur, wer sich ihnen gegenüber souverän verhält, d. h. sie sehr ernst nimmt. Sie sehr ernst zu nehmen bedeutet aber nicht, sie wörtlich oder gar dogmatisch zu nehmen. Ebensowenig bedeutet es, sie in eine „logische" Sprache zu übersetzen. Beides hieße, ihrem Wesen gerade nicht gerecht zu werden. Dann könnten die Mythologeme nicht dazu beitragen, die Furcht zu überwinden, sondern sie würde wie bei Kebes und Simmias bestehenbleiben. So bedürfen die beiden eines ἐπῳδός (78a1). Die Schleiermachersche Übersetzung „Besprecher" ist irreführend. Der ἐπῳδός ist ein Beschwörer, jemand, der mit Zaubergesängen Gespenster austreibt.[66] Ein solcher, so Kebes, ist Sokrates. Was aber sind die Sokratischen Zaubergesänge? Sind sie gar identisch mit seinem Schwanengesang? Klagt Kebes an der jetzt behandelten Stelle darüber, daß nach dem Tode des Sokrates es keinen ἐπῳδός mehr für sie gebe (78a1 + 2), so bedauerte Simmias nur wenig zuvor, daß „schon morgen hier niemand mehr gefunden werden könne, der dieses angemessen zu tun vermöchte" (76b10–12). „Dieses" – das ist das *logon didonai* über die Anamnesis. Der rechte Zuspruch (παραμυθία[67] 70b1), das rechte Beschwören (ἐπᾴδειν 77e7) ist das *logon didonai*. Was sich bislang nur als Befund der Analyse des Wortes *diamythologein* ergeben hatte, bezeugt an dieser Stelle der Text. Das *logon didonai* gehört als integraler Bestandteil in das Programm des *diamythologein*. In der Partitur des beschwörenden Sokratischen Schwanengesanges stehen *mythoi* und *logoi* harmonisch nebeneinander.

Das Zitieren und Interpretieren der Mythologeme vom Zyklus des Lebens und der Anamnesis waren die Propädeutik für den kritischen Vergleich zwischen homerischer und pythagoreischer Jenseitsspekulation. Dieser baut auf den Einsichten in das Wesen der Seele auf, die Sokrates als Extrakt aus den Mythologemen gewann: die Plausibilität der Hypothese der Beständigkeit der *psyché* und ihrer daraus resultierenden Ähnlichkeit mit den von ihr gewußten Ideen. Letzterer Aspekt betrifft die Seinsweise der Seele. Im dritten „Unsterblichkeitsbeweis" soll erwiesen werden, was die Anamnesis-Annahme nur wahrscheinlich machen konnte: daß die Seele in ihrem Sein den Ideen verwandt (συγγενὴς 79d3) und das Allerähnlichste (ὁμοιότατον 80b3) sei. Die Seinsweise der Idee ist das „Sich-stets-auf-gleiche-Weise-gemäß-seiner-selbst-Verhalten" (ἀεὶ κατὰ ταὐτὰ καὶ ὡσαύτως ἔχει 78c6 + d2). Als solche ist sie unteilbar. Was unteilbar ist, ist offenbar unzerstörbar. Teilbar hingegen ist alles Materielle. Das Mythologem vom Zerstieben der

Seele impliziert ein Verständnis, nach dem die Seele materiell ist. Indem diese Prämisse aufgedeckt wird, ist ein entscheidender Schritt zur Konfrontation des homerischen Mythologems mit dem pythagoreischen vollzogen. Indem ihnen ein *logos* gegeben wurde, der aufdeckt, daß sie von dem Fundament eines gegensätzlichen Verständnisses der Seinsweise der *psyché* getragen werden, ist nicht nur das tertium comparationis eröffnet, mittels dessen eine Option für eines von beiden ermöglicht wird. Es ist zudem eine maßgebliche Einsicht in die philosophische Kernfrage des Dialoges, die ontologische Verfaßtheit der Seele, gewonnen. Da die „offensichtliche Unsichtbarkeit" der *psyché* sich unmöglich mit ihrer vermeintlichen Materialität vertragen kann, muß die Option für das pythagoreische Mythologem ausfallen. Im Zusammenspiel mit dem ihm zur Seite gestellten Logos hat es eine erste Einsicht in das Wesen der *psyché* eröffnet. Der Mythos scheint seine Schuldigkeit getan zu haben.

Daß dies aber gerade nicht der Fall ist, zeigt sich sofort. Nicht etwa hält Sokrates inne, um das Ergebnis aus dem Vergleich von Idee und Seele festzuhalten. Im Gegenteil – was folgt, ist ein neues Mythologem. Dem aus dem Dialog zwischen pythagoreischem und homerischem Seelenmythos extrahierten *logos* der *psyché* wird die zweite Hälfte des pythagoreischen Reinkarnations-Mythos entgegengehalten. Denn er handelte ja nicht nur von der Unsterblichkeit der Seele, sondern auch von ihrem Verbleib im Hades. Und dieser Aspekt wurde bei seiner bisherigen Interpretation ausgespart. Also spielt Sokrates wieder auf das an, was die „Eingeweihten" (μεμηνένων 81 a 8) sagen: Die reine Seele (τὸ γενναῖον καὶ καθαρὸν καὶ ἀιδῆ 80 d 6) wird in die „wahre Geisterwelt zu dem guten und weisen Gott" (80 d 7) – wem sonst als Apoll? – gelangen. Wie auch schon im vorherigen kreist alles um den aus der pythagoreischen Tradition übernommenen Begriff der *katharsis*. Es wurde bereits deutlich, daß die *katharsis* eine Scharnierstellung im Sokratischen Denken einnimmt, indem sie eine ethische Dimension eröffnet. Weil doch die Frage nach dem Tod die Frage nach dem rechten Sterben ist, die Frage nach dem rechten Sterben wiederum eine Frage nach dem rechten Leben, ist *katharsis* als Antwort auf diese letzte Frage zugleich eine Antwort auf die erste.

Die mythischen Motive von „dunklen Erscheinungen", von Strafen und Wiedergeburten in Tiergestalt je nach dem Lebenswandel der verstorbenen Seele, und nicht zuletzt von der Aufnahme der Philosophen in das Geschlecht der Götter (81 c–82 c) werden auf den Lebensvollzug der Menschen projiziert und dieser damit der mythischen Sphäre unterstellt. In den Blick rückt die Frage nach der rechten Sorge um die Seele (82 d), die, wie schon gehabt, ihre Antwort im Leben der Philosophen findet. Befreiung (λύσις) und Reinigung der *psyché* ist nicht länger Sache des Todes bzw. des Gottes (67 a), letzterer inkarniert sich vielmehr in die Philosophie. Die Erlösung durch die

Philosophie manifestiert sich im tugendhaften, und das heißt bestmöglichen Leben (84 a). So wird über das Mythologem der *katharsis* der ontologische Befund der drei „Unsterblichkeitsbeweise" in Gestalt des guten Lebens der Philosophen und dem sich in diesem ausdrückenden Idealzustand der ἀϱετή der *psyché* beglaubigt. Gleichzeitig wird der Mythos in sein angestammtes Recht gesetzt, die Lebenswirklichkeit des Menschen unter seinen Einfluß zu bringen und zu prägen.

An dieser Stelle kommt der erste Hauptteil des ›Phaidon‹ zu seinem Ende. In ihm konnten die einzelnen Momente des platonischen Konzeptes des *diamythologein* ausgemacht werden. Es erweist sich als ein Modus philosophischer Rede, der darin besteht, daß einzelne Mythologeme und Mythen zitiert und in einen wechselseitigen Dialog miteinander versetzt werden. Dies kann nur geschehen, indem dem *mythologein* ein *logon didonai* an die Seite tritt, welches die mythischen Motive auf ihre Voraussetzungen befragt. Ist dies geschehen, können die Prämissen „logisch" auf ihren philosophischen Gehalt angesprochen werden, so daß der Logos befähigt wird, überhaupt erst die Fragen zu formulieren, auf die die Mythologeme in ihrem Wechselspiel antworten. Gleichzeitig wird ihnen dadurch ihre Verbindlichkeit für die praktische Lebensgestaltung der Menschen wiedergewonnen. An keiner Stelle wird der Mythos dabei obsolet; er vermag nicht, in eine „logische" Sprache übersetzt zu werden. Mythologeme zu interpretieren heißt vielmehr, ihnen erklärende *logoi* als Partner zur Seite zu stellen, um im Zusammenspiel mit diesen gemeinsam das Fundament einer philosophischen *Paideia* zu bilden. Im folgenden gilt es, die Gründe dieser philosophischen Relevanz des *diamythologein* freizulegen.

III

Der ›Phaidon‹ ist ein Dialog über die Seele. Nur wenn wir verstehen, was die Seele ist, so ergab sich, besteht Hoffnung, auch auf das Problem des Sterbens eine Antwort zu erhalten. Es geht also darum, eine Einsicht zu gewinnen – und um dies zu ermöglichen, macht Platon Gebrauch von seiner Konzeption des *diamythologein*. Um zu begreifen, warum dieses zur Wahrheitsfindung nicht nur geeignet, sondern notwendig ist, muß erläutert werden, was für Platon das Phänomen des Verstehens ausmacht.

Platons kompositorisches Können zeigt sich nun darin, daß er dieses im ›Phaidon‹ selbst verschiedentlich zum Thema macht. Das geschieht von Anfang an stets im Zusammenhang mit dem Mythologem der *katharsis*, was nicht überrascht, wurde diese doch mit dem Philosophieren identifiziert. Ziel der philosophischen *katharsis* ist es, das Wahre zu treffen (65 c 9), d. h. das, was sich immer gleich gemäß seiner selbst verhält (78 c), und das sind die Ideen. Schon wo Sokrates erstmals auf die Ideen zu sprechen kommt, fragt er, was für ein Wissen wir von ihnen haben und wie wir es erwerben können. Die Antwort findet er im Nach- und Durchdenken (λογίζεσθαι 65c2 und διανοηθῆναι 65e3 + 8) oder – um in der Sprache der ›Politeia‹ zu reden – im Seelenteil *noétikon*. Die bloße Sinneswahrnehmung – αἴσθησις – hingegen, die auf die Sinnesorgane des Körpers angewiesen ist, vermag nicht das wahrhaft Seiende in seiner Unverborgenheit (ἀλήθεια) zu erfassen. Deshalb tritt Sokrates, wie er es später im Gespräch formuliert, die Flucht in die *logoi* (99e5) an. Die unmittelbare Hinwendung zu den Gegenständen (πράγματα) kann nicht das, „was ein jedes ist" (65d + e), die *ousia*, erschließen, wenn ihr nicht die Philosophie zu Hilfe kommt, indem sie das sinnlich Wahrgenommene transparent werden läßt und sich dem Denkbaren (νοήτικα) zuwendet.

Verstehen wird also in die Zuständigkeit des *noétikon* verlegt. Wie aber gelangen wir zu ihm? Auch auf diese Frage bietet der ›Phaidon‹ eine Antwort, und zwar in Gestalt des Mythologems von der Anamnesis. Wiedererinnerung heißt demnach nichts anderes als das Verstehen dessen, „was etwas ist" (75d), Einsicht in das Wesen (οὐσία). In der Wiedererinnerung *ereignet* sich die Wahrheit des Seienden. Schlagartig wird es transparent für die an ihm präsente Idee.[68] In einer berühmten Passage des ›Siebten Briefs‹ hat Platon dieses Ereignis der Wahrheit mit dem plötzlichen Aufflammen eines springenden Funkens verglichen.[69] Was er hier im Bild beschreibt, dafür gibt es in seiner Philosophie eine eigene Bezeichnung: νοῦς. Der *nous* ist die geistige Funktion, in der punktuell etwas einsichtig wird; was wir meinen, wenn wir sagen, uns ginge ein Licht auf. Im *nous* ereignet sich augenblickhaft Wahrheit, d. h., er ausschließlich verleiht dem Präsenten die Transparenz, in der es sich gestalthaft als Idee dem Verstehenden darbietet.[70] Deshalb gebührt ihm in Platons Philosophie die höchste Dignität. In den Gleichnispassagen der ›Politeia‹ rangiert er nicht bloß als das Vermögen zur Erkenntnis der Ideen alles Seienden (508d), sondern nach dem „Liniengleichnis" erschließt sich ihm noch das, was „jenseits alles Seienden" liegt, die „Idee des Guten" (509b), indem er „bis zu dem keine Voraussetzung Habenden zum Ursprung von allem gelangend, diesen berührt".[71] Wie aber kommt es zu diesem Ereignis? Im „Liniengleichnis" sagt Platon ausdrücklich, es sei das *dialektische Vermögen*, das zu ihm führt. Nicht als Konsequenz der Wissenschaften wie Geometrie, Astronomie usw. stellt es sich ein, sondern das dialektische Wissen eröffnet den Bereich, in dem das Sein des Seienden offenbar wird. Sokrates: „Nun aber, sprach ich, geht allein die dialektische Methode, auf diese Art alle Voraussetzungen aufhebend, gerade zum Ursprung [zur Idee des Guten] selbst, damit dieser fest werde, und das tatsächlich in barbarischem Schlamm vergrabene Auge der Seele zieht sie gelinde hervor und führt es aufwärts, wobei sie als Mitdienerinnen und Mitleiterinnen die angeführten Künste gebraucht" (533c + d). Dieses Zitat illustriert nicht nur, daß Platon auch in der ›Politeia‹ daran festhält, daß Philosophie als Dialektik[72] *katharsis* ist, er verwendet obendrein die gleiche Aufstiegs-Metaphorik, die aus dem „Höhlengleichnis" geläufig ist. Hier wird vollends deutlich, daß es einer sorgfältigen Vorbereitung bedarf, bis daß sich Wahrheit ereignet. Platon nennt sie *Bildung* (παιδεία). Philosophie, Dialektik, Bildung, *katharsis* – sie alle sind Bezeichnungen ein und derselben Sache.

Der Weg aus der Höhle ist der Weg des *dialegesthai*. *Dialegesthai* ist nicht nur ein philosophischer Fachterminus, das Wort bedeutet auch einfach: ein Gespräch führen. So wie der ›Menon‹ illustriert, wie sich aus einer Gesprächssituation ereignishaft eine Einsicht gewinnt, was dann Anamnesis heißt, so ist auch der Gang aus der Höhle ein Gespräch zwischen befreiter Seele und wegkundigem Psychopompos, an dessen Ende sie in den offenen Verstehensspielraum tritt, worin die Wahrheit geschieht.

Doch das „Höhlengleichnis" schließt auch den Weg zurück mit ein. Wer ihn anzutreten hat, steht vor der Aufgabe, das im Freien gewonnene Wissen den Gefangenen in der Höhle mitzuteilen. Anders gesagt lautet die Frage: Wie ist die Philosophie mitteilbar? Jetzt ist es an der Zeit, die bereits erwähnte Passage aus Platons ›Siebtem Brief‹ in ihrem Wortlaut zu zitieren: „Von mir selbst wenigstens gibt es keine Schrift über diese Gegenstände [die zentralen Punkte der Philosophie], noch dürfte je eine entstehen; läßt es sich doch in keiner Weise wie andere Kenntnisse in Worte fassen, sondern indem es aus dem langen Umgang und dem Zusammenleben mit der Sache wie ein durch einen abspringenden Feuerfunken entzündetes Licht plötzlich in der Seele erzeugt und dann durch sie selbst genährt wird. Soviel nun weiß ich, daß ich, wenn ich es aussprächen oder niederschriebe, es auf das sorgfältigste tun würde. Und würde es schlecht abgefaßt werden, würde es mir den größten Schmerz bereiten" (Epist VII 341c + d). Was in dem Zitat mit „diesen Gegenständen" gemeint ist, geht klar aus dem Kontext hervor: Es folgt ein kurzes Referat der Ideenannahme. Also haben wir es offenbar mit einem, wenn nicht mit *dem* zentralen Anliegen der Philosophie Platons zu tun. Und von diesem sagt er, es ließe sich nichts über es niederschreiben.[73]

Diese Passage hat den Platoninterpreten oft Schwierigkeiten bereitet, denn immerhin liegt uns ein umfangreiches Opus Platonicum vor, in dem es auch an spezifischen Auseinandersetzungen mit der Ideenannahme nicht fehlt. Widerspricht sich Platon also im ›Siebten Brief‹ selbst? Nun gilt es zu beachten, daß wir in seinen Texten tatsächlich nirgends so etwas wie eine explizite „Ideenlehre" finden.[74] Das durch den *nous* gewonnene Ideenwissen ist für Platon offenkundig dadurch ausgezeichnet, daß es sprachlich nicht fixierbar ist – es handelt sich um ein nicht-propositionales Wissen.[75] Da sich einer unmittelbaren Objektivierung entzieht, kann es auf keine Weise gelehrt werden. Die Kunst des Dialektikers besteht vielmehr darin, daß er nicht belehrt, sondern einen Modus philosophischer Gesprächsführung beherrscht, der das Gespräch zu einem offenen Verstehensspielraum werden läßt. Dialektische Paideia avanciert mithin zur Propädeutik des Wahrheitsgeschehens, welches sich im *nous* vollzieht. Der Gang aus der Höhle besteht nicht in der Mitteilung von Lehrsätzen. Worin besteht er dann?

Im Dialog ›Phaidros‹ behandelt Platon, wie bereits der Eröffnungssatz signalisiert, unter anderem die zwei Fragen,[76] wie Wissen erwerbbar und wie es mitteilbar ist. Erstere wird durch den Zentralmythos von der Ideenschau der Seele beantwortet. Darauf wird zurückzukommen sein. Hier interessiert zunächst die Antwort auf die zweite Frage. Sie wird im zweiten Hauptteil des Gesprächs entwickelt. Gleich an dessen Anfang betont Sokrates ganz im Sinne des ›Phaidon‹, daß man aus der Nichtpropositionalität des noetischen Wissens keineswegs sich zu der Konsequenz verleiten lassen dürfe, zum Feind der Reden (μισόλογοι Phdo 89d) zu werden. Statt dessen gelte es zu erwägen, ob es nicht einen ihr angemessenen Modus des Redens gibt. Angewandt auf die Verschriftlichung der *logoi* lautet die Frage: „Welches ist nun die Art und Weise, gut zu schreiben oder nicht?" (Phdr 258d). Nachdem die Dialogpartner darin übereingekommen sind, daß die in sich geschlossene Rede der Rhetoren dem Wesen des noetischen Wissens unangemessen ist, richtet Sokrates den Blick auf deren „ebenbürtige Schwester [...], welche mit Wissen in die Seele des Lernenden geschrieben wird, die sowohl fähig ist, sich selbst zu helfen, als auch darum weiß, wann es zu reden und zu schweigen gilt" (Phdr 276a). Wenn Phaidros darauf bemerkt, eine solche Rede sei lebendig und beseelt, dann dürfte klar sein, daß es sich bei ihr um nichts anderes als um das Gespräch lebender Menschen handeln kann: den Dialog. Der Dialog ist das Medium recht verstandener Paideia. Er ist der „lange Umgang und das Zusammenleben mit der Sache". Das wechselseitige Hin und Her des Gesprächs eröffnet den Verstehensspielraum und erzeugt die Spannung, die sich im noetischen Funkenschlag des Wahrheitsereignisses entlädt. Das Gespräch bahnt den Weg aus der Höhle. Wird es zu Papier gebracht, so haben wir in ihm die einzige für Platon gangbare Möglichkeit, schriftlich Philosophie zu betreiben. Blicken wir auf sein Opus, so ist unverkennbar, wie sehr Platon sich nach diesem Credo gerichtet hat.

Doch so sehr das dialogische Moment in Platons Schriften dominiert, fast immer bleibt es flankiert von einem monologischen: den Mythen. Diese werden, wie gesehen, im Konzept des *diamythologein* in die dialogisch-dialektische Gestalt des Platonischen Philosophierens integriert. Doch erschöpft sich darin nicht ihre Relevanz innerhalb desselben. Zwar haben sie als geliehene Reden den gleichen Stellenwert wie andere Voten der Dialogpartner, weshalb Mythologeme in ein wechselseitiges Gespräch gebracht werden können, das dann seinerseits einen Verstehensspielraum eröffnet. Mythen und Mythologeme haben aber darüber hinaus in sich selbst einen dialektischen Charakter. Sie tragen in sich das Wechselspiel von Verbergen und Entbergen aus. Wie der Gott von Delphi reden sie weder klar noch verhüllen sie, sondern sie deuten an; oder, um nochmals die Musen des Hesiod zu zitieren: „Wir wissen viel Trügerisches zu sagen, das klingt als sei es wahr. Wir wissen aber auch, wenn wir nur wollen, Wahrheit ertönen zu lassen."[77] Wohl bezeichnen die Mythen den Bereich, in dem Wahrheit geschehen soll, doch anstatt ihn auf bestimmte Weise auszufüllen oder zu strukturieren, halten sie ihn offen. Die Wahrheit des Mythos besteht gerade darin, daß nichts in ihm als unmittelbare Wahrheit offeriert wird. Vielmehr lebt er aus dem Bewußtsein, daß menschliches Wissen nur eine maximale Annäherung an Wahrheit sein kann. Mit den Worten des ›Phaidon‹: die Wahrheit kann nur so nah wie möglich (ἐγγυτάτω 67a) berührt oder getroffen werden. Im ›Phaidros‹ sagt Sokrates im Zusammenhang der zuvor im Mythos geschilderten vorgeburtlichen Ideenschau: „Den überhimmlischen Ort aber hat noch nie einer von den Dichtern hier besungen, noch wird ihn je einer nach Würden besingen. Er ist aber so [wie zuvor beschrieben] beschaffen – denn ich muß es wagen, das Wahre zu sagen, zumal, da ich von der Wahrheit zu reden habe" (247c). Deutlich gibt Sokrates zu verstehen, daß er von seinem Mythos beansprucht, er sei wahr.[78] Dies wird sogar darin überboten, daß ihm die Kompetenz zugetraut wird, gleichzeitig die Bedingung der Möglichkeit dieser Kompetenz, das noetische Ideenwissen, zu enthüllen. Die ganze Kraft des Mythos wird an dieser Stelle offenbar. Sein äußerstes Vermögen besteht in der immanenten Selbstreflexion auf das, was er leistet. Dennoch bleibt er ein Wagnis.[79]

Wie das Delphische Orakel fordert er von sich aus seine Interpretation. Mythen gleichen den Weisungen der Pythia darin, für gewöhnlich mißverstanden zu werden. Weil aufgrund des immanent dialektischen Charakters des Mythos Chance und Gefahr so nah beisammenliegen, deshalb erst ermöglicht und erfordert er gleichzeitig das Konzept des *diamythologein*.[80] Weil Mythen interpretiert werden wollen, folgen ihnen in der philosophischen Paideia wie ein Schatten die *logoi* – gerade nicht, um sie zu entmythologisieren oder auf einen Lehrsatz zu dechiffrieren, sondern um ihnen in ihrem dialektischen Wesen gerecht zu werden.[81] In einer heideggerschen Wendung könnte man das Konzept des *diamythologein* beschreiben, indem man sagt: Hier lassen die *logoi* die *Mythen Mythen* sein.

Mit diesem Verständnis philosophischer Praxis steht Platon nicht nur im krassen Kontrast zu den Sophisten, die es darauf anlegten, den Mythen ihre „normative Kraft"[82] zu rauben. Er polemisiert auch gegen die gängige Methode der antiken Pädagogik. Die homerischen Gedichte lagen „in der Tat allem Jugendunterricht zugrunde",[83] so daß es keine Übertreibung sein dürfte, wenn Platon in der ›Politeia‹ die berühmte Formulierung findet, Homer habe Hellas erzogen[84] (Resp 606e). Doch diese alte Paideia, die lehrte, man müsse Homer „bei der Anordnung und Bildung (παιδεία) aller menschlichen Dinge heranziehen, um von ihm zu lernen und gemäß diesem Dichter das ganze eigene Leben einrichten und vollführen" (606e–607a), sie ist für ihn paradigmatisch für einen inadäquaten Umgang mit Mythen. Man verliert sich an die jeweilige Gestalt des Mythos und versäumt, ihn für die in ihm angelegte Wahrheit transparent werden zu lassen. Der Umgang der Menge mit Mythologie und Dichtung ist durch die bloße Meinung (δόξα) ausgezeichnet. Man gebraucht mythische Motive, indem man sie zitiert, indem man sich gerade in der Erziehung auf die Autorität der Dichter beruft und sich ihnen blindlings anvertraut.[85] Platon polemisiert einerseits gegen diesen „naiven" Typus des mythischen Bewußtseins, das sich im Wissen um die *areté* oder Tugend des Menschen wähnt, wenn es auf das in einem Mythos gezeichnete Vorbild eines Heros verweist.[86] Augenfällig wird es von Polemarchos im ersten Buch der ›Politeia‹ (332a) verkörpert. Er glaubt, bereits etwas zu wissen, wenn er eine Frage mit einem Zitat eines Dichters beantworten kann. Zu erweisen, daß damit jedoch nicht nur nichts verstanden ist, sondern daß man sich selbst auch noch jede Chance auf ein mögliches Verstehen verbaut, das war der erste apollinische Auftrag an Sokrates. Den zweiten erfüllt er darin, daß er diesem destruktiven Moment das konstruktive *diamythologein* an die Seite stellt. *Diamythologein* ist die Weise, wie Dichtung und Mythos in der philosophischen Paideia den ihnen adäquaten Platz erhalten. Es ist die Weise, der internen dialektischen Kraft mythischer Motive zu ihrer wahrheitseröffnenden Wirkung zu verhelfen. „Bei all dem kommt es nicht einen Augenblick in Platos Sinn, daß man die Poesie als erzieherische Macht durch die abstrakten Erkenntnisse der Philosophie ersetzen könne."[87] Das *diamythologein* weiß darum, daß es eine Wahrheit des Mythos gibt,[88] die aber nicht in eine andere Sprache übersetzt werden kann. Es nimmt den Mythos als Mythos ernst und räumt ihm einen Platz ein, an dem er auch zu einer Zeit, in der das mythische Bewußtsein seine Dominanz eingebüßt hat, bestehen kann. Es betreibt „Arbeit am Mythos", damit er aus sich selbst und im Dialog mit dem Logos interpretiert wird, um seine Hörer und Leser an die Schwelle des Verstehens zu begleiten. Für den ›Phaidon‹ im einzelnen bedeutet dies: Das Konzept des *diamythologein* dient der Antwort auf die Frage nach dem Sterben. Diese Frage aber erwies sich als Frage nach dem Leben und das heißt der Seele. Wenn Platon gerade in diesem Text so ausdrücklich Gebrauch vom *diamythologein* macht, drängt sich die Frage auf, ob das nicht durch sein Thema bedingt ist. Ist das *diamythologein* also *die* spezifische Weise der philosophischen Rede von der Seele?

IV

Um eine Antwort auf diese Frage zu finden, ist es nötig, wenigstens in groben Zügen den philosophischen Gehalt der *psyché* in Platons Denken zu skizzieren. Trifft die These zu, daß der ›Phaidon‹ ein Dialog über die Seele ist, dann dürfte er dazu beitragen, einer Beantwortung der Frage, was die *psyché* ist, wenigstens näherzukommen. Bei der Interpretation des ersten Hauptteils wurde nachgezeichnet, wie aus der dialektischen Spannung von *mythologein* und *logon didonai* erste Bestimmungen der *psyché* entwickelt wurden. Diese mündeten zuletzt in der These der Verwandtschaft von Seele und Ideen, deren Verhältnis als „am ähnlichsten" charakterisiert wurde. Bezogen aufs Ganze des Textes bleibt dies jedoch ein Zwischenergebnis. Es provoziert die beiden Einwände von Kebes und Simmias, deren Widerlegung durch Sokrates dann ihrerseits ein tieferes Verstehen der *psyché* vorbereitet.

Auch im zweiten Hauptteil lassen sich die Strukturmomente des *diamythologein* aufdecken. Die Einwände der jungen Männer werden beide metaphorisch vorgetragen. Da sie selbst mit pythagoreischen Motiven durchsetzt sind, lassen sie sich zu den von Sokrates propagierten Mythologemen in Beziehung setzen.[89] Den Sokratischen Widerlegungen obliegt es dann als interpretatorisches *logon didonai* (95 d 7), sie in Beziehung zum bislang Gesagten und zueinander zu setzen, um weitere Perspektiven auf die Beschaffenheit der *psyché* zu eröffnen. Der Einwand des Simmias vergleicht die Seele mit der Harmonie einer Leier, die mit der Auflösung der materiellen Bestandteile des Instruments ebenso verschwindet. Dem entgegnet Sokrates, daß die Seele zwar Harmonie haben, selbst jedoch nicht mit einer solchen identifiziert werden könne. Ansonsten wäre es nicht möglich, von Tugend und Schlechtigkeit der Seele zu reden. *Harmonie* ist vielmehr gerade die *areté* der *psyché* (93 e), also nur einer ihrer möglichen Zustände: der bestmögliche. Damit ist allerdings nur ein Aspekt von Simmias' Bedenken aus dem Weg geräumt. Ein anderer findet hingegen durch Sokrates' Entgegnung gerade seine Bestätigung. Denn man kann nur sinnvoll von einer Harmonie der Seele reden, wenn vorausgesetzt ist, daß sie aus verschiedenen Elementen besteht, deren Verhältnis zueinander im Idealfall *(areté)* harmonisch ist. So wird aus dem Votum von Simmias die positive Bestimmung der *psyché* als Mischung (κρᾶσις 86 b + d) ersichtlich – wobei es sich freilich ebenfalls wieder um ein Bild handelt. Hier zeigt sich, daß auch im ›Phaidon‹ die aus der ›Politeia‹, dem ›Timaios‹ und dem ›Phaidros‹ geläufige metaphorische Rede von Seelenteilen untergründig präsent ist.[90] In letzterem Dialog vergleicht Platon die Seele bekanntlich mit einem Gespann (246 a). Die beiden Pferde und der Wagenlenker stehen dabei für die verschiedenen Aspekte der Lebenswirklichkeit. In der ›Politeia‹ nennt Platon sie *epithymétikon, thymoeides* und *logistikon* (440 e f.), in der Schleiermacherschen

Übersetzung: das Begehrende, das Eifrige und das Vernünftige. Die Metaphorik des ›Phaidros‹ zielt darauf, die *areté* der Seele dadurch zu illustrieren, daß das Seelengespann in sich harmonisch geordnet ist, um sich dann beflügelt zur Ideenschau aufzuschwingen. In der ›Politeia‹ wird die Harmonie der Seele auf eine intakte Staatsverfassung projiziert, die sich darin manifestiert, daß ein jeder Bürger in Hinsicht auf Herrschaft und Beherrschtwerden das Seinige tut (443 b). Diesen Zustand nennt Platon Gerechtigkeit (δικαιοσύνη). Gerechtigkeit ist die spezifische *areté* der Seele. Sie ist nichts anderes als das harmonische Zusammenstimmen (443 d) der einzelnen Seelenteile, d. h. eine Ausgeglichenheit der verschiedenen Aspekte der Lebenswirklichkeit. Dieser Seitenblick auf die ›Politeia‹ soll jedoch hauptsächlich eines verdeutlichen: Die *psyché* selbst ist nach Platon unmittelbar nicht zugänglich. Sie manifestiert sich in der Gerechtigkeit als ihrer *areté*, welche sich ihrerseits nur an der Harmonie der Lebensaspekte darstellt. Anders gesagt: um zu wissen, was die Seele ist, muß man ihre *areté* kennen. Diese läßt sich an dem Verhältnis der drei Seelenteile untereinander ablesen. Die Seele selbst aber bleibt das unzugängliche Vierte, das Gefüge, das die einzelnen Seelenteile in eine Einheit sammelt. *Psyché* ist kein Seiendes, sondern eine Verhältnisbeziehung, die die Einheit der Vielheit der Lebenswirklichkeiten begründet, gewährt und erhält.

Damit ist bereits der zweite Aspekt der *psyché* angesprochen, der sich positiv aus dem Einwand des Simmias ergibt: Sie ist ein ἀρχή oder *aitia* (αἰτία 94 b 4)[91] – eine Ursache, ein Grund; das, was für etwas verantwortlich ist. Dieser Aspekt wird in der Widerlegung des Einwandes von Kebes das beherrschende Thema.

Es ist nicht erforderlich, hier dieser philosophisch anspruchsvollsten Passage des ›Phaidon‹ en détail gerecht zu werden. Wir haben es dort ausdrücklich mit einem *logon didonai* (95 d 7) zu tun. Sokrates berichtet von seiner „Flucht in die *logoi*" (99 e) anläßlich seines Fragens nach der Ursache aller Dinge (96 a). Sie besteht darin, die *aitia* nicht wie Anaxagoras im Bereich der natürlichen Dinge (φυσικά) – sondern der geistigen Dinge (νοητά), also der Ideen zu suchen. Zwar werden diese zunächst als *aitiai* des Seienden bestimmt, wodurch sich jedoch das Problem auftut, wie die dadurch vorauszusetzende Pluralität von Ideen zu bewältigen ist. An keinem Seienden ist jeweils nur eine Idee präsent. Es gibt eine Teilhabe von Ideen untereinander (104 a ff.), deren Einheit durch eine *aitia* höherer Potenz gewährleistet ist (101 d). Eine solche *aitia* nun ist die Seele. Sie ist in ihrem Sein den Ideen am ähnlichsten, aber sie ist selbst keine Idee, sondern ein Strukturgefüge, das die Einheit vieler Ideen ermöglicht. Die *psyché* ist der Grund der Vielseitigkeit der Lebensaspekte, d. h. des menschlichen Seins.

An dieser Stelle leuchtet die ontologische Relevanz der *psyché* in Platons Philosophie auf. Noch klarer tritt diese im Mythos des ›Timaios‹ zutage, in

dem Platon den Timaios von der Erschaffung der Seele des gesamten
Kosmos erzählen läßt (34b ff.). Dort wird zudem ihre Dynamik deutlich,
wenn gesagt wird, in ihr seien Selbigkeit und Verschiedenheit miteinander
verbunden und mit Sein vermengt. Diese Mischung wird in Bewegung versetzt, die sich dann als Zeit bemißt (37 c ff.). Die Weltseele ist demnach nicht
eine statische, sondern die sich in Werden und Vergehen durchhaltende dynamische Struktur des Seins des Kosmos, die die Pluralität des Seienden als
deren Grund zusammenhält.

Diese dynamische Struktur, die allein die in sich bewegte Einheit einer
Vielheit ermöglicht und erhält, ist, wie im Rekurs auf die ›Politeia‹ bereits erwähnt wurde, selbst nie unmittelbar zugänglich. Der Weg zu ihrem Verstehen führt über eine Einsicht in ihre *areté*. Wer wissen will, was die Seele
ist, muß wissen, wie sie sein muß, um von ihr sagen zu können, daß sie gut
ist.[92] In den Worten des ›Phaidon‹: Der Weg zum Verstehen der *psyché* ist die
katharsis, denn nur die reine Seele der Philosophen ist eine Seele in ihrem
Idealzustand der *areté* (69b + c). An der guten Seele des Philosophen zeigt
sich ihre „Ewigkeit im Diesseits".[93]

Wie aber läßt sich das Phänomen der *katharsis* verständlich machen? Sokrates versucht es im ›Phaidon‹, indem er auf pythagoreische Mythologeme
rekurriert, denen er „logische" Interpretationsansätze an die Seite stellt, die
letztlich auf die praktische Dimension der Lebensgestaltung verweisen. Nun
ist die Harmonie der Seele kein statischer Zustand, sondern ein Vollzug in
der Zeit. Ein solches dynamisches Geschehen ist nicht anders mitzuteilen als
in der Erzählung. Die Seele fordert als dynamische Struktur der Einheit der
bewegten Vielheit von Gegensätzen, als Zusammenschluß von Selbigem
und Verschiedenem, aus sich heraus das mythische Reden. Der Mythos
weist an sich selbst als zugleich verbergend und enthüllend diese dialektische Struktur auf und vermag sie mittels der Narration darzustellen. Das geschieht, indem er die *psyché* in *areté* vorführt. Auf die kosmische Dimension
der Weltseele angewandt, läßt Platon den ›Timaios‹ die Geschichte einer
guten *psyché* erzählen. Im ›Kritias‹ und in gewisser Weise in der ›Politeia‹
stellt er die harmonische Einheit der Polis dar, die ebenso ihren ontologischen Grund in der Seele hat. Der ›Phaidon‹ schließlich erzählt Mythologeme von der guten Individualseele des wahrhaften Philosophen als Konsequenz seiner *katharsis*. Alle drei Gestalten des Seelenmythos eröffnen eine
ihnen jeweils spezifische Perspektive auf die *psyché*. Dieses mythologische
Wechselspiel eröffnet seinerseits das Spannungsfeld für den noetischen Funkenschlag, vermittels dessen die Wahrheit der *psyché* zum Vorschein kommt.

Das den Mythos der guten Philosophenseele begleitende *logon didonai*
bezüglich Teilhabe bzw. Nicht-Teilhabe von Ideen aneinander mündet in den
abschließenden Aufweis, daß die Seele als *aitia* des Lebens unmöglich sterblich sein kann, da die Idee der Sterblichkeit kein Strukturmoment von ihr

sein kann (105 d + e). Im Klartext heißt das: Wenn es denn Leben gibt, so kann man von dem Lebendigen nie behaupten, daß es tot ist. Bewiesen ist damit noch nicht, daß die Seele nicht nicht sein kann, d. h. ihre Unvergänglichkeit. Sokrates weiß darum, daß dies noch aussteht (106 c). Doch bleibt er uns einen Beweis schuldig, da Kebes von sich aus akzeptiert, daß die Unsterblichkeit der Seele ihre Unvergänglichkeit miteinschließe (106 d). Tatsächlich aber bleibt das gerade fraglich. Unterstellt man aber trotzdem die Richtigkeit dieser These, so bleibt das Ergebnis dieses letzten *logon didonai* dennoch unbefriedigend. Denn selbst wenn herauskommt, daß die Seele als ontologische Struktur des menschlichen Daseins nicht nicht sein kann, so trägt dies letztlich für das Problem des drohenden Todes von Sokrates nicht viel aus. Gewißheit über den Verbleib der Seele nach dem Tod kann mittels des *logon didonai* nicht erlangt werden. Weil „das Kind in uns" sich nur dann seiner Angst entbinden lassen will, wenn es einen apodiktischen Beweis für die Unsterblichkeit der Seele vorgeführt bekommt, wird es wenig Trost finden.[94] So stimmt der Leser, wenn er wie Simmias von diesem „logischen" Erkenntnisideal geleitet wird, der von diesem zum Schluß artikulierten Skepsis zu.

Und wie reagiert Sokrates auf sie? Er gibt Simmias recht, ja, ermuntert ihn geradezu, seine Zweifel zu kultivieren. Und weit gefehlt, daß er nun einen weiteren Beweisgang anschlösse. Im Gegenteil: Erneut stimmt er den mythischen Schwanengesang an. Sokrates bleibt dem platonischen Konzept des *diamythologein* treu bis zum Ende. Dem aus der Widerlegung des metaphorischen Einwands des Kebes entwickelten *logon didonai* gibt er noch einmal einen frei nach pythagoreischer Denkart komponierten Mythos an die Hand.[95] Wieder ist die *katharsis* das beherrschende Thema. Mythisch wird das gute Leben der Philosophen im Reich des reinen Geistes beschworen. An dieser emphatischen Rede wird noch einmal die Zwischenstellung des platonischen Umgangs mit Mythen offenbar. Er erweist sich einerseits als rechter „Mythopoet", als „Arbeiter am Mythos", da er mythische Stoffe wie den der Hadesfahrt in ein neues Gewand kleidet.[96] Doch zuletzt ist es andererseits ausgerechnet Sokrates selbst, der diese Erzählung mit dem Kommentar schließt, kein vernünftiger Mensch könne sie für bare Münze nehmen (114 d) – eine schöne Geschichte, mehr nicht; erzählt mit der pädagogischen Absicht, ihre Zuhörer zur Sorge um ihre eigene Seele zu motivieren (114 e)? Hier bezieht er ironisch die zeitgenössische Position seiner Gesprächspartner, deren Verhältnis zu ihrer Mythologie gebrochen ist. Aber die von ihnen erwartete „argumentativ ausweisbare Wahrheit [will die Erzählung] nicht für sich beanspruchen".[97] Simmias und Kebes verlieren sich an die historisch bedingte Gestaltung des Seelenmythos, der für sie in offenem Widerspruch zu sich selbst steht. Weil sie von einem hier nicht angemessenen Konzept einer zweiwertigen Wahrheit geleitet sind, gelingt es ihnen nicht, in den von Sokrates mittels des *diamythologein* eröffneten Verstehensspielraum vorzudringen, in dem der zeitlose mythische Gehalt zum Vorschein käme. Die von Cassirer analysierte Dialektik des mythischen Bewußtseins scheint hier ihre Bezeugung zu finden. Es sieht so aus, als habe Platon im ›Phaidon‹ die Absicht gehabt, die Irreversibilität des Verlustes der Dominanz des Mythos bzw. das Scheitern seines eigenen Konzepts des *diamythologein* darzustellen. Dann wäre der ›Phaidon‹ ein Indiz für das Dilemma, daß man von der Seele nur in Mythen reden kann, die ihrerseits interpretationsbedürftig sind und deshalb in ein Gespräch miteinander und mit „logischen" Erwägungen gebracht werden müssen, daß aber, selbst wenn es zum *diamythologein* kommt, es immer noch möglich ist, daß die Gesprächspartner nicht imstande sind, sich auf die Mythen so einzulassen, daß sie transparent für ihren Wahrheitsgehalt werden.

Nun ist aber mit dem großen Mythos am Ende des Gesprächs zwischen Sokrates, Kebes und Simmias der ›Phaidon‹ nicht zu Ende. Es folgt die feinfühlige Darstellung des Sterbens von Sokrates. Das ist keine Zutat Platons zum pietätvollen Andenken an seinen Lehrer. Im Gegenteil: Die Darstellung des sterbenden Sokrates ist die eigentliche Pointe des ganzen Textes. Denn erst durch sie vermag alles, was zuvor beredet wurde, sei es als *mythologein*, sei es als *logon didonai*, seine Beglaubigung zu finden. Alle praktischen Implikationen der „Unsterblichkeitsbeweise", die auf das gute Leben der wahren Philosophen zielten, erhalten hier ihren Sinn, indem Platon uns die Geschichte eines solchen Menschen erzählt.[98] Die Gelassenheit, mit der er den Tod auf sich nimmt, gibt den von ihm bezüglich des Todes geäußerten *mythoi* und *logoi* letztlich recht. Der Fehler von Simmias und Kebes, das von Sokrates Vorgetragene weder zu ihm als dem Vortragenden noch zu sich selbst in Beziehung zu setzen, soll durch die Darstellung des sterbenden Sokrates auf der Seite des Lesers vermieden werden. Weil alle „logischen Beweise" in letzter Konsequenz scheitern, bleibt als einzige Antwort auf die Frage nach dem Tod die *Geschichte* eines vorbildlich Sterbenden. Der Mythos von Sokrates im Kerker tritt dem in ihm erzählten Gespräch an die Seite. Hier wird von Platon das *diamythologein* auf die Spitze getrieben.

Man mag einwenden, daß hier die Bezeichnung *Mythos* nicht am Platze ist. Was hat der philosophische Dialog ›Phaidon‹ mit der Götterwelt eines Homer zu tun? – so darf gefragt werden. Diese Frage bekommt zusätzliches Gewicht, da sich ergab, daß man bei Platon und seinen Zeitgenossen nicht mehr von einem ungebrochenen mythischen Bewußtsein sprechen kann. Andererseits haben wir es im Falle des „Sokrates-Mythos" mit einer Gestaltung eines genuin mythischen Themas, nämlich *des* Grenzbereichs des menschlichen Lebens, des Todes zu tun. So erinnert er an die Heroengeschichten vom Schlage der Herakles-Mythologien, die nicht minder die Überwindung des Todes zum Gegenstand haben. Nicht zufällig wird Sokrates selbst im ›Phaidon‹ ausdrücklich mit dem Heros in Verbindung gebracht (89c; Krat 411a). Es wurde bereits gesagt, daß es letztlich die Rezeption ist, die entscheidet, ob eine Erzählung solchen Inhalts ein Mythos ist. Der gerade an der Oberfläche eines Mythos nicht offenliegende Wahrheitsgehalt mag in seiner Tradierung untergründig seine Wirksamkeit entfalten. Mythos ist nur, was Menschen dazu provoziert, sich in seinem Wirkungskreis zu verhalten, was wie im ›Phaidon‹ in Lebenssituationen zitiert sein will. Die Wirkungsgeschichte des ›Phaidon‹ erlaubt es zweifellos, ihm in diesem Sinne die Würde des Mythos beizumessen, denn sie beweist, daß er auf die Lebenswirklichkeit späterer Generationen prägenden Einfluß hatte.[99] Die von Platon erzählte Geschichte läßt den Fehler von Simmias und Kebes kaum zu, nämlich dort eine „objektive Wahrheit" zu erwarten, wo Wahrheit sich nur *ereignen* kann, wenn das im Dialog Gesagte zur eigenen Lebensgestaltung in Beziehung gesetzt und in eins damit dessen *Sinn* verstanden wird. So gesehen gibt es gute Gründe, Platon als den Schöpfer eines authentischen Mythos zu bezeichnen.[100] Das zeigt sich auch daran, daß der ›Phaidon‹ die Darstellung eines Gesprächs zwischen Phaidon und Echekrates ist. Es findet räumlich wie zeitlich (57a7 + 8)[101] weit entfernt von dem in ihm erzählten Geschehen statt. Platon selbst zieht sich unmißverständlich aus diesem zurück (59b), wenn er Phaidon betonen läßt, Platon sei krank gewesen. Das alles hat den Sinn, dem Leser anzuzeigen: Hier wird eine Geschichte erzählt. Vernehmt den großen Mythos vom Tode eines großen Mannes! Und wenn Schleiermacher bemerkt, es sei wohl „allgemein anerkannt, dass es wenig Schöneres giebt von Darstellungen dieser Art als hier der sterbende Sokrates",[102] so ist dem nichts weiter hinzuzufügen.

Schon ganz zu Anfang wurde deutlich, daß die Frage nach dem Tod eigentlich eine Frage nach der Seele ist. Die Seele, so zeigte sich, ist der Grund des menschlichen Seins. Sie zu verstehen heißt nichts anderes, als eine Antwort auf *das* Problem des Sokratischen Philosophierens zu finden. Wissen wir doch von diesem, daß Sokrates selbst es als Auftrag Apolls verstand. Der Gott von Delphi aber begrüßte alle seine Getreuen mit dem berühmten Γνῶθι σαυτόν – erkenne dich selbst! Als er noch frei war, versuchte Sokrates diesem Gebot gerecht zu werden, indem er seinen Zeitgenossen die Begrenztheit ihres Wissens und damit die Kluft, die sie vom Gott trennt, nachwies. Doch die Traumerscheinungen im Kerker indizieren, daß dies allein nicht ausreicht: „Sokrates, mache Musik!" Freilich versteht Sokrates den zweiten Auftrag Apolls zunächst falsch. Äsopische „Mythen" in Verse zu übertragen, das kann nicht gemeint sein. Der Kerker ist für Sokrates zur Höhle geworden, in der er gefesselt und blind in Unverständnis darbt. Doch der Kerker hat auch ein anderes Gesicht. Er ist zugleich der Ort der Distanz zum alltäglichen Leben – er ist in bezug auf die Polis der Bereich der Freiheit von deren üblichen Bindungen.[103] Und deshalb avanciert er zum Ort der *katharsis*. Platons Mythos von Sokrates im Kerker beginnt damit, daß diesem die Fesseln abgenommen werden (60a1). Mit seiner Entfesselung beginnt Sokrates, den Auftrag Apolls recht zu verstehen. Nun hebt er als echter Mitdiener (85b5) der Schwäne seinen mythischen Gesang an. Angesichts des Todes singt Sokrates vom Leben; freilich ohne dabei gleichzeitig dem ersten Gebot des Gottes, dem *logon didonai*, untreu zu werden. Die Rede von der Seele gemäß dem *diamythologein* erweist sich als recht verstandene Antwort auf das delphische Γνῶϑι σαυτόν.[104]

Platon stellt also dem von Phaidon erzählten Gespräch den Mythos vom „entfesselten" Sokrates im Kerker an die Seite und illustriert damit, was als praktische Implikation in der Sokratischen Rede nur Postulat blieb. In Gestalt des Sokrates stellt Platon eine gute Seele dar. Wo eine gute Seele die *aitia* des Lebens ist, da haben wir es mit einem guten Leben zu tun. Das gute Leben ist seinerseits Thema des Dialogs ›Philebos‹, an dessen Ende es durch Sokrates als rechte Mischung aus Lust und Einsicht beschrieben wird (61c ff.). Alle dem Gespräch entwachsenen theoretischen Einsichten in das Wesen der *psyché* blieben inhaltlos, würde ihnen nicht die Darstellung eines guten Lebens zur Hilfe kommen. In der Grenzsituation der Todeszelle findet Platon den Ort, an dem sich die *areté* des Sokrates vollendet. Hier stimmen alle Aspekte seiner Lebenswirklichkeit zusammen, hier sind Lust und Einsicht die rechte Mischung eingegangen, was die scheinbar beiläufige Bemerkung des Sokrates nach dem Abstreifen seiner Fesseln, d. h. nach seiner *katharsis*, zu verstehen gibt, mit der er seine Lustempfindung artikuliert.[105] – Hier erklingt im Wohlklang des Schwanengesangs die Harmonie seiner Seele. Nun wird deutlich, inwiefern der ›Phaidon‹ im ganzen die Geschichte der guten Individualseele ist: Er ist es als der „Mythos von Sokrates".[106]

Es liegt in der Natur der Sache – der *psyché* –, daß sie den Mythos als die ihr adäquate Weise des Philosophierens fordert.[107] Der durch den Mythos eröffnete Verstehensspielraum läßt die Wahrheit der *psyché* in einer Weise zum Vorschein kommen, die durch keine Variante des Logos ersetzt werden könnte.[108]

Wenn Jean Bollack behauptet, „das ,philosophische' Element, die *Wahrheit* im Mythos" gehöre für Platon und Aristoteles „gerade nicht dem Mythos selbst" an,[109] dann kann dem nur widersprochen werden. Ein solcher „Reduktionismus" der „Wahrheit des Mythos" auf den Logos ist Platon vollkommen fremd. Keineswegs führt Platon „den Menschen [. . .] Gründe vor, die sie bewegen sollen, der mythischen Welt endgültig zu entsagen",[110] sondern er fordert in der Tat „eine Rückkehr zur mythischen Mentalität" (ebd.), da sie allein, freilich im Wechselspiel des *diamythologein* mit dem Logos, Wirklichkeitsaspekte wie die *psyché* in ihrer Wahrheit offenbar werden läßt. Nie geht es Platon darum, den Mythos zu dechiffrieren. Er plädiert einerseits für ein Leben mit dem – oder ein Sich-Einlassen auf den – Mythos, für eine Aktivierung des mythischen Bewußtseins, andererseits für ein „logisch"-interpretatorisches Umkreisen der Mythen, das erforderlich ist, um ihnen zu ihrem Charakter als Verstehensspielraum zu verhelfen, indem ein dogmatischer Umgang mit ihnen unmöglich gemacht wird. Platon „steht nicht einfach innerhalb der mythischen Religion, sondern er verteidigt ihren *Sinn* gegen die schon heraufgekommene, aufgeklärte Verständigkeit seiner Zeit; und indem er das tut, muß er selbst über das ungebrochene mythische Denken [...] unvermeidlich hinaussehen".[111]

Denn Platon weiß um die Gefahr der Mißverstehbarkeit von Mythen. Im ›Phaidon‹ hilft er sich aus dem Dilemma, indem er nicht nur die Geschichte von Sokrates im Kerker erzählt, sondern in diese das Gespräch seines Helden integriert, in dem die gute Seele zum Thema und Gegenstand des *logon didonai* wird, welches aber selbst wiederum nur dazu dient, die Fragen so zu formulieren, daß durch das vielfältige Spiel der Perspektiven des *mythologein* eine Antwort auf sie gegeben werden kann. Der durch Phaidon erzählte Dialog ist getragen vom Konzept des *diamythologein*. Das *diamythologein* vollendet sich darin, daß Platon dem im ›Phaidon‹ erzählten Gespräch die Geschichte der Sterbestunde des Sokrates an die Hand gibt. Getreu seiner philosophisch-pädagogischen Intention eröffnet er seinen Lesern in der Dialektik von Geschichte und Dialog einen letzten und offensten Verstehensspielraum. So handelt der ›Phaidon‹ nicht nur von der philosophischen *katharsis*, er führt sie auch nicht nur vor, sondern er selbst leistet einen Beitrag zur Befreiung der Seelen seiner Leser. So löst sich das in ihm durch Sokrates erwähnte Mythologem der *katharsis* durch Apollon (67a). Seine Stelle nimmt nun die Philosophie selbst ein (82d–83b) – doch bleibt sie dem Wesen des Gottes treu: „Der Herr, dem das Orakel in Delphi gehört, sagt nichts und birgt nichts, sondern er deutet an."[112]

Literatur

Zitiert wird nach: Platonis Opera I–V, Ed. Ioannes Burnet, Oxford 1900ff. – Platon, Werke Bd.1–8 (griechisch-deutsch), hrsg. von Gunther Eigler, Darmstadt ²1970ff. – Zitate aus dem ›Phaidon‹ erfolgen ohne, Zitate aus anderen Dialogen mit Kürzel des Titels. Der deutsche Text folgt mit vereinzelten Modifikationen den Übersetzungen von Friedrich Schleiermacher bzw. Klaus Schöpsdau (›Nomoi‹).

Ast, Friedrich: Lexicon Platonicum Sive Vocum Platonicarum Index [1835ff.], Darmstadt [Abk. Lexicon].

Benjamin, Walter: Goethes Wahlverwandtschaften, in: Gesammelte Schriften I₁, Frankfurt a.M. 1974, S.123–201 [Abk. GS I₁].

Blumenberg, Hans: Wirklichkeitsbegriff und Wirklichkeitspotential des Mythos, in: Manfred Fuhrmann (Hrsg.), Terror und Spiel (Poetik und Hermeneutik IV), München 1971, S.11–66 [Abk.: Wirklichkeitspotential].

Blumenberg, Hans: Arbeit am Mythos, Frankfurt a. M. 1979 [Abk. Arbeit].

Bollack, Jean: Mythische Deutung und Deutung des Mythos, in: Terror und Spiel (Poetik und Hermeneutik IV), München 1971, S. 67–119 [Abk. Deutung].

Cassirer, Ernst: Philosophie der Symbolischen Formen I, Darmstadt ²1953 [Abk. PhSF].

–: Philosophie der Symbolischen Formen II, Darmstadt 1964 [Abk. PhSF].

Diels, Hermann/Walther Kranz (Hrsg.): Die Fragmente der Vorsokratiker, Berlin ⁵1934 [Abk. DK].

Diogenes Laertius: Lives of Eminent Philosophers (2 Vol.), Ed. R. D. Hicks, Cambridge, Massachusetts/London 1925ff.

Figal, Günter: Das Untier und die Liebe. Sieben platonische Essays, Stuttgart 1991 [Abk. Untier].

Friedländer, Paul: Platon (3 Bde.), Berlin ³1964 [Abk. Platon].

Gadamer, Hans-Georg: Die Idee des Guten zwischen Platon und Aristoteles, in: Gesammelte Werke, Bd. 7, Tübingen 1991, S. 128–227 [Abk. Idee].

–: Die Unsterblichkeitsbeweise in Platons ›Phaidon‹, in: Gesammelte Werke, Bd. 6, Tübingen 1985, S. 187–200 [Abk. Unsterblichkeitsbeweise].

–: Wahrheit und Methode. Grundzüge einer Philosophischen Hermeneutik, Gesammelte Werke, Bd. 1, Tübingen ⁵1986 [Abk. WuM].

Gaus, Hermann: Philosophischer Handkommentar zu den Dialogen Platos II/2, Bern 1958 [Abk. Handkommentar].

Guardini, Romano: Der Tod des Sokrates, Düsseldorf ⁵1987 [Abk. Tod].

Guthrie, W. K. C.: A History of Greek Philosophy (Vol. I–VI), Cambridge 1962ff. [Abk. History].

Hackforth, R.: Plato's Phaedo, Cambridge 1972 [Abk. Phaedo].

Heidegger, Martin: Wegmarken, Frankfurt a. M. ²1978 [Abk. WM].

Hesiod: Theogonie. Zitiert nach: Hesiod, The Homeric Hymns and Homerica, Ed. Hugh G. Evelyn-White, Cambridge, Massachusetts/London 1914ff.

Homer: Ilias. Zitiert nach: Homerou Epé. Ilias. Odysseia, hrsg. von Paul Cauer, Leipzig 1921.

–: Homerische Hymnen. Zitiert nach: Hesiod, The Homeric Hymns and Homerica, Ed. Hugh G. Evelyn-White, Cambridge, Massachusetts/London 1914ff.

Jaeger, Werner: Paideia (Fotomechanischer Nachdruck der 2. Aufl. v. 1954), Berlin/New York 1989 [Abk. Paideia. Die Zitate geben die Seitenzahl der 2. Aufl. in 3 Bde. mit an].

Jolles, André: Einfache Formen, Tübingen (Reprint) 1962 [Abk. Formen].

Kerényi, Karl: Was ist Mythologie?, in: Ders. (Hrsg.), Die Eröffnung des Zugangs zum Mythos, Darmstadt ³1982 [Abk. Mythologie].

–: Wesen und Gegenwärtigkeit des Mythos, in: Ders., Wege und Weggenossen 1 (hrsg. von Magda Kerényi), Wien 1985, S. 85–103 [Abk. Wesen].

–: Unsterblichkeit und Apollonreligion, in: Ders., Apollon und Niobe (hrsg. von Magda Kerényi), Wien 1980, S. 31–45 [Abk. Unsterblichkeit].

Krüger, Gerhard: Einsicht und Leidenschaft. Das Wesen des platonischen Denkens, Frankfurt a. M. ⁵1983 [Abk. EuL].

Moritz, Karl Friedrich: Götterlehre [1795], Leipzig 1966 [Abk. Götterlehre].

Nietzsche, Friedrich: Die Geburt der Tragödie aus dem Geiste der Musik [1872], in:

Ders., Sämtliche Werke. Kritische Studienausgabe Bd. 1 (hrsg. von Giorgio Colli und Mazzino Montinari), München ²1988, S. 9–156 [Abk. KSA – die Nietzsche-Zitate werden außerdem mit der Seitenzahl der Kritischen Gesamtausgabe KGW, Berlin/New York 1967 ff. angegeben].

–: Nachgelassene Fragmente, Sämtliche Werke, Kritische Studienausgabe, Bd. 7 (hrsg. von Giorgio Colli und Mazzino Montinari), München ²1988 [Abk. KSA – die Nietzsche-Zitate werden außerdem mit der Seitenzahl der Kritischen Gesamtausgabe KGW, Berlin/New York 1967 ff. angegeben].

Olympiodorus: In Platonis Phaedonem Commentaria (Ed. William Norvin), Leipzig 1913 [Abk. Comm].

Otto, Walter F.: Der Mythos und das Wort, in: Ders., Das Wort der Antike (hrsg. von Kurt von Fritz), Darmstadt 1962, S. 348–373 [Abk. Mythos und Wort].

–: Der ursprüngliche Mythos, in: Karl Kerényi (Hrsg.), Die Eröffnung des Zugangs zum Mythos, Darmstadt ³1982, S. 271–278 [Abk. Ursprünglicher Mythos].

Perls, Hugo: Lexikon der Platonischen Begriffe, Bern und München 1979 [Abk. Lexikon].

Pettazoni, Raffaele: Die Wahrheit des Mythos, in: Paideuma 4, 1950, S. 1–9 [Abk. Wahrheit].

Picht, Georg: Kunst und Mythos, Stuttgart 1987 [Abk. Kunst und Mythos].

Pieper, Josef: Über die platonischen Mythen, München 1965 [Abk. Mythen].

Reinhardt, Karl: Platos Mythen, Bonn 1927 [Abk. Mythen].

Schlegel, Friedrich: Rede über die Mythologie, in: Athenaeum, Bd. III, Berlin 1800, Nachdruck Darmstadt 1960 [Abk. Rede].

Schleiermacher, Friedrich: Einleitung in Phaidon, in: Platons Werke II/3, Berlin ³1861 [Abk. Einleitung].

Solon: Fragmente. Zitiert nach: Eberhard Preime (Hrsg.), Solon, Dichtungen (griechisch und deutsch), München 1945.

Stenzel, Julius: Die griechisch-römische Bildungswelt, in: Kleine Schriften zur griechischen Philosophie (hrsg. von Bertha Stenzel), Darmstadt 1972 [Abk. KS].

Szlezák, Thomas A.: Platon und die Schriftlichkeit der Philosophie. Interpretationen zu den früheren und mittleren Dialogen, Berlin/New York 1985 [Abk. Schriftlichkeit].

Van der Waerden, B. L.: Die Pythagoreer, Zürich/München 1979 [Abk. Pythagoreer].

Wieland, Wolfgang: Platon und die Formen des Wissens, Göttingen 1982 [Abk. Formen].

Wilamowitz-Moellendorff, Ulrich von: Der Glaube der Hellenen (2 Bde.), Basel/Stuttgart ²1955 [Abk. Glaube].

Zehnpfennig, Barbara: Einleitung und Anmerkungen, in: Platon, Phaidon. Übersetzung und hrsg. von Barbara Zehnpfennig, Hamburg 1991 [Abk. Einleitung/Anmerkungen].

Ziegler, Konrat: Art. Orphische Dichtung, in: Paulys Real-Encyclopädie. Neue Bearbeitung, Bd. XVIII, 1, Stuttgart 1942, S. 1321 ff. [Abk. Orphische Dichtung].

LUSTREISE ZUM SINN

Über einige Aspekte der Mythologie der Aufklärung

Von Hartmut Kuhlmann

„Grob ließe die erste Abhandlung in ihrem kritischen Teil auf zwei Thesen sich bringen: schon der Mythos ist Aufklärung, und: Aufklärung schlägt in Mythologie zurück" (DA 5 – Abkürzungsverzeichnis am Ende des Beitrags). Dieser wohl bekannteste Satz aus der Vorrede zur ›Dialektik der Aufklärung‹, mit dem Horkheimer und Adorno den Hauptteil ihres Buchs zusammenfassen, enthält nicht zwei, sondern drei Behauptungen: Zu den beiden genannten Thesen gehört implizit die ungenannte dritte, daß Mythos und Aufklärung eben nicht identisch sind – und es auch in keiner Weise sein sollen.[1] Die expliziten „groben" Thesen beschreiben für sich genommen zwei nicht unbedingt konträre Positionen als Stadien einer Geschichte der Vernunft: das Mythische als frühes Mittel der Emanzipation des Menschen und die Aufklärung als Produzent eines Mythos über sich selbst. Erst die dritte, nur implizite These macht beide Stadien zum Problem, denn erst durch das Postulat der Trennung von Aufklärung und Mythos werden sie jeweils kritisierbar: Erst dann nämlich wird die Sinnerfüllung der homerischen Welt verdächtig, weil sie sich offenbart „als Leistung der ordnenden Vernunft, die den Mythos zerstört gerade vermöge der rationalen Ordnung, in der sie ihn spiegelt" (DA 42). Erst dann wird auch die rationale Weltbeherrschung der Aufklärung unwahr, eben weil mythisch – es handelt sich nämlich um eine „Aufklärung, die das Lebendige mit dem Unlebendigen ineinssetzt wie der Mythos das Unlebendige mit dem Lebendigen" (DA 18).

Der poetologische Befund, daß „die" Mythen selten oder nie in irgendeiner nackten Ursprungsform, sondern stets als Ergebnisse einer durchaus auch rational geordneten Arbeit am Mythos[2] vorliegen, ist ebensowenig bestreitbar oder verblüffend wie der andere, historiographische Befund, daß der Prozeß der abendländischen Zivilisation, der sich an die Aufklärung angeschlossen hat, seine eigenen Mythen – nicht zuletzt auch über sich selbst – gebildet hat. Auch die Tatsache, daß wir irrationales Verhalten in rationalen Verfahrensweisen sublimieren und sublimiert fortsetzen (und damit im Rationalen eine Spur des Irrationalen erhalten), dürfte so erschreckend nicht sein. Dramatisch wird die Sache erst dann, wenn gefordert wird, daß das Mythische in schöner Unvernunft verharren und das Rationale sich nur in be-

grifflichen und/oder nur „wahren" Formen des Wissens erschöpfen soll.
Dann und nur dann werden sich Mythos und Aufklärung gegenseitig zur In-
vektive. Die Analyse, daß die Geschichte von Verstand und Vernunft in der
Aufklärung mythische Züge bekommt (die stärkere und wichtigere der
beiden Thesen), mündet erst damit in die dialektische Aporie der Rationalität, die das Thema des Buches ist.

Das vorliegende Papier wird nicht so sehr die aporetischen Folgerungen
der ›Dialektik der Aufklärung‹ kritisieren. Deren Dilemma ist innerhalb
ihrer eigenen Voraussetzungen konsequent und von den Autoren in eben-
dieser Form kalkuliert[3] – und es bedarf für dieses aporetische Kalkül wahrscheinlich weniger einer Dialektik von Mythos und Aufklärung als einer von
instrumenteller und praktischer Vernunft. Es konzentriert sich vielmehr auf
die Kritik der „mythisch" gewordenen Aufklärung und hier auf die philoso-
phiehistorische Feststellung, daß die implizite dritte These, so apriorisch-
unhistorisch sie aufzutreten scheint, selbst wohl einem ziemlich späten
Stadium der Aufklärung entstammt.

„Aufklärung" bzw. „Vernunft" und „Mythos" standen keineswegs notwendig und immer in einem Verhältnis gegenseitigen Ausschlusses zueinander: Die vernünftige Aneignung der Mythen gehört zum aufklärerischen
Programm, und gerade zu Beginn des Prozesses, an dessen Ende Hegel die
Geschichte absolut erledigte, sollte das Mythische die Vernunft mit Welt und
mit Geschichte versehen. Aus der Sicht der Aufklärung selbst ist daher das
Mythische zwar möglicherweise irrational, muß aber nicht schon deshalb
widervernünftig sein; das Vernünftige muß sich nicht schon dadurch in sein
eigenes Gegenteil verkehren, weil es sich zu Mythologien sympathisch
verhält.[4]

Die Untersuchung einiger Mythologien der Aufklärung legt aber nicht
nur eine solche diplomatische Vermittlung von Vernunft und Mythos nahe.
Diese wäre auch noch kein wirksamer Einspruch gegen die These Horkheimers und Adornos: Die Aufklärung wird ihnen zufolge ja nicht dadurch unvernünftig, daß sie sich mit Mythen beschäftigt, sondern dadurch, daß sie
selbst mythische Züge annimmt. Dagegen wird nun zunächst zu zeigen sein,
daß die Vernunft selbst – einigen ihrer Theoretikern zufolge, die nicht
durchweg auch Aufklärer waren – selbst der Mythologie bedarf: zwar nicht
dann, wenn sie der physischen Welt ihre physikalischen Gesetze auferlegt,
jedoch dann, wenn sie sich als sittliches Vermögen mit der Welt ins Be-
nehmen setzen will. Falls die Hypostasierung dieses eigentümlichen Subjekts „Vernunft" überhaupt statthaft ist, darf gelten: Wo Vernunft sich quasi
unmaskiert, nicht als Richterin der Natur, sondern als reine reflektierende
Spontaneität in der Natur und der menschlichen Welt des Handelns selbst erklären will, greift sie zur Mythologie. Hier scheint sie vom Verrechnen zum
Erzählen überzugehen, von der rationalen Begründung zur narrativen Dar-

legung von Geschichte. Bei dem Aufklärer Kant geschieht dies, wie das Papier zeigen will, in historisch-deskriptiver (Abschnitt I), im sog. frühen Idealismus in eschatologisch-normativer Absicht (Abschnitte II und III). Von Absichten der Vernunft-Theoretiker ist dabei die Rede, nicht von erreichten Zielen. Das Scheitern der Absichten, das mit Recht dazu geführt hat, an der Satisfaktionsfähigkeit des Subjekts „Vernunft" zu zweifeln, ist nur insofern Gegenstand des Papiers, als es Gegenstand der ›Dialektik der Aufklärung‹ ist. Auch in bezug auf die ›Dialektik der Aufklärung‹ wird aber besonders von Absichten zu sprechen sein: Die Absicht, die Aufklärung durch die Dialektik von Mythos und Vernunft zu destruieren, scheitert an beiden zuvor erörterten Beispielen (IV), weshalb zu vermuten ist, daß gerade die erwähnte implizite dritte Ausgangsthese der ›Dialektik der Aufklärung‹ (als Motor jener Dialektik) ein ungeeignetes Werkzeug ist: Der Totalitarismus einer angeblich mythisch gewordenen Vernunft – der das Argumentationsziel der ›Dialektik der Aufklärung‹ ist – läßt sich im Gegenteil als Negation der mythologischen Optionen verstehen, die der aufklärerischen Vernunftarbeit offenstanden (V).

Auch dieses Papier beschäftigt sich übrigens nicht mit Mythen, sondern bloß mit den Bildern, die die Theorien sich von ihnen gemacht haben. Um Geschichten läßt sich nicht streiten; nur um die ästhetischen Formen, in denen sie präsentiert werden, und um die Folgerungen, die wir aus ihnen ziehen.

I

Der Mensch ist ein Tier mit auffallenden und besonderen Qualitäten. Diese Einsicht gehört nicht erst in die Aufklärung, aber in ihr bekommt sie eine besondere Wendung. In dem Maß, wie die Naturwissenschaften ihre Methoden entwickeln und sich ihrer Ergebnisse immer sicherer werden, wird die Feststellung der Tier- und Naturhaftigkeit des Menschen zum Problem: Was unterscheidet das Kultur- und Vernunftwesen Mensch vom Naturwesen Mensch? Gibt es eine Kontinuität zwischen Natur und Mensch?

Für Kant, einen der „unerbittlichen Vollender" (DA 5) der Aufklärung, ist das Problem der Menschwerdung wohl in erster Linie ein ontogenetisches, nicht phylogenetisches. Der Konflikt zwischen Natur und Mensch hat sich bei ihm in denjenigen zwischen Natur (als dem Bereich quasi mechanischer Kausalerklärung sinnlicher Phänomene) und Freiheit (als dem Bereich der sittlich gebändigten Spontaneität) übersetzt. „Freiheit" hatte zwar neben dem moralphilosophischen Aspekt ursprünglich auch einen physikalisch-kosmologischen (KrV, Antinomie der reinen Vernunft); im Verlauf der Entwicklung der Vernunftkritiken Kants schob sich aber der moralische Aspekt in den Vordergrund und mit ihm u. a. die Frage, ob und wie es denkbar ist, daß das Sinnen- und Begierdenwesen Mensch zu seiner eigentlichen Bestimmung – ein Freiheitswesen zu sein – kommen kann. Der Begriff der Pflicht, der hier zur Lösung verhelfen soll, hat dementsprechend eine doppelte Wendung. Zum einen hat er eine deskriptive Funktion, indem er generell den Charakter von sittlichen Forderungen – ihre Notwendigkeit aus Gründen praktischer Vernunft – beschreibt: Er expliziert „Freiheit" als Selbstverpflichtung. Zum anderen hat er eine pädagogische, pragmatische Funktion. Die Nötigung des Wollens, die mit der Pflicht verbunden ist, ist etwas, wozu der Mensch durch geeignete Mittel hingeführt werden kann und soll. Der Mensch wird daher zum Menschen durch freie Pflichterfüllung; Pflichtbefolgung ist aber auch eine pragmatische Einübung in das Menschsein. Kants Interesse ist aus zwei Gründen ein ontogenetisches (am einzelnen Exemplar des Menschen orientiertes): Freiheit ist insbesondere die eines Subjektes, und: Erziehung ist an freien Subjekten interessiert (die selbstverständlich objektiven Sittengesetzen zu folgen haben).

Die andere, phylogenetische Frage nach der Menschwerdung, also diejenige nach der Entstehung der Kulturgattung „Mensch", hat bei Kant eine etwas weniger prominente Stellung. Er hat sie trotzdem zu beantworten versucht, wobei er eine Metabasis von einem moralischen Problem zu einem historischen in Kauf nehmen mußte. Die Diastase von Natur und Freiheit konnte nicht mehr primär als ein vorläufiges, überwindbares Stadium und damit als Aufgabe der Moral und Pädagogik angesehen werden. Vielmehr stellte sich die Frage, wie es denn erst zu dieser Diastase kommen konnte. Wenn in der Moral die Pflicht ein Bindeglied zwischen den beiden Polen darstellte (und damit die Diastase mit Akzent auf einer besseren Zukunft überwunden werden sollte): Welcher andere Begriff ist geeignet, die analoge Funktion in der historischen Anthropologie zu übernehmen?

Kant bietet hier wohl kein ähnlich scharf umrissenes Konzept wie in der praktischen Philosophie an; es gibt kein terminologisches und systematisch gleich schwerwiegendes Analogon zur „Pflicht". Der Sache nach aber ist es eine Spielform der Mythologie, die zur Harmonisierung von Natur und Freiheit dient. Dies zeigt sein Aufsatz ›Mutmaßlicher Anfang der Menschengeschichte‹, der ein Jahr nach der ›Grundlegung der Metaphysik der Sitten‹, nämlich 1786 veröffentlicht wurde. Kant benutzt dort die Geschichte des Sündenfalls, also eine biblische Geschichte, als „heilige Urkunde" (MAM 2) vom Werden der Menschheit, aber so, daß sie nur als Landkarte fungiert: Sie gibt einen Weg vor, der durch die Philosophie „Schritt für Schritt" und „nach Begriffen" nachvollzogen werden muß. Die anthropologische Geschichtsschreibung ist zwar keine Naturwissenschaft, in der alle Phänomene nach Gesetzen erklärt werden können oder sollten; für Kant ist sie dennoch kein nur subjektives, bloß „historisches"[5] Unterfangen. Sie erklärt die „Entwicklung der Freiheit aus ihrer ursprünglichen Anlage in der Natur des Men-

schen" (MAM 2) vielleicht nicht mit derselben Strenge, die Naturgesetze
haben sollten, aber in einer strukturellen Verwandtschaft zu dieser Strenge.
Auch diese Geschichte soll sich auf Fakten verlassen; auch sie soll Ursachen
und Wirkungen bestimmen. Daß aber für den ersten Anfang der Geschichte
keine Fakten („Nachrichten") zugänglich sind wie für ihren besser doku-
mentierten Fortgang, ist ihm Anlaß, zur biblischen Geschichte zu greifen.
Anders jedoch als für Herder, der bei ähnlicher Gelegenheit (in: ›Älteste Urkunde des Menschengeschlechts‹) die „Physik Gottes und der Menschen"[6]
verglich, wobei er Zug um Zug den Wahrheitsgehalt des biblischen Berichts
mit den Ergebnissen der modernen Wissenschaften bestätigen wollte,[7] hat
für Kant der biblische Bericht kaum einen sachlichen Berichtscharakter. Er
übernimmt vielmehr die Funktion einer heuristischen Vorgabe, die durch
kritische Einzelanalyse zu bestätigen ist.

Das philosophische Leitmodell, unter dem der begriffliche Nachvollzug
des Mythos stattfindet, ist Rousseaus Gedanke des Fortschritts der Kultur,
der in seinem Stadium der Vollendung den Widerspruch von Kultur und
Natur aufheben soll, mit dem er begann. In Kantische Begriffe übersetzt bedeutet dies: Die Beschreibung der Entwicklung der Menschheit „aus der
Vormundschaft der Natur in den Stand der Freiheit" (MAM 12f.) enthält
gleichzeitig eine Explikation der Verpflichtung der gesamten Gattung, nämlich das „Fortschreiten zur Vollkommenheit" (MAM 13), in welcher schließlich die sittliche Gattung Menschheit der Naturgattung Menschheit „nicht
mehr widerstreite" (MAM 14). Kant macht sich damit natürlich des Fehlers
einer teleologischen Geschichtsschreibung schuldig: Das deskriptive Hilfs-
mittel der Historiographie (Freiheit) wendet sich zu einem normativen
Kriterium der Zukunft. Daß dies eine erhebliche Fehlleistung der Ge-
schichtstheorie Kants ist, ist oft genug und zu Recht hervorgehoben worden.
Interessant für den vorliegenden Zusammenhang sind jedoch zwei Charakteristika dieses „Fehlers". Zunächst ist Kants teleologische Historik nicht
bloß in einer literarischen Verpflichtung Rousseau gegenüber begründet.
Sein Begriff der Freiheit ist selbst moralisch-normativ; seine Übersetzung in
Terme von Geschichte, d. h. Erklärung der Vergangenheit und Ausblick in
die Zukunft ergibt deren Einordnung in ein sittliches Entwicklungsschema
aus Gründen systematischer Konsequenz. Zum anderen aber steht dieses
gesamte Verfahren der Implantation von Freiheit in die Geschichte unter
sittlichen Vorzeichen: Kant betreibt Geschichtsschreibung „in weltbürgerlicher Absicht".[8] Seine Historie dient der Selbsterklärung der Freiheit und
der Überwindung des Paradoxes des Unmoralischen (das „Böse" resultiert
aus Freiheit, widerspricht aber der konstitutionellen Selbstverpflichtung der
Freiheit zum Guten); sie bedient sich also der Teleologie der Freiheit zum
Zweck der quasi didaktischen Aufforderung zur Freiheit. Die „tröstende
Aussicht in die Zukunft" (IaG 409), die seine (nur entworfene) Geschichts-

schreibung eröffnet, ist als „Rechtfertigung der Vorsehung" (IaG 410), d. h. der Teleologie der Freiheit in die Weltgeschichte integriert.

Diese Charakteristika markieren zusammen mit der nur, aber immerhin heuristischen Funktion der „heiligen Urkunde" bereits deutlich einen ersten Teil dessen, was man mit Vorbehalt Kants implizite Mythologie nennen könnte. Kant wahrt skeptische Distanz gegenüber dem sachlichen Informationswert des Mythos und bleibt darin der Aufklärer, der zuverlässiges Wissen nur aus systematischer Erfahrung erwartet. Dennoch sucht er im Mythos einen Sinn, der mit dem philosophischen Vokabular neu formuliert werden kann; auch darin bleibt er der Aufklärer, der nicht nur der Kapazität seines eigenen Verstandes vertraut, sondern eine Kontinuität im Menschlichen erwartet (um von der Theologie zu schweigen). Der Mythos der Genesis ist nicht nur vernünftig interpretierbar, sondern dient einer vernünftigen Beschreibung der Genese der Freiheit. Der Mythos wird in die Selbstaufklärung der Vernunft integriert.

Kant reflektiert aber auch sehr genau die Distanz dieser Mytheninterpretation zum strengen Verstandes- und Vernunftgebrauch, der für ihn in der systematischen Theorie gegeben ist – genau dieselbe Distanz hat übrigens der Interpret von dem systematisch anmutenden Titel einer „impliziten Mythologie" zu nehmen. Kants Verfahren mit dem Mythos, also die anthropologische Geschichtsschreibung mit mythischer Heuristik, hat nur tentativen, vorläufigen Charakter. Man könnte beinahe auch sagen: mythisch-erzählerischen, denn seine Ausführungen haben für ihn nur gerade den Wert von Mutmaßungen (dienen „zur Erholung und Gesundheit des Gemüts", sind kein „ernsthaftes Geschäft", MAM 2), sie sind eine „bloße Lustreise" (ebd.) und unterscheiden sich eigentlich nicht so sehr von dem Entwurf zu einem Roman (ebd.), auch wenn sie nicht wie dieser vollständig erdichtet sind. Solche Kautelen schließen die Mythenbehandlung im ›Mutmaßlichen Anfang‹ deutlich von strenger Wissenschaft aus, auch wenn sie als vernunftnahes Spiel von Vermutungen (und nicht als reine Phantasmen) gelten kann. Dies wäre der zweite Zug der impliziten Mythologie Kants: Sie findet in der literarischen Form eines Essays der Einbildungskraft statt, innerhalb dessen die Regeln der Vernunft zwar nicht im wissenschaftlichen Sinn befolgt werden, jedenfalls aber ihre Gültigkeit so behalten, daß nicht gegen sie verstoßen werden darf.[9] Genau diese Regulierung der Mythenrezeption durch Vernunftgesetze, die der theoretischen Philosophie entnommen sind, macht die implizite Mythologie Kants zu einer kritischen. Genau sie immunisiert sie auch gegen die Gefahr der unkontrollierten, exuberierten Anwendung der Einbildungskraft, die den Genuß der Spekulation für Erkenntnisgewinn hält. Der kritisch kontrollierte Nutzen, den Kant dem Mythos der Genesis abgewinnen kann, spricht damit für die Vermutung, daß es vielleicht eben dieser (wenn auch sicherlich nicht ausschließlich dieser) vernünftige Gebrauch der Mythologie sein könnte, der aus der zunächst bloß programmatischen ›Idee zu einer allgemeinen Geschichte in weltbürgerlicher Absicht‹ eine in seinem Sinn kritische Geschichtsschreibung der Freiheit machen könnte.

Die Mythologie könnte also so etwas wie eine Spielwiese der Vernunft sein, in der sie im nur versuchsweisen Spiel von Mutmaßungen dennoch etwas über ihre eigene mögliche Geschichte erfahren könnte, und zwar dort, wo die Belege für diese Geschichte durch Fakten nicht hinreichen. In jedem Fall aber darf sie in diesem Spiel nicht in die vorkritische Naivität verfallen, zu denken, das Denkbare habe schon aufgrund seiner gedanklichen (also eingebildeten) Überzeugungskraft Realität. Diese kritische Grenzziehung bestätigt Kant in seiner harten Kritik an Herders Geschichtsschreibung, die zwar (selbstverständlich unter nicht vergleichbaren literarischen Bedingungen) einem ähnlichen Ziel gewidmet ist wie sein kleiner Essay über den mutmaßlichen Anfang der Menschengeschichte, die aber genau gegen die Regeln der kritischen Vernunft verstößt. Kant kann an Herders ›Ideen zur Philosophie der Geschichte der Menschheit‹, die von 1784 an erschienen, zwar gerade noch (mit kaum verhohlener Süffisanz) die bekannte Fertigkeit Herders im Auffinden von Analogien, seine kühne Einbildungskraft und die „Geschicklichkeit, für seinen immer in dunkeler Ferne gehaltenen Gegenstand durch Gefühle und Empfindungen einzunehmen" (RH 17), anerkennen; auch die fehlende „logische Pünktlichkeit" (ebd.) scheint ihm nicht so sehr viel auszumachen. Scharf wird seine Kritik erst dort, wo es um Herders Vermutungen etwa einer einheitlichen organischen Kraft geht, die die Dynamik der Stufenleiter der Natur bestimmen soll: Dies ist „eine Idee, die ganz außer dem Felde der beobachtenden Naturlehre liegt, und zur bloß spekulativen Philosophie gehört, darin sie denn auch, wenn sie Eingang fände, große Verwüstungen unter den angenommenen Begriffen anrichten würde" (RH 22). Kant zielt damit nur scheinbar auf die einzelne Hypothese von der organischen Kraft. Seine Polemik trifft vielmehr das gesamte Vorhaben Herders, das Entstehen von Kultur und Intelligenz aus der Natur durch Naturbeobachtungen zu erklären; diese Beobachtungen mögen zwar im einzelnen verblüffend sein, entbehren aber insgesamt der strengen empirischen Begründbarkeit: „... was kann der Philosoph nun hier zur Rechtfertigung seines Vorgehens anführen, als die bloße Verzweiflung, den Aufschluß in irgend einer Kenntnis der Natur zu finden, und den abgedrungenen Entschluß, sie im fruchtbaren Felde der Dichtungskraft zu suchen." Im Fall dieser Dichtung spricht Kant von dogmatischer Metaphysik (RH 21); gemeint ist diejenige falsche Geschichtenerzählerei, vor der er sich in seiner eigenen Lustreise peinlich genau hüten wollte.

II

In der Geschichte der Theorien hat Kant längerfristig eher recht behalten als Herder: Die Erklärung der Menschheitsgeschichte hat sich in ihrem biologisch-anthropologischen Zweig auf die naturwissenschaftliche Methodik verlassen (hat sich jedenfalls darauf verpflichtet). In der Geschichtsschreibung jedoch ist die strenge Analogie zur naturwissenschaftlichen Erklärung aufgegeben worden. Kants skeptischer Optimismus, Geschichtsschreibung habe strukturelle Ähnlichkeit mit der Naturforschung, ist dem Zweifel anheimgefallen, ob die Erklärung physikalischer Phänomene mit dem Verstehen historischer Prozesse überhaupt kommensurabel ist. Kurzfristig – in der unmittelbaren Folge auf Kant und Herder – haben aber gerade die heute fragwürdigen Elemente der philosophischen Historik Wirkung gezeigt. Kants Teleologie der Freiheit (ein Gedanke, mit dem heute wohl schwerlich Geschichte zu schreiben wäre[10]) war für seine zeitgenössischen Leser ebenso interessant wie das Herdersche kosmologische Geschichtsbild. Herders „Stufenfolge", die die anorganische, die organische und schließlich die menschlich-bewußte Welt in einem Kontinuum verknüpft und in einem historischen Ablaufschema zeitlich ordnet, erschien als ein gleichberechtigtes Angebot der philosophischen Weiterführung des Rousseauschen Impulses der weltlichen Weltgeschichte mit dennoch zielgerichteter Klimax. Herder hatte gegenüber Kant sogar noch einen Vorteil: Seine Kulturgeschichte entwarf das Bild eines harmonischen Miteinanders von poetischen und vernünftigen Fähigkeiten als gleichwertige kulturelle Errungenschaften derselben Menschheit und überbot damit Kants Krisis von sinnlichen und rationalen Vermögen und Leistungen.

Dennoch hatte die Verbindung von Kant und Herder eine gewisse Berechtigung in der Sache: Wenn nämlich in Kants impliziter Mythologie die kritische Selbstbeschränkung der Vernunft entfiele, unterschiede sich seine Erklärung der Menschwerdung wohl inhaltlich, kaum aber mehr methodisch von Herders Ideen zum selben Thema. Die Selbstkritik der Vernunft wiche der historischen Spekulation der Vernunft über ihre eigenen Ursprünge und Ziele. Die Vernunft würde vollends dichterisch, sie veranstaltete Lustreisen zu Erkenntniszwecken. Dies genau darf aber als die Pointe des sog. ›Ältesten Systemprogramms des deutschen Idealismus‹ angesehen werden, eines umstrittenen kurzen Papiers von 1796/97, das aus den Diskussionen der Tübinger Stiftskameraden Hölderlin, Hegel und Schelling einen utopischen Extrakt zieht.[11]

Der nur fragmentarische, anonyme Text des ›Systemprogramms‹ enthält in seinen klar unterscheidbaren drei Teilen eine Fülle von rabiat kurzen Absichtserklärungen zur Philosophie der Freiheit, der Schönheit und der Mythologie, und zwar mit dem erklärten Ziel, alle Bereiche des Wissens und der

Philosophie auf eine völlig neue Grundlage zu stellen. – Eines der erheblicheren Auslegungsprobleme besteht darin, wie diese Teile einander zugeordnet werden können.

Im ersten Teil, vom Beginn des erhaltenen Textes bis r. 31, wird davon ausgegangen, daß die Revision der Wissenschaften im Anschluß an Kant durch ein stark ausgeweitetes Freiheitskonzept möglich ist – und zwar anscheinend auch ausschließlich dadurch. Alle Ideen, mit denen sich die Metaphysik als übergeordnete Vernunftwissenschaft zu beschäftigen hat, werden zu „Postulaten" erklärt (r. 4), also zu solchen Begriffen, die von der Vernunft aus moralisch-praktischen Erwägungen für denknotwendig gehalten werden, ohne daß sie im strengen Sinn theoretisch erweisbar wären. Kant hatte dieses Verfahren in der ›Kritik der praktischen Vernunft‹ für das Verständnis der Begriffe von Freiheit und Unsterblichkeit wie für den Begriff Gottes etabliert, und er hat sie für diese reserviert. Im Fragment wird davon ausgegangen, daß diese Beschränkung eine Inkonsequenz gewesen sei (Kant habe mit den Postulaten „nur ein Beispiel gegeben, nichts erschöpft", r. 2 f.). So wie nach den Andeutungen des Textes die Freiheit nicht selbst als postulierte Idee, sondern wohl als Erkenntnisgrund der Postulate überhaupt behandelt wird,[12] so soll sie Erkenntnisgrund für die Vernunftideen insgesamt werden. Alle Metaphysik wird infolgedessen Teil der Moral, d. h. der Freiheitslehre (r. 1). Damit ist die Freiheit der erste Ermöglichungsgrund für die neue Metaphysik, gleichzeitig aber auch materialiter die Leitidee für alle nachfolgenden Konzeptionen: für die Metaphysik von Ich und Natur (r. 5–8: das freie selbstbewußte Wesen wird in Freiheit gesetzt; gleichzeitig mit ihm die ganze, nichtbewußte Welt), für die Physik (r. 8–15: Leitfrage der Naturforschung soll sein: Wie muß eine Welt für ein moralisches, d. h. freies Wesen beschaffen sein?), für die Staatstheorie (r. 16–23: staatliche Ordnungen sind nicht freiheitlich, sondern „mechanisch", d. h. wohl, mit Kant zu sprechen, auf technisch-praktischen, nicht moralisch-praktischen Gesetzen beruhende Zwangsübereinstimmungen; ein Gemeinwesen freier Menschen ist unstaatlich), für die Geschichtsphilosophie (r. 23–26: die Offenlegung der „Prinzipien" der Geschichte – zu denen in erster Linie wohl die Freiheit selbst gehört – wird das „elende Menschenwerk" von Staat und Gesetzgebung entlarven) und schließlich für die Theologie (r. 26–31: für ein freies Wesen sind Gott und Unsterblichkeit keine ihm äußeren Ideen, sondern qua Freiheit in ihm selbst).

Gegen diese Leitidee der Freiheit scheint nun in r. 32 ff., also im zweiten Teil des Textes, ein Konkurrent aufzutreten: „die Idee, die alle vereinigt, die Idee der Schönheit, das Wort in höherem platonischem Sinne genommen." Statt von Freiheit und Moral ist plötzlich von Wahrheit und Güte die Rede, die in Schönheit vereinigt sein sollen (r. 35 f.); und die bis v. 7 folgenden Ausführungen über Philosophie und Ästhetik, die im Vergleich zu den dichteren voraufgehenden Passagen etwas schwächer wirken mögen, berufen sich auf einen und denselben Gedanken: Erkenntnis des Wahren ist gleichzeitig Erkenntnis des Schönen. „Ich bin nun überzeugt, daß der höchste Akt der Vernunft, ... indem sie alle Ideen umfaßt, ein ästhetischer Akt ist" (r. 33 ff.). – Hier liegt das Problem der Zuordnung von erstem und zweitem Teil: Müßte jener höchste Akt nach den Ausführungen des ersten Teils nicht vielmehr ein freier Akt autonomer Selbstsetzung sein, müßte nicht die höchste Idee eine andere, nämlich die einer Gott äquivalenten absoluten Spontaneität sein?

Die Quellen, aus denen sich die Ausführungen über die Metaphysik als „Moral" (d. h. Freiheitslehre) und über die Schönheit als höchste Idee jeweils speisen, sind von anderer Seite ausführlich erörtert worden. Es handelt sich im ersten Fall um diejenigen Uminterpretationen der praktischen Philosophie Kants, die durch einige Tübinger Theologen in Richtung auf eine Reformulierung der protestantischen Dogmatik (mit Hilfe der erweiterten Postulatenlehre) versucht wurden,[13] und die auf anderem Weg von Fichte vorgenommen wurden, um den kritischen Skeptizismus Kants durch eine fundamentale Wissenschaftslehre aufzuheben. Im zweiten Fall handelt es sich nicht zuletzt um unmittelbare Inspirationen durch platonische Texte. Das Wissen über diese Quellen hilft freilich nicht, den offenbaren „Bruch"[14] zwischen Freiheits- und Schönheitsidealismus zu kitten, der zu den Hauptcharakteristika des Fragments gehört.

Die Ambivalenz zwischen den beiden Metaphysiken im erhaltenen Material mag unwillkürlich sein (der Autor gibt nicht zu erkennen, ob er sie selbst wahrgenommen hat); sie ist indessen alles andere als zufällig. Sie dokumentiert deutlich eine Ambivalenz der Kantrezeption, die in gewissen Grenzen für „die" Idealisten (wenn der Ausdruck gestattet ist) der 1790er Jahre charakteristisch ist; einer Ambivalenz zwischen der Faszination von den Kompetenzen der Freiheit einerseits und den Möglichkeiten einer Versöhnung von Natur und Kultur durch Schönheit andererseits. Gleichzeitig demonstriert diese Ambivalenz, in welchem Grad sich der Verfasser des Fragments über die innere Problematik beider Chancen bewußt ist.

Die Grenzen einer Expansion des Freiheitsbegriffs, wie sie oben geschildert wurde, sind von Kant selbst in der ›Kritik der Urteilskraft‹ schon 1790 aufgewiesen worden. Dort hat Kant in aller wünschenswerten Schärfe die Grenze zwischen Natur und Freiheit und den ihnen entsprechenden Natur- und sittlichen Gesetzen bezeichnet: Zwar – so Kant – habe die ›Kritik der reinen Vernunft‹ gezeigt, daß beide Gattungen von Gesetzen in demselben Subjekt nebeneinander und „wenigstens ohne Widerspruch" (KU B XVIII) gedacht werden können. Offen bleibt aber die Frage, ob es dieselbe Vernunft ist, die in der Sittenlehre, also „im Praktischen" Gesetze gibt und die in der Naturlehre solche Prinzipien entwirft, die durch Erfahrung und Verstandesgesetze überprüft werden. „Freiheit" ist zwar derjenige kardinale

Begriff, der als denknotwendige Vernunftidee sowohl im Blick auf eine Metaphysik der Natur – nämlich als Idee einer unbedingten Kausalität, die die Kette kausaler Bedingungsverhältnisse abschließt – als auch auf eine Metaphysik der Sitten – als Bedingung der Möglichkeit von spontanen Handlungen und als gesetzgebende Instanz – formuliert werden muß. Aber die Geltung solcher Vernunftideen ist im Bereich der Naturerkenntnis von grundsätzlich anderem Gewicht als in der Moral: Gelten sie hier unmittelbar und kraft ihrer Vernünftigkeit, so gelten sie für die Natur nur mittelbar, mit skeptischer Distanz; die unmittelbare Befugnis der Gesetzgebung liegt hier beim Verstand. Wenn aber die Vernunftgesetze in Wissenschaft und Moral derart unterschiedlich sind, wenn also auch „Freiheit" in beiden Bereichen so Unterschiedliches bedeutet, steht die Einheit beider, obwohl sie, ohne einander zu stören, nebeneinander koexistieren mögen, in Frage. Ist es dieselbe Welt, in der einerseits das freie Subjekt Erkenntnisse entwirft und Handlungen unternimmt und in der andererseits die Naturgesetze herrschen?

Es versteht sich nahezu von selbst, daß unter den angedeuteten Voraussetzungen auch eine Aufwertung der Ideen von Freiheit, von Unsterblichkeit und von Gott zu Postulaten der Vernunft wenig nutzt. Der Unterschied zwischen bloßer Denkbarkeit solcher Ideen und ihrer durch Postulierung erhobenen Denknotwendigkeit aus praktischen Erwägungen mag für die Zwecke der praktischen Philosophie von Belang sein; er ist verhältnismäßig geringfügig, wenn damit Gewinne für die Metaphysik auch der Natur gemacht werden sollten – denn für diese ist ausschließlich der Bezug der Ideen zu möglicher Erfahrung entscheidend. Konsequenterweise spricht das Fragment davon, daß nicht die Postulate selbst, sondern nur das Verfahren der Postulation von Ideen aufgegriffen und auf die erwähnten Wissenschaften ausgeweitet werden soll, worunter ja auch die Naturwissenschaft fällt. In der Tat lassen sich sowohl bei Schelling als auch bei Hegel in deren naturphilosophischen Arbeiten zumindest die Spuren dieses Impulses – freilich mitsamt den zu erwartenden Umdispositionen im Verständnis von „Empirie" – weiterverfolgen.

Der knappe Hinweis „Ich bin nun überzeugt, ... daß Wahrheit und Güte, nur in der Schönheit verschwistert sind" (r. 33 ff.) zeigt deutlich, daß der Verfasser des Fragments mit dieser von Kant selbst erörterten Insuffizienz der Freiheitsphilosophie rechnet – jedenfalls dann, wenn sich „Wahrheit" und „Güte" als Hinweis auf theoretische und praktische Philosophie beziehen lassen – und daß neben der reformulierten Freiheitsphilosophie diejenige der Schönheit zur Lösung des Problems erwogen wird. Hier läßt sich deutlich der Einfluß Hölderlins (und wohl besonders über diesen derjenige Schillers) ablesen; hier ist allerdings auch ein wesentlich anderes Verhältnis zu den Quellen festzustellen, auf die sich das Fragment bezieht. Der Text arbeitet nicht mehr wie zuvor in der Art eines terminologischen Patchwork, wo die Topoi Kants, Fichtes und Lessings nebeneinander bzw. in nur programmatischer Verbindung zueinander auftreten. Es werden statt dessen relativ vage Evidenzen aneinandergereiht, die allesamt auf Hölderlins Schönheitsphilosophie rückschließen lassen, die in ihrer begrifflichen Vagheit aber eher wohlwollende Distanz als Vertrautheit singalisieren: „Man kann in nichts geistreich sein ... – ohne ästhetischen Sinn. Hier soll offenbar werden, woran es eigentlich den Menschen fehlt, die keine Ideen verstehen – und treuherzig genug gestehen, daß ihnen alles dunkel ist, sobald es über Tabellen und Register hinausgeht" (v. 2 ff.).

Sachlicher Kern der Ausführungen ist einerseits, daß Erkenntnis des Wahren und des moralisch Richtigen einander nicht ausschließen, sondern in der gemeinsamen Teilhabe am Schönen miteinander korreliert sind. Andererseits soll die Poesie, durch ihr besonderes Verhältnis zur Schönheit ausgezeichnet, „Lehrerin der Menschheit" (v. 9) werden. Wenn hier auch ein sachlich nicht schlecht legitimierter Rückgriff auf Platons dialektische und dadurch zugleich didaktische Konzeption der Philosophie als Teilhaftwerden an der ursprünglichen Idee des Schönen[15] vorliegt, so stellt sich um so schärfer die Frage, wie denn dieser Rückgriff mit dem Vokabular erläutert werden kann, der im ersten Teil des Fragments vorherrschte.

Sofern der Text des Fragments überhaupt solche Fragen und Erörterungen erträgt, scheint eine Antwort im dritten Teil zu liegen, der die Idee der „Mythologie der Vernunft" (v. 19) vorstellt. Diese Passage (von v. 12 an) beginnt mit dem angeblich geläufigen Gedanken einer „sinnlichen Religion" (v. 12 f.), die der „große Hauffen" (v. 13) und der Philosoph gleichermaßen brauchen. Sie wird als „neue Mythologie", als eine Mythologie „im Dienst der Ideen", mithin eben als eine „Mythologie der Vernunft" (v. 17 ff.) vorgestellt, die den „Monotheismus der Vernunft und des Herzens" (!) mit einem „Polytheismus der Einbildungskraft und der Kunst" (v. 14 f.) verbindet.  Dieser Reflex der jung-Tübinger „Ein und Alles"-Emphase verdankt sich bekanntlich dem aufgeklärten spinozistischen Pantheismus Lessings, der im Fragment nur seine sozialrevolutionäre Seite besonders hervorkehrt: Der Mono-Polytheismus der Vernunftmythologie verpflichtet die Philosophen zur Veranschaulichung, d. h. Mythologisierung ihrer Ideen, um über die neue Mythologie das Volk vernünftig zu machen. „So müssen endlich aufgeklärte und Unaufgeklärte sich die Hand reichen, ..." (v. 22 f.), und dann „herrscht ewige Einheit unter uns ... dann herrscht allgemeine Freiheit und Gleichheit der Geister!" (v. 25 ff.).

Ob und wie die „neue Mythologie" tatsächlich Schönheit und Freiheit miteinander verbindet, soll noch erörtert werden (unten Abschnitt III). Zunächst fällt aber unter den reichen Konnotationen dieser Konzeption im Vergleich zu den vorangegangenen Erörterungen die eine besonders auf, die

sich aus der provokant gewählten Formulierung der „Mythologie der Vernunft" ergibt. Kants allenfalls implizite Mythologie[16] enthielt eine rationale
Poetologie des Genesis-Mythos in dem Sinn, daß die Vernunft sich rekon-
struktiv des Mythos bemächtigen durfte und im selben Zug Vermutungen
über ihre eigene Geschichte gewann. Die „neue Mythologie" des Fragments
hingegen enthält die Vorstellung einer selbst rationalen Poesie: der Mythologie der Ideen.[17] Tatsächlich wird die Vernunft hier selbst dichterisch, und
zwar nicht aufgrund einer Karenz, die die Wissenschaft ihr für dieses spiele-
rische Tun gewährt, sondern aufgrund ihrer neudefinierten Aufgabenstellung. Die Vernunftideen sollen nämlich säkulare Geltung erlangen, indem
sie mythologisch in die noch vernunftlose Welt hineingetragen werden und
diese selbst revolutionieren. „Die" Vernunft verläßt damit den Boden der
skeptisch gesicherten Mutmaßungen und entwickelt über ihre Mythologie
eine verändernde Weltgeltung; sie räsoniert nicht nur über die Geschichte
der Freiheit, sondern sucht die Freiheit selbst durchzusetzen.

Natürlich setzt auch diese Eschatologie der Freiheit („Ein höherer Geist
vom Himmel gesandt, muß diese neue Religion unter uns stiften, sie wird
das lezte, gröste Werk der Menschheit seyn", v. 30 ff.) ein Geschichtsbild
voraus, das im Anschluß an Kants und Herders Bemühungen vom Aspekt
des Werdens der Freiheit dominiert ist (vgl. r. 23 ff.). Im Gegensatz besonders
zu Kant aber ist die Teleologie der Freiheit zu deren Apotheose erweitert
worden. Kants Modell der Mythologie als ontogenetische Erklärungshilfe
wird durch Erweiterung zu einem Modell der volksbildenden Vermittlungs-
hilfe wiederum in die Zukunft gewendet, womit bezeichnenderweise der in-
dividualethische Zugang, den Kant im wesentlichen für die Zukunft der
Freiheit reserviert hatte, nicht nur überholt, sondern (vielleicht sogar kalku-
liertermaßen[18]) verlassen wird.

Für seine (vor dem kantischen Hintergrund sicherlich verblüffende)
Uminterpretation von „Freiheit" kann das Fragment keine argumentative
Begründung, allenfalls eine metaphorische Evidenz beanspruchen. Der
Endzustand der gesellschaftlichen Versöhnung, der ja gleichermaßen der
Endzustand der Versöhnung von Natur und Kultur (in Kantischen Fachtermini: Natur und Freiheit) ist, wird weder durch sittliche Übereinkünfte noch
durch wissenschaftlich oder staatlich gelenkte Maßnahmen erreicht. Er wird
durch die Mythologie der Vernunft evoziert (und der Mythologie entspricht
in offenbarender Gegenbewegung die Herabkunft des „neuen Geistes",
v. 30 f.); als läge er schon bereit. Er ist daher kein Produkt irgendeiner Handlung, sondern eine freiwillige und schöne Übereinstimmung heterogener
Handlungen.[19] In dieser Versöhnung sind Sittlichkeit oder Ethik – undenkbar oder nicht – überflüssig. In Kants ›Mutmaßlichem Anfang‹ heißt es
über den vermuteten Anfangszustand der Menschheit: „Ehe die Vernunft er-
wachte, war noch kein Gebot oder Verbot, und also noch keine Übertre-

tung" (MAM 13); im Bild des Endzustandes, das im Fragment entworfen wird, scheint es, als sei jener primitive Schlaf der Vernunft mit ihrem eschatologischen Traum strukturidentisch.

Um noch einen Augenblick im Metaphorischen zu verharren: Ist nicht in gewisser Weise jene neue Mythologie schließlich selbst eine „Lustreise"? Sie ist eine selbstgewählte Bewegung der Vernunft in Richtung auf die sinnlichen Produkte der Einbildungskraft; und die sind nicht bloß geduldete oder skeptisch gerahmte Nebenprodukte der Poiesis der Vernunft, sondern deren eigene Bestimmung: „Die Mythologie muß philosophisch werden, und das Volk vernünftig, und die Philosophie muß mythologisch werden, um die Philosophen sinnlich zu machen" (v. 23 ff.). Kant unternahm Lustreisen  in zwar interessante, aber doch abgelegene Gebiete der Vernunft, um zu demonstrieren, wie das sinnstiftende Vermögen Vernunft einen vernünftigen Sinn auch in unvernünftige Dinge wie einen Mythos bringt. Das Fragment schlägt dagegen eine Lustreise vor, die die Vernunft zu ihrem eigenen Sinn erst hinführt.

III

Es braucht nicht bezweifelt zu werden, daß Mythen in den Gesellschaften, die sie hervorgebracht haben, gesellschaftliche oder politische Wirkungen zeitigen können. Mythen rechtfertigen nicht nur; es kann ihnen wohl ohne weiteres eine motivierende Funktion zugesprochen werden. Aber ob es gerade solche Mythen oder Mythologien sind, die aus vernunftideellen Gründen geschaffen worden sind (wie es die neue Mythologie des Fragments ist), die allein deshalb schon auch nur möglicherweise gesellschaftlich wirksam sind,[20] darf bezweifelt werden. Die säkularen Aufgaben, die im ›Ältesten Systemprogramm‹ der Mythologie zugeschrieben werden, haben nichts mit irgendwelchen gesellschaftlichen Legitimierungen oder Veränderungen durch irgendwelche Mythen zu tun. Denn die „neue Mythologie" ist 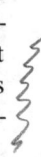 selbst kein „Mythos" oder eine „Mythologie", sondern allenfalls der Mythos einer Mythologie. Als solcher ist sie selbstverständlich einer der beeindruckkendsten Mythen, zu denen die Philosophie imstande war.

Sie ist ein Mythos, der nicht nach poetischen, sondern poetologischen Regeln geformt ist; nicht schöne Formen selbst, sondern deren theoretische Interpretamente tragen die „neue Mythologie". Damit nähert sich das Mythologiemodell des Fragments in zweierlei Hinsicht deutlich an Schillers Modell der sentimentalischen Dichtung an. Zum einen ist auch Schillers Poetik des Naiven und Sentimentalen generell ein Ergebnis philosophischer Reflexion in dem Sinn, daß sie versucht, philosophische Grenzziehungen (insbesondere der Kantischen Vernunftkritiken) zwischen Natur und Kultur in einem Modell von Dichtung gleichzeitig zu respektieren und zu überbrücken. Zum

anderen hat gerade die Vorstellung der sentimentalischen Dichtung selbst
große Ähnlichkeit mit der „neuen Mythologie" des Fragments. Die neue
Mythologie will die Sinnlichkeit mit dem Vernunftidealismus so verquicken,
daß zwischen den Produkten der reflektierenden Vernunft und denen der
produktiven Einbildungskraft kein Unterschied mehr besteht. „Einbildungskraft" steht dabei in einer programmatischen Konstellation einerseits
mit „Sinnlichkeit", d. h. der unmittelbaren Rezeption von natürlichen Gegenständen, und mit dem „Volk", das über die vernunftgewordene Einbildungskraft nicht in die Philosophie, aber doch in deren utopischen Entwurf
hineingezogen wird. Ein ähnliches Amalgam von Sinnlichkeit und Reflexion
hatte Schiller in der sentimentalischen Dichtung vorgeschwebt. Der senti-
mentalische Dichter reflektiert „über den Eindruck, den die Gegenstände
auf ihn machen und nur auf jene Reflexion ist die Rührung gegründet, in der
er selbst versetzt wird, und uns versetzt. Der Gegenstand wird hier auf eine
Idee bezogen, und nur auf dieser Beziehung beruht seine dichterische
Kraft" (Nationalausgabe XX, 441). Damit ist die unmittelbare Vertrautheit
mit dem Natürlichen, die er „naiv" nennt, nicht vollständig abgeschafft, sondern in einem reflexiv-produktiven Prozeß aufgehoben. Der Sentimenta-
lische behält den Naturbezug bei, denn in seiner Dichtung begegnen sich
Natur und Kunst in verschiedenen Verhältnissen, wenn auch die Natur selbst
nicht mehr in der mimetischen Unmittelbarkeit des Naiven erfahrbar ist.
Die Kindlichkeit des Naiven ist unter dem Fluch des „Prärogativs unserer
Vernunft" (a. a. O., 427) zum Objekt einer ästhetisch produktiven Sehn-
sucht geworden.

    Schillers Leiden an der Vernunft ist aber auch genau das, was seine Poetik
des Sentimentalen (wie auch seinen Entwurf der ästhetischen Erziehung)
vom Fragment der ehemaligen Tübinger Studenten unterscheidet. Dabei
geht es nicht allein um die emphatische Bewertung von „Vernunft", etwa um
einen globalen Vernunftoptimismus oder -pessimismus. Vielmehr hat sich
das Fragment radikal von einem Problemkreis verabschiedet, der Schillers
Ästhetik noch entscheidend dominierte: die Problematik der Naturferne
der Reflexion. Für den (die?) Autoren des Fragments scheint es keine Frage
zu sein, daß Vernunft mit Sinnlichkeit vereinbar ist. Die Frage: „Wie muß
eine Welt für ein moralisches Wesen beschaffen seyn?" (r. 9 f.) problematisiert nicht den teleologischen Konnex von freiem, erkennendem Wesen und
natürlicher Welt, sondern setzt ihn als gegeben voraus. Der Kantische Gedanke der ästhetischen Zweckmäßigkeit der Natur für die subjektive Urteilskraft wird hier in die Sprache der Freiheitsphysik des Fragments übersetzt und im programmatischen Vorgriff zu einem zukünftigen Lehrstück
kanonisiert: Es geht um eine Form der Zweckmäßigkeit der Natur für das
frei handelnde Vernunftwesen.

    Mit diesen eigenwilligen Umformungen der Kantischen Terminologie hat das Fragment nicht nur Schillers Skrupulosität in der Wahrung von Kants kritischen Ergebnissen weit hinter sich gelassen, sondern auch dessen ästhetischen Lösungsversuch der Antithetik von Natur und Reflexion durch eine quasi überästhetische Vision überboten. Zwar ist die „neue Mythologie" wohl auch eine Art Dichtung; sie kennt aber nicht mehr die Schillersche Abfolge von Empfindung (Erfahrung) und Produktion, die das naive Erfahren zur naiven, die reflektierende Erfahrung zur sentimentalischen Dichtung führt. Der Mono-/Polytheismus von Vernunft und Einbildungskraft verwischt genau diese Unterscheidung, indem er das möglicherweise ästhetische Produkt mit der sinnlichen Erfahrung identifiziert (anders hätte die Vorstellung der Sinnlichkeit der Ideen keinen Sinn). Die Frage, welche Poesie es wohl sein könnte, die diese Funktion der neuen Mythologie erfüllen kann, ist dann aber kaum mehr beantwortbar. Die „Materialität" der Poesie ist innerhalb ihrer kraftvollen programmatischen Umrißzeichnung nicht mehr zu erkennen.

Dennoch ist so wenigstens ansatzweise vorstellbar, in welcher Weise die neue Mythologie ein Bindeglied zwischen der Freiheitsphilosophie Kantisch-Fichtescher Provenienz und der Schönheitsphilosophie Platonisch-Schillerscher Herkunft sein könnte. Genau dann, wenn die Rezeptivität des Sinnlichen in die Produktivität der spontanen Vermögen (Vernunft, Einbildungskraft) aufgenommen ist, wird die theoretische Vernunft gerade aufgrund ihrer spontanen Qualitäten empfindsam, umgekehrt wird die Aisthesis ein Akt der Spontaneität. Erfahrung und reflektierende Produktion lassen sich nicht mehr trennen. Schelling formulierte fast zur selben Zeit einen ganz ähnlichen Konnex von Theorie und Spontaneität (bei ihm: „praktischer Vernunft"): „Die Einbildungskraft also im Dienste der praktischen Vernunft ist das Vermögen der Ideen, oder das, was wir theoretische Vernunft nennen ... Also setzt Freiheit in uns die Vernunft (als ein Vermögen der Ideen), und umgekehrt die Vernunft in uns die Freiheit voraus."[21] Was immer dies für die theoretische Philosophie bedeuten mag, im Fall des Systemfragments hat eine ähnliche Identifikation von Theorie und Praxis zur Folge, daß die („Moral" genannte) Ideenfreiheit genau dann ins Ziel kommt, wenn sie ästhetisch-poetisch und über diesen Umweg gesellschaftlich-religiös geworden ist.

Die Überästhetik des Fragments setzt sich daher unmittelbar in der für das Fragment charakteristischen Übersteigerung des Erziehungsaspekts fort, der u. a. in Schillers Ästhetik vorrangig war. Zwar wird die Poesie – wenn sie die Gestalt der neuen Mythologie annehmen sollte – „Lehrerin der Menschheit" (v. 9) sein; gemeint ist hier aber weder eine ästhetische Didaktik im Sinn Schillers noch eine Pflichtdidaktik nach Kant. Das Lehrmittel der Poesie, nämlich die neue Religion, interessiert sich nicht für Individuen, sondern für die Herstellung eines geradezu unweltlichen Zustandes sozialer

Harmonie. Schiller spricht von der Herausbildung von ästhetischen Fähigkeiten, aus denen sozialer Nutzen zu ziehen ist,[22] das Fragment dagegen von der eschatologischen Stiftung einer Gemeinde der Gleichen und Freien. Es formuliert damit eine reine Utopie, die alle Brücken zu derjenigen Gegenwart hinter sich abgebrochen hat, die erst zu ihr führen sollte. Hatte Kant noch den „ewigen Frieden" als einen mit menschlichen Mitteln und auf Erden zu verwirklichenden Endzustand der Politik aufgefaßt, so suspendiert das Fragment diese Zielsetzung fürs Endliche und verlagert das Telos der Geschichte in einen geschichtslosen Raum, wo die Differenzen und Limitationen des Geschichtlichen in einer Indifferenz des Absolut-Brüderlichen aufgehoben sind.

IV

Ein Blick auf den Kant der geschichtsphilosophischen Opuskel wird ebensowenig wie die Erinnerung an ein jungidealistisches Papier[23] das grandiose Programm einer dialektischen Vernunftkritik, das überdies in der ›Dialektik der Aufklärung‹ längst nicht abgeschlossen war, ernsthaft konterkarieren können. Aber welche Folgerungen sind aus den angeführten Beispielen für die Diskussion um die vermeintliche Mythisierung der Aufklärung zu ziehen? Zwar hat die Skizze einer Entwicklung der Mythologie der Aufklärung von Kant zum ›Systemprogramm‹ demonstriert, daß und wie durch Absehung von ursprünglich skeptischen Komponenten der Systematik „die Vernunft" tatsächlich so etwas wie eine Tendenz zur Totalisierung erhält. Wenn es diese Entwicklung wirklich gibt, legt sie aber eine Interpretation nahe, die in beiden oben beschriebenen Stadien von der Deutung der ›Dialektik der Aufklärung‹ abweicht.

„Totalisierung" der Vernunft soll in Übereinstimmung mit den Autoren der ›Dialektik der Aufklärung‹ als Ausdruck ihrer Herrschaft begriffen werden, die alles Dingliche und Menschliche unter ihre, der Vernunft eigenen Regeln unterwirft. Unter den vielen verschiedenen Begründungssträngen Horkheimers und Adornos sind zwei Charakteristika desselben Phänomens herauszugreifen: die Totalisierung der Weltunterwerfung der Vernunft und die damit verknüpfte Isolation der praktischen Komponente des Vernünftigen von ihrer theoretisch-instrumentellen.

Zu Beginn des zweiten Exkurses der ›Dialektik der Aufklärung‹ begründet Horkheimer, weshalb er (mit Adorno) Kant, de Sade und Nietzsche zu den „unerbittlichen Vollendern" der Aufklärung zählt. Kants Begriff der Vernunft enthält nach seiner Auffassung zwar als praktische Vernunft die utopische Idee eines freien und solidarischen Zusammenlebens der Menschen. Andererseits aber – und in zerstörerischem Gegensatz zum Vorigen – bildet Vernunft „die Instanz kalkulierenden Denkens, das die Welt für die

Zwecke der Selbsterhaltung zurichtet und keine anderen Funktionen kennt als die der Präparierung des Gegenstandes aus bloßem Sinnenmaterial zum Material der Unterjochung" (DA 76). Die Klassifikation der Gegenstandswelt nach Verstandesschemata in der wohl nur vorgeblich reinen, durch Vernunft systematisierten Erkenntnis ist damit ein unmittelbarer Spiegel der Klassifikation von Menschen in gesellschaftlichen Zusammenhängen von Entfremdung und Unterdrückung. Gegen die Konsequenz dieser Erkenntnis- und Gesellschaftssystematik wirkt die Moralphilosophie, die gegenseitige Achtung und sittliche Normentreue nicht aus Gründen von materiellem Interessenverfolg und Gewalt, sondern aus reinen Vernunfterwägungen predigt, auf die Verfasser der ›Dialektik der Aufklärung‹ „propagandistisch und sentimental" (DA 77). Die Utopie der praktischen Vernunft, die gegenseitige Rücksichtnahme aus Einsicht, ist nämlich äußerst schwach. Das zeigt Horkheimer besonders an de Sade, der nichts getan haben soll als die Regeln der Aufklärung – Affektdistanz und rationale Unterordnung der Natur unter den Geist – in seiner Herrschaft „faschistisch rationalisierter Gestalt" (DA 79) ernst zu nehmen. Was Kant transzendental begründet habe (nämlich „die Affinität von Erkenntnis und Plan", DA 80), habe de Sade empirisch ausgeführt, und diesen wiederum habe Nietzsche nachträglich durch seine Verherrlichung von Stärke bestätigt. „Sade und Nietzsche erkannten, daß nach der Formalisierung der Vernunft das Mitleid gleichsam als das sinnliche Bewußtsein der Identität von Allgemeinem und Besonderem, als die naturalisierte Vermittlung, noch übrig war" (DA 91) – aber diese mimetische Regung war machtlos gegen die Rationalisierung durch eine Vernunft, die sich gegen Moral wie Unmoral gleichermaßen gleichgültig zeigt.

Die zweite Behauptung dieses Exkurses: Herrschaft nach rationalen Regeln ist moralimmun, stützt sich, sofern sie nicht durch historische Demonstration, sondern durch philosophische Kritik begründet ist, auf die erste Behauptung: Erkenntnis ist Herrschaft, bzw.: Vernunftregeln sind in erster Linie nicht Moral-, sondern Herrschaftsregeln. Horkheimer greift zur Stützung dieser Behauptung zu Beginn des Exkurses auf eine Analyse des systematischen Charakters des Kantisch-aufklärerischen Erkenntnisbegriffs zurück. Die Vernunft generiert die systematische Einheit der Tatsachenerkenntnisse durch die „Anweisungen zum hierarchischen Aufbau der Begriffe" (DA 74); diese hierarchische Systematik des Wissens ist Wissenschaft. Die Objektivität der einzelnen Erkenntnisse ist Sache der Begriffe und Schemata des Verstandes; die Ordnung der Objektwelt eine Aufgabe der Vernunft, die nichts beiträgt „als die Idee systematischer Einheit, die formalen Elemente festen begrifflichen Zusammenhangs. Jedes inhaltliche Ziel, auf das die Menschen sich berufen mögen, als sei es eine Einsicht der Vernunft, ist nach dem strengen Sinn der Aufklärung Wahn, Lüge …" (DA 74). Diese Apodiktizität der Vernunft in der Systembildung und ihre moralische

Asthenie im Versuch, die systemischen Herrschaftsallüren mit humanen Umgangsformen wie Mitleid und Einfühlung (gegenüber der Natur wie dem Menschen) zu verbinden, bilden als Syndrom die Aporie der Rationalität. Dieses Syndrom wird die „Mythologisierung" der Vernunft genannt, denn die Aufklärung reproduziert in ihm mythische Formen wie Angst vor dem Draußen (DA 18), Unterwerfung unter das Faktische (DA 27), etc.

Aber eben die Apodiktizität des Systembegriffs verfehlt den Sinn von „System", der den skeptischen Aufklärer Kant von seinen rigoroseren Nachfolgern unterscheidet. Der apodiktische Vernunftgebrauch – um dies nur kurz zu repetieren – besteht nach Kant tatsächlich in der Subsumtion des Besonderen unter das Allgemeine (KrV B 674). Entscheidend ist hier aber der Charakter dieses „Allgemeinen" selbst, das im Fall von Vernunftideen nur in einer problematischen Annahme besteht, weshalb die Vernunft hier nicht apodiktisch, sondern nur hypothetisch vorgeht (KrV B 675). Die systematische Einheit der Verstandeserkenntnisse selbst ist daher hypothetisch, auch wenn ihre Funktion innerhalb des Erkenntnisprozesses notwendig ist.

Erst die Unterstellung der Apodiktizität ermöglicht es jedoch Horkheimer, seine Vernunftkritik zum Vorwurf der Irrationalität der Vernunft auszuweiten. Die Vernunft, so Horkheimer, demarkiere „jedes inhaltliche Ziel" als „Wahn" und „Lüge" (s. o.). Unter Inhalt sind hier u. a. die Gegenstände des „menschenfreundlichen Gefühls" (DA 74) zu verstehen, dingliche und nichtdingliche Elemente, die in der nicht allein rationalen gesellschaftlichen Synthese, der „Solidarität des Ganzen" (DA 75) eine konstitutive Rolle spielen. Es sind dabei wohl nicht nur soziale „Inhalte" gemeint, wie Mitleid und Mitgefühl, sondern auch materiale, die aber allesamt von der Vernunft „als Macht der Natur über den Geist, als Beeinträchtigung ihrer Selbstgesetzgebung" (DA 79) entlarvt werden können.

Die Vernunft ist nach Horkheimer vor allem formal, mit der Folge, daß das Empfinden, das dem Materialen und Einzelnen ausgeliefert ist, von diesem Formalismus egalisiert wird: „Da die Vernunft keine inhaltlichen Ziele setzt, sind die Affekte alle gleich weit von ihr entfernt" (DA 81). Genau diesen angenommenen absoluten Formalismus der Vernunft bezeichnet Horkheimer als irrational: „Die reine Vernunft wurde zur Unvernunft, zur fehler- und inhaltslosen Verfahrensweise" (DA 82). Horkheimer trifft damit diejenige „Vernunft", die unskeptisch ihre ideellen Fiktionen für Regeln nicht des Denkens, sondern der Wirklichkeit nimmt.

Die Auseinandersetzung mit der oben so genannten „impliziten Mythologie" Kants dürfte dagegen angedeutet haben, daß und in welchem Maß sich gerade diejenige Vernunft, die ihren eigenen Fiktionen skeptisch gegenübersteht, mit „inhaltlichen" Zielen abgeben kann. Sie zeigten auch, daß sie auf die Auseinandersetzung mit solchen Inhalten angewiesen ist, um ihre eigene historische Position innerhalb der Geschichte der menschlichen Inhalte zu definieren. Zwar hat sich „die" Vernunft mit ihrer teleologischen Rahmenkonstruktion der Geschichte wiederum auf einen formalen Standpunkt zurückgezogen, von dem her sie gleichwohl „Inhalte" ordnet und damit zwingt. Aber das Einzelne hat in dieser Geschichte (und der ihr zugegliederten Mythologie) wenigstens ein Exil gefunden.

Horkheimers Verdacht gegen die Kantische Systematik beruht auf der Einlegung eines späteren Sinns von „System", der sich erst im ›Ältesten Systemprogramm‹, dort aber deutlich ankündigt.[24] In der ästhetisch-religiösen Vision des Fragments hat die Vernunft die skeptische Distanz zu ihren Produkten vollständig fallengelassen, so daß nicht nur das wissenschaftliche Wissen, sondern auch die ästhetische Produktion und die utopische Harmonie des Zusammenlebens in den Innenraum der Vernunft fallen. Hinzu kommt die Erweiterung der teleologischen Komponenten der Freiheitslehre Kants in die Apophanie der Vernunft in der Welt; auch hier ist als Tendenz eine „Totalisierung" in dem Sinn zu beobachten, daß die geschichtlichen Bedingungen, gegen die die Freiheit sich bei Kant durchzusetzen hatte (in dessen Termini: das „Böse") ignoriert werden. Freilich entwickelt das Fragment diese Totalität der Vernunft nicht mittels deren Tendenz, alles ihr Gegensätzliche in der Erkenntnis bzw. der Herrschaft zu usurpieren. Das Fragment ist vielmehr darin theoretisch innozent, daß es in seiner eschatologischen Perspektive allenfalls nahelegt, daß dieses Gegensätzliche gar keinen wirklichen Gegensatz zum Vernünftigen bilde; de facto ist davon überhaupt nicht die Rede. Die Ignoranz des ›Systemprogramms‹ gegenüber denjenigen Bedingungen, aus denen sich die angestrebte finale Einheit entwickeln müßte, unterscheidet es deutlich von allen weitergehenden Versuchen seiner möglichen Verfasser, die in der Folgezeit erhebliche methodische Anstrengungen unternahmen, einzelne „Inhalte" zur systematischen Einheit des Absoluten zu synthetisieren. Dieselbe Ignoranz – vielleicht eine Form theoretischer Naivität – verbietet es aber auch, das ›Systemprogramm‹ als ein im engeren Sinn aufklärerisches Programm zu bezeichnen. Denn hierin ist den Autoren der ›Dialektik der Aufklärung‹ sicher vorbehaltlos zuzustimmen: Die Phänomenologie der Aufklärung mag ihr mythische Charakterzüge zusprechen wollen oder müssen (oder auch nicht), der Triumph der Rationalität beruht auf prozeduralen Erfolgen in der Welt. Die für sich genommen bloß metaphorische Herrschaftsform der Logik wird erst in der konkreten Herrschaft über Natur und Mensch – die im ›Systemprogramm‹ ganz und gar nicht absehbar ist – zum Makel einer Epoche.

In den beiden hier behandelten Fällen verfehlt demnach die Kritik der ›Dialektik der Aufklärung‹ ihr historisches Objekt. Der Totalitarismus des Kantischen Systems ist – zumindest in seiner Programmatik – skeptisch kontrolliert; die Skepsis der Vernunft ihren eigenen Fiktionen gegenüber hat gerade in der „impliziten Mythologie" Kants eine distanzierte Offenheit für das Mythisch-Gegenvernünftige zur Folge. Erst im ›Systemprogramm‹ hat sich diese Skepsis zur alles vereinnahmenden Versöhnungsgeste der Vernunft gewandelt. Für das Systemprogramm, also gerade für diese „romantischen Feinde" der Aufklärung (DA 25) gilt, was Horkheimer und Adorno der Aufklärung vorwerfen: „Nicht ... analytische Methode, Rückgang auf Elemente, Zersetzung durch Reflexion ist ihre Unwahrheit, sondern daß für sie der Prozeß von vornherein entschieden ist" (DA 25). Aber nicht in der ›Kritik der reinen Vernunft‹, sondern allenfalls im ›Systemprogramm‹ ist jeder historische Werdegang des Wissens prädeterminiert – besser: als prädeterminiert angenommen. Er ist in der Parusie des Schönen und Guten eschatologisch vorformuliert und mit dem Titel einer neuen Mythologie ins Unkritisierbare entrückt. Es ist daher erst diese Vision der Totalität der Vernunft, die der Polemik Horkheimers und Adornos unmittelbar zufiele – wenn sie denn mit Recht noch „Aufklärung" zu nennen wäre.

Die Mythisierung der Vernunft (Horkheimer/Adorno) ist so gesehen nicht Folge einer aufklärerischen vernünftigen Mythologie (Kant), allenfalls eine der „Mythologie der Vernunft" (Ältestes Systemprogramm), die aber die Probleme der Aufklärung bereits weit hinter sich gelassen hat.

V

Daß die ›Dialektik der Aufklärung‹ in gewisser Hinsicht die Kantische Aufklärungsposition mißversteht, bedeutet nicht, daß sie etwa im Problem der Inkommensurabilität von theoretischer und praktischer Vernunft nicht recht hätte oder daß umgekehrt der Kantische Vernunftoptimismus gerechtfertigt wäre. Insofern gefährden die gemachten Beobachtungen nicht die ›Dialektik der Aufklärung‹ insgesamt. Allerdings weisen sie auf ein Problem des Textes, das abschließend wenigstens angedeutet werden darf.

Die Fixierung auf einen weniger aufklärerischen als idealistischen Systembegriff und das Postulat der radikalen Disjunktion von Aufklärung und Mythos, das in der eingangs erwähnten „dritten These" steckt, dienen ja insgesamt dazu, die Aufklärung nicht zu kritisieren, sondern sie in aporetischer Form zu destruieren. Maßstab des Scheiterns (und Ziel der Aporie) ist die Unfähigkeit des Aufklärerischen, das Einzelne und das Irrationale als Vereinzeltes und nicht vernünftig Faßbares zu bewahren. Genau diesem Interesse am vereinzelten und vorbegrifflichen „Inhalt", den sie vor dem Zugriff des Logischen schützen möchte, widerspricht die ›Dialektik der Aufklärung‹ aber, wenn sie das Mythische aus dem Bereich der Aufklärung ausschließt. Nicht zuletzt wird sie damit auch ihrer Sympathie für die Kunst untreu, die das Lebendige bewahren statt theoretisch erfassen soll: „Der Drang, Vergangenes als Lebendiges zu erretten, anstatt als Stoff des Fortschritts zu benützen, stillte sich allein in der Kunst, der selbst Geschichte als Darstellung vergangenen Lebens zugehört" (DA 32f.).

Zwar hatte Kant Geschichte nicht anders denn als Fortschreiten verstehen können; in seiner sicher nur marginalen Zuwendung zum Mythos spiegelt sich aber eine Option für das Erzählen, die in ganz und gar nicht marginalen Theoriestücken begründet ist. Der historische Bericht (und in Vertretung von zuverlässigen Nachrichten die mythische Erzählung) sind für die sich historisch rekonstruierende Vernunft das, was für die nach Verstandesregeln erkennende das sinnliche Material ist. Beide bieten den Stoff für die unendliche Aufgabe der Erforschung des Mannigfaltigen. Selbstverständlich fällt für den Interpreten mit Kants historischem Modell – der Annahme der Gesetzmäßigkeit der Freiheitsentwicklung – sowohl die Teleologie der Geschichte als auch der erstrebte naturwissenschaftliche Charakter der Geschichtsschreibung. Die Einsicht, daß die Selbstinterpretation der Vernunft auf Geschichte und Erzählen angewiesen ist,[25] fällt allerdings nicht notwendig mit.

Das Schlagwort des „Mythos" zerschlägt diese (bei Kant zugegeben schwach ausgebildete) aufklärerische Option dadurch, daß es mit dem Erzählen immer die magische Zementierung des Erzählten mitmeint. Indem es Aberglauben und Magie aufklärerisch entzaubert, eliminiert es mit dem Phantom des „Mythos" zugleich das Erzählen aus dem Bereich des Vernünftigen. Der Prozeß von Epos und Mythos (DA 45) – also derjenige von Erzählung und dem sich in der Erzählung konstituierenden, erstarrten mythischen Gehalt – ist in der Darstellung Horkheimers und Adornos eigentlich ein unumkehrbarer Prozeß vom Epos *zum* (falschen) Mythos.[26] In der mythisch gewordenen Erzählung ist für die ›Dialektik der Aufklärung‹ die Deutung der Geschehnisse – und zwar in Termen von Bewältigung und Selbsterhaltung – Teil des Epos geworden. Aber abgesehen davon, daß eben diese Deutung gar nicht so sehr der Charakter des Mythischen, sondern des „Aufklärerischen" im Mythischen ist, ist damit das Epische von vornherein zur Funktion des „Mythos" im besonderen Sinn der ›Dialektik der Aufklärung‹ geworden. Das Berichten dient ausschließlich der Selbsterhaltung und damit der Tendenz zur Herrschaft; die Kunst des Erzählens ist ganz entgegen dem sonst vorgetragenen Konzept von Kunst ein Werkzeug der immer unwahren Aufklärung. (Eben weil das ›Systemprogramm‹ in seiner Mythologie die Dynamik jedes möglichen Erzählstoffs annihiliert hat und statt dessen den bloß hieratischen Aspekt des Mythischen benutzt, bietet es sich als Vorzeigeobjekt von „Mythisierung" der Vernunft an. Aber eben weil es die Objekte der Vernunft entstofflicht hat, hat es nichts mehr mit dem Anspruch einer vernünftigten Weltbewältigung zu tun.)

Diese Disqualifikation des Epischen durch diejenige des Mythos macht den von den Autoren der ›Dialektik der Aufklärung‹ beanspruchten Erkenntnischarakter von Kunst zur leeren Metapher. Die berichtende Bewältigung von Natur hat jedenfalls in der Vernunft keinen Platz. Die Vernunft, die bloß rechnet, ist zu „Lustreisen" konstitutionell unfähig und verliert genau dadurch ihren Sinn im Menschlichen. Aber mehr noch: In ihrem Rechenwahn unterstellt sie die Berechnung auch dort, wo die schweifende Zuwendung zum Sinnlichen am ehesten vermutet werden darf, nämlich im Mythischen.

Mit dieser Abweisung der mythologischen Option der Vernunft, die die ›Dialektik der Aufklärung‹ in ihre Definition des Mythos hineingearbeitet hat, zerstört sie schließlich auch die ihr eigentümliche, beabsichtigte Aporetik – denn das Ziel, an dem die Aufklärung deshalb scheitert, weil sie es nicht erreicht, die herrschaftsfreie Wirklichkeitsbewahrung, ist in keinem ihr kommensurablem Sinn ein vernünftiges Ziel. Auch wenn Horkheimers und Adornos Diagnosen der von Natur und Menschlichkeit gleichermaßen entfremdeten Gesellschaft ihre Gültigkeit behalten mögen, ist ihr eigentlich kritischer Gehalt (im Sinn der ›Dialektik der Aufklärung‹) entschärft: Die systematisch-logische Aufklärung schlägt in nichts als eine politisch konsequente und gesellschaftlich approbierte Form der Aufklärung um.

Abkürzungen

DA　　　Horkheimer/Adorno: Dialektik der Aufklärung.
IaG　　　Kant: Idee zu einer allgemeinen Geschichte in weltbürgerlicher Absicht.
KpV　　　Kant: Kritik der praktischen Vernunft.
KrV　　　Kant: Kritik der reinen Vernunft.
KU　　　Kant: Kritik der Urteilskraft.
MAM　　Kant: Mutmaßlicher Anfang der Menschengeschichte.
RH　　　Kant: Rezension von Herders ›Ideen zur Philosophie der Geschichte der Menschheit‹.
Bei Kant werden jeweils die Seitenzahlen der Ersterscheinung, der ersten („A") bzw. zweiten („B)" Auflage angegeben.
r. und v.　›Ältestes Systemprogramm‹, zitiert wird recto (r.) und verso (v.) mit Zeilenzahl.

Literatur

Blumenberg, Hans: Arbeit am Mythos, Frankfurt a. M. ⁴1986.
Bohrer, Karl Heinz (Hrsg.): Mythos und Moderne. Begriff und Bild einer Rekonstruktion, Frankfurt a. M. 1983.
–: Die Ästhetik am Ausgang ihrer Unmündigkeit, in: Merkur 10/11 (1990), 851–865.
Bubner, Rüdiger (Hrsg.): Das älteste Systemprogramm. Studien zur Frühgeschichte des deutschen Idealismus, Hegel-Studien Beiheft 9, Bonn 1973.

Bürger, Peter: Zur Kritik der idealistischen Ästhetik, Frankfurt a. M. 1983.

Dinkel, Bernhard: Neuere Diskussionen um das sog. ›Älteste Systemprogramm des deutschen Idealismus‹, in: Philosophisches Jahrbuch 94 (1987), 342–361.

Frank, Manfred: Der kommende Gott. Vorlesungen über die Neue Mythologie, Frankfurt a. M. 1982.

–: Kaltes Herz, Unendliche Fahrt, Neue Mythologie. Motiv-Untersuchungen zur Pathogenese der Moderne, Frankfurt a. M. 1989.

–: Einführung in die frühromantische Ästhetik. Vorlesungen, Frankfurt a. M. 1989.

Geyer, Carl-Friedrich: Aporien des Metaphysik- und Geschichtsbegriffs der Kritischen Theorie, Darmstadt 1980.

Gockel, Heinz: Mythos und Poesie. Zum Mythos-Begriff in Aufklärung und Frühromantik, Frankfurt a. M. 1981.

–: Zur neuen Mythologie der Romantik, in: Jaeschke/Holzhey (Hrsg.) (1990), 128–136.

Habermas, Jürgen: Die Verschlingung von Mythos und Aufklärung. Bemerkungen zur ›Dialektik der Aufklärung‹ – nach einer erneuten Lektüre, in: Bohrer (Hrsg.) (1983), 405–431.

Hansen, Frank-Peter: ›Das älteste Systemprogramm des deutschen Idealismus‹. Rezeptionsgeschichte und Interpretation, Berlin/New York 1989.

Herder, Johann Gottfried: Sämtliche Werke, hrsg. von Bernhard Suphan, Berlin 1877 ff.

Horkheimer, Max: Gesammelte Schriften, hrsg. von Alfred Schmidt und Gunzelin Schmidt Noerr, Frankfurt a. M. 1985 ff.

Horkheimer, Max/Theodor W. Adorno: Dialektik der Aufklärung, Amsterdam 1947, Frankfurt a. M. 1969.

Jacobs, Wilhelm G.: Zwischen Revolution und Orthodoxie? Schelling und seine Freunde im Stift und an der Universität Tübingen, Stuttgart-Bad Cannstatt 1989.

Jaeschke, Walter/Helmut Holzhey (Hrsg.): Früher Idealismus und Frühromantik. Der Streit um die Grundlagen der Ästhetik (1795–1805), Hamburg 1990.

Jamme, Christoph: Ideen und Mythos. Replik zu B. Dinkel: Neuere Diskussionen um das sog. ›Älteste Systemprogramm des deutschen Idealismus‹, in: Philosophisches Jahrbuch 95 (1988), 371–375.

Jamme, Christoph/Helmut Schneider (Hrsg.): Mythologie der Vernunft. Hegels ›ältestes Systemprogramm des deutschen Idealismus‹, Frankfurt a. M. 1984.

Kant, Immanuel: Studienausgabe, hrsg. von Wilhelm Weischedel, Darmstadt 5 1983.

Kuhlmann, Hartmut: Schellings früher Idealismus. Ein kritischer Versuch, Stuttgart/ Weimar 1993.

Marquard, Odo: Schwierigkeiten mit der Geschichtsphilosophie. Aufsätze, Frankfurt a. M. 1982.

Poser, Hans (Hrsg.): Philosophie und Mythos. Ein Kolloquium, Berlin/New York 1979.

–: Mythos und Vernunft. Zum Mythenverständnis der Aufklärung, in: Poser (Hrsg.) (1979), 130–153.

Reijen, Wilhelm van/Gunzelin Schmidt Noerr (Hrsg.): Vierzig Jahre Flaschenpost: ›Dialektik der Aufklärung‹ 1947–1987, Frankfurt a. M. 1987.

Schelling, Friedrich Wilhelm Joseph: Sämtliche Werke, hrsg. von K. F. A. Schelling
    (SW), 1. Abteilung, Stuttgart/Augsburg 1865 ff. – Ferner: Historisch-kritische Aus-
    gabe, Stuttgart-Bad Cannstatt 1975 ff.
Schiller, Friedrich: Nationalausgabe, hrsg. von Julius Petersen u. a., Weimar 1943 ff.
Schmidt, Alfred/Norbert Altwicker (Hrsg.): Max Horkheimer heute: Werk und Wir-
    kung, Frankfurt a. M. 1986.
Schmidt, Alfred: Aufklärung und Mythos im Werk Max Horkheimers, in: Schmidt/
    Altwicker (Hrsg.) (1986), 180–243.
Stadler, Ulrich: System und Systemlosigkeit. Bemerkungen zu einer Darstellungs-
    form im Umkreis idealistischer Philosophie und frühromantischer Literatur, in:
    Jaeschke/Holzhey (Hrsg.) (1990), 52–68.
Timm, Hermann: Gott und die Freiheit. Studien zur Religionsphilosophie der
    Goethezeit, Bd. 1., Die Spinozarenaissance, Frankfurt a. M. 1974.

ERNST CASSIRER: ÜBER MYTHOS UND SYMBOLISCHE FORM

Von Dominic Kaegi

Cassirers Philosophie der symbolischen Formen hat in jüngster Zeit eine verdiente Renaissance erfahren.[1] Anders jedoch als sonst bei akademischen Renaissancen üblich, tun sich ihre Protagonisten schwer, ein philosophisches Programm zu profilieren, das mit dem Namen Cassirers mehr als nur lose verbunden wäre. Einig ist man sich, im Gegenteil, eigentlich nur darüber, daß „im Zusammenhang der Frage, was Cassirers eigene Position gewesen ist", ein „heilloses Durcheinander" bestehe.[2] Unvoreingenommene Beobachter dürften dafür nicht zuletzt Cassirer selbst verantwortlich machen. Mit gewissem Recht. Denn die Schwierigkeiten herauszufinden, „was Cassirers eigene Position gewesen" sei, verdanken sich zu einem guten Teil seiner unterminologischen und manchmal umständlichen Art, Fragestellungen zu exponieren, seinem Impetus, auch unwichtige Details ausführlich zu behandeln, seinem Hang zu überfrachteten historischen Exkursen. „An Stellen, wo andere Philosophen direkt die grundlegenden Ansprüche präsentieren, spricht Cassirer historisch oder benutzt passende Zitate."[3] Übersieht man jedoch hinter den Äußerlichkeiten einer oft unproportioniert gelehrten Darstellung Cassirers systematische Intentionen, läuft man leicht Gefahr, ihn bloß als Historiker zu lesen, den man als Quelle gern zur Kenntnis nimmt, dem man aber eine selbständige Konzeption nicht wirklich zutraut. Das Thema „Mythos" bietet dafür ein gutes Beispiel. Es ist symptomatisch, daß Cassirers Buch über ›Das mythische Denken‹, das noch Heidegger unmittelbar neben Schellings späte Vorlesungen zur ›Philosophie der Mythologie und der Offenbarung‹ gestellt hat, in der jüngsten Debatte um die „Gegenwärtigkeit des Mythos" eine nur marginale Rolle spielt.[4] Es ist symptomatisch – doch es spricht nicht gegen Cassirer. Als einen eigenständigen (und vielen aktuellen Analysen überlegenen) Beitrag zu dieser Debatte kann man Cassirers Deutung des Mythos nur dann wahrnehmen, wenn man gewillt ist, sich auf seinen „grundlegenden Anspruch" einzulassen, mag er noch so verklausuliert vorgetragen sein. Dieser Anspruch aber ist die These, daß eine „Kritik des mythischen Bewußtseins", als die Cassirer seine Interpretation des Mythos insgesamt verstanden wissen will (vgl. PhdsF II, VII), nur im Rahmen einer Theorie der Kultur möglich sei. Den „Grundriß" einer solchen Theorie verspricht die „Philosophie der symbolischen Formen" (vgl. WWS 229), und wie immer man dieses ambitionierte Projekt im einzelnen bewertet – es ist jedenfalls nicht möglich, Cassirers Analyse des Mythos aus ihr zu isolieren. Heidegger hat das, wie gewohnt, überspitzt formuliert, indem er davor warnt, eine adäquate Stellungnahme zu Cassirers Analyse des Mythos sei „erst zu erreichen, wenn nicht nur alle symbolischen Formen dargestellt . . ., sondern vor allem auch die Grundbegriffe dieser Systematik eindringlich ausgearbeitet sind".[5] Davon mag die ›Philosophie der symbolischen Formen‹ weit genug entfernt sein; Cassirer hat noch 1938, fast zehn Jahre nach der Publikation des (vorläufig) letzten Bandes, eingeräumt, daß „eine Reihe prinzipieller Grundfragen . . . der Lösung harren" (ebd.). Auf den Versuch, sich über das „allgemeinste gedankliche Bezugssystem" (STS 8) zu verständigen, das Cassirer seiner Kulturphilosophie zugrunde legt, sollte man trotzdem nicht verzichten. Nur so hat man eine Chance, auch seiner Kritik des mythischen Bewußtseins gerecht zu werden. Um sie zu nutzen, wäre sehr viel mehr zu sagen als die im folgenden aufgebotenen Stichworte. Die Stichworte werden sich außerdem auf einen Aspekt der Cassirerschen Kulturphilosophie beschränken: auf die „Wende" von der Kritik der Vernunft zur Kritik der Kultur. Erst ein einigermaßen konkretes Bild dieser Wende erlaubt es, den Status einzuschätzen, den der Mythos im Rahmen einer „Philosophie der symbolischen Formen" hat und erst dann wiederum macht es Sinn, auch die einzelnen Elemente in der Analyse des mythischen Bewußtseins zu thematisieren.

1. Von der Kritik der Vernunft zur Kritik der Kultur

Setzt man beim Begriff „Kulturphilosophie" ein, so nehmen sich die Möglichkeiten auf Anhieb gering aus, Cassirers Philosophie der symbolischen Formen einen innovativen oder originellen Zug abzugewinnen. Die Idee einer – „kritischen" – Kulturphilosophie zählt schließlich zum programmatischen Gemeingut des Neukantianismus,[6] und wo Cassirer diese Idee aufgreift, scheint er nur die Bemühungen um eine Universalisierung der Kantischen Erkenntnistheorie „auf alle Gebiete des Geistes", die in unterschiedlicher Form die südwestdeutsche und Marburger Schule verfolgten, durch eine weitere Variante zu ergänzen. Aber Cassirers Philosophie der Kultur ist keine Philosophie der Kultur*wissenschaften*. Das unterscheidet sie grundsätzlich von der Kulturphilosophie des Neukantianismus.[7] So hat er die damals prominente „Abgrenzung des ,ideographischen' Verfahrens der Geschichte gegenüber dem ,nomothetischen' Verfahren der Naturwissenschaft" für „bei weitem überschätzt" gehalten (WWS 7). Sie markiert nicht wirklich eine wesentliche Differenz zwischen verschiedenen Formen der Kultur,[8] sondern allenfalls eine methodische Akzentverschiebung innerhalb *einer* kulturellen Form – der Wissenschaft. „Die Entgegensetzung des histori-

schen und des naturwissenschaftlichen Erkenntnisideals betrifft nur die
Gliederung der Teile innerhalb des Systembegriffs der wissenschaftlichen
Erkenntnis, geht dagegen nicht auf die Frage, wie diese letztere sich als
Ganzes zu anderen geistigen Ganzheiten von wesentlich verschiedener
Fügung verhält." Vor völlig neue Fragen gestellt sehe man sich daher, sobald
man versuche, den „Blick über die reinen *Wissensformen* hinaus auf die *Totalität* der geistigen Formen der Weltauffassung zu richten. Jede von ihnen
– wie die Sprache, der Mythos, die Religion und die Kunst – erweist sich als
ein eigentümliches Organ der ideellen Weltschöpfung, das neben der theore-
tisch-wissenschaftlichen Erkenntnis und ihr gegenüber sein besonderes
Recht besitzt" (ebd.). Die Aufforderung, den „Blick über die reinen Wissensformen hinaus auf die Totalität der geistigen Formen der Weltauffassung
zu richten", wendet sich, wie aus dem Kontext der Stelle hervorgeht, wohl
unmittelbar gegen Windelband und Rickert. Sie trifft aber auch Cohen. Das
gilt nicht nur vordergründig für Cohens „transzendentale Methode", vom
Faktum der Wissenschaft aus nach den Bedingungen der Möglichkeit ent-
sprechender Erkenntnis zu fragen. Wichtiger noch als diese Methode ist die
Prämisse, die Cohen dabei unterstellt: Für Cohen sind die verschiedenen
„Richtungen des Kulturbewußtseins", wie er sich ausdrückt, verschiedene
Arten der *Erkenntnis*, deren Fundament deswegen auch zuletzt im Rahmen
einer „Logik der reinen Erkenntnis" gesucht werden muß.[9] Diese Prämisse
teilt Cassirer nicht, und die allgemeinste Charakterisierung seiner Kulturphilosophie wäre deshalb, daß sie *die Erkenntnis vom Begriff der Kultur und*
nicht die Kultur vom Begriff der Erkenntnis her denkt. Im Kontext dieser Revision der neukantianischen Kulturtheorie steht bei Cassirer dann auch die
Neubewertung des „mythischen Bewußtseins". Kapital schlagen läßt sich
aus der genannten Charakterisierung allerdings erst, wenn klar ist, an „Erkenntnis" in welchem Sinne sich die Alternative zwischen Kultur und Erkenntnis orientiert. Dafür bildet nicht länger der Neukantianismus die systematische Gegenposition, sondern Kant selbst. Das mag überzogen klingen.
Allein der Anspruch, die Kritik der Vernunft müsse zur Kritik der Kultur
werden, *ist* de facto eine Distanzierung von Kant. Gewiß hat Cassirer die ele-
mentaren Intuitionen dessen, was er den „kritischen" oder „transzenden-
talen" Idealismus nennt, an keiner Stelle leugnen wollen. Zu diesen Intuitionen gehört der „Grundgedanke", daß die „Funktionen" des Denkens, die
produktiven Leistungen von Anschauung und Begriff, das „Sein" bestimmen, und nicht, wie im Rahmen der klassischen Ontologie und Metaphysik, das „Sein" die Funktionen des Denkens:

Die „Revolution der Denkart", die Kant innerhalb der theoretischen Philosophie
durchführt, beruht auf dem Grundgedanken, daß das Verhältnis, das bisher zwischen
Erkenntnis und ihrem Gegenstande allgemein angenommen wurde, einer radikalen
Umwendung bedürfe. Statt vom Gegenstand als dem Bekannten und Gegebenen

auszugehen, müsse vielmehr mit dem Gesetz der Erkenntnis als dem allein wahrhaft Zugänglichen ... begonnen werden. Statt die allgemeinsten Eigenschaften des Seins im Sinne der ontologischen Metaphysik zu bestimmen, müsse durch eine Analyse des Verstandes die Grundform des *Urteils* als der Bedingung, unter welcher Objektivität allein setzbar ist, ermittelt und in all ihren Verzweigungen bestimmt werden. Diese Analyse erschließt nach Kant erst die Bedingungen, auf denen jedes Wissen vom Sein beruht (PhdsF I, 9)

und in Fortschreibung dieser Analyse sucht Cassirer in der Tat „dem Wege zu folgen, den Kant der ‚kritischen Philosophie' gewiesen hat" (WWS 227 f.). Doch das heißt eben auch, daß er dabei nicht stehenbleibt. Kant hat, so wird man mit Cassirer vielmehr sagen müssen, das Denken zwar in seiner gegenstandskonstituierenden Leistung beschrieben, aber er hat es zugleich *auf die Funktion des Urteils reduziert.* „Der Gegenstand, den die transzendentale Analytik auf diese Weise vor uns hinstellt, ist als Korrelat der synthetischen Einheit des Verstandes, selbst ein rein logisch bestimmter Gegenstand. Er bezeichnet daher nicht alle Objektivität schlechthin" (PhdsF I, 9 f.), denn neben der „Grundform des Urteils" gibt es eine Vielzahl anderer Funktionen des Denkens, die nicht minder Objektivität „setzen". Damit gewinnt die „kopernikanische Drehung, mit der Kant begonnen hat", einen „neuen Sinn".

Sie bezieht sich nicht allein auf die logische Urteilsfunktion, sondern greift mit gleichem Grund und Recht auf jede Richtung ... geistiger Gestaltung über. (...) Das Grundprinzip des kritischen Denkens, das Prinzip des „Primats" der Funktion vor dem Gegenstand, nimmt in jedem Sondergebiet eine neue Gestalt an und verlangt eine neue, selbständige Begründung. Neben der reinen Erkenntnisfunktion gilt es, die Funktion des sprachlichen Denkens, die Funktion des mythisch-religiösen Denkens und die Funktion der künstlerischen Anschauung derart zu begreifen, daß daraus ersichtlich wird, wie in ihnen eine bestimmte Gestaltung nicht sowohl der Welt als vielmehr eine Gestaltung zur Welt, zu einem objektiven Sinnzusammenhang und einem objektiven Anschauungsganzen sich vollzieht. *Die Kritik der Vernunft wird damit zur Kritik der Kultur* (a. a. O., 10 f.).[10]

 Daß sich Mythos, Sprache und Kunst nicht als Arten der Erkenntnis präsentieren, besagt zunächst also, daß sie im Ausgang von der logischen Urteilsfunktion nicht angemessen begriffen werden können. Um so näher mag es liegen, Cassirers Transformation der Kritik der Vernunft zu einer Kritik der Kultur in Begriffen der Unterscheidung zwischen propositionalen und nicht-propositionalen Formen des Wissens zu deuten. Im Sinne dieser Unterscheidung könnte man dann sagen, daß die Wende zur Kritik der Kultur der Thematisierung eben jener Strukturen eines nicht-propositionalen Wissens gilt, die das „sprachliche Denken", das „mythisch-religiöse Denken" und die „künstlerische Anschauung" bestimmen, während Kant, wenn er diese „Sondergebiete" überhaupt berücksichtigt, sie insgesamt dem propositio-

nalen Wissen assimiliert. Ein *Aspekt* der Cassirerschen „Wende" ist die
Einbeziehung von Formen nicht-propositionalen Wissens zweifellos, und
sicher ist sie auch eine Pointe gegenüber Kant. Das gilt gerade dort, wo er in
der Sache direkt an das Kantische Projekt einer Theorie wissenschaftlicher
Erkenntnis anknüpft. Im dritten Band der ›Philosophie der symbolischen
Formen‹ über die „Phänomenologie der Erkenntnis" geht es zumindest
auch um die Fundierung wissenschaftlicher Erkenntnis in ursprünglichen
Vollzügen vorprädikativer Erfahrung, um die Bedeutung elementarer
sprachlicher Kompetenzen für die Begriffsbildung oder um die Rolle des in-
strumentellen Wissens im Aufbau der Gegenstandserkenntnis.[11] Und für die
dabei einschlägigen Phänomene der Ausdruckswahrnehmung, die Stö-
rungen der Aphasie und Apraxie spielen die Analysen der Sprache wie des
Mythos einen wichtigen Part. Aber ebenso sicher wäre damit allein der entscheidende Gedanke in Cassirers „Wende" noch nicht benannt. Im Kontext
der „Phänomenologie der Erkenntnis" dienen Sprache und Mythos im
Grunde nur als Reservoirs von Beispielen für den „natürlichen Weltbegriff"
(vgl. PhdsF III, 329), ohne als selbständige geistige Formen ausdrücklich zu
werden. Darauf hat Cassirer selbst hingewiesen, wenn er die Anlage des
dritten Bandes erläutert, daß „der Schicht der begrifflichen, der ‚diskursiven‘ Erkenntnis ... jetzt jene anderen geistigen Schichten, die die Analyse
der Sprache und des Mythos aufgedeckt hat, unterbreitet und unterbaut
werden und im ständigen Hinblick und Rückblick auf diesen Unterbau wird
die Eigenart, die Gliederung und Architektonik des ‚Oberbaus‘ der Wissenschaft zu bestimmen gesucht" (PhdsF III, VI). Von der *Gesamt*konzeption
der ›Philosophie der symbolischen Formen‹ macht man sich gerade deshalb
ein falsches Bild, liest man sie einseitig vom dritten Band her. Denn in
Sprache und Mythos nur die Exemplifizierungen nicht-propositionaler Wissensformen zu sehen, die der diskursiven Erkenntnis der Wissenschaften
bloß vorausliegen, heißt letztlich, die „rein logische Urteilsfunktion" selbst,
in der Analyse, die Kant ihr gegeben hat, nicht weiter zu problematisieren.
Um eine Kritik der Strukturbeschreibung dieser Funktion aber geht es Cassirer. Soll die „kopernikanische Drehung" wirklich auf jede „Richtung
geistiger Gestaltung übergreifen", muß das Prinzip dieser „Drehung", der
Primat der Funktion vor dem Gegenstand, so gedacht werden, daß die
logische Urteilsfunktion als nur eine mögliche Applikation dieses Prinzips
– neben sprachlichem und mythischem Denken, der künstlerischen Anschauung – transparent wird. Genau das jedoch ist im Rahmen der Kantischen Systematik, wie Cassirer glaubt, ausgeschlossen, weil Kant das angeführte Prinzip unmittelbar aus einer Analyse der „Grundform des Urteils"
ableitet.[12] Cassirers Wende von der Kritik der Vernunft zur Kritik der Kultur
besteht so gesehen darin, daß er das Prinzip des „kritischen Idealismus" aus
einem gegenüber Kant erweiterten Funktionsbegriff entwickelt – einem

Funktionsbegriff, der nicht mehr auf die Urteilsfunktion wissenschaftlicher Erkenntnis beschränkt bleibt, sondern seine Anwendung in „allen Richtungen geistiger Gestaltung" und auf allen „Gebieten des Geistes" findet. Cassirer denkt die Erkenntnis von der Kultur her, indem er die rein logische Urteilsfunktion in ein übergeordnetes Konzept von Funktion integriert, das es erlaubt, Kunst, Mythos, Sprache und Wissenschaft als jeweils autonome Funktionen des Geistes zu interpretieren. Das dokumentiert den engen systematischen Zusammenhang zwischen der ›Philosophie der symbolischen Formen‹ und dem frühen Buch über ›Substanzbegriff und Funktionsbegriff‹. Der dort entwickelte Begriff von Funktion ist es auch, mit dem man Kants Urteilslehre konfrontieren muß, um zu verstehen, weshalb der angesprochene erweiterte Funktionsbegriff für Cassirer im wesentlichen ein Begriff *symbolischer* Funktionen des Geistes ist.

2. „Funktion" und „Symbol"

Im Sinne einer solchen Konfrontation empfiehlt es sich, Cassirers eigener Darstellung der Urteilstheorie Kants zu folgen. Ohne eine weitläufige Wiedergabe der kantischen Texte, die im gegenwärtigen Kontext nicht geboten wäre, hat man so dennoch die Möglichkeit, Cassirers „Wende" aus den Prämissen der kantischen Philosophie selbst zu motivieren. Zu diesen Prämissen rechnet eine „Unterscheidung innerhalb des Gebiets des Urteils", die für „die allgemeine Einführung des kritischen Problems [charakteristisch] ist" (EP 664): die Unterscheidung zwischen Wahrnehmungs- und Erfahrungsurteilen. Empirische Urteile, sagt Kant

so fern sie objektive Gültigkeit haben, sind Erfahrungsurteile; die aber, so nur subjektiv gültig sind, nenne ich bloße Wahrnehmungsurteile. Die letzteren bedürfen keines reinen Verstandesbegriffs, sondern nur der logischen Verknüpfung der Wahrnehmungen in einem denkenden Subjekt. Die erstern aber erfordern jederzeit, über die Vorstellungen der sinnlichen Anschauung, noch besondere im Verstande ursprünglich erzeugte Begriffe, welche es machen, daß das Erfahrungsurteil objektiv gültig ist.[13]

Was ein Erfahrungsurteil von einem Wahrnehmungsurteil unterscheidet, kommentiert Cassirer, ist „nicht eine Differenz des Seins" (daß sich Wahrnehmungsurteile auf private Wahrnehmungsgegenstände wie Empfindungen oder Sinnesdaten beziehen, Erfahrungsurteile aber auf empirische Objekte), sondern eine der „Gültigkeit". Beide, das Wahrnehmungsurteil wie das Erfahrungsurteil, sind „Verknüpfungen" von Vorstellungen der sinnlichen Anschauung – oder kurz: von Anschauungen.[14] Anders als Wahrnehmungsurteile erheben die Erfahrungsurteile jedoch einen Anspruch auf objektive Geltung unabhängig von der „momentanen Zuständlichkeit des

Einzelbewußtseins", in dem gegebene Anschauungen zwar widerspruchsfrei („logisch"), aber bloß assoziativ verbunden sind. Und daß sie diesen Anspruch erheben, besagt für Cassirer nicht anders als für Kant, daß sie Notwendigkeit und Allgemeingültigkeit fordern. „Objektive Gültigkeit und notwendige Allgemeingültigkeit sind Wechselbegriffe" (EP 665; vgl. Proleg. A 79). „Notwendig" und „allgemeingültig" qualifizieren dabei nicht den Wahrheitswert eines Erfahrungsurteils; kein empirisches Urteil ist, wenn es denn wahr ist, notwendig und allgemeingültig wahr. Als notwendig und allgemeingültig „an" einem Erfahrungsurteil gilt Kant vielmehr die *Synthesis der Anschauungen*, und diese Synthesis ist notwendig und allgemeingültig genau dann, wenn sie aufgrund einer universellen Regel, eines „Gesetzes" geschieht.[15] Solche Regeln oder Gesetze sieht Kant in den reinen Verstandesbegriffen, den Kategorien, realisiert, weshalb er die Differenz zwischen Wahrnehmung und Erfahrung auch so formulieren kann, daß die Kategorien aus der Wahrnehmung, aus bloß assoziierten Anschauungen, Erfahrung „erzeugen". „Wenn ich sage, Erfahrung lehrt mich etwas, so meine ich jederzeit nur die Wahrnehmung, die in ihr liegt, z. B. daß auf die Beleuchtung des Steins durch die Sonne jederzeit Wärme folge, und also ist der Erfahrungssatz allemal zufällig. Daß diese Erwärmung notwendig aus der Beleuchtung durch die Sonne erfolge, ist zwar in dem Erfahrungsurteile (vermöge des Begriffs der Ursache) enthalten, aber das lerne ich nicht durch Erfahrung, sondern umgekehrt, Erfahrung wird allererst, durch diesen Zusatz des Verstandesbegriffs (der Ursache) zur Wahrnehmung, erzeugt."[16] An Kants Bestimmung des Verhältnisses von Wahrnehmung und Erfahrung knüpft Cassirer unmittelbar an: Wo er von „geistiger Gestaltung", „Formgebung" oder „Tätigkeit des Geistes" spricht, ist zunächst im Kantischen Sinne die Erzeugung von Erfahrung aus subjektiver Wahrnehmung gemeint.[17] „Gestaltung" bezeichnet die Objektivierung von Anschauungen. Um so instruktiver wird, was Cassirers Kritik an Kant betrifft, die Frage, wie er selbst diese Erzeugung denkt. Für Kant jedenfalls besteht der „Zusatz des Verstandesbegriffs" im wesentlichen darin, daß eine Mannigfaltigkeit von Wahrnehmungen unter einen gegebenen Verstandesbegriff *subsumiert* wird: das „Vermögen" der Subsumtion nennt Kant „Urteilskraft", und den Vollzug, die „Handlung" des Subsumierens die „Funktion" des Urteils.[18] Es ist der Gedanke der Subsumtion und das mit ihm verbundene Verständnis von Funktion, an dem Cassirer Anstoß nimmt. Um die Funktion des Urteils als Subsumtion von Anschauungen unter Begriffe beschreiben zu können, muß man nämlich, wie Cassirer meint, den Begriff im Sinne eines gemeinsamen Merkmals interpretieren, das aus einer unbestimmten Mannigfaltigkeit sinnlicher Vorstellungen durch Komparation und Reflexion abstrahiert sei.[19] Diese „abstraktionstheoretische" Deutung des Begriffs, die Kant aus der traditionellen Logik übernommen habe (vgl.

PhdsF III, 341), erscheint Cassirer unvereinbar mit der „kritischen" (oder „idealistischen") Interpretation der Kategorien als Regeln für die Synthesis von Vorstellungen. Denn Begriffe als Regeln der Synthesis von Vorstellungen sind Begriffe von *Relationen*, und eine Relation läßt sich nicht mehr als Merkmal auffassen, das unbestimmt vielen Vorstellungen gemeinsam zukäme (vgl. EP 667 f.). Zwar kann man prinzipiell auch Relationen als Eigenschaften konstruieren, die ein *Paar* von Gegenständen charakterisieren; ein Relationsbegriff wäre so definierbar als der Begriff eines Merkmals, das unterschiedliche Gegenstandspaare teilen. Aber gerade dann wird man einräumen müssen, daß die primären Daten der Begriffsbildung nicht eine unbestimmte Mannigfaltigkeit isolierter Vorstellungen ausmachen, von denen durch „Komparation" und „Reflexion" ein gemeinsames Merkmal erst abstrahiert werden müßte. Primär ist vielmehr die *Beziehung* zwischen den Vorstellungen, und eine solche Beziehung läßt sich schon deshalb nicht aus einem Vergleich als das Gemeinsame verschiedener Paare ableiten, weil sie selbst erst so etwas wie Paare konstituiert. Den einschlägigen Beleg dafür hat Cassirer in den *mathematischen Funktionsbegriffen* gesehen: Funktionsterme wie $\frac{n}{n+1}$ gewinnt man nicht dadurch, daß man eine Mannigfaltigkeit von Vorstellungen ($\frac{1}{2}$, $\frac{2}{3}$, $\frac{3}{4}$, $\frac{4}{5}$ ...) untereinander vergleicht und dann auf ein ihnen gemeinsames Merkmal schließt. Um $\frac{1}{2}$ und $\frac{2}{3}$, $\frac{2}{3}$ und $\frac{3}{4}$ überhaupt vergleichen zu können, müssen die Beziehungen zwischen $\frac{1}{2}$ und $\frac{2}{3}$, $\frac{2}{3}$ und $\frac{3}{4}$ bereits gegeben sein, und gegeben sind diese Beziehungen nur, wenn man den Funktionsterm $\frac{n}{n+1}$ als eine Regel interpretiert, die eine entsprechende *Reihe* von Vorstellungen erzeugt (vgl. PhdsF III, 364).

Die Verknüpfung der Glieder wird in jedem Fall durch irgendein allgemeines Gesetz der Zuordnung *geschaffen*, kraft dessen eine durchgängige Regel der Abfolge festgestellt wird. Was den Elementen der Reihe a, b, c ... ihren Zusammenhalt verleiht, ist nicht selbst ein neues Element ..., sondern es ist die Regel des Fortschritts, die als ein und dieselbe festgehalten wird, gleichviel an welchen Gliedern sie sich darstellt. Die Funktion F(a, b), F(b, c) ... die die Art der Abhängigkeit zwischen den aufeinanderfolgenden Gliedern festsetzt, ist augenscheinlich nicht selbst als ein Glied der Reihe aufzeigbar, die ihr gemäß entsteht und sich entwickelt. Die Einheit des Begriffsinhalts kann somit aus den besonderen Elementen des Umfangs nur in der Weise „abstrahiert" werden, daß wir uns *an* ihnen der spezifischen Regel, durch die sie in Beziehung stehen, bewußt werden: nicht aber derart, daß wir diese Regel *aus* ihnen, durch bloße Summierung oder Fortlassung von Teilen zusammensetzen. Was der Theorie der Abstraktion Halt verleiht, ist lediglich der Umstand, daß sie die Inhalte, aus welchen der Begriff sich entwickeln soll, selbst nicht als unverbundene Besonderheiten voraussetzt, sondern sie bereits stillschweigend in der Form einer geordneten Mannigfaltigkeit denkt. Der „Begriff" ist damit aber nicht abgeleitet, sondern vorweggenommen: denn indem wir einer Mannigfaltigkeit eine Ordnung und einen Zusammenhang ihrer Elemente zusprechen, haben wir ihn (...) in seiner grundlegenden Funktion bereits vorausgesetzt (SF 21 f.).[20]

Diesen funktionalen Sinn erfüllen nach Cassirer alle Begriffe, und a forteriori die reinen Verstandesbegriffe, die Kategorien. Auch die Kategorien erzeugen, als „Urformen der Synthesis", Vorstellungsreihen, die einer bestimmten Ordnung gehorchen – einer Ordnung zum Beispiel des Nebeneinander (Raum), des Nacheinander (Zeit), der Ursache und Wirkung (Kausalität) oder der „gegenständlichen Verknüpfung" (Substantialität) (vgl. PhdsF I, 29).[21] Prinzipiell besteht deswegen für Cassirer – wie für Kant – die Objektivierung von Anschauungen in der Erzeugung geordneter Synthesen von Anschauungen. Anders als Kant aber denkt Cassirer diese Erzeugung nicht als die Handlung einer Subsumtion unbestimmt mannigfaltiger Anschauungen unter einen Begriff, eine Kategorie, die die Regel für ihre Synthesis abgibt, sondern als die Applikation einer Regel *in der Anschauung*. Während bei Kant die Erfahrung aus der Subsumtion von bloß assoziierten Anschauungen unter Begriffe resultiert, ist bei Cassirer die Erfahrung selbst nichts anderes als die Anwendung des Verstandesbegriffes. Das hat Konsequenzen für seine Darstellung des „kritischen Problems". Zum einen fällt bei Cassirer die Wahrnehmung als eine dritte Instanz neben Begriff und Erfahrung weg, sie geht gewissermaßen in der Erfahrung auf. Erfahrung muß nicht erst aus der Subsumtion unbestimmter Anschauungen unter Begriffe abgeleitet werden; Erfahrung liegt immer schon vor als ein geordnetes Ganzes von Anschauungen. Gegeben ist also nicht eine unstrukturierte Mannigfaltigkeit von Vorstellungen, gegeben sind Vorstellungen, die kraft ihrer internen Ordnung einander repräsentieren, wenn man unter Repräsentation mit Cassirer die Darstellung „eines Bewußtseinselementes in einem anderen und durch ein anderes" (a. a. O., 35) versteht. So verweist jede Anschauung von sich aus auf andere, die eines räumlichen Hier z. B. auf die des Da und Dort (vgl. a. a. O., 36).[22] Mit diesem repräsentationalen Charakter der Erfahrung verliert, zweitens, der generelle Kontrast zwischen Sinnlichkeit und Verstand (Materie und Form der Erkenntnis) seinen Dualismus, den er noch für Kant hat.[23] Weil ursprünglich gegeben nicht eine unbestimmte Mannigfaltigkeit sinnlicher Vorstellungen ist, sondern Vorstellungsreihen, die in ihrer Ordnung Verstandesbegriffe exemplifizieren, braucht Cassirer zumindest kein zusätzliches „Vermögen" in Anspruch zu nehmen, das zwischen Sinnlichkeit und Verstand vermittelte. Man kann sagen, daß für Cassirer, ebenso wie Wahrnehmung immer schon als Erfahrung vorliegt, die Kategorien immer schon als „schematisierte" vorliegen oder, in seiner eigenen Terminologie: Jede Erfahrung, als geordnete Mannigfaltigkeit von Vorstellungen, ist die *Funktion* eines entsprechenden Begriffs, als der Regel der Ordnung der Vorstellungen – die „Funktion" in derselben Bedeutung, in der eine arithmetische Reihe die Funktion eines arithmetischen Begriffs ist.[24] Das Verhältnis von Erfahrung und Begriff läßt sich dann, drittens, über Kant hinaus auch als ein *symbolisches* verstehen.

Wie die arithmetische Reihe den Funktionsterm als die Regel, nach der sie
erzeugt wird, exemplifiziert, so exemplifizieren Vorstellungsreihen die
Regel ihrer Synthesis, und „symbolisch" ist diese Exemplifizierung zunächst
darin, daß man es bei den Vorstellungsreihen mit einer Verknüpfung von *Anschauungen* zu tun hat, die einen Begriff (einen „ideellen Gehalt") darstellen. Darum kann Cassirer bereits im ›Erkenntnisproblem‹ die kantische
Differenz zwischen Wahrnehmungs- und Erfahrungsurteilen unter dem Gesichtspunkt der Symbolisierung von Begriffen durch Anschauungen refor-
mulieren: „objektiv gültig" ist eine Verknüpfung sinnlicher Vorstellungen
nicht, sofern sie einem Allgemeinbegriff subsumiert wird, sondern diesen
Allgemeinbegriff symbolisiert. „Wenn wir einen Tatbestand als ‚objektiv
gültig' bezeichnen, so haben wir ihm dadurch rein inhaltlich nicht den min-
desten neuen Zug hinzugefügt (...). Das Neue liegt lediglich in der verän-
derten formalen Beurteilung, in der neuen Beleuchtung gleichsam, die es
empfängt, indem wir ihn als *Symbol* einer allgemeingültigen Verknüpfung
ansehen" (EP 665).

3. Symbolische Prägnanz, „Formgebung" und symbolische Form

Selbst wenn diese Überlegungen die Einführung des Symbolbegriffs in die
Urteilstheorie motivieren, sind damit allein die systematischen Intentionen,
die Cassirers unausdrückliche Kritik an Kant leiten, noch immer nicht eingeholt. Auf den ersten Blick handelt es sich in der Cassirerschen Deutung von
Erfahrung und Erfahrungsurteil nur um ein *anderes,* mathematisch inspiriertes, Konzept von „Funktion", nicht aber um ein gegenüber Kant erwei-
tertes. Und im Rahmen dieses „anderen" Funktionsbegriffs scheint die
Formgebung oder Erzeugung außerdem eine extrem idealistische Tendenz
zu erhalten, die Cassirers Symboltheorie am Ende doch wieder in unmittelbare Nähe zu Cohens „Logik des Ursprungs" rückt.[25] Es ist zumindest nicht
auf Anhieb klar, welches „Material" der Formgebung noch zugrunde liegen
sollte, sobald sich die Tätigkeit des Geistes in der Erzeugung von Vorstellungsreihen *nicht mehr*, wie bei Kant, auf eine noch unstrukturierte Mannigfaltigkeit von Vorstellungen bezieht. Man kann jedoch Cassirers Auflösung
(oder Aufhebung) der Wahrnehmung in die Erfahrung folgen, ohne gezwungen zu sein, die Reihenbildung von Vorstellungen als eine Erzeugung
buchstäblich aus dem Nichts zu denken.[26] Es besteht nämlich immer noch
die Möglichkeit, unter einer bestimmten Beschreibung die Vorstellungsreihen selbst als das „Material" der Formgebung zu deuten. Genau das ist
Cassirers Gedanke, wenn er in jeder Vorstellungsreihe als dem Symbol eines
Begriffes zugleich ein *Zeichen*[27] für diesen Begriff sieht, um dann zwischen
Ausdruck, Darstellung und *Bedeutung* im Sinne verschiedener *Symbolfunk-*

tionen von Zeichen zu differenzieren (vgl. STS 9 ff.; PhdsF III, 127 f. u. ö.): Zeichen in bloßer Ausdrucksfunktion sind Zeichen by courtesy, im Grunde aber keine „echten" Zeichen, bei denen das Zeichen selbst vom Bezeichneten zu trennen wäre, sondern Anschauungen, die mit einem unmittelbaren „Ausdruckswert" gesättigt erscheinen (STS 9). Dazu gehören alle Phänomene der Ausdruckswahrnehmung (vgl. LK 34 ff.), wie sie vor allem die „mythische Weltanschauung" bestimmen (a. a. O., 40). Der Darstellung dagegen dienen Zeichen, wenn sie, statt eine emotionale „Zuständlichkeit" auszudrücken, „eine Beziehung im Sein" vermitteln, „die ‚an sich' bestehen soll und die in diesem ihrem Bestand für jedes empfindende, anschauende und denkende Subjekt in gleicher Weise auffindbar und feststellbar gedacht wird" (STS 10): in der Darstellung bezieht man sich (durch sprachliche Zeichen) auf objektive Sachverhalte oder Tatsachen. Reine Bedeutungszeichen schließlich drücken weder etwas aus, noch stellen sie etwas dar; vielmehr sind sie Zeichen „im Sinne einer bloß abstrakten Zuordnung" (ebd.). Das Paradigma solcher Zeichen geben die mathematischen und logischen Zeichen ab, die ohne einen bestimmten Ausdruckswert oder Darstellungsinhalt einen axiomatisch definierten Sinn repräsentieren: „Was immer diesen Axiomen genügt, kann als Repräsentant dieses Sinngehalts gewählt werden" (a. a. O., 11). Bezieht man nun die Unterscheidung verschiedener Zeichenfunktionen zurück auf die Bestimmung des Symbols als der Exemplifizierung einer Regel in der Anschauung, wird deutlich, daß jede Synthesis von Anschauungen eine entsprechende Regel auf *spezifische Weise*, in einer bestimmten *Modalität* (vgl. PhdsF I, 29 ff.; II, 27. 78; III, 232 ff.) symbolisiert. Eine Synthesis von Anschauungen kann das Gesetz ihrer Verknüpfung, ihren Begriff, ausdrücken, so daß die Regel der Synthesis in der Verknüpfung selbst unmittelbar präsent ist; sie kann einen Begriff darstellen, so daß die Synthesis von Anschauungen eine entsprechende Regel abbildet, und, drittens, kann eine Synthesis von Anschauungen die Bedeutung eines entsprechenden Gesetzes sein; der Regel ist dann eine bestimmte Reihe von Vorstellungen zugeordnet. Cassirer hat diese drei Modi der Symbolisierung mit Vorliebe am Beispiel eines anschaulich gegebenen „Linienzugs" erläutert:

Wir gehen von einem bestimmten Wahrnehmungserlebnis aus: von einer Zeichnung, die wir vor uns sehen, und die wir in irgendeiner Weise als eine optische Struktur, als ein zusammenhängendes Ganzes erfassen. Hierbei können wir zunächst dem rein-sinnlichen „Eindruck" jener Zeichnung zugewandt sein: wir erfassen sie etwa als einen einfachen Linienzug, der sich durch bestimmte sichtbare Qualitäten, durch gewisse elementare Grundzüge seiner räumlichen Form gegen andere unterscheidet und abhebt. (...) Aber während ich noch dem Eindruck dieses schlichten Wahrnehmungserlebnisses hingegeben bin, ... beginnt plötzlich der Linienzug sich gleichsam als ganzes von innen her zu beleben. Das räumliche Gebilde wird zum äs-

thetischen Gebilde: ich erfasse in ihm den Charakter eines Ornaments, mit dem sich
für mich ein bestimmter künstlerischer Stil und eine künstlerische Bedeutsamkeit verknüpft. (...) Und abermals kann sich die Form der Betrachtung wandeln, sofern sich
mir das, was sich zunächst als reines Ornament darstellte, als Träger einer mythisch-
religiösen Bedeutung enthüllt. (...) Die Gestalt wirkt nicht mehr bloß als ästhetische
Form, sondern wie eine Uroffenbarung aus einer anderen Welt: aus der Welt des
„Heiligen", die den, der für sie aufgeschlossen ist, hier mitten im sinnlichen Erlebnis
mit ihrem Geheimnis und mit ihrem Schauer überfällt. Und dieser Form der Auffassung und inneren Aneignung können wir schließlich mit bewußter Schärfe eine
andere, ihr diametral entgegengesetzte gegenüberstellen. Wo der ästhetisch-Betrach-
tende sich der Anschauung der reinen Form hingibt – wo sich dem religiös-Ergrif-
fenen in der Form ein mystischer Sinn erschließt, da kann sich dem Gedanken das
Gebilde, das vor dem sinnlichen Auge steht, als Beispiel für einen rein logisch-begriff-
lichen Zusammenhang geben. (...) Und auch hier ist es das Ganze der anschaulichen
Gestalt ..., das unter diesen spezifischen „Gesichtspunkt" gestellt und ihm gemäß
mit einem bestimmten Sinngehalt durchdrungen wird. Wo die ästhetische Richtung
der Betrachtung vielleicht eine Hogarthsche Schönheitslinie vor sich sah – da sieht
der Blick des Mathematikers das Bild einer bestimmten trigonometrischen Funktion
... vor sich, während der mathematische Physiker in eben dieser Kurve vielleicht das
Gesetz eines bestimmten Naturvorgangs, das Gesetz für eine periodische Schwin-
gung erkennt (STS 6 f.; vgl. WWS 211 f.; PhdsF III, 232 f.).

Der hier einmal ästhetisch, mythisch und mathematisch betrachtete Linienzug ist für sich genommen zunächst eine Synthesis von Anschauungen
nach Begriffen – des Raumes und der Zeit. Als eine solche raumzeitlich geordnete Mannigfaltigkeit von Anschauungen zeigt sich der Linienzug unter
jeder „Form der Betrachtung", und unter jeder dieser Formen kann man
deshalb auch von ihm sagen, daß er einen Begriff – als die Regel der Synthesis von Anschauungen zu einem „Gebilde" eben dieses Typs – symbolisiert oder als Zeichen für die Regel fungiert. Gleichwohl läßt sich eine solche
Regel *nicht nur* in Begriffen von Raum und Zeit formulieren. Der Linienzug
gehört jeweils einer bestimmten „Welt" an, er fungiert als Zeichen jeweils in
einem bestimmten – ästhetischen, mythischen oder wissenschaftlichen –
Sinnzusammenhang, so daß ein und dieselbe „optische Struktur" ästhetisch
(als Zeugnis eines ornamentalen Stils), mythisch (als „Uroffenbarung des
Heiligen") oder mathematisch (als Verlauf einer Kurve) zugänglich ist: Die
Regel einer bestimmten raumzeitlichen Ordnung, die der Linienzug exem-
plifiziert, wird in jedem Sinnzusammenhang verschieden symbolisiert.
Dieses Verhältnis zwischen Sinnlichem und Sinnzusammenhang bezeichnet
Cassirer als *symbolische Prägnanz*.[28]

Unter „symbolischer Prägnanz" soll also die Art verstanden werden, in der ein
Wahrnehmungserlebnis, als „sinnliches" Erlebnis, zugleich einen bestimmten nicht-
anschaulichen „Sinn" in sich faßt und ihn zur unmittelbar konkreten Darstellung
bringt. (...) [Es ist] die Wahrnehmung selbst, die kraft ihrer eigenen immanenten

Gliederung eine Art geistiger „Artikulation" gewinnt – die, als in sich gefügte, auch einer bestimmten Sinnfügung zugehört. (...) Diese ideelle Verwobenheit, diese Bezogenheit des einzelnen, hier und jetzt gegebenen Wahrnehmungsphänomens auf ein charakteristisches Sinn-Ganzes, soll der Ausdruck „Prägnanz" bezeichnen (PhdsF III, 235).

Dem Begriff der symbolischen Prägnanz kann man damit auch entnehmen, unter welcher Beschreibung die Vorstellungsreihen selbst als das „Material" geistiger Formgebung bezeichnet werden können. Die „Tätigkeit" des Geistes bezieht sich nicht auf die Produktion oder Hervorbringung von Vorstellungsreihen, sondern gilt der Spezifikation ihrer symbolischen Prägnanz. Tätig oder formgebend ist der Geist nicht, indem er gewisse Vorstellungsreihen erst erzeugt – solche Reihen liegen immer schon vor und fungieren als Zeichen – Symbol – eines Gesetzes der Reihenbildung. Als „vorliegenden" aber gibt der Geist ihnen eine „Form", indem er sie zum Ausdruck, zur Darstellung oder zur Bedeutung eines Gesetzes bestimmt: Die Formgebung liegt in der Determination der symbolischen Prägnanz eines Zeichens. Wollte man diese Idee der Formgebung noch einmal auf Kantische Termini bringen, müßte man sagen, daß die Erfahrung bei Cassirer systematisch die Position einnimmt, die bei Kant die Wahrnehmung hat. Auch die Erfahrung ist für Cassirer Gegenstand einer „Verstandes"- oder (wie er sagt) „Geistestätigkeit", sie muß „gestaltet" werden, aber nicht mehr, wie für Kant, *aus* etwas (der unbestimmten Anschauung), sondern *zu* etwas, und das, wozu die Erfahrung gestaltet wird, spezifiziert sie jeweils als ästhetische, mythische oder wissenschaftliche Erfahrung. Cassirer entkoppelt also „Funktion" und „Tätigkeit", die für Kant noch eins sind; mit dieser Entkoppelung erweitert er den Begriff der Funktion auf die ästhetische, mythische oder wissenschaftliche Erfahrung, mit dieser Entkoppelung erhält aber auch die „Tätigkeit" des Geistes in der Erzeugung von Erfahrung einen neuen Sinn. Erzeugt wird nicht mehr die Erfahrung als solche, sondern ihre Bestimmtheit als ästhetische, mythisch-religiöse oder wissenschaftliche Erfahrung: Jede Erfahrung, jeder gesetzmäßige Zusammenhang von Anschauungen, ist die Funktion eines Begriffs, unter diesem Aspekt ist die Erfahrung (gegenüber Kant) *kein* Erzeugnis des Verstandes. Jede Erfahrung ist aber auch in einer spezifischen Modalität die Funktion eines Begriffs, unter *diesem* Aspekt resultiert sie aus geistiger Tätigkeit. Die Tätigkeit des Geistes selbst, die in diesem Sinne Erfahrung konstituiert, nennt Cassirer seine „symbolische Form". „Unter einer ‚symbolischen Form' soll jede Energie des Geistes verstanden werden, durch welche ein geistiger Bedeutungsgehalt an ein konkretes sinnliches Zeichen geknüpft und diesem Zeichen innerlich zugeeignet wird. In diesem Sinne tritt uns die Sprache, tritt uns die mythisch-religiöse Welt und die Kunst als je eine besondere symbolische Form entgegen" (WWS 175). Nach allem, was bislang über Cassirers Verständnis des Symbolischen ausgeführt wurde, dürfte klar sein, daß mit der „Anknüpfung" und „Zueignung" eines Zeichens an einen geistigen Bedeutungsgehalt dabei nicht die Symbolbeziehung im klassischen Sinne gemeint ist. Unter „symbolisch" versteht Cassirer nicht einfach die Abbildung des Ideellen im Sinnlichen, sondern die Exemplifizierung einer Regel in der Synthesis von Anschauungen. Diese Regel bezeichnet Cassirer hier als den „geistigen Bedeutungsgehalt", den das Sinnliche als „Zeichen" symbolisiert: Im Begriff der symbolischen Form wird, folgt man der genannten Definition, die Symbolisierung zum Resultat einer geistigen Tätigkeit, einer „Energie" des Geistes[29], sofern sie die „Anknüpfung" und „Zueignung" des Zeichens an seinen Bedeutungsgehalt voraussetzt. Anknüpfung und Zueignung sind dafür freilich noch sehr äußerliche Charakterisierungen. Geht man aber davon aus, daß sich die geistigen Energien, die symbolischen Formen, jeweils auf Anschauungen qua Zeichen richten, so bietet sich an, die Tätigkeit des Geistes als eine Handlung im Sinne der *Interpretation* zu deuten. Auch die elementare Leistung des Interpretierens besteht ja darin, das Zeichen einem Sinnzusammenhang zu integrieren. Ob man, um das Beispiel noch einmal aufzugreifen, den Linienzug als Ornament oder als Kurvenverlauf betrachtet, hängt davon ab, in welchen Sinnzusammenhang man ihn einordnet; als Ornament oder Kurve ist der Linienzug verschieden interpretiert oder, wie Cassirer sagt, „in verschiedene symbolische Formen aufgenommen" (STS 7). Den Gegenstand der Interpretation bildet somit nie nur ein isoliertes Zeichen; kennzeichnend für jede Interpretation ist vielmehr, daß sie ein Zeichen nur auslegen kann, indem sie zugleich den spezifischen Sinnzusammenhang, die „Welt", erschließt, worin es als Zeichen fungiert. Mythos, Sprache, Kunst und wissenschaftliche Erkenntnis sind „Energien" des Geistes, sofern sie als Interpretationen des sinnlich Gegebenen den jeweiligen Sinnzusammenhang erschließen, in dem das Sinnliche seine Funktion als Zeichen hat; die „Kultur" wäre dann der Inbegriff solcher Interpretationen oder – das System symbolischer Formen des Geistes (vgl. SMC 71).

4. Die Stellung des Mythos im System der symbolischen Formen

Obwohl die ›Philosophie der symbolischen Formen‹ „kein System in der traditionellen Bedeutung des Wortes" geben will (WWS 229), beansprucht Cassirer doch so etwas wie eine „innere" Architektonik der symbolischen Formen. Getragen wird diese Architektonik von einem „allgemeinsten gedanklichen Bezugssystem" (STS 8), dessen einzelne Elemente bisher zwar benannt, aber noch nicht in ihrem „Bezug" aufeinander ausdrücklich gemacht sind. Dieser Bezug läßt sich im Sinne Cassirers am einfachsten herstellen, wenn man sagt, daß jeder symbolischen Form eine Zeichenfunktion entspricht (vgl. STS 9ff.; PhdsF III, 525ff.): Zeichenfunktionen sind Bestimmungen der symbolischen Prägnanz, „symbolische Prägnanz" steht für das Verhältnis zwischen Sinnlichem und Sinnzusammenhang, den Sinnzusammenhang wiederum bildet jeweils ein Ganzes von Begriffen – Kategorien –, die als Regeln oder Gesetze der Synthesis von Anschauungen in der Anschauung symbolisiert werden, die in diesem Sinne Zeichen ist. Als Interpretation eines solchen Zeichens spezifiziert nun jede symbolische Form die symbolische Prägnanz des sinnlich Gegebenen, sie erschließt den Sinnzusammenhang, in dem das Sinnliche als Zeichen steht, und legt damit seine Zeichenfunktion fest: im Mythos fungieren Anschauungen als Ausdruck, in der Sprache als Darstellung, in der wissenschaftlichen Erkenntnis als die Bedeutung von Gesetzen; „aufgenommen" in jeweils eine dieser Formen ist das Sinnliche – also jede Synthesis von Anschauungen oder jede sinnliche „Gestalt" – Zeichen als Ausdruck eines Gesetzes, stellt ein Gesetz dar oder ist dessen Bedeutung. Mythos, Sprache und Erkenntnis als verschiedene „Formen des Geistes" zu beschreiben heißt dementsprechend, sie als verschiedene Formen der Symbolisierung von Gesetzen in der Anschauung zu beschreiben – das wenigstens ist das gemeinsame Programm aller Detailanalysen in den drei Bänden ›Philosophie der symbolischen Formen‹. Cassirer hat mit der Unterscheidung von Ausdruck, Darstellung und Bedeutung aber nicht nur einen „strukturellen", sondern auch einen „historischen" Sinn verbunden; Ausdruck, Darstellung, Bedeutung sind, genauer, nicht nur Aspekte der *synchronen* Beschreibung von Mythos, Sprache und Wissenschaft als unterschiedlichen symbolischen Formen, sie sind ebensosehr *„diachron"* zu verstehen. Mißverstanden jedoch wäre ihr diachroner Sinn, wollte man das Verhältnis von Mythos, Sprache und Wissenschaft einfach als das einer kulturellen Progression deuten. Vermutlich wäre das in der Sache ein extrem unplausibles Bild der Kulturgeschichte, und mit Sicherheit ist es nicht Cassirers Bild. Für ihn sind Sprache und Wissenschaft, aber auch Kunst oder Religion nicht eo ipso „höhere" symbolische Formen als der Mythos; Sprache und wissenschaftliche Erkenntnis firmieren ursprünglich selbst als Mythos und gewinnen Eigenständigkeit erst durch eine kontinuierliche „Arbeit am Mythos"[30]:

Keine dieser Formen besitzt von Anfang an ein selbständiges Sein und eine eigene, klar abgegrenzte Gestalt; sondern jede tritt uns gleichsam verkleidet und eingehüllt in irgendeine Gestalt des Mythos entgegen. Es gibt kaum einen Bereich des „objektiven Geistes", an dem sich nicht diese Verschmelzung, diese konkrete Einheit, die er ursprünglich mit dem mythischen Geiste bildet, aufweisen ließe. Die Gebilde der Kunst wie die der Erkenntnis –, die Inhalte der Sitte, des Rechts, der Sprache, der Technik: sie alle weisen hier auf das gleiche Grundverhältnis hin. Die Frage nach dem „Ursprung der Sprache" ist unlöslich mit der Frage nach dem „Ursprung des Mythos" verwoben. ... Nicht minder führt uns das Problem der Anfänge der Kunst, der Anfänge der Schrift, der Anfänge des Rechts und der Wissenschaft auf eine Stufe zurück, in der sie noch alle in der unmittelbaren und ungeschiedenen Einheit des mythischen Bewußtseins ruhen (PhdsF II, IX; vgl. WWS 111).

Wenn man trotz dieser „Verschmelzung" und konkreten Einheit von einer Entwicklung, in gewisser Hinsicht sogar von einem Fortschritt in der Kultur sprechen kann, dann vor allem deshalb, weil sich die *hermeneutische Leistung* der symbolischen Formen in Ausdruck, Darstellung und Bedeutung jeweils verschieden stark profiliert. Daß Anschauungen Begriffe symbolisieren, und daß sich in den verschiedenen Formen von Symbolisierung immer auch eine geistige Tätigkeit, eine Interpretation artikuliert, wird dem mythischen, dem sprachlichen und dem wissenschaftlichen Denken nicht in demselben Maße bewußt, sofern „bewußt" eine Interpretation ist, in deren Vollzug man die Differenz zwischen Zeichen und „ideellem Bedeutungsinhalt" nicht überspielt. Wer Zeichen und Inhalt einfach identifiziert, mag zwar immer noch das Zeichen „interpretieren", indem er es als den unmittelbaren Ausdruck eines Sinngehalts versteht. Aber dieses Verstehen wird ihm nicht selbst als eine Interpretation des Zeichens transparent sein. Das ausdrucksbezogene mythische Denken, das mit keiner wirklichen Differenz zwischen Zeichen und Inhalt rechnet, gleicht in diesem Sinne einer Interpretation, die ihren eigenen Status verkennt, während im sprachlichen wie im wissenschaftlichen Denken durch die Darstellungs- und erst recht durch die Bedeutungsfunktion des Sinnlichen ein intuitives Wissen für die Unterscheidung zwischen Zeichen und Sinn gesetzt ist – und damit ein, wie immer explizites Selbstverständnis der eigenen hermeneutischen Leistung. Die Zeichenfunktionen von Ausdruck, Darstellung und Bedeutung, die jeweils das Verhältnis zwischen Zeichen und Sinnzusammenhang bestimmen, haben so gesehen für Cassirer auch eine „reflexive" Komponente. Sie verweisen nicht allein auf die unterschiedlichen Arten, in denen die Anschauung Begriffe symbolisiert, sondern indizieren darüber hinaus den Grad, in welchem dem Denken die Interpretation der Anschauung als seine eigene Tätigkeit bewußt ist. Cassirer begreift die symbolischen Formen des Geistes nicht allein unter Gesichtspunkten ihrer „Objektivität" (als Formen der Objektivierung von Anschauungen, die in jeweils verschiedener Funktion Begriffe symbolisieren), sondern auch unter Gesichtspunkten der „Subjektivität". Unter diesen Gesichtspunkten erweisen sich die symbolischen Formen als unterschiedliche Formen der Ausdifferenzierung von „Ich" und „Welt", wobei „Welt" die Gesamtheit der objektivierten Anschauungen bezeichnet, „Ich" dagegen das Bewußtsein der eigenen Produktivität des Geistes in der Objektivierung. „In jedem von ihm frei entworfenen Zeichen erfaßt der Geist den ‚Gegenstand', indem er dabei zugleich sich selbst und die eigene Gesetzlichkeit seines Bildens erfaßt" (PhdsF I, 25 f.; vgl. I, 23 f.; II, 186).

Das Bewußtsein der formgebenden Tätigkeit des Denkens im Denken hat indes nicht nur, und nicht einmal primär, eine theoretische Seite. Wichtiger noch als der Sachverhalt der Reflexion selbst ist die mit der Reflexion gegebene Möglichkeit der *Freiheit*. Solange das Denken – und das gilt, wie gesagt, vor allem für das mythische Denken – die Interpretation eines Zeichens nicht als seine Handlung weiß, bleibt es dem ausgeliefert, was man mit Cassirer die „Magie" des Ausdrucks nennen kann,[31] in der das Sinnliche von selbst einen Sinnzusammenhang zu präsentieren scheint, den das Denken nur noch hinnehmen, von dem es sich aber nicht mehr zu distanzieren vermag. Plakativ gesagt: je größer die suggestive Ausdruckskraft des Zeichens, desto geringer die Autonomie des Geistes. In ›The Myth of State‹ hat Cassirer diese Abhängigkeit fruchtbar gemacht für die Analyse moderner politischer Mythen: faschistische und totalitäre Ideologien sind die (deprimierend erfolgreichen) Versuche, die Magie des Zeichens unter Bedingungen der modernen Technik und Wissenschaft, sogar mit den Mitteln beider, zu restituieren und damit dem Denken die Möglichkeit einer kritischen Distanz gegenüber der Suggestion des Zeichens zu nehmen (vgl. MS 282 ff.).[32] Eine entsprechende Unmittelbarkeit ist jedoch auch für den „ursprünglichen" Mythos charakteristisch. Sosehr das mythische Denken als eine Energie des Geistes formgebend und „schöpferisch" ist, so sehr verliert es sich immer wieder neu an das unmittelbar sinnlich Gegebene; als symbolische Form ist der Mythos daher in gewisser Weise der Austrag eines permanenten Widerspruchs zwischen der Spontaneität geistiger Formgebung und dem Selbstverlust dieser Spontaneität in der „Hingabe" an die Magie des Ausdrucks (PhdsF II, 259): Kennzeichnend für die Stellung des Mythos im System der symbolischen Formen ist die „Dialektik des mythischen Bewußtseins".

5. Die Dialektik des mythischen Bewußtseins

Wenn Cassirer von einer „Dialektik des mythischen Bewußtseins" spricht (vgl. a. a. O., 281 ff.), tut er es offensichtlich auch im Anschluß an Kant.[33] „Dialektik" bezeichnet bei Kant die Kritik eines Scheins, in den sich die Vernunft dadurch verstrickt, daß sie die Kategorien, die als Regeln der Synthesis von Vorstellungen „bloß subjektive" Bedingungen der Möglichkeit von Erfahrung sind, selbst als Gegenstände der Erfahrung deutet. Eine analoge Tendenz der Vergegenständlichung kommt dem mythischen Denken im Sinne Cassirers zu (vgl. a. a. O., 71 f.). Auch das mythische Denken sieht in jedem Zusammenhang von Vorstellungen unmittelbar den Ausdruck einer Regel; folgt z. B. eine Anschauung zu t_2 einer Anschauung zu t_1, so exemplifiziert der Zusammenhang beider nicht nur eine Regel der zeitlichen Sukzession, sondern *ist* als dieser Zusammenhang eine Regel. Dieser Zug zur „Verdinglichung" (vgl. a.a.O., 71; 85 u.ö.) prägt das mythische Denken so nachdrücklich, daß es problematisch scheint, den Mythos überhaupt noch als eine *symbolische* Form des Geistes zu beschreiben.[34] Gibt man der Definition symbolischer Formen eine starke Deutung, in der sie für jede geistige Energie das Bewußtsein einer Differenz zwischen Zeichen und „ideellem Inhalt" voraussetzt, dann ist es in der Tat nicht nur „problematisch", sondern ausgeschlossen, den Mythos als eine symbolische Form zu verstehen. Gerade das aber mag dafür sprechen, der genannten Definition eine schwächere Deutung zu geben: Eine „Energie" des Geistes ist bereits dann eine symbolische Form, wenn sie Sinnliches als *Zeichen* intendiert, unabhängig davon, ob sie das Zeichen von seinem ideellem Inhalt noch einmal explizit unterscheidet, oder im Zeichen direkt den Ausdruck des Bezeichneten sieht. In diesem weiten Sinne ist der Mythos durchaus eine symbolische Form – er ist es sogar auf ausgezeichnete Weise. Denn das mythische Denken interpretiert nicht nur das sinnlich Gegebene als Zeichen, es *entdeckt* allererst den Zeichencharakter des Sinnlichen. Bäume oder Flüsse verkörpern dämonische Mächte, ein Blitz ist kein bloßes Naturereignis, sondern göttlicher Zorn – alles ist dem mythischen Denken Bild und bekundet damit einen transzendenten Sinn. Mythos ist diejenige symbolische Form, in der sich ursprünglich die Entdeckung einer das sinnlich Gegebene transzendierenden Bedeutsamkeit des sinnlich Gegebenen vollzieht.[35] Darin liegt seine Auszeichnung vor allen anderen Formen des Geistes. Religion, Sprache, Kunst und Wissenschaft „ruhen" anfänglich in der „ungeschiedenen Einheit des mythischen Bewußtseins", weil sie alle von der Ausdruckskraft und dem Bedeutungsreichtum der mythischen „Bildwelt" ihren Ausgang nehmen; als symbolische Formen verweisen sie zurück auf die „Urstiftung" des Symbolischen im mythischen Denken. Aber Religion, Sprache, Kunst und Wissenschaft gehen in dieser Bildwelt nicht auf, sondern lösen sich von der Magie des Ausdrucks. Durch unterschiedliche Distanzierungsleistungen – Cassirer nennt u.a. das religiöse Bilderverbot (a.a.O., 287f.) und den ästhetischen Schein (STS 17f.) – dokumentieren sie ein Bewußtsein der Differenz zwischen Zeichen und Sinn, das das mythische Denken nirgends erreicht. In der Entdeckung einer das sinnlich Gegebene transzendierenden Bedeutsamkeit bleibt das mythische Denken im unmittelbaren Ausdruckswert des Sinnlichen befangen und verdeckt sich selbst seine eigene symbolische Formgebung des Sinnlichen. Der Mythos ist damit zugleich die Paradoxie des Geistes, der sich in seinen symbolischen Objektivationsleistungen gerade deshalb verkennt, weil für ihn alles „Objektive" unmittelbar symbolischen, Ausdruckscharakter besitzt. Cassirer hat den Mythos in diesem Punkt nicht zufällig mit der sinnlichen Gewißheit in Hegels ›Phänomenologie des Geistes‹ verglichen (vgl. PhdsF II, IXf.) – das ist das zweite Element der Idee einer „Dialektik" des mythischen Bewußt-

seins.[36] Wie die sinnliche Gewißheit an die unmittelbare Evidenz des „hier"
und „jetzt" gebunden bleibt, findet auch das mythische Bewußtsein keine
reflektierte Distanz zu seiner Bildwelt. Und wie der sinnlichen Gewißheit
die Wahrheit des einen „jetzt" unmittelbar umschlägt in Unwahrheit (zugunsten der Wahrheit eines anderen „jetzt"), konkurrieren im mythischen Bewußtsein die Anschauungen, deren jede einen ideellen Sinn unmittelbar auszudrücken beansprucht. Daraus resultiert ein „Konflikt", eine innere „Spaltung" des mythischen Bewußtseins. Weil sich das mythische Denken dem
unmittelbaren Wirklichkeitsanspruch seiner Bildwelt nicht entziehen kann,
ist es gezwungen, ihn in ständig neuen Bildern zu erfüllen, und je reicher und
differenzierter diese Bildwelt dadurch wird, desto fragwürdiger wird umgekehrt der Wirklichkeitsanspruch des einzelnen Bilds. So nimmt der Mythos
eine widersprüchliche „Stellung zu seiner eigenen Bildwelt" ein: „Er kann
sich nicht anders als in ihr offenbaren und äußern – aber je weiter er fort-
schreitet, um so mehr beginnt sich für ihn diese Äußerung selbst zu etwas
‚Äußerlichem' zu werden, das seinem eigenen Ausdruckswillen nicht völlig
adäquat wird. Hier liegt der Grund eines Konflikts, der allmählich immer
schärfer heraustritt und der, indem er das mythische Bewußtsein in sich
selbst spaltet, doch in eben dieser Spaltung zugleich seinen letzten Grund
und seine Tiefe erst wahrhaft aufdeckt" (a. a. O., 282). Das oft beobachtete
Moment des Spielerischen und die Umwegigkeit des Mythos[37] hat deshalb
für Cassirer etwas Tragisches, wenn man „tragisch" diejenige Selbstbehauptung nennen kann, die nur als Selbstzerstörung möglich ist. Als Gestaltung
einer Welt kann sich der Mythos nur behaupten, indem er beständig neue
Bilder entwirft, von denen prinzipiell ein jedes die einmal gestaltete Welt in
ihrer Wahrheit für das mythische Bewußtsein zu negieren droht. „Dem ste-
tigen Aufbau der mythischen Bildwelt entspricht das stetige Hinausdrängen
über sie; derart jedoch, daß beides, die Position wie die Negation, der Form
des mythisch-religiösen Bewußtseins selbst angehören": „der Prozeß der
Vernichtung erweist sich als ein Prozeß der Selbstbehauptung, wie der letztere sich nur kraft des ersteren zu vollziehen vermag" (a. a. O., 283). Damit
freilich scheint die Bestimmung des Mythos als einer geistigen, in der Erzeugung einer eigenen Welt produktiven Energie nur erneut in Frage gestellt.
Nimmt man Cassirer beim Wort, daß Position und Negation gleichermaßen
der „Form des mythischen Bewußtseins angehören", fällt es schwer, den Mythos als eine Form der *Objektivierung* von Anschauungen zu einer Welt zu
begreifen, solange eine einmal vollzogene Objektivation unmittelbar wieder
„dem Prozeß der Vernichtung" ausgesetzt bleibt. Jede Anschauung drückt
einen ideellen Sinn aus, als solche ist sie „objektiv", und die mythische Interpretation der Anschauung als Ausdruck ideellen Sinns „Setzung" – Position –
von Objektivität. Objektivität aber besteht für das mythische Denken darin,
daß die Anschauung einen ideellen Sinn unvermittelt präsentiert, ihn aus-

drückt und nicht nur mittelbar „bezeichnet": als *Zeichen* ist deshalb keine Anschauung objektiv, und die Interpretation der Anschauung zugleich Negation ihrer Objektivität unter dem Anspruch, Ausdruck von ideellem Sinn zu sein. Im mythisch-religiösen Bewußtsein kommt „der Konflikt zwischen dem reinen Sinngehalt, den es in sich faßt, und zwischen dem bildlichen Ausdruck eben dieses Gehalts niemals zur Ruhe ..., sondern bricht in allen Phasen seiner Entwicklung stets aufs neue hervor. Die Versöhnung zwischen diesen seinen beiden Extremen wird ständig gesucht, ohne jemals doch vollständig erreicht zu werden" (a. a. O., 300 f.). Cassirer hat diese mißlingende Versöhnung zwischen reinem Sinngehalt und bildlichem Ausdruck dennoch nicht zum Anlaß genommen, die Bestimmung des Mythos als einer symbolischen Form des Geistes zu revozieren. Selbst wenn man die Dialektik des mythischen Bewußtseins, den ständigen Umschlag von Aufbau einer Bildwelt und Zerstörung, in Rechnung stellt, kann man immer noch sagen, daß der Kontrast von Aufbau und Zerstörung, Position und Negation die adäquate Form der Objektivierung eines solchen Sinngehaltes ist, den die Anschauung nur so zu exemplifizieren vermag, daß sie sich als Ausdruck dieses Sinngehalts zugleich zurücknimmt. Ein solcher Sinngehalt aber ist das *Heilige*, das sich im Sinnlichen nur als Entzug, als Geheimnis offenbart. Position und Negation gehören der Form des mythischen Bewußtseins an, weil es Anschauungen objektiviert, indem es sie als den Ausdruck des Heiligen im Profanen interpretiert.

6. Der „Grundgegensatz" des Heiligen und Profanen und die Kategorien des mythischen Denkens

Cassirers Theorie des mythischen Denkens ist, soviel wenigstens dürfte offensichtlich sein, kein Beitrag zur Typologie der Weltanschauungen. Mit Kant geht es Cassirer darum, auch den Mythos als eine Tätigkeit des Verstandes (bzw. des Geistes) zu verstehen, der produktiv ist in der Gestaltung von Anschauungen zu einer Welt[38]:

Es gehört zu den ersten und wesentlichen Einsichten der kritischen Philosophie, daß die Gegenstände nicht fertig und starr, in ihrem nackten An-Sich, dem Bewußtsein „gegeben" werden, sondern daß die Beziehung der Vorstellung auf den Gegenstand einen selbständigen spontanen Akt des Bewußtseins voraussetzt. Der Gegenstand besteht nicht vor oder außerhalb der synthetischen Einheit, sondern er wird vielmehr durch sie erst konstituiert – er ist keine geprägte Form, die sich dem Bewußtsein einfach aufdrängt und ausdrückt, sondern er ist das Ergebnis einer Formung, die sich kraft der Grundmittel des Bewußtseins, kraft der Bedingungen der Anschauung und des reinen Denkens vollzieht. Die ›Philosophie der symbolischen Formen‹ nimmt diesen kritischen Grundgedanken, dieses Prinzip, auf welchem Kants „Kopernikanische Drehung" beruht, auf, um es zu erweitern. Sie sucht die Kategorien des Gegenstandsbewußtseins nicht nur in der theoretisch-intellektuellen Sphäre auf, sondern sie geht davon aus, daß derartige Kategorien überall dort wirksam sein müssen, wo überhaupt aus dem Chaos der Eindrücke ein Kosmos, ein charakteristisches und typisches Weltbild sich formt. Jedes solche Weltbild ist nur möglich durch eigenartige Akte der Objektivierung, der Umprägung der bloßen „Eindrücke" zu in sich gestalteten „Vorstellungen" (a. a. O., 39).

Anders als Kant jedoch versucht Cassirer, diese „eigenartigen Akte der Objektivierung" in Begriffen symbolischer Formen zu beschreiben, nach denen das sinnlich Gegebene, objektiviert durch seine Interpretation als Zeichen eines ideellen Gehalts, diesen Gehalt in jeweils unterschiedlicher Funktion, in jeweils einer bestimmten „Modalität" symbolisiert.

Wenn man das empirisch-wissenschaftliche und das mythische Weltbild miteinander vergleicht, so wird alsbald deutlich, daß der Gegensatz zwischen beiden nicht darauf beruht, daß sie in der Betrachtung und Deutung des Wirklichen ganz verschiedene Kategorien verwenden. Nicht die Beschaffenheit, die Qualität dieser Kategorien, sondern ihre *Modalität* ist es, worin sich der Mythos und die empirisch-wissenschaftliche Erkenntnis unterscheiden. Die Verknüpfungsweisen, die beide gebrauchen, um dem sinnlich-Mannigfaltigen die Form der Einheit zu geben, ... zeigen eine durchgehende Analogie und Entsprechung ... So sind es, abstrakt genommen, die gleichen Arten der Beziehung, der Einheit und der Vielheit, des „Miteinander", des „Beisammen" und „Nacheinander", die die mythische und die wissenschaftliche Welterklärung beherrschen. Und doch erhält jeder dieser Begriffe, sobald wir ihn in die mythische Sphäre zurückversetzen, alsbald eine ganz besondere Eigenheit und gleichsam eine bestimmte eigentümliche „Tönung" (a. a. O., 78 f.; vgl. 72 f.).

Wenn Cassirer die eigentümliche „Tönung" des Mythos darin sieht, daß für das mythische Denken das „sinnlich-Mannigfaltige" die Kategorien als „Arten der Beziehung" exemplifiziert, indem es sie unmittelbar ausdrückt, steht dabei vor allem die „emotionale" oder „physiognomische" Dimension des Ausdrucks im Hintergrund (vgl. PhdsF III, 73; 80 u. ö.). In seiner emotionalen Dimension ist der Ausdruck die *Manifestation von Subjektivität* in Affekten oder Gefühlen, von Leben im weitesten Sinne der Vitalität (vgl. STS 9; PhdsF III, 79 ff.; 175; 177), so daß für den Mythos jede Ordnung, jede „Art der Beziehung" einen vitalen Zusammenhang darstellt, der sich im Sinnlichen manifestiert. Die semiotische Bestimmung des Ausdrucks, nach der im Ausdruck Zeichen und Bezeichnetes unmittelbar eins sind, soll damit allerdings nicht widerrufen werden – folgt man Cassirer, so ist vielmehr der Ausdruck von Emotionen das elementare Paradigma für die Einheit von Zeichen und Bezeichnetem in der Ausdrucksfunktion. Daß das mythische Denken jede Anschauung als Ausdruck interpretiert heißt deshalb zunächst, daß mythisches Denken sich als die Wahrnehmung von Emotionen vollzieht. Gleicherweise charakteristisch für diese Wahrnehmung sind die Individualität der ausgedrückten Emotion und die Intensität ihres Ausdrucks (vgl. PhdsF II, 94 f.): Es ist Zeus' Zorn, nicht das Eidos des Zorns, der im Blitz unmittelbar präsent ist, genauso wie es die Scham eines bestimmten Menschen, „seine" Scham, und nicht die Schamhaftigkeit, ist, die sich „im" errötenden Gesicht zeigt. Aufgrund dieser unmittelbaren Präsenz des Ausdrucks im Wahrnehmen kann man sich der Ausdruckswahrnehmung, anders als der distanzierten Dingwahrnehmung nicht entziehen – dem verdankt sich die Magie des Ausdrucks; der im Gewitter spürbare Zorn, die Scham des Anderen, stehen in abstandsloser Unmittelbarkeit vor einem. Aber gerade dadurch verbirgt sich ihr Sinn. Zorn oder Scham sind als Emotionen nie isoliert, sie gehören in eine Geschichte, einen Kontext, der seinerseits eine ganze Welt von Haltung und Verhalten aufspannt. Zeus' Zorn ist Zorn über die Hybris Anchises', über die Verletzung der Ehre seiner Adoptivtochter, und der Blitz, in dem er sich ausdrückt, Wiederherstellung der gerechten Ordnung zwischen Göttern und Menschen. Daß dies „hinter" dem Zorn steht – wie hinter der Scham die ganze Lebensgeschichte und Lebenseinstellung eines Menschen stehen kann –, bildet der Ausdruck selbst nicht ab. Ausdruck ist immer der Ausdruck von etwas, dessen Sinn sich im Erscheinen entzieht; in diesem Oszillieren zwischen Entbergung und Verbergung, nicht als Sinnesdaten oder distinkte Perzeptionen ist dem mythischen Bewußtsein alle Anschauung gegeben. Cassirer beschreibt es, in Anspielung auf Husserl, so, „daß die Erlebniswelt des Mythos nicht sowohl in darstellenden oder bedeutungsgebenden Akten, als vielmehr in reinen Ausdruckserlebnissen fundiert ist": „Keineswegs besteht hier das Gegebene zunächst in einem bloß-Sinnlichen, in einem Komplex von Empfindungsdaten, die erst nachträglich durch einen Akt der ,mythischen Apperzeption' gewissermaßen beseelt und zu einem Sinnhaften gemacht werden. Der Ausdruckssinn haftet vielmehr an der Wahrnehmung selbst; er wird in ihr erfaßt und unmittelbar ,erfahren'" (PhdsF III, 80). In genau welchem Sinne das mythische Denken Cassirer als eine symbolische Form, und damit eine „Energie" des Geistes gilt, läßt sich von hier aus noch einmal verdeutlichen: Ohne daß das mythische Denken sich spontan zum sinnlich Gegebenen verhält, es in synthetischen Leistungen „apperzipiert" und auf diese Weise objektiviert, ist es dennoch formgebende Tätigkeit als Interpretation des sinnlich Gegebenen. Das mythische Denken nimmt das Sinnliche nicht einfach hin, sondern gibt ihm eine bestimmte Struktur, indem es den anschaulichen Ausdruck in seinem Oszillieren zwischen unmittelbarer Präsenz und „Entzug" als eine *Offenbarung des Heiligen im Profanen* deutet. Das Heilige kann sich im Profanen nur so äußern, daß es zugleich ein Geheimnis, ein Unergründbares und Unbegründbares bleibt, und im Blick auf diese Transzendenz interpretiert das mythische Bewußtsein alles Sinnliche. „Immer ist es dieser Zug zur ,Transzendenz', der alle Inhalte des mythischen und des religiösen Bewußtseins miteinander verknüpft. Sie alle enthalten in ihrem bloßen Dasein und in ihrer unmittelbaren Beschaffenheit eine Offenbarung, die doch eben als solche noch die Art des Geheimnisses enthält – und eben dieses Ineinander, diese Offenbarung, die zugleich Enthüllung und Verbergung ist, prägt ihnen den Charakter der ‚Heiligkeit‘ auf“ (a. a. O., 95). Die Anschauung in ihrem Ineinander von Entbergung und Verbergung eines transzendenten Sinns auf den Kontrast zwischen dem Heiligen und Profanen zu projizieren, bezeichnet die dem mythischen Denken eigene, konstitutive Leistung. Das mythische Denken verleiht den Anschauungen Objektivität, indem es sie als Offenbarungen des Heiligen im Profanen interpretiert.

Das Merkmal der Heiligkeit ist daher keineswegs von Anfang an auf bestimmte Objekte und Objektgruppen eingeschränkt – sondern jeder noch so „gleichgültige“ Inhalt kann plötzlich an diesem Merkmal Anteil gewinnen. Nicht eine bestimmte objektive Beschaffenheit, sondern eine bestimmte ideelle Bezogenheit ist es, die durch dasselbe bezeichnet wird. Auch der Mythos beginnt damit, in das unterschiedslose „indifferente“ Sein bestimmte Differenzen einzuführen, es in verschiedene Bedeutungskreise auseinanderzulegen. Auch er erweist sich als form- und sinngebend, indem er das Einerlei und die Gleichartigkeit der Bewußtseinsinhalte unterbricht – indem er in dieses Einerlei bestimmte Unterschiede der Wertigkeit hineinlegt. Indem alles Sein und Geschehen auf den einen Grundgegensatz des „Heiligen“ und „Profanen“ projiziert wird, gewinnt es in dieser Projektion selbst einen neuen Gehalt – einen Gehalt, den es nicht von Anfang an einfach „hat“, sondern der ihm in dieser Form der Betrachtung ... erst erwächst (a. a. O., 95 f.).

Wenn die „Form- und Sinngebung“ des Mythos in der Projektion „allen Seins“ auf den Grundgegensatz von Heilig und Profan besteht, so ist damit indirekt schon gesagt, was es für die *Kategorien* des mythischen Denkens heißt, von entsprechenden Anschauungen symbolisiert zu werden. Anschauungen im Sinne von räumlich, zeitlich oder kausal verknüpften Vorstellungen exemplifizieren Kategorien als die Regeln ihrer Synthesis, indem sie die Kategorien ausdrücken, und daß sie die Kategorien „ausdrücken“ bedeutet, wie man jetzt präzisieren kann, daß sich – für das mythische Denken – jede Ordnung von Vorstellungen, sei sie räumlich, zeitlich oder kausal, als eine Offenbarung des Heiligen im Profanen präsentiert. Nun wäre es wenig hilfreich, von hier aus eine „Deduktion“ der mythischen Kategorien zu versuchen, bei der man schnell Gefahr liefe, den Inhaltsreichtum und die Detailfülle der Cassirerschen Analysen über Gebühr zu vereinfachen. Außerdem geht es Cassirer nicht so sehr um eine Ableitung der einzelnen Kategorien aus dem genannten Grundgegensatz, als vielmehr um eine „Phänomenologie des mythischen Denkens“, die den Bezug der mythischen Kategorien auf diesen Grundgegensatz mit Hilfe des empirischen Materials der zeitgenössischen Religionswissenschaft erhellen soll. Um dem wenigstens ansatzweise gerecht zu werden, setzt man am besten bei der Analyse der mythischen *Kausalität* ein, wie sie sich im ätiologischen Anspruch vieler Mythen dokumentiert.[39] Daß ein guter Teil mythischer Erzählungen, aber auch eine Vielzahl von Selbstauslegungen mythischer Riten ätiologische Ansprüche erheben, ist zunächst ein Indiz dafür, daß dem mythischen Bewußtsein der Begriff der Kausalität keineswegs fremd bleibt (vgl. a. a. O., 57 f.). Ohne den Gedanken, daß es für alles eine Ursache gibt, wären Geschichten von der Entstehung der Welt pointen-, Rituale wie der Regenzauber zwecklos. „Explanatorisches" Gewicht gewinnt die Kausalität für das mythische Denken allerdings erst durch die Überzeugung, daß die wirkende Ursache in Kontinguität mit dem Bewirkten steht: Kausalität liegt im mythischen Denken vor, wenn (wenigstens) zwei Anschauungen in Raum und Zeit „zusammengehören", bereits die bloße Aufeinanderfolge oder das Nebeneinander beider drückt eine kausale Ordnung aus. „Man hat es geradezu als Prinzip der mythischen Kausalität und der auf sie gegründeten ‚Physik' bezeichnet" – Cassirer beruft sich auf Lévy-Bruhl – „daß hier jede Berührung in Raum und Zeit unmittelbar als ein Verhältnis von Ursache und Wirkung genommen wird. Neben dem Prinzip des ‚post hoc, ergo propter hoc' ist insbesondere auch das Prinzip des ‚juxta hoc ergo propter hoc' für das mythische Denken bezeichnend. So ist es eine diesem Denken geläufige Ansicht, daß die Tiere, die in einer bestimmten Jahreszeit auftreten, die Bringer, die Urheber derselben sind: für die mythische Ansicht ist es tatsächlich die Schwalbe, die den Sommer macht" (a. a. O., 59 f.). Diese unmittelbare, gegenständliche Einheit von Ursache und Wirkung kann man auch als „Kraft" bezeichnen, und unter dem Grundgegensatz von Heilig und Profan genauer als *dämonische Kraft* (vgl. a. a. O., 74 f.): Kraft ist die Form, in der ein Zusammenhang von Anschauungen den Begriff der Kausalität exemplifiziert, wenn dieser Zusammenhang selbst als Ausdruck einer kausalen Ordnung gedacht wird. Einen Zusammenhang von Anschauungen als den Ausdruck von Kausalität zu denken heißt für das mythische Bewußtsein, ihn als die Äußerung einer „jenseitigen" Macht im „Diesseits" zu interpretieren. Mythische Kausalerklärungen sind deshalb, darin liegt für Cassirer ihre wichtigste Differenz zum naturwissenschaftlichen Kausalbegriff, nicht „nomologisch", sondern individuell. Wie jedes Ausdruckserlebnis, so ist auch die „spürbare" Äußerung dämonischer Kräfte eine Wahrnehmung von Individualität, d. h., sie ist Erfahrung der Äußerung eines im weitesten Sinne persönlichen Willens. Dem Mythos sind „alle ‚Kräfte' der Natur nichts anderes als dämonische oder göttliche Willensäußerungen. Dieses Prinzip bildet die Lichtquelle, die ihm das Ganze des Seins fortschreitend erhellt" (a. a. O., 64).

Die Koexistenz oder Kontiguität von Anschauungen, wie sie für das mythische Kausalverständnis konstitutiv ist, läßt sich offensichtlich auf noch elementarere Relationstypen zurückführen – das Nebeneinander oder Beisammen (Raum) und das Nacheinander (Zeit). *Raum* und *Zeit* sind insofern die grundlegenden Kategorien des mythischen Denkens, während die Zahl, die Cassirer im selben Zusammenhang nennt (vgl. a. a. O., 104 ff.), nur die Einheit beider darstellt: der Begriff der Zahl bezieht sich auf ein Nebeneinander, das zugleich als Nacheinander verstanden wird (vgl. a. a. O., 101). Elementar gegenüber der Kausalität sind Raum und Zeit zunächst in dem Sinne, daß durch den mythischen Raum- und Zeitbegriff das Nebeneinander bzw. Nacheinander selbst als der Ausdruck des Heiligen erscheint, während sich im Falle der Kausalität das Heilige – als Kraft – im Nebeneinander und Nacheinander ausdrückt. So ist es für das mythische Denken spezifisch, daß es in jeder räumlich strukturierten Reihe von Vorstellungen, „des Rechts und Links, des Vorn und Hinten, des Oben und Unten", unmittelbar eine allgemeingültige Regel räumlicher Ordnung sieht – eine Regel, die sich ihrerseits aus der Unterscheidung von Heilig und Profan herleitet.[40] „Im Gegensatz zur Homogenität, die im geometrischen Begriffsraum waltet, ist … im mythischen Anschauungsraum jeder Ort und jede Richtung gleichsam mit einem besonderen Akzent versehen – und dieser geht überall auf den eigentlichen mythischen Grundakzent, auf die Scheidung des Heiligen und des Profanen zurück": „Der primäre räumliche Unterschied, der sich in den komplexeren mythischen Bildungen immer aufs neue wiederholt und immer mehr sublimiert, ist dieser Unterschied zweier Bezirke des Seins: einem gewöhnlichen, allgemein-zugänglichen, und einem anderen, der, als heiliger Bezirk, aus seiner Umgebung herausgehoben, von ihr abgetrennt, gegen sie umhegt und beschützt erscheint" (a. a. O., 106; vgl. STS 103). Manifest ist diese Heraushebung des Heiligen, folgt man Cassirer, aber nicht erst im lebensweltlichen Raum, der durch die Abgrenzung des Tempelbezirks geradezu „definiert" wird (vgl. PhdsF II, 123 f.), sondern bereits in der Strukturierung des natürlichen Raums. Tag und Nacht, Licht und Dunkel stehen ebensosehr für die Interpretation räumlicher Anschauungen im Sinne des Gegensatzes von Heilig und Profan (vgl. a. a. O., 118 f.; STS 104) wie die verschiedenen „Gegenden" im Raum. „Der charakteristische mythische Akzent des ‚Heiligen' und des ‚Unheiligen' verteilt sich auf die einzelnen Richtungen und Gegenden in verschiedener Weise und verleiht damit jeder von ihnen selbst eine bestimmte mythisch-religiöse Prägung. Ost und West, Nord und Süd, das sind hier keine Unterschiede, die in wesentlich gleichartiger Weise der Orientierung innerhalb der empirischen Wahrnehmungswelt dienen, sondern ihnen allen wohnt je ein eigener spezifischer Sinn, eine eigene spezifische Bedeutung, ein inneres mythisches Leben inne" (PhdsF II, 121: vgl. STS 104). Immer ist es also die Manifestation eines Göttlichen in der Natur, als die sich für das mythische Denken der Raum als eine Ordnung der Anschauung ausdrückt – oder umgekehrt formuliert: jedes gegebene Nebeneinander und Beisammen von Anschauungen exemplifiziert im mythischen Bewußtsein den Raum im Sinne einer Regel des Beisammens, indem das mythische Bewußtsein die *Natur als eine Dimension des „Sakralen"*, des Heiligen denkt. Entsprechendes gilt für die Zeit als der Ordnung des Nacheinander, nur daß den Bereich, den hier der Gegensatz von Heilig und Profan regiert, nicht primär die Natur, sondern die Geschichte abgibt.[41] Innerhalb dieses Bereichs der Geschichte aber, der sowohl kosmologische, biologische wie soziale Prozesse umfaßt, manifestiert sich in jedem Nacheinander, wie in jedem Beisammen der Raum, so die Zeit als das Gesetz seiner Sukzession. Und wie für jede mythische Manifestation gilt auch für das Nacheinander, daß es die Zeit als eine gleichsam qualitative Ordnung im Sinne der Differenz des Heiligen und des Profanen exemplifiziert (vgl. PhdsF II, 132 f.; 145): der ursprünglichste Ausdruck der Zeit als einer qualitativen Ordnung ist der *Rhythmus*. „Für den Mythos gibt es keine Zeit, keine gleichmäßige Dauer und keine regelmäßige Wiederkehr oder Sukzession ‚an sich', sondern es gibt immer nur bestimmte inhaltliche Gestaltungen, die ihrerseits bestimmte ‚Zeitgestalten', ein Kommen und Gehen, ein rhythmisches Dasein und Werden offenbaren. Hierdurch wird das Ganze der Zeit durch gewisse Grenzpunkte und gleichsam durch bestimmte Taktstriche in sich abgeleitet; aber diese Abschnitte sind zunächst lediglich als unmittelbar empfundene, nicht als gemessene oder gezählte vorhanden. Insbesondere alles religiöse Tun des Menschen zeigt eine derartige rhythmische Gliederung. Das Ritual ist sorgfältig darauf bedacht, bestimmte sakrale Akte bestimmten Zeiten und Zeitabschnitten zuzuweisen – außerhalb dieser Abschnitte vollzogen würden sie jegliche sakrale Kraft verlieren. Nach ganz bestimmten Epochen, z. B. nach der Periode von sieben oder neun Tagen, Wochen und Monaten gliedert sich alles religiöse Verhalten. Die ‚heiligen Zeiten' der Feste unterbrechen den gleichförmigen Ablauf des Geschehens und führen in ihn bestimmte Trennungslinien ein" (PhdsF II, 133). Als jeweils eine solche „Zeitgestalt", in denen sich im übrigen auch für das sprachliche Denken die Kategorie der Zeit zunächst darstellt (vgl. PhdsF I, 177 ff.), symbolisiert jedes konkrete Nacheinander „sein" Gesetz der Sukzession als Rhythmus – Rhythmus (oder Periodik, vgl. PhdsF II, 134) ist die Zeit, sofern sie sich als die Regel der Sukzession unmittelbar im anschaulichen Nebeneinander ausdrückt. Für die Zeit ergibt sich damit, was alle Kategorien des mythischen Bewußtseins kennzeichnet. Sosehr der Mythos auf der einen Seite zu „einer Art Materialisierung geistiger Inhalte" (a. a. O., 72) tendiert, indem jede Anschauung ihm als der Ausdruck eines Begriffes gilt, so sehr vollzieht sich im Mythos doch gleichzeitig eine symbolische Formgebung des „Materiellen", und in diesem Sinne seine, wenngleich rudimentäre Idealisierung: die Anschauung wird nicht nur als Ausdruck erlebt, sie wird auch als Ausdruck gedeutet – als der Ausdruck eines

Ideellen, des Göttlichen, im Materiellen. Nur weil sie so gedeutet, interpre-
tiert, wird, können Kausalität, Raum und Zeit, die den Sinnzusammenhang
mythischer Erfahrung ausmachen, als Kraft, als das Sakrale in der Natur und
als Rhythmus, für das mythische Denken selbst in der Anschauung symbolisiert werden. Diese rudimentäre Idealisierung ist deshalb auch der Ausgangspunkt für die Genese des Ich-Begriffs im Mythos.

7. Zur Genese des mythischen Ich-Begriffs

Bislang war die symbolische Form des Mythos als eine Gestaltung zur Welt
nur unter Gesichtspunkten ihrer „Objektivität" thematisch: wie die
Sprache, wissenschaftliche Erkenntnis, Kunst oder Religion ist auch der Mythos eine bestimmte Form der Objektivierung von Anschauungen, und spezifisch der Objektivierung von Anschauungen als Ausdruck des Heiligen im
Profanen. Aber wie Sprache, wissenschaftliche Erkenntnis, Kunst und Religion hat der Mythos darüber hinaus ein Moment der Subjektivität, sofern er
nicht nur als eine *Gegenständlichkeit* konstituierende Leistung, sondern
damit eben auch als eine *Leistung*, eine „Energie" des Geistes gedacht
werden muß. Bei der Analyse des Mythos unter Gesichtspunkten der Subjektivität geht es allerdings nicht vorrangig um die Konstitution des „Ich"
oder der Person im Mythos – das wäre nur ein Spezialfall der gegenständlichen Objektivierung von Anschauungen (nämlich von inneren Anschauungen) –, sondern um die Erfahrung des Konstituierens im mythischen
Denken. Es geht, präziser gesagt, um eine Beschreibung derjenigen Vorstellungen oder Bilder, in denen dem mythischen Denken seine eigene Produktivität, seine formgebende Tätigkeit reflektiert. Eine Analyse des Mythos
unter Gesichtspunkten der Subjektivität betrifft den reflexiven Sinn der symbolischen Funktion des Ausdrucks, und für diesen reflexiven Sinn spielt naturgemäß die emotionale Dimension des Ausdrucks eine entscheidende
Rolle. In seiner emotionalen Dimension ist Ausdruck die Manifestation
oder Inkarnation des Subjektiven in der „Welt" und als eine solche Manifestation des Subjektiven reflektiert das mythische Denken auch seine eigene
Tätigkeit: Die erste Manifestation des Subjektiven in der Welt ist der *Wunsch*,
so daß das mythische Denken seine formgebende Tätigkeit zunächst als
Wunsch erfährt. Das Selbstverhältnis, das der „Geist" auf dieser elemen-
taren Stufe zu sich gewinnt, ist also nicht das Resultat eines theoretischen
„Reflexionsprozesses" (a. a. O., 187), sondern eher zu charakterisieren als
eine Art der Selbstbestimmung; das mythische Denken weiß sich als formgebend nur in dem Maße, als es im „sinnlich-objektiven Dasein" seine
eigenen „subjektiven Affekte und Triebe" wiedererkennt (a. a. O., 187).
„Die erste Kraft, mit der der Mensch sich als ein Eigenes und Selbständiges

den Dingen gegenüberstellt, ist die Kraft des Wunsches. In ihm nimmt er die Wirklichkeit der Dinge nicht einfach hin, sondern in ihm baut er sie für sich auf. Es ist das erste primitivste Bewußtsein der Fähigkeit zur *Gestaltung* des Seins, das sich im Wunsche regt. Und indem dieses Bewußtsein die gesamte … Anschauung durchdringt, erscheint nun alles Sein ihm schlechthin unterworfen. Es gibt kein Dasein und kein Geschehen, das sich nicht zuletzt der ,Allmacht des Gedankens' und der Allmacht des Wunsches fügen müßte. So übt in der magischen Weltansicht das Ich über die Wirklichkeit eine fast schrankenlose Herrschaft aus: es nimmt alle Wirklichkeit in sich selbst zurück" (a. a. O., 187 f.). Cassirer beruft sich damit affirmativ auf Freuds Analysen über die „Allmacht des Gedankens" in › Totem und Tabu‹, er bleibt jedoch nicht bei der Freudschen Reduktion des Mythos auf die Sphäre „subjektiver Affekte und Triebe" stehen (vgl. MS 34).[42] Auch unter Gesichtspunkten seiner Subjektivität nämlich ist das mythische Bewußtsein einer Dialektik unterworfen, deren Ursprung die Magie des Ausdrucks bildet. Der Ausdruck suggeriert die unmittelbare Identität von Zeichen und Sinn, das sinnlich Gegebene „ist" sein ideeller Inhalt, weshalb der ideelle Inhalt, der im Sinnlichen sich ausdrückt, dem mythischen Denken immer nur selbst als ein sinnlich Gegebenes – und als solches „verdinglicht" – erscheint.[43] Im gegenwärtigen Kontext einer Beschreibung des Mythos nicht als Objektivierung, sondern als objektivierende Leistung, liegt der Akzent für Cassirer aber nicht mehr auf den ideellen Inhalten, die das mythische Denken „materialisiert", als vielmehr darauf, daß dem mythischen Denken auch seine eigene Tätigkeit und Leistung nur als äußerer Gegenstand zugänglich sein kann. „Eben diese unmittelbare In-Eins-Setzung [sc. von Ich und Wirklichkeit] schließt nun eine eigentümliche Dialektik in sich, in welcher sich das ursprüngliche Verhältnis umkehrt. Das gesteigerte Selbstgefühl, das sich in der magischen Weltansicht auszudrücken scheint, weist auf der anderen Seite eben darauf hin, daß es zu einem eigentlichen Selbst hier noch nicht gekommen ist. Das Ich sucht kraft der magischen Allgewalt des Willens die Dinge zu ergreifen und sie sich gefügig zu machen; aber eben in diesem Versuch zeigt es sich in ihnen noch völlig beherrscht, noch völlig ,besessen'. Auch sein vermeintliches Tun wird ihm jetzt zu einer Quelle des Leidens: auch seine ideellen Kräfte, wie die Kraft des Wortes und der Sprache, werden hier in der Form dämonischer Wesen angeschaut, werden als ein dem Ich Fremdes nach außen projiziert" (PhdsF II, 188). Zu den nach außen projizierten ideellen Kräften des Ich gehören nun vor allem die mythischen Götter selbst (vgl. a. a. O., 239 f.; WWS 88 f.). Anders als in manchen naiv rationalistischen Theorien des Mythos, die diese Götterwelt auf die Hypostasierung des Subjektiven zurückführen, hat die Projektion ideeller Kräfte des Ich nach außen – auf die Götter und Dämonen – für Cassirer indes nicht die Bedeutung einer „Personifikation". Im

Sinne einer Personifikation ließe sich die genannte Projektion nur dann beschreiben, wenn das mythische Denken bereits über ein „personales" Selbstbewußtsein verfügte, das es „nach außen" transferierte. Genau das ist, wie Cassirer glaubt, nicht der Fall. Die Projektion gilt ihm umgekehrt als ein Indiz dafür, daß dem mythischen Denken der Zugang zu seinen eigenen ideellen Kräften mißlingt; sie erklärt sich nicht aus der Externalisierung eines Selbstverhältnisses, sondern aus dem Scheitern des Selbstverhältnisses im mythischen Denken. Ein nicht weniger augenfälliges Dokument dieses Scheiterns bietet die mythische Vorstellung der Seele als einer stofflichen und dinglichen Substanz, die, wie die mythischen Götter, sogar zum Gegenstand ritueller Handlungen, dem Totenkult (vgl. PhdsF II, 192) werden kann, in denen sich das mythische Denken zum „Inneren" und Innersten äußerlich verhält.[44] In denselben Kontext schließlich gehört, was Cassirer die „Seelenspaltung" nennt, bei der das mythische Bewußtsein jede seiner „‚psychischen' Funktionen und Leistungen" (a. a. O., 194) mit einer besonderen Seele identifiziert. Auch diese Identifizierung – der Empfindung mit einer empfindenden Seele, der Wahrnehmung mit einer wahrnehmenden Seele – ist kein Ausdruck von Subjektivierung; sie zeigt vielmehr, „daß es zur Herausarbeitung eines spezifischen Prinzips der ‚Persönlichkeit' nicht gekommen ist" (a. a. O., 196). Bei dieser Bilanz würde es bleiben, gäbe es nicht *Lebensformen*, die dem mythischen Bewußtsein ein Selbstverhältnis trotz der ihm „eigentümlichen Dialektik" aufzwingen. Solche Lebensformen sind, mit Cassirer, die Technik – der „Werkzeuggebrauch"[45] – und das Ethos im Sinne des tradierten Rechts[46] (vgl. a. a. O., 198f.; 229ff.; 253ff.; STS 57f.). Technik und Ethos brechen auf unterschiedliche Weise den Zug des mythischen Bewußtseins zur Verdinglichung auch des eigenen Selbst: die Technik, indem sie das Materielle einem subjektiven Ziel unterstellt und damit eine Antizipation des Wunsches forciert, in der der Wunsch als eine Manifestation des Subjektiven nicht selbst als äußerer, materieller Gegenstand erschienen sein kann; das Ethos, indem es den Menschen auf eigenverantwortliches Handeln verpflichtet. Cassirer hat gerade hierin, in der „Umwendung des Mythos zum Ethos" (PhdsF II, 200), die Ablösung des Mythos durch Formen der Kultur gesehen, in denen sich nicht nur wie im Mythos eine bestimmte Objektivierung der Anschauung zu einer Welt vollzieht, sondern mit dieser Objektivierung die Ausbildung eines reflektierten Selbstverständnisses der Objektivierung als Leistung, als einer „Energie des Geistes". Wenn es zutrifft, daß die Ausbildung jenes Selbstverständnisses abhängig ist von Formen des praktischen Wissens, wie der Technik und dem Ethos, wäre Cassirers Wende von der Kritik der Vernunft zur Kritik der Kultur – auch – das Plädoyer für eine praktische Philosophie, die das menschliche Handeln als die Vermittlung zwischen den „symbolischen Formen des Geistes" begreift.

Und Kulturphilosophie im Cassirerschen Sinne wäre dann ein (weiterer)
„Versuch über den Menschen".

Literatur

a) Primärliteratur (Cassirer)

EP   Das Erkenntnisproblem in der Philosophie und Wissenschaft der
          neueren Zeit. Zweiter Band [1907], ND Darmstadt: Wissenschaftliche
          Buchgesellschaft 1974.
SF   Substanzbegriff und Funktionsbegriff. Untersuchungen über die Grund-
          fragen der Erkenntniskritik [1910], ND Darmstadt: Wissenschaftliche
          Buchgesellschaft 1969.
          Hermann Cohen und die Erneuerung der Kantischen Philosophie, Kant-
          Studien 17 (1912), 252–273.
          Erkenntnistheorie nebst Grundfragen der Logik, Jahrbücher für Philo-
          sophie 1 (1913), 1–59.
KLL   Kants Leben und Lehre [1918], ND Darmstadt: Wissenschaftliche Buch-
          gesellschaft 1972.
WWS   Wesen und Wirkung des Symbolbegriffs, Darmstadt: Wissenschaftliche
          Buchgesellschaft 1956.
          Der Begriff der symbolischen Form im Aufbau der Geisteswissen-
          schaften [1921/22], WWS 169–200.
          Die Begriffsform im mythischen Denken [1922], WWS 1–70.
PhdsF I   Philosophie der symbolischen Formen. Erster Teil: Die Sprache [1923],
          ND Darmstadt: Wissenschaftliche Buchgesellschaft 1953.
PhdsF II Philosophie der symbolischen Formen. Zweiter Teil: Das mythische
          Denken [1925], ND Darmstadt: Wissenschaftliche Buchgesellschaft
          1964.
          Sprache und Mythos. Ein Beitrag zum Problem der Götternamen [1925],
          WWS 71–158.
STS   Symbol, Technik, Sprache. Aufsätze aus den Jahren 1927–1933, hrsg.
          von E. W. Orth und J. M. Krois unter Mitwirkung von J. M. Werle, Ham-
          burg: Meiner 1985.
          Das Symbolproblem und seine Stellung im System der Philosophie
          [1927], STS 1–21.
PhdsF III Philosophie der symbolischen Formen. Dritter Teil: Phänomenologie
          der Erkenntnis [1929], ND Darmstadt: Wissenschaftliche Buchgesell-
          schaft 1954.
          Art. Neo-Kantianism [1929], Encyclopaedia Britannica XVI, 214–
          215.
          Kant und das Problem der Metaphysik. Bemerkungen zu Martin Heideg-
          gers Kant-Interpretation, Kant-Studien 36 (1931), 1–26.
DD   Davoser Disputation zwischen Ernst Cassirer und Martin Heidegger, in:
          Heidegger GA 3, 274–296, Frankfurt a. M.: Klostermann 1991.
          Mythischer, ästhetischer und theoretischer Raum [1931], STS 93–111.

SMC   Symbol, Myth, and Culture. Essays and Lectures of Ernst Cassirer 1935–1945, edited by D. P. Verene, New Haven: Yale University Press 1979.
The Concept of Philosophy as a Philosophical Problem [1935], SMC 49–63.
Critical Idealism as a Philosophy of Culture [1936], SMC 64–91.
Zur Logik des Symbolbegriffs [1938], WWS 201–230.

AH   Axel Hägerström. Eine Studie zur schwedischen Philosophie der Gegenwart, Göteborgs Högskolas Årsskrift 45 (1939), 1–119.

LK   Zur Logik der Kulturwissenschaften [1942], ND Darmstadt: Wissenschaftliche Buchgesellschaft 1961.

EM   An Essay on Man. An Introduction to a Philosophy of Human Culture, New Haven: Yale University Press 1944.
Judaism and the Modern Political Myths [1944], SMC 233–241.
The Technique of Our Modern Political Myths [1945], SMC 242–267.

MS   The Myth of State, New Haven: Yale University Press 1946.

b) Sekundärliteratur

Apel, K. O.: Szientismus oder transzendentale Hermeneutik. Zur Frage nach dem Subjekt der Zeicheninterpretation in der Semiotik des Pragmatismus, in: Ders., Transformation der Philosophie, Bd. II: Das Apriori der Kommunikationsgemeinschaft, Frankfurt a. M.: Suhrkamp 1976, 178–216.

Blumenberg, H.: Ernst Cassirer gedenkend bei der Entgegennahme des Kuno-Fischer-Preises der Universität Heidelberg 1974, in: Ders., Wirklichkeiten, in denen wir leben. Aufsätze und eine Rede, Stuttgart: Reclam 1981, 163–172.

Braun, H. J., et al. (Hrsg.): Über Ernst Cassirers Philosophie der symbolischen Formen. Frankfurt a. M.: Suhrkamp 1988.

–: Mircea Eliades Interpretation des Mythos im Blickfeld der ›Philosophie der symbolischen Formen‹, in: Braun et al., 206–219.

Cassirer, T.: Mein Leben mit Ernst Cassirer, Hildesheim: Gerstenberg 1981.

Doherty, J. E.: Sein, Mensch und Symbol. Heidegger und die Auseinandersetzung mit dem neukantianischen Symbolbegriff, Bonn: Bouvier 1972.

Ettelt, W.: Der Mythos als symbolische Form. Zu Ernst Cassirers Mythosinterpretation, Philosophische Perspektiven IV (1927), 59–73.

Ferrari, M.: Das Problem der Geisteswissenschaften in den Schriften Cassirers für die Bibliothek Warburg (1921–1923). Ein Beitrag zur Entstehungsgeschichte der ›Philosophie der symbolischen Formen‹, in: Braun et al., 114–133.

Göller, T.: Ernst Cassirers kritische Sprachphilosophie. Darstellung, Kritik, Aktualität, Würzburg: Königshausen-Neumann 1986.

Holzhey, H.: Cohen und Natorp, Bd. 1: Ursprung und Einheit. Die Geschichte der „Marburger Schule" als Auseinandersetzung um die Logik des Denkens, Basel: Schwabe 1986.

–: Cassirers Kritik des mythischen Bewußtseins, in: Braun et al., 191–205.

Kaufmann, F.: Das Verhältnis der Philosophie Cassirers zum Neukantianismus und zur Phänomenologie, in: Schilpp, 566–612.

Knoppe, T.: Die theoretische Philosophie Ernst Cassirers. Zu den Grundlagen transzendentaler Wissenschafts- und Kulturphilosophie, Hamburg: Meiner 1992.

Kremer-Marietti, A.: Le problème de la symbolisation chez Cassirer, in: Seidengart, 249–260.

Krois, J. M.: Der Begriff des Mythos bei Ernst Cassirer, in: H. Poser (Hrsg.), Philosophie und Mythos. Ein Kolloquium, Berlin: de Gruyter 1979, 199–214.

–: Ernst Cassirers Semiotik der symbolischen Formen, Zeitschrift für Semiotik 6 (1984), 433–444.

–: Einleitung, STS XI–XXXII.

–: Cassirer. Symbolic Forms and History, New Haven: Yale University Press 1987.

–: Problematik, Eigenart und Aktualität der Cassirerschen Philosophie der symbolischen Formen, in: Braun et al., 15–44.

Langer, S.: Cassirers Philosophie der Sprache und des Mythos, in: Schilpp, 263–280.

Lübbe, H.: Ernst Cassirer und die Mythen des zwanzigsten Jahrhunderts, in: Ders., Die Aufdringlichkeit der Geschichte. Herausforderungen der Moderne vom Historismus bis zum Nationalsozialismus, Graz: Styra 1989, 275–285.

Marx, W.: Cassirers Symboltheorie als Entwicklung und Kritik der Neukantianischen Grundlagen einer Theorie des Denkens und Erkennens. Überlegungen zur Struktur transzendentaler Logik als Wissenschaftstheorie, Archiv für Geschichte der Philosophie 57 (1975), 188–206; 304–339.

–: Cassirers Philosophie – ein Abschied von kantianisierender Letztbegründung?, in: Braun et al., 75–88.

Montague, M. F. A.: Das mythische Denken in der Philosophie der symbolischen Formen, in: Schilpp, 248–262.

Neumann, K.: Ernst Cassirer: Das Symbol, in: J. Speck (Hrsg.), Grundprobleme der großen Philosophen. Philosophie der Gegenwart II, Göttingen: Vandenhoeck & Ruprecht ²1981, 102–145.

Orth, E. W.: Zum Zeitbegriff Ernst Cassirers, Phänomenologische Forschungen 13 (1982), 65–89.

–: Zur Konzeption der Cassirerschen Philosophie der symbolischen Formen. Ein kritischer Kommentar, STS 165–201.

–: Operative Begriffe in Ernst Cassirers Philosophie der symbolischen Formen, in: Braun et al., 45–74.

–: Einheit und Vielheit der Kulturen in der Sicht Edmund Husserls und Ernst Cassirers, in: C. Jamme/O. Pöggeler (Hrsg.), Phänomenologie im Widerstreit. Zum 50. Todestag Edmund Husserls, Frankfurt a. M.: Suhrkamp 1989, 332–351.

–: Ernst Cassirers Philosophie der symbolischen Formen und ihre Bedeutung für unsere Gegenwart, Deutsche Zeitschrift für Philosophie 40 (1992), 119–132.

–: Ist der Neukantianer Ernst Cassirer ein Nominalist? Verlegenheiten der Substanzkritik, Internationale Zeitschrift für Philosophie 2 (1992), 261–272.

Paetzold, H.: Sprache als symbolische Form. Zur Sprachphilosophie Ernst Cassirers, Philosophisches Jahrbuch 88 (1981), 301–315.

–: Mythos als symbolische Form. Zu Ernst Cassirers philosophischer Deutung des Mythos, Neue Zeitschrift für systematische Theologie und Religionsphilosophie 25 (1983), 224–243.

–: Ernst Cassirer zur Einführung, Hamburg: Junius 1993.

Philonenko, A.: Cassirer lecteur et interprète de Kant, in: Seidengart, 43–54.

Poma, A.: Ernst Cassirer: Von der Kulturphilosophie zur Phänomenologie der Erkenntnis, in: Braun et al., 89–113.

Rudolph, E.: Sprache zwischen Mythos und Erkenntnis. Zu Cassirers Diagnose der Tragik sprachlichen Fortschritts, in: E. Rudolph/H. Wismann (Hrsg.), Sagen, was die Zeit ist. Analysen zur Zeitlichkeit der Sprache, Stuttgart: Metzler 1992, 79–92.

–: La resurgence de l'aristotelisme de la Renaissance dans la philosophie politique de Cassirer, Revue de Métaphysique et de Morale 97 (1992), 479–490.

Schillp, P. A. (Ed.): Ernst Cassirer, Stuttgart: Kohlhammer 1966.

Seidengart, J. (Ed.): Ernst Cassirer. De Marbourg à New York. L'itinéraire philosophique, Paris: Les Editions du Cerf 1990.

Tripp, M.: Mythe, technique et l'état moderne selon Ernst Cassirer, in: Seidengart, 293–303.

Verene, D. P.: Cassirer's View of Myth and Symbol, The Monist 50 (1966), 553–564.

–: Kant, Hegel and Cassirer. The Origins of the Philosophy of Symbolic Forms, Journal for the History of Ideas 30 (1969), 33–46.

–: Introduction. Cassirer's Thought 1935–45, SMC 1–45.

–: Cassirers Kulturphilosophie, Allgemeine Zeitschrift für Philosophie 9/2 (1984), 1–18.

Wiehl, R.: Die Symbol- und Wahrheitsfunktion von Wort und Bild, in: Wort und Bild. Symposion des Fachbereichs Altertums- und Kulturwissenschaften zum 500jährigen Jubiläum der Eberhard-Karls-Universität Tübingen 1977, hrsg. von H. Brunner et al., München: Fink 1979, 29–46.

Woland, G.: Cassirers Symbolbegriff und die Grundlegungsproblematik der Geisteswissenschaften, Zeitschrift für philosophische Forschung 18 (1964), 614–626.

Wolf, R. G.: Cassirer and the Philosophic Study of Myth, Proceedings and Addresses of the American Philosophical Association 45 (1971), 104–113.

ANMERKUNGEN

Einleitung

[1] Vgl. F. W. J. Schelling, 200.
[2] Vgl. v. a. E. Cassirer (1925), 6 ff.; auch H. Blumenberg (1983) und ders. (1979) und L. Kolakowski.
[3] Vgl. H. Blumenberg (1983), 28.
[4] Vgl. dazu E. Rudolph, 58 ff.; vgl. auch im selben Band den korrespondierenden Beitrag von J. v. Soosten, 80 ff.
[5] Vgl. E. Cassirer (1946).

Herakles und Jesus Christus als Märtyrer und Imperatoren

[1] F. Pfister, Herakles und Christus, Archiv für Religionswissenschaft 34 (1937), 47–59.
[2] R. Günther/R. Müller, Das goldene Zeitalter, Leipzig 1988, 154 f.
[3] R. Faber, Archaisch/Archaismus, in: H. Cancik/B. Gladigow/M. Laubscher (Hrsg.), Handbuch religionswissenschaftlicher Grundbegriffe, Bd. 1, Stuttgart 1990, 54 f. Die Übernahme des Archaismus mythischen Denkens als religionswissenschaftliche Methode ist ideologieverdächtig. Den Terminus „Faszinationsgeschichte" prägte K. Heinrich, Das Floß der Medusa, in: R. Schlesier (Hrsg.), Faszination des Mythos, Basel–Frankfurt a. M. 1985, 335–399.
[4] I. Malkin, Religion and Colonisation in Ancient Greek, Studies in Greek and Roman Religions, Bd. 3, Leiden 1987, 262–266.
[5] P. Vidal-Naquet, Der schwarze Jäger, Frankfurt a. M.–New York 1989, 238 f.
[6] R. Höistadt, Cynik Hero and Cynik King, Uppsala 1948, 33.
[7] B. Snell, Das Symbol des Weges, in: B. Snell, Die Entdeckung des Geistes, Göttingen [6]1986, 219–231.
[8] K. Heinrich, Parmenides und Jona, Frankfurt a. M. 1982, 88 ff.
[9] D. Flusser, Die Thora in der Bergpredigt, in: D. Flusser, Entdeckungen im Neuen Testament, Bd. 1, Neukirchen-Vluyn 1987, 21–32. Flusser erweist die Ausdrücke: das Gesetz erfüllen, aufrichten, zum Ziel bringen (Gemara) bzw. auflösen als exegetische Fachtermini der Rabbinen; vgl. a. a. O., 25 f.
[10] K. Berger, Hellenistische Gattungen im Neuen Testament, in: Aufstieg und Niedergang der Römischen Welt, Bd. II/25/2, Berlin–New York 1984, 1031–1432. Vgl. a. a. O., 1140.
[11] S. Lanwerd, Dualismus, in: H. Cancik/B. Gladigow/M. Laubscher (Hrsg.), Handbuch religionswissenschaftlicher Grundbegriffe, Bd. 2, Stuttgart 1990, 234 f.
[12] Die Funktion des allegorischen Redewettstreits übernehmen hier Eigenschafts-

kataloge als allegorische Gestalten, die die Göttinnen umgeben; vgl. K. Berger, a. a. O., 1090 f.

[13] G. Theißen, Lokalkolorit und Zeitgeschichte in den Evangelien, Novum Testamentum et Orbis Antiquus, Bd. 8, Fribourg–Göttingen 1989, 217–230.

[14] I. P. Culiano, The Angels of the Nations, in: R. Broek/M. Vermasern (Hrsg.), Studies in Gnosticism and Helenistic Religions presented to Gilles Quispel, Études Préliminaires aux Religions Orientales dans l'Empire Romain, Bd. 91, Leiden 1981, 78–91. Vgl. a. a. O., 83.

[15] J. C. H. Lebram, Jerusalem, Wohnsitz der Weisheit, in: M. Vermaseren (Hrsg.), Studies in Hellenistic Religions, Études Préliminaires aux Religions Orientales dans l'Empire Romain, Bd. 93, Leiden 1979, 103–129.

[16] G. Theißen, Studien zur Soziologie des Urchristentums, Wissenschaftliche Untersuchungen zum Neuen Testament, Bd. 19, Tübingen 1983, 89 f.

[17] Zu den Gattungen Dialog und Diatribe vgl. K. Berger, a. a. O., 1128 f.

[18] R. Merkelbach, Mythische Episoden im Alexanderroman, in: S. Sahin/ E. Schwertheim/J. Wagner (Hrsg.), Studien zur Religion und Kultur Kleinasiens. Festschrift für Karl Dörner, Études Préliminaires aux Religions Orientales dans l'Empire Romain, Bd. 66, Leiden 1978, Bd. 2, 602–617. Der Heraklesmythos dient dazu, ägyptische und persische Inthronisationsriten literarisch auf Alexander zu übertragen; vgl. a. a. O., 606–612.

[19] K. Berger, a. a. O., 1184–1186. Die Märtyrer verwenden die kynische Synkrisis von Basileus und Tyrann zur Charakterisierung der Kaiser; vgl. etwa die Acta Appiani.

[20] K. Berger, a. a. O., 1250.

[21] J. C. H. Lebram, Jüdische Martyrologie und Weisheitsüberlieferung, in: J. W. van Henten (Hrsg.), Die Entstehung der jüdischen Martyrologie, Leiden 1989, 88–91.

[22] G. Kippenberg, Die jüdischen Überlieferungen als patroi nomoi, in: R. Faber/ R. Schlesier (Hrsg.), Die Restauration der Götter, Würzburg 1986, 45–61. Vgl. a. a. O., 53.

[23] G. S. Kirk, Griechische Mythen, Wien 1982, 176.

[24] B. A. Dehandschutter, Martyrium und Agon, in: Van Henten (Hrsg.), a. a. O., 215–220. Vgl. a. a. O., 215 f.

[25] B. Lang, Der vergöttlichte König im polytheistischen Israel, in: D. Zeller (Hrsg.), Menschwerdung Gottes – Vergöttlichung von Menschen, Novum Testamentum et Orbis Antiquus, Bd. 7, Fribourg–Göttingen 1988, 52–58.

[26] G. Radke, Zur Entwicklung der Gottesvorstellung und Gottesverehrung in Rom, Impulse der Forschung, Bd. 50, Darmstadt 1987, 149–156.

[27] P. Veyne, Brot und Spiele, Frankfurt a. M.–New York 1988, 444 f.

[28] K. Berger, a. a. O., 1191–1194.

[29] M. Detienne, Apollon und Dionysos in der griechischen Religion, in: Faber/ Schlesier (Hrsg.), a. a. O., 124–133. Vgl. a. a. O., 126 f.

[30] E. Rhode, Psyche ([2]1898), Bd. 2, 348.

[31] K. Haacker, Die Stiftung des Heils, Arbeiten zur Theologie, Bd. 47, Stuttgart 1972, 35, 64 f., 69.

[32] J. C. H. Lebram, Der Idealstaat der Juden, in: O. Betz/K. Haacker/M. Hengel

(Hrsg.), Josephus Studien. Festschrift für Otto Michel, Göttingen 1974, 233–253. Vgl. a. a. O., 244 ff.

[33] F. Pfister, Eine jüdische Gründungslegende Alexandrias, Akademie der Wissenschaften Heidelberg Philosophisch-Historische Klasse, Bd. 11, Heidelberg 1914, 18 f. F. Pfister, Alexander der Große in den Prophezeiungen der Griechen, Juden und Christen, Akademie der Wissenschaften Berlin Abteilung Altertum, Bd. 3, Berlin 1956, 28 f.

[34] I. Malkin, a. a. O., 36 f.

[35] H. Fraenkel, Ovid. A Poet between two worlds, Berkeley 1945, 82 f.

[36] H. Cancik, Augustin als Konstantiner, in: J. Taubes (Hrsg.), Der Fürst dieser Welt, Religionstheorie und Politische Theologie, Bd. 1, München–Paderborn 1983, 136–152. Vgl. a. a. O., 149 f. J. Ebach, Der Blick des Engels. Für eine Benjaminische Lektüre der hebräischen Bibel, in: N. Bolz/R. Faber (Hrsg.), Walter Benjamin, Würzburg 1985, 81 f. Die ikonographischen Parallelen zur Heraklesgestalt im alten Orient bei W. Burkert, Griechische Religion der archaischen und klassischen Periode, Religionen der Menschheit, Bd. 15, Mainz 1977, 321 f. und ders., Structure and History in Greek Mythology and Ritual, Sathers Lectures, Bd. 47, Berkeley 1979, 80 f.

[37] L. Ginzberg, The Legends of the Jews, Bd. 5, Philadelphia 1937, 177–181.

Die Konfiguration von Mythologie und Christologie

[1] Vgl. Hans Conzelmann/Andreas Lindemann, Arbeitsbuch zum Neuen Testament, 3., verb. Aufl., Tübingen 1977, 105–108.

[2] Vgl. Hans von Campenhausen, Das Bekenntnis im Urchristentum, in: ZNW 63 (1972), 210–253.

[3] Vgl. hierzu Ingolf U. Dalferth, Die soteriologische Relevanz der Kategorie des Opfers. Dogmatische Erwägungen im Anschluß an die gegenwärtige exegetische Diskussion, in: Freude an der Wahrheit. Freundesgabe zum 50. Geburtstag von Eberhard Jüngel, hrsg. v. Wilhelm Hüffmeister und Wolf Krötke, Berlin 1984 (102–128) 111.

[4] Vgl. Rudolf Bultmann, Neues Testament und Mythologie. Das Problem der Entmythologisierung der neutestamentlichen Verkündigung. Nachdruck der 1941 erschienenen Fassung, hrsg. v. Eberhard Jüngel, München 1985, 23.

[5] Die Aufgabe bestünde also darin, den theologischen Gehalt der neutestamentlichen Überlieferung im Zusammenspiel mit seinen semantischen Formen zu verstehen, in die er immer schon eingeschlossen ist. Der Schlüssel zum Verstehen des Neuen Testaments läge folglich nicht nur in dem, *was* die mythische Redeweise sagt, sondern auch in der Art und Weise, *wie* dieser Inhalt gesagt wird. Inhalt und Erzählform gehören unlöslich zusammen. Sosehr es also hermeneutisch auf den Rückverweis von der Erzählform auf den Inhalt zu achten gilt, so sehr umgekehrt eben auch auf den Zusammenhang des Inhalts mit der sprachlichen Vielfalt der Erzählformen. Die neutestamentlichen Forschungen Bultmanns stehen einer solchen Hermeneutik nicht im Wege. Sein Werk ›Die Geschichte der synoptischen Tradition‹ aus dem Jahr 1921 öffnet geradezu den Blick für die Verknüpfung von Form und Inhalt in der neutestamentlichen Überlieferung. Die epochenbestimmende Wirkung dieses Werks be-

ruht nicht zuletzt darauf, daß hier an den Synoptikern der Zusammenhang zwischen *inhaltlichen, formal-semantischen* und *soziologischen* Gesichtspunkten eindrucksvoll analysiert wird. Auffälligerweise bilden in der ›Geschichte der synoptischen Tradition‹ Kerygma und Mythos noch keinen Gegensatz. Zwar taucht der Begriff des Kerygmas erst in der Überarbeitung zur zweiten Auflage von 1931 auf (vgl. die Analyse von Gerhard Ebeling, Theologie und Verkündigung, Tübingen 1962, 109–114). Gleichwohl kann Bultmann hier noch unbefangen von dem „Mythos des Kerygmas" sprechen (Rudolf Bultmann, Die Geschichte der synoptischen Tradition, 2., neubearb. Aufl., Göttingen 1931, 397). Wer dem Autor also nicht auf dem Weg zum Entmythologisierungsaufsatz von 1941 folgen möchte, ist gleichwohl eingeladen, den Spuren der formgeschichtlichen Arbeit des Exegeten Bultmann zu folgen.

⁶ Vgl. Mircea Eliade, Das Heilige und das Profane. Vom Wesen des Religiösen (1959), Frankfurt a. M. 1984, 97–99.

⁷ Wolfhart Pannenberg, Systematische Theologie, Bd. 1, Göttingen 1988, 116; vgl. auch ders., Die weltgründende Funktion des Mythos und der christliche Offenbarungsglaube, in: Mythos und Rationalität, hrsg. v. Hans Heinrich Schmid, Gütersloh 1988, (108–122) 112–115.

⁸ Vgl. ders., Systematische Theologie, Bd. 1, Göttingen 1988, 18–26.

⁹ Zum Gebrauch und Gehalts des Begriffs „Dogma" in der Alten Kirche vgl. Martin Elze, Der Begriff des Dogmas in der Alten Kirche, in: ZThK 61 (1964), 421–438.

¹⁰ Pannenberg, Systematische Theologie, 26 (Hervorhebung JvS).

¹¹ A. a. O., 204.

¹² Zur These, Mythen seien „traditionelle Erzählungen", vgl. Geoffrey Kirk, Myth. Its Meaning und Function in Ancient and Other Cultures, Berkekey–Los Angeles 1970.

¹³ Vgl. Wolfhart Pannenberg, Die Aufnahme des philosophischen Gottesbegriffs als dogmatisches Problem der frühchristlichen Theologie (1959), in: Ders., Grundfragen systematischer Theologie, Göttingen 1967, 296–346.

¹⁴ Pannenberg, Die weltgründende Funktion des Mythos, 122 (s. o. Anm. 7).

¹⁵ Meine Übersetzung orientiert sich weitgehend an der Übertragung von Ulrich Wilkens. Vgl. ders., Der Brief an die Römer (EKK VI/1), 2., verb. Aufl. Zürich–Einsiedeln–Köln–Neukirchen-Vluyn 1987, 206 f.

¹⁶ Paul Ricœur, Symbolik des Bösen. Phänomenologie der Schuld II, 2. Aufl., Freiburg i. Br.–München 1988, 272.

¹⁷ Vgl. das religionsgeschichtliche Material bei Egon Brandenburger, Adam und Christus. Exegetisch-religionsgeschichtliche Untersuchungen zu Röm 5, 12–21 (1 Kor 15), Neukirchen 1962, 13–67.

¹⁸ A. a. O., 231.

¹⁹ Literatur hierzu bei Heinrich Müller, Der rabbinische Qal-Wachomer-Schluß in paulinischer Typologie. Zur Adam-Christus-Typologie in Rm 5, in: ZNW 58 (1967) (73–92) 78 (Anm. 27).

²⁰ A. a. O., 78.

²¹ Eberhard Jüngel, Das Gesetz zwischen Adam und Christus. Eine theologische Studie zu Röm 5, 12–21 (1963), in: Ders., Unterwegs zur Sache. Theologische Bemerkungen, 2. Aufl., München 1988, (145–172) 163.

[22] A.a.O., 168.

[23] Ernst Cassirer, Philosophie der symbolischen Formen II. Das mythische Denken, Nachdruck, 8. Aufl., Darmstadt 1987, 296.

[24] Eberhard Jüngel, Glauben und Verstehen. Zum Theologiebegriff Rudolf Bultmanns, Heidelberg 1985, 71.

[25] Cassirer, Philosophie der symbolischen Formen II, 285f. (s.o. Anm.23).

[26] A.a.O., 286.

[27] A.a.O., 284.

[28] A.a.O., 287. Zum theologischen Gehalt des Bilderverbots vgl. auch meine Überlegungen in der Auseinandersetzung mit Hans Blumenberg: Joachim von Soosten, Arbeit am Dogma. Eine theologische Antwort auf Hans Blumenbergs ›Arbeit am Mythos‹, in: Mythos und Religion, hrsg. v. Oswald Bayer, Stuttgart 1990 (80–100) 90–92.

[29] Cassirer, Philosophie der symbolischen Formen II, 301. Cassirer hat immerhin angedeutet, wie Mythos und Religion, ohne daß sie miteinander ausgesöhnt werden könnten und ohne daß sie gegeneinander ausgespielt werden müßten, miteinander koexistieren können. Die Unterscheidung der Religion von und ihre Angewiesenheit auf das mythische Weltbild wird nämlich dadurch bestimmt, daß in der Religion die Beziehung von Sprache und Anschauungsinhalt als „Analogie" thematisiert wird (a.a.O., 305ff.). Von hier aus eröffnet sich die Verbindung mit den Bemühungen, die die theologische Relevanz der *Metapher* in das Zentrum der hermeneutischen Aufmerksamkeit gestellt haben. Diese Bemühungen gehen davon aus, daß die eschatologisch-soteriologischen Bedeutungen der Geschichte Jesu Christi nicht in einer gleichsam neu kreierten Sprache entfaltet werden können. Aus diesem Grund muß auf der Angewiesenheit des Zur-Sprache-Gebrachten – Christus – auf die Sprache, die Weltbilder und die Interpretationsmodelle der Überlieferung bestanden werden. Diese fungieren dann freilich gegenüber dem neuen Interpretationsmodell als Metaphern.

[30] Mir ist deutlich, daß von hier aus die theologische Interpretation von Röm 5 noch einmal neu aufgenommen werden könnte. Im vorliegenden Zusammenhang sollte es zunächst um die Eröffnung einer Interpretationsperspektive gehen. Zu erwarten ist, daß die Kontroverse zwischen Karl Barth und Rudolf Bultmann über die sachgemäße Auslegung der ›Adam-Christus-Typologie‹ in Röm 5 unter dem Gesichtspunkt des Modells der Konfiguration in ein neues Licht getaucht wird, in dem Bultmanns Erwägungen in veränderter Weise rehabilitiert werden könnten. Vgl. Karl Barth, Christus und Adam nach Röm 5, Zürich 1952; Rudolf Bultmann, Adam und Christus nach Röm 5 (1959), in: Ders., Exegetica, Tübingen 1967, 424–444.

Die Logik der Entmythologisierung

[1] Nachweise und Belege aus den Schriften Rudolf Bultmanns sind im fortlaufenden Text in Klammern angegeben. Dabei werden folgende Siglen verwandt: EJ = Das Evangelium des Johannes, Göttingen [13]1953; EumR = Ethische und mystische Religion im Urchristentum, in: J. Moltmann (Hrsg.), Anfänge der dialektischen Theologie, Teil 2, München 1963, 29–47; GuE = Geschichte und

Eschatologie, Tübingen 1958; GuV I–IV = Glauben und Verstehen. Gesammelte
Aufsätze, Bde. I–IV, Tübingen [6]1966 (Bd. I), [4]1965 (Bd. II), [3]1965 (Bd. III), [2]1967
(Bd. IV); NTuM = Neues Testament und Mythologie. Das Problem der Entmythologisierung der neutestamentlichen Verkündigung, Nachdruck der 1941 erschienenen Fassung, hrsg. v. E. Jüngel, München 1985; RuK = Religion und Kultur, in:
J. Moltmann (Hrsg.), Anfänge der dialektischen Theologie, Teil 2, München 1963,
11–29; TaW = Theologie als Wissenschaft, ZThK 81 (1984), 447–469; ThdNT =
Theologie des Neuen Testaments, Tübingen [8]1980; TE = Theologische Enzyklo-
pädie, hrsg. v. E. Jüngel u. K. W. Müller, Tübingen 1984; KuM II = Zum Problem
der Entmythologisierung, in: H.-W. Bartsch (Hrsg.), Kerygma und Mythos,
Bd. II, Hamburg 1952, 179–208; KuM III = Zur Frage der Entmythologisierung.
Antwort an Karl Jaspers, in: H.-W. Bartsch (Hrsg.), Kerygma und Mythos, Bd. III,
Hamburg [2]1957, 47–59. – Da der folgende Aufsatz einer systematisch-konstruktiven
Vorgehensweise verpflichtet ist und keine entwicklungsgeschichtlichen Fragestellungen verfolgt, wird auf eine chronologische Differenzierung der Arbeiten Bult-
manns verzichtet.

[2] Vgl. den Literaturbericht von G. Bornkamm, Die Theologie Rudolf Bultmanns
in der neueren Diskussion. Zum Problem der Entmythologisierung und Hermeneutik, ThR 29 (1963), 33–141.

[3] Vgl. nur K. Jaspers, Wahrheit und Unheil der Bultmannschen Entmythologisierung, in: H.-W. Bartsch (Hrsg.), Kerygma und Mythos, Bd. III, Hamburg [2]1957,
9–46.

[4] Vgl. J. Schniewind, Antwort an Rudolf Bultmann. Thesen zum Problem der Entmythologisierung, in: H.-W. Bartsch (Hrsg.), Kerygma und Mythos, Bd. I, Hamburg
[4]1960, 77–121.

[5] Vgl. E. Kinder (Hrsg.), Zur Entmythologisierung. Ein Wort lutherischer Theologie, München 1952. Die Zielrichtung dieser Aufsatzsammlung tritt in dem Beitrag
von W. Künneth, Bultmanns Philosophie oder Heilswirklichkeit? (E. Kinder, a. a. O.,
61–90) besonders klar zutage.

[6] R. Prenter, Mythos und Evangelium, in: H.-W. Bartsch (Hrsg.), Kerygma und
Mythos, Bd. II, Hamburg 1952, 82.

[7] Vgl. R. Prenter, a. a. O., 84.

[8] Vgl. F. Buri, Entmythologisierung oder Entkerygmatisierung der Theologie, in:
H.-W. Bartsch (Hrsg.), Kerygma und Mythos, Bd. II, Hamburg 1952, 85–101.

[9] H. Timm, Remythologisierung? Der akkumulative Symbolismus im Christentum, in: K. H. Bohrer (Hrsg.), Mythos und Moderne, Frankfurt a. M. 1983, 435.

[10] O. Marquard, Lob des Polytheismus. Über Monomythie und Polymythie, in:
Ders., Abschied vom Prinzipiellen, Stuttgart 1981, 103.

[11] O. Marquard, a. a. O., 106.

[12] O. Marquard, a. a. O., 93; 108.

[13] Vgl. H.-G. Gadamer, Wahrheit und Methode. Grundzüge einer philosophischen Hermeneutik, Tübingen [4]1975, 492f.

[14] „Wen schauderte da nicht?" – so lautet K. Barths rhetorische Gegenfrage gegen
Bultmanns Charakterisierung der Gegenwart (K. Barth, Die Kirchliche Dogmatik,
Bd. III/2, Zollikon 1948, 536). Allerdings ist Barths Auseinandersetzung mit Bult-
mann zu einem großen Teil geprägt von dem strategischen Versuch, mit dem Vehikel

der Modernitätskritik seine eigenen dogmatischen Positionen zu offerieren und gegenüber begrifflich klaren Entmythologisierungsforderungen abzuschotten. Vgl. auch K. Barth, Rudolf Bultmann. Ein Versuch, ihn zu verstehen, ThSt 34, Zürich 1952.
    15 Zu Bultmanns kausalistischem Verständnis des modernen Weltbildes vgl. nur GuV IV, 144. Wenngleich dieses kausalistische Verständnis in Bultmanns Sicht der naturwissenschaftlich geprägten Moderne vorherrscht, finden sich doch auch manche Äußerungen zur modernen Wissenschaft, aus denen eine Relativierung jenes Kausalismus spricht; vgl. etwa GuV III, 108 ff.
    16 Die immanente Ambivalenz des Gedankens des Weltbildes, die in seinem spezifisch historischen Entstehungszusammenhang in der Neuzeit beschlossen liegt, hat M. Heidegger ungleich präziser erfaßt als Bultmann, der ebenso von einem neutestamentlichen wie einem modernen Weltbild sprechen kann (vgl. NTuM, 12–20; zu Bultmanns Sicht der modernen Freiheit des Subjekts vgl. GuV II, 280 ff.; GuV IV, 113– 127). So heißt es bei Heidegger: „Weltbild, wesentlich verstanden, meint daher nicht ein Bild von der Welt, sondern die Welt als Bild begriffen. Das Seiende im Ganzen wird jetzt [sc. in der Neuzeit, JD] so genommen, daß es erst und nur seiend ist, sofern es durch den vorstellend-herstellenden Menschen gestellt ist … Daß das Seiende in der Vorgestelltheit seiend wird, macht das Zeitalter, in dem es dahin kommt, zu einem Neuen gegenüber dem vorigen. Die Redewendungen ,Weltbild der Neuzeit' und ,neuzeitliches Weltbild' sagen zweimal dasselbe und unterstellen etwas, was nie zuvor geben konnte, nämlich ein mittelalterliches und ein antikes Weltbild. Das Weltbild wird nicht von einem vormals mittelalterlichen zu einem neuzeitlichen, sondern dies, daß überhaupt die Welt zum Bild wird, zeichnet das Wesen der Neuzeit aus" (M. Heidegger, Die Zeit des Weltbildes, in: Ders., Holzwege, Ges.-Ausg. Bd. 5, hrsg. v. F.-W. Herrmann, Frankfurt a. M. 1977, 89 f.).
    17 Vgl. TaW; vgl. dazu den Herausgeberbericht v. K. W. Müller, Zu Rudolf Bultmanns Alpirsbacher Vortrag über ›Theologie als Wissenschaft‹, ZThK 81 (1984), 470 f.
    18 Freilich hat Bultmann auch eine Sicht des 'Logos' entwickelt, in der dieser an dem Verfahren der Wissenschaft gemessen wird: nämlich dem 'LOGON DIDONAI'. Dieses Verfahren kennzeichnet die Methode der Wissenschaft seit der Antike, und es besteht im wesentlichen in begrifflich begründender Objektivation sowie in der distanzierenden Aufstellung von Sätzen über die Phänomene. Darum ist es strukturell dem Mythos ähnlich, und darum muß es seinerseits entobjektiviert werden – wie Bultmann an der Theologie als Wissenschaft gezeigt hat. Vgl. GuV IV, 158; TaW, 450; KuM III, 58 u. ö.
    19 'Mythos' und 'Mythologie' werden von Bultmann nicht präzise voneinander abgesetzt. Zwar versteht er unter „Mythos' ein ganz bestimmtes geschichtliches Phänomen und unter ,Mythologie' eine ganz bestimmte Denkweise" (KuM II, 180), aber oftmals gebraucht er beide Termini auch promiscue. Mythologie ist also nicht eine Theorie *über* den Mythos. Vgl. nur GuV IV, 128 ff.; 146 ff.; NTuM, 22, Anm. 20 u. ö.
    20 Vgl. auch GuV 134; NTuM 22 f.; KuM II, 184; GuV III, 88.
    21 Für Bultmann sind 'Weltbilder' – ob der mit ihnen verbundenen Vergegenständlichung gegenüber einem existentiellen Lebensvollzug – und mythische sowie wissenschaftliche Objektivationen unlöslich miteinander verklammert. Es erhebt sich je-

doch die Frage, ob es überhaupt eine von Objektivationen freie Sprache geben kann
oder ob nicht jede Sprache Vergegenständlichungen implizieren muß. Hierzu s. u.
Abschnitte V und VI.

[22] W. Pannenberg hat allerdings zu Recht darauf hingewiesen, daß Bultmann „die
neuere, an der urzeitlich-fundierenden Funktion des Mythos orientierte religionswissenschaftliche Begriffsbildung ... nicht zur Kenntnis genommen [hat]" (W. Pannenberg, Christentum und Mythos, in: Ders., Grundfragen systematischer Theologie,
Bd. 2, Göttingen 1980, 20). Daher ist Bultmanns Umgang mit der religionsgeschichtlich argumentierenden Theologie auch für dessen Mythosverständnis aufschlußrei-
cher als für einen religionswissenschaftlichen Begriff des Mythos. Vgl. hierzu auch
W. Pannenberg, Die weltgründende Funktion des Mythos und der christliche Offenbarungsglaube, in: H. H. Schmid (Hrsg.), Mythos und Rationalität, Gütersloh 1988,
108–122. – Zur Kategorie des Urzeitlichen vgl. die These von I. U. Dalferth: Die 'Urzeit' „ist nicht das, was vor der Zeit oder am Anfang der Geschichte geschah, sondern
das, was in und mit unserem Handeln und Reden in der Geschichte permanent und
immer wieder neu zur Geltung kommt". Und dieses sind Grundaporien menschlicher
Existenz, von denen „die Angewiesenheit des Menschen auf ein Heil, das er von sich
aus nicht zu realisieren vermag, religiös bedeutsam ist" (I. U. Dalferth, Mythos, Ritual, Dogmatik. Strukturen der religiösen Text-Welt, EvTh 47 [1987], 279–281).

[23] Diese Konzeption geht auf den Göttinger Altphilologen Chr. G. Heyne zurück;
vgl. Chr. Hartlich u. W. Sachs, Der Ursprung des Mythosbegriffs in der modernen
Bibelwissenschaft, Tübingen 1952. Zur Geschichte des Mythosbegriffs vgl. A. Horstmann, Art.: Mythos, Mythologie, in: Historisches Wörterbuch der Philosophie,
Bd. IV, Basel 1984, Sp. 288 ff.

[24] Dieser Gedankenkreis ist insbesondere in der sog. 'mythischen Schule' (J. G.
Eichhorn, J. Ph. Gabler, G. L. Bauer) entwickelt worden. Vgl. Horstmann, a. a. O.,
Sp. 295 f.

[25] Mit diesen beiden Stichworten läßt sich in aller Kürze Bultmanns Sicht der für
ihn jüngsten Entwicklungen religionsgeschichtlicher Theologie charakterisieren. Auf
der einen Seite werden laut Bultmann mit Hilfe einer reduktionistischen Entmythologisierung etwa das sittliche Liebesreich Gottes herausgehoben (A. v. Harnack), die
moralisch-religiöse Größe der Persönlichkeit Jesu betont (J. Weiß) und das einer kultischen Erlösungsfrömmigkeit gegenüberstehende schlichte ethische Evangelium
Jesu in den Blick genommen (W. Bousset), während auf der anderen Seite ein mystischer Religionsbegriff in der urchristlichen Frömmigkeit der Weltabkehr und der kultischen Vereinigung mit einer göttlichen Sphäre wiedergefunden (E. Troeltsch) oder
Religion in dem Erlebnis eines numinosen Heiligen gesehen wird (R. Otto). Freilich
sind die Grenzen fließend: Daß die religionsgeschichtliche Schule nicht an einer rationalistischen Identifikation der apriorisch konstruierten sittlichen Qualität des Christentums, sondern vielmehr an einer geschichtlichen Erforschung seiner religiösen
Lebenspraxis interessiert war, hat Bultmann ebenso gesehen wie er beispielsweise die
Leistung Boussets in der Erhellung gerade der kultischen Prägung neutestamentlicher Religiosität und die Leistung Troeltschs in der Erforschung der ethischen Ausrichtung der urchristlichen Weltüberhebungsfrömmigkeit würdigte. Vgl. NTuM,
24 ff.; GuV I, 65–84; 245–256; EumR.

[26] Vgl. H. Thyen, Rudolf Bultmann als Historiker und Theologe, in: Rudolf Bult-

mann 100 Jahre, Oldenburger Vorträge, hrsg. v. Kulturdezernat der Stadt Oldenburg, Oldenburg 1984, 11–33.

[27] Freilich ist die Lehre in einem sekundären Sinne auch die Reflexion der exponierten Struktur, um sie gegenüber der Infragestellung durch Gegenpositionen „kritisch und polemisch" zur Geltung zu bringen (GuV I, 181f.; vgl. 261). Vgl. hierzu E. Jüngel, Glauben und Verstehen. Zum Theologiebegriff Rudolf Bultmanns, SHAW.PH 1985/1, Heidelberg 1985.

[28] Fraglos ist Bultmanns Theologie weniger der Begründung des theo-logischen Charakters des Kerygmas verpflichtet als dessen Auslegung. Denn Bultmann sieht sich in einer *Tradition* der Anrede stehen, die im Neuen Testament beginnt und in der Kirche als der Tradition des Wortes fortbesteht (vgl. GuV I, 288ff.). Allerdings erschöpft sich Bultmanns Theologie nicht in der Auslegung vorgegebener, 'positiver' Traditionen; sie kennt auch eine Figur des Begründetseins *absoluter* Positivität, nämlich das reine 'Daß'. Vgl. hierzu die Abschnitte IV und V.

[29] Vgl. RuK, 23. Zu der strukturellen Differenz von Geschichtlichkeit und Historie bzw. Geschichte vgl. II. Ott, Geschichte und Heilsgeschichte in der Theologie Rudolf Bultmanns, Tübingen 1955. Ott sieht zu Recht, daß Bultmanns Mythosverständnis in folgender Differenz wurzelt: „Die wesensmäßige Unzulänglichkeit des mythischen Denkens hat letztlich darin ihren Grund, daß dieses den Versuch darstellt, das primär Geschichtliche, die Ereignishaftigkeit des Unverfügbaren, in den Kreis des ‚sekundär Geschichtlichen', der objektiven Historizität, des gegenständlich Erzählbaren zu bannen" (H. Ott, a. a. O., 27).

[30] Bekanntlich basiert Bultmanns Terminologie großenteils auf M. Heideggers epochalem Werk ›Sein und Zeit‹ (Tübingen [15]1979). Allerdings vollzieht Bultmann eine Uminterpretation Heideggers, da er dessen Fundamentalontologie anthropologisch auslegt. Vgl. hierzu E. Jüngel, a. a. O., 20, Anm. 44.

[31] Vgl. zu dieser Definition des Glaubens TE, 13ff.

[32] Zu der Differenz des von Bultmann formal gebrauchten Terminus 'existential' und des von ihm material verstandenen Terminus 'existentiell' vgl. KuM II, 191ff.

[33] Nach Bultmanns berühmter entmythologisierender Deutung gehören Kreuz und Auferstehung als „Einheit" eines „‚kosmische[n]‘ Ereignis[ses]" zusammen, „durch das die Welt gerichtet und die Möglichkeit echten Lebens beschafft worden ist" (NTuM, 58); diese Einheit kommt aber nicht 'kosmisch' zur Darstellung, sondern sie erweist sich nur im „konkreten Lebensvollzug" (60) als Gestalt des „Osterglaube[ns]" (61). Dementsprechend versteht Bultmann die Auferstehung als „Ausdruck der Bedeutsamkeit des Kreuzes" (58), und zwar insofern der „Auferstehungsglaube nichts anderes als der Glaube an das Kreuz als Heilsereignis [ist]" (61). Eine 'Objektivität' der Auferstehung außerhalb dieses Glaubens anzunehmen ist ein sacrificium intellectus.

[34] Vgl. GuV I, 128: „Um aber fragen zu können, muß ich in gewisser Weise schon wissen."

[35] In der skizzierten Argumentation liegt allerdings eine von Bultmann nicht thematisierte Schwierigkeit beschlossen: Auch das Wissen des Menschen um sein Sich-nicht-Wissen-Können beruht auf einem ins Wissen gehobenen Selbstbezug, da der Mensch *sich* als das Objekt seines Nicht-Wissen-Könnens muß identifizieren können. Solange dieser für alles Wissen basale Selbstbezug nicht erklärt worden ist, hat auch

eine an seinen Aporien orientierte Argumentation immer schon denjenigen Sachverhalt in Anspruch genommen, den sie zu bestreiten sucht.

[36] Bultmann hat gegen die Bezeichnung der Rede von Gottes Handeln als einer mythischen bzw. mythologischen Rede „nichts einzuwenden" – sofern deutlich wird, daß „in diesem Fall Mythos etwas ganz anderes ist als das, wovon die Entmythologisierung handelt" (GuV IV, 173). Wenn im folgenden von einer mythischen Redeweise etwa im Hinblick auf das Handeln Gottes gesprochen wird, dann ist hierbei ein Verständnis von Mythos in Anspruch genommen, das von dem in der Entmythologisierung abweicht. Denn es geht nicht um eine Objektivation eines Jenseitigen zu einem Diesseitigen, sondern um die Explikation der menschlichen Bestimmtheit durch Gott – um mit Bultmann zu sprechen.

[37] Wenngleich eine Analyse von Bultmanns Theologie die Unauflöslichkeit des Zusammenhanges von menschlicher Selbstthematisierung und Gottesfrage zeigt und überdies die Notwendigkeit einer ob ihres argumentativ-objektivierenden Vorgehens gleichsam mythischen Theologie deutlich macht, so erhebt sich gleichwohl die Frage, ob Bultmanns Denkmittel seine Intention bereits einzulösen erlauben. Solange nämlich nicht erklärt ist, wie das Sich-selbst-Wissen des Menschen zustande kommt, kann es auch kein vom menschlichen Selbst vollzogenes Wissen um Gott geben, welches das Selbstsein des Menschen konstituieren soll. Nur wenn jene Erklärung des Sichselbst-Wissens des Menschen wenigstens partiell geleistet ist, kann es aufschlußreich sein, die verbleibende Opakheit des menschlichen Selbstbewußtseins auf den Gottesgedanken zu beziehen.

[38] Vgl. GuV I, 292: „Das Wort der christlichen Verkündigung und die Geschichte, die es mitteilt, fallen zusammen, sind eins. Die Geschichte Christi ist keine schon vergangene, sondern vollzieht sich im verkündigenden Wort."

[39] Vgl. zu Bultmanns abstrakter Trennung zwischen einem kontingenten Augenblick und einem explizierbaren geschichtlichen Kontext die kritischen Rückfragen, die E. Jüngel an Bultmann richtet (a. a. O., 68 ff.). Solche kritischen Rückfragen sind auch mit Jüngel an Bultmanns strikte Askese hinsichtlich einer theo-logisch zu entfaltenden Selbstdarstellung Gottes zu stellen: Läßt sich doch nur auf dem Boden einer solchen theo-logisch begriffenen Selbstdarstellung Bultmanns These belegen, daß die natürlich-theologische Außenperspektive in einer offenbarungstheologischen Binnenperspektive eingeholt wird.

[40] Zur exegetischen Legitimität von Bultmanns existentialer Auslegung des Neuen Testaments, die im Zeichen der Gedankenfigur des Paradoxes steht und sowohl Paulus als auch Johannes als Entmythologisierungstheologen vorstellt, vgl. von philosophischer Seite H. Blumenberg, Marginalien zur theologischen Logik Rudolf Bultmanns, PhR 2 (1954/55), 121–140. Blumenberg hält Bultmanns Interpretationslogik für angemessen, wenn es um Paulus geht; in Bultmanns Johannesexegese sieht er allerdings eine paulinisch inspirierte Überfremdung des Evangelisten.

Traum, Metapher und Mythos am Beispiel „Kain und Abel"

[1] S. Freud (1900), 102; Anm. 2.
[2] Th. Mann (1933), 1971, 1073 f.
[3] Vgl. S. Freud (1900), 316.
[4] Vgl. H. Blumenberg (1957), 432–447; ders. (1960); C. Brooke Rose (1958); H. Weinrich (1958); ders. (1963); ders. (1966); ders. (1967); ders. (1980); B. Allemann (1968); P. Ricœur (1975).
[5] S. Freud (1900), 314; Anm. 1.
[6] S. Freud (1900), 147 f.
[7] Vgl. S. Freud (1900), 283 f.
[8] Vgl. S. Freud (1900), 284; 287 ff.
[9] Ch. Wolf (1983), passim.
[10] Cicero nannte die Metapher ein auf ein einziges Wort zusammengedrängtes Gleichnis (De orat. III, 157).
[11] Vgl. S. Freud (1900), 252.
[12] Vgl. S. Freud (1900), 284; 287 ff. Im übrigen haben die seit Anfang der siebziger Jahre erschienenen religionsgeschichtlichen Arbeiten des Zürcher Gräzisten Walter Burkert ausführlich gezeigt, daß Mythen und Rituale auf weite Strecken nicht, wie immer wieder stereotyp behauptet, magische Techniken zur Steigerung allgemeiner Fruchtbarkeit sind, sondern daß sie die sowohl jeden Menschen sehr persönlich als auch die Gemeinschaft als Ganze betreffenden, vielfältigen Spannungen zwischen Individuum und Gruppe thematisieren. Die religiöse Inszenierung dient der Benennung und Veranschaulichung des Erregenden und Bedrohlichen und verknüpft das Geschehen so, daß es zu einer Geschichte wird, die Zukunft hat (vgl. Jan Assmann [1982] [Hrsg.] und die Veröffentlichungen von Walter Burkert).
[13] Psychoanalytische Elemente in der Exegese finden sich in der protestantischen Theologie seit Anfang der siebziger Jahre (vgl. H. Harsch [1972] [Hrsg.], Y. Spiegel [1972] [Hrsg.]; ders. [1978]; E. Nase/J. Scharfenberg [1977]; G. Theißen [1983]; Th. Seifert [1986]; K. Berger (1991); auf psychoanalytischer Seite zu nennen ist: F. Dolto/ G. Severin [1980]). Erst die in den achtziger Jahren beginnende Auseinandersetzung innerhalb der katholischen Theologie und Kirche um Eugen Drewermann hat diesem Ansatz zu einer außergewöhnlichen Popularität verholfen (vgl. E. Drewermann [1983/ 1984]; [1984]; [1986]; [1988]; [1988/90]; E. Drewermann/M. Helfer/G. Höver [1986]; G. Lohfink/R. Pesch [1987]; H. Bürkle et al. [1988]; G. Fehrenbacher [1991]; G. M. Martin [1990]). Da die Psychoanalyse sich in vielen ihrer maßgeblichen Vertreter nicht nur als individual-psychologische Methode, sondern als Kulturkritik verstanden hat, würde man nicht nur der historisch-kritischen Exegese mythischer Texte, sondern auch der Psychoanalyse Unrecht tun, wollte man geschichtliche und psychosoziale Aspekte der Texte ausblenden. Mythen spiegeln schon allein deshalb nie „nur" innerpsychische Konflikte, weil es innerpsychische Konflikte nie ohne einen Kontext äußerer Wirklichkeit gibt. Den historisch „wirklichen" Hintergrund wird man aber kaum detailliert rekonstruieren können, zumal mythische Stoffe sich über längere Zeiträume immer wieder, ausgelöst durch analoge Erfahrungen, entwickelt haben dürften. Sie sind die „sprachlich-seelische" Repräsentanz jener Erfahrungen, und das heißt: Bei der tiefenpsychologischen Exegese mythischer Texte ist die Balance zwischen der Allgemein-

gültigkeit eines Textes und seiner unverrechenbaren Individualität zu halten. Wer ihn endgültig angeeignet zu haben meint, hat ihn als Mythos „erledigt".
[14] C. Westermann (1974), 387.
[15] Vgl. S. Freud (1916/17).

Platons Weg vom Logos zum Mythos

[1] Vgl. M. Horkheimer/T. W. Adorno, 50 ff.
[2] Vgl. H. Blumenberg, 37.
[3] Vgl. H. Blumenberg, ebd.
[4] Aristoteles, Metaphysik 982 b 18 f.; vgl. dazu J. Bollack, 96 ff.
[5] Vgl. E. Cassirer, 291.
[6] Vgl. E. Cassirer, 281.
[7] Vgl. E. Cassirer, 296.
[8] Vgl. E. Cassirer, 280.
[9] Vgl. Aristoteles, De anima 430 a 12 ff.; vgl. dazu E. Rudolph (1992 b). Aristoteles scheint mit seiner nach wie vor umstrittenen Unterscheidung zwischen dem nous poietikos und nous pathetikos an diese platonische Aporie anzuknüpfen, insofern er die Leistung des nous poietikos beschreibt als „das sich selbst denkende Denken", als ein Vermögen, das 'alles' denkt, indem es sich selbst denkt. Aber auch der aristotelische nous poietikos ist – anders als der göttliche nous – unabtrennbar von den anderen Seelenvermögen.
[10] Zur platonischen Version des Satzes vom Widerspruch s. Politeia 432 b/c.
[11] Vgl. E. Rudolph (1990).
[12] Gerade das bleibt Blumenberg schuldig (vgl. H. Blumenberg, 37 f.).
[13] So etwa deutet Nietzsche die berühmte Sentenz des Thales: „Alles ist Wasser", eine Deutung, die Jean Bollack ausdrücklich übernimmt (vgl. J. Bollack, 94). Zu glatt und der Zumutbarkeit modernen Verstehens angepaßt dürfte eine Interpretation erscheinen, der gemäß dieser Satz des Thales auf metaphorische Weise die „Identität des Seins" im parmenideischen Sinne zum Ausdruck bringen wollte.
[14] L. Kolakowski, 19 f.
[15] L. Kolakowski, 73; vgl. E. Rudolph (1992 a), 79 ff.
[16] Vgl. dazu G. Böhme, 77 ff.; vgl. auch E. Rudolph (1988), 113 f.
[17] Vgl. dazu besonders K. Gloy, 57 f.
[18] Vgl. E. Rudolph (1988), 109.
[19] Vgl. E. Rudolph (1987), 78 ff.

Platons Konzept des „diamythologein"

[1] DK 22 B 93: „ὁ ἄναξ, οὗ τὸ μαντεῖόν ἐστι τὸ ἐν Δελφοῖς, οὔτε λέγει οὔτε κρύπτει ἀλλὰ σημαίνει" (Übers. nach Diels/Kranz).
[2] Vgl.: Krüger, EuL, S. 30 f.
[3] „ἐννοήσας ὅτι τὸν ποιητὴν δέοι [...] ποιεῖν μύθους ἀλλ᾽ οὐ λόγους [...]."

⁴ Zu den beiden Seiten des Apollon-Dienstes vgl. auch Friedländer, Platon III, S. 32.

⁵ Zur Rolle Apolls im ›Phaidon‹ vgl. die ausführlichen Untersuchungen von Kerényi, der den „religiösen Wert" (Kerényi, Unsterblichkeit, S. 31) des ›Phaidon‹ darin bestimmen zu können glaubt, daß er „im tieferen Sinne [...] ein Apollonhymnus" sei (Unsterblichkeit, S. 43). In der ›Apologie‹ wird Sokrates ausdrücklich als Apollon-Diener präsentiert (vgl.: 28e; 29d; 30a + e; 31a; 33c; 37c). Die enge Zusammengehörigkeit der beiden Dialoge ist durch Szlezák neu betont worden (Schriftlichkeit, S. 221–252).

⁶ Hesiod, Theogonie, 38.

⁷ Wie die Musen nach den Worten des Hesiod zuerst das „ehrwürdige Geschlecht der Götter" (Hesiod, Theogonie, 44) und, wie es der homerische Hymnos auf Apoll ausspricht, deren „unvergängliche Güter" (Hom. h. ad Ap. Pyth. 190) besingen, so erzählen Mythen, wie Georg Picht es formuliert, „von Mächten und Gewalten" (Picht, Kunst und Mythos, S. 392), was sie für ihn mit musikalischen Werken teilen. Für Picht ergibt sich daraus die Konsequenz, daß sich die „Hermeneutik, die wir brauchen, wenn wir die Sprache des Mythos entziffern wollen", mit der „Hermeneutik der Wahrnehmung des Hörens deckt" (Picht, Kunst und Mythos, S. 392).

⁸ Hesiod, Theogonie, 38.

⁹ Vgl.: Otto, Mythos und Wort, S. 358: „μῦθος [ist] unmittelbares Zeugnis dessen, was war, ist und sein wird, eine Selbstoffenbarung des Seins in dem altehrwürdigen Sinne, der zwischen Wort und Sein nicht unterscheidet"; vgl. auch ebd., S. 370: „Die Musen sind das göttliche Wunder, daß das Sein *sich selbst ausspricht.*"

¹⁰ Vgl.: Nom. 668a. „Οὐκοῦν μουσικήν γε πᾶσάν φαμεν εἰκαστικήν τε εἶναι καί μιμητικήν."

¹¹ Daher das in der griechischen Literatur immer wiederkehrende Motiv der Anrufung der Musen durch den Dichter. Nicht Homer ist es, der vom „Zorn des Peleussohnes" Achilles" singt, sondern die „Göttin" d. h. Muse (Ilias I, 1). Vgl.: Otto, Ursprünglicher Mythos, S. 277.

¹² Kerényi, Mythologie, S. 216.

¹³ Otto, Mythos und Wort, S. 361.

¹⁴ Grimm, Deutsche Mythologie. Zitiert nach: Jolles, Formen, S. 93.

¹⁵ Vgl.: Blumenberg, Wirklichkeitsbegriff, S. 21: „Die mythologische Tradition scheint auf Variation und auf die dadurch manifestierbare Unerschöpflichkeit ihres Ausgangsbestandes angelegt zu sein, wie das Thema musikalischer Variationen darauf, bis an die Grenze der Unkenntlichkeit abgewandelt werden zu können."

¹⁶ Schlegel, Rede, S. 101. Vgl.: Karl Kerényi (Mythologie, S. 216), der sie als „etwas Lebendiges: etwas Festes, und zugleich Bewegliches, ja bis zur Grenze Verwandlungsfähiges" bezeichnet. Was heute unvorstellbar erscheint und daher immer wieder die Kritik an Platon entzündete, ist der der Antike durchaus geläufige Brauch, Gedichte und Mythologien umzudichten. Wenn Platon dies in den ›Nomoi‹ praktisch vorführt (vgl.: Nom 660e ff.), steht er damit in bester Gesellschaft. Schon Solon forderte den Dichter Mimnermos auf, einen von ihm geprägten Vers umzudichten (Solon, Fr. 22, 1–4). „Die Geschichte der griechischen Poesie weist zahlreiche Beispiele dafür auf, daß ein Dichter, der die Anschauungen eines Vorgängers über die höchste menschliche Arete [...] berichtigen will, sich besonders eng an dessen Ge-

dicht anschließt und den Wein seiner neuen Forderung in die alten Schläuche füllt. Er dichtet tatsächlich den Vorgänger um" (Jaeger, Paideia, S. 809 [II, 293]). Eine so verstandene „Arbeit am Mythos" ist „nur verständlich auf dem Hintergrunde der autoritativen erzieherischen Geltung der Dichtung, die jenen Jahrhunderten [...] selbstverständlich war" (Jaeger, Paideia, 810 [II, 294]).

[17] Vgl. Blumenbergs gleichnamiges Buch › Arbeit am Mythos‹.

[18] Der Begriff „Wahrheitsgehalt" wird hier in dem Sinne gefaßt, in dem ihn Walter Benjamin in seinem Essay über Goethes › Wahlverwandtschaften‹ eingeführt hat (Benjamin, GS I1, S. 123–201).

[19] Ich verweise auf die Überlegungen Hans Georg Gadamers zur Rolle der „Wirkungsgeschichte" im Kontext der philosophischen Hermeneutik (WuM, S. 305–312). Vgl. auch Blumenbergs These, wonach der Mythos überhaupt nur in seinen „Späthorizonten" greifbar ist (Wirklichkeitsbegriff, S. 28).

[20] Vgl. Kerényi, Mythologie, S. 219.

[21] Kerényi, Mythologie, S. 221.

[22] Cassirer, PhSF II, S. 39–77.

[23] Cassirer, PhSF I, S. 9. Vgl. PhSF II, S. 31: „Sie [die Gebilde der mythischen und ästhetischen Phantasie] sind nicht sowohl Reaktionen auf Eindrücke, die von außen auf den Geist geübt werden, als vielmehr echte geistige Aktionen. Schon in den ersten, in den im gewissen Sinne ‚primitivsten' Äußerungen des Mythos wird deutlich, daß wir es in ihnen nicht mit einer bloßen Spiegelung des Seins, sondern mit einer eigentümlichen bildenden Bearbeitung und Darstellung zu tun haben."

[24] Cassirer, PhSF I, S. 11.

[25] Otto, Mythos und Wort, S. 361.

[26] Jolles, Formen, S. 110.

[27] Nietzsche nennt den Mythos „ein Weltbild, welches nicht in Worten zu umspannen ist, sondern in Vorgängen" (KSA 8, S. 203/KGW IV₁, S. 279).

[28] Jolles, Formen, S. 98.

[29] Bei der Unterscheidung von „Wahrheit" und „Richtigkeit" folge ich der von Heidegger in dem Aufsatz › Vom Wesen der Wahrheit‹ eingeführten Terminologie (WM, 176–180). Vgl.: Otto, Mythos und Wort, S. 362.

[30] Vgl.: Jolles, Formen, S. 111: Es „ist nicht so, daß zeitlich das Eine [Mythos] dem Anderen [Wissenschaft] vorangeht, daß Unzufriedenheit mit dem Einen mählich zum Anderen führt [...] – sondern überall und immer stehen sie nebeneinander [...]"; und: Pettazoni (Wahrheit, S. 7): „Nie wird der Logos den Mythos überwinden", denn das „menschliche Denken ist [...] beides: logisch und mythisch".

[31] Cassirer, PhSF II, S. 281 ff.

[32] Vgl. Friedrich Nietzsche, KSA 8, S. 204/KGW IV₁, S. 280: „Fromm ist ein Dichter [von Mythen] niemals. Es giebt keinen Cultus, keine Furcht und Angst [und] Schmeichelei vor diesen Göttern, man glaubt nicht an sie."

[33] Vgl.: Otto, Mythos und Wort, S. 361: „Der Mythos ist absolut verbindlich für das ganze Dasein des Menschen." Daß es auch zu Platons Zeiten durchaus zumindest noch Reservate mythischen Bewußtseins gab, beweist die Häufigkeit, mit der in seinen Dialogen Mythologeme und Mythen zitiert werden.

[34] Kerényi, Mythologie, S. 222.

[35] Für das mythische Bewußtsein gibt es keine „Trennung des Ideellen vom

Reellen, diese Scheidung zwischen einer Welt des unmittelbaren Seins und einer Welt der unmittelbaren Bedeutung, dieser Gegensatz von ‚Bild' und ‚Sache'" ist ihm vielmehr fremd (Cassirer, PhSF II, S. 51), wohingegen die Rezeptionshaltung gegenüber der Kunst gerade durch die Frage geprägt ist: „Was will uns der Künstler sagen?"
    ³⁶ Cassirer, PhSF II, S. 283.
    ³⁷ Diese „Naivität" des mythischen Bewußtseins schildert Platon in den ›Nomoi‹ (678e ff.) und im ›Politikos‹ (271 e ff.).
    ³⁸ Prot 320c: „ἀλλὰ πότερον ὑμῖν, [...] μῦθον λέγων ἐπιδείξω ἢ λόγῳ διεξέλθω." Auch Sokrates unterscheidet gegenüber Kallikles (einem Sophisten!) in diesem Sinne λόγος und μῦθος: „Ἄκουε δή, φασί, μάλα καλοῦ λόγου, ὃν σὺ μέν ἡγήσει μῦθον, ὡς ἐγὼ δὲ λόγον. ὡς ἀληθῆ γὰρ ὄντα σοι λέξω ἅ μέλλω λέγειν" (Gorg 523a).
    ³⁹ Vgl.: Friedländer, Platon I, S. 182 f.
    ⁴⁰ Der Kronzeuge eines solchen Verständnisses von Mythologie ist kein Geringerer als Hegel, behauptet doch dieser, „das Mythische überhaupt" sei „nicht ein adäquates Medium für die Darstellung des Gedankens" (Vorlesungen über die Geschichte der Philosophie, zitiert bei Pieper, Mythen, S. 68).
    ⁴¹ Immer wieder hat man Platon unterstellt, er funktionalisiere Mythen im Dienste der Paideia. Tatsächlich spielt die Mythologie in dieser eine zentrale Rolle, von einer Funktionalisierung aber kann gerade nicht die Rede sein, da diese immer voraussetzt, der Mythos könne rückhaltlos in den Logos übertragen werden. Beispielhaft für ein solches Mißverstehen ist Perls, Mythos, S. 239: „Die schöne Form oder Sprache des Mythos, die schöne Lüge verfolgt einen ästhetischen Zweck." Weitere Beispiele für ein solches unzulängliches Verständnis der platonischen Mythen bei Pieper, Mythen, S. 86 f.
    ⁴² Hier sei ein Seitenblick auf die berühmte Passage des ›Phaidros‹ über den Altar des Gottes Boreas geworfen (Phdr 229c ff.). Ausdrücklich kritisiert Sokrates hier den „sophistischen" Umgang mit Mythen (σοφίζεσθαι) der „σοφοί" im Stile einer allegorischen Mythendeutung, wie sie angeblich Theagenes von Rhegion erfunden haben soll (DK 8 A 2). Als weitere Vertreter der „reduktionistischen Mytheninterpretation" gelten Xenophanes (DK 21 B 14–16), Prodikos (DK 77 B 5) und eventuell auch Protagoras, der zumindest im gleichnamigen Dialog als solcher erscheint.
    ⁴³ Ein Beispiel für einen solchen Umgang mit Mythen gibt Platon in der Gestalt des Euthyphron (Euthyph 5e–6d).
    ⁴⁴ Es gibt von Philolaos eine Fülle von Fragmenten, die allerdings stark umstritten sind (DK 44).
    ⁴⁵ Porphyrios berichtet nach Dikaiarchos (vgl.: Van der Waerden, Pythagoreer, S. 23), Pythagoras selbst sei der erste gewesen, der diese Lehre in Griechenland eingeführt habe (Vita Pyth. 19 = DK 14. 8a): „In erster Linie sagte er, daß die Seele unsterblich sei. Zweitens, daß die Seelen den Ort wechseln, indem sie von einer Art Lebewesen in eine andere übergehen. Weiter, daß alles, was einmal geworden ist, von neuem in gewissen Kreisläufen wiederkehrt und nicht wirklich Neues ist und daß man alle beseelten Wesen miteinander verwandt nennen soll. Denn man sagt, daß Pythagoras diese Lehrmeinungen nach Hellas gebracht habe" (vgl. Herodot, Hist. II 123 = DK 14.1). Herodot bringt sie sicher zu Recht in Beziehung zu den in Unteritalien verbreiteten orphischen Mysterien (Hist. II 81). Wir wissen von religiösen Gemeinschaften, in denen dieses am besten als „orphisch-pythagoreisch" zu benennende Ge-

dankengut gepflegt und zu einer Art „Ethik" weiterentwickelt wurde. Zu dem Verhältnis von orphischen Mysterien und pythagoreischer Religiosität vgl.: Wilamowitz-
Moellendorff, Glaube II, S. 187 und Ziegler, Orphische Dichtung, S. 1383–1386.

⁴⁶ *Mythologem* bedeutet im folgenden: ein Zitat aus einem Mythos, dessen Erwähnung damit rechnet, daß der in ihm konzentrierte mythische Kontext den Ge-
sprächspartnern bekannt ist.

⁴⁷ Vgl. Gadamer, Idee, S. 142.

⁴⁸ Vgl. Krat 400c, Gorg 493a.

⁴⁹ Kebes und Simmias betreiben, was Karl Philipp Moritz ein „törichtes Unternehmen" nennen würde, das er wie folgt paraphrasiert: „Die Hand, welche den
Schleier, der diese Dichtungen bedeckt, ganz hinwegziehen will, verletzt zugleich das
zarte Gewebe der Phantasie und stößt alsdann statt der gehofften Entdeckungen auf
lauter Widersprüche und Ungereimtheiten" (Moritz, Götterlehre, S. 8).

⁵⁰ In der Kultsprache bedeutet *katharsis* ursprünglich soviel wie „Entsühnung",
sei es durch bestimmte Riten, eine asketische Lebensweise oder das Befolgen „ethischer" Vorschriften. Beispiele gibt Guthrie, History II, S. 224.

⁵¹ Friedländer, Platon III, S. 116f. und Platon I, S. 201.

⁵² In der schon erwähnten Passage Phdr 229cff. gibt Sokrates in ungewöhnlich
deutlicher Weise zu verstehen, wie er mit Mythen umzugehen pflegt. Ausdrücklich
kritisiert er eine radikale „Entmythologisierung" und plädiert statt dessen für eine,
wenn man so will, „existenzielle" Hermeneutik des Mythos. Das heißt: er sucht im
Mythos einen Bezug zu seiner individuellen Lebensgestaltung, gibt ihm also eine
ethische Relevanz. Diese Konzeption deckt sich genau mit der Interpretation des
katharsis-Mythologems, die diese als tugendhafte Lebensweise freilegt.

⁵³ „Und so mögen auch diejenigen, welche uns die Weihen eingesetzt haben, gar
nicht schlechte Leute sein, sondern schon von alters her wirklich andeuten, daß der,
der ungeweiht und ungeheilt im Hades ankommt, im Schlamm liegen wird, der
aber, der gereinigt und geweiht ist, dort angekommen bei den Göttern wohnen wird"
(vgl. Resp 363d).

⁵⁴ Aischylos, Der gefesselte Prometheus, 889.

⁵⁵ Ansonsten taucht *diamythologein* bei Platon noch zweimal auf: In Apol 39e
sagt Sokrates nach dem über ihn verhängten Urteil zu den ihm gewogenen Richtern:
„οὐδὲν γὰρ κωλύει διαμυθολογῆσαι πρὸς ἀλλήλους ἕως ἔξεστιν." Zwar kommt es
im folgenden nicht zum Gespräch, wohl aber ist es von Sokrates ausdrücklich beabsichtigt: „Τοῖς δὲ ἀποψηφισαμένοις ἂν διαλεχθείν ὑπὲρ τοῦ [...] πράγματος"
(39e1). Was folgt ist eine Zusammenstellung verschiedener Mythologeme (die berühmte Erwähnung des Daimonion, verschiedene mythisch geprägte Gedanken über
den Tod (οἷον ὕπνος 40c; μεταβολή τις [...] καὶ μετοίκησις τῇ ψυχῇ [...] εἰς ἄλλον
τόπον. 40c). Die andere Stelle steht in den ›Nomoi‹ (Nom 632e): Hier wird *diamythologein* ähnlich programmatisch verwendet wie im Phaidon: „[...] τἄλλ' οὕτω δια-
μυθολογοῦντες παραμύθια ποιήσασθαι τῆς ὁδοῦ [...]." Eine Verbindung der dortigen Verwendung des Wortes zu unserer Phaidon-Stelle herzustellen, würde eine
eigene Arbeit erfordern.

⁵⁶ Kommentatoren aller Zeiten haben sich mit dem Verständnis und der Übertragung des Wortes *diamythologein* schwergetan. Olympiodorus bemerkt zur Stelle: „τί
οὖν, μῦθος τὰ λεγόμενα ὑπὸ τοῦ Σωκράτους; ἢ τὴν ἐξ ἐπομένου πίστιν μυθολογίαν

ἐκάλεσεν ὁ Σωκράτης, οἷος ἐστιν ὁ προκείμενος λόγος: κατασκευάζει γὰρ τὴν ἀθα-
νασίαν τῆς ψυχῆς οὐκ ἐκ τῆς οὐσίας ὁρμώμενος, ἀλλ' ἔκ τινος ἑπομένου, τοῦ μετα-
βάλλειν τὸν θάνατον καὶ ζωὴν εἰς ἄλληλα. ταύτην οὖν μυθολγίαν εἶπεν" (Comm.,
S. 55). Wenn er den mythischen Charakter der folgenden, vermeintlich „logischen"
Beweise durchschaut, hat er Platon offenbar besser verstanden als sein englischer
Kollege Hackforth, der folgendes anmerkt: "The verb diamythologein appears to
reccur in Plato only at Apol. 39e, where it seems natural to take it, as well as the verb
dialegesthai used a few lines earlier, as meaning simply to have a talk or discussion.
[. . .] Now it is just scientific proof of immortality that our dialogue purports to give; it
would therefore be inappropriate for Socrates to suggest their having a mythologia in
the sense of an imaginative discourse [. . .] I therefore think that here, as in the ›Apol-
ogy‹, the word means simply 'discuss'" (Phaedo, S. 58f.). Das Mißverständnis von
Hackforth besteht darin, daß er fälschlicherweise diamythologein mit mythologein
identifiziert, was ihm nicht unterlaufen wäre, hätte er beachtet, daß das Wort auch in
den ›Nomoi‹ auftaucht. Besser ist hier Friedrich Ast, der in seinem ›Lexicon Platonicum‹ präzise übersetzt: „confabulor, colloquor, dissero de aliqua re" (Lexicon,
S. 468).

    57 So in 70c5, 72e, 81a, auch 108c–d; ebenso schon in 62b, 66bff., 69c. Eine ver-
gleichbare Gesprächsstrategie verfolgt Platon auch in anderen Dialogen, so im ›Phaidros‹, im ›Symposion‹ und auch in der ›Politeia‹. Auch hier könnte man das „Konzept
des diamythologein" aufdecken. Friedländer ist dem Konzept des diamythologein auf
der Spur, wenn er bemerkt, daß in diesen Texten der Sokratische Mythos „nicht mehr
in einem leeren Raum irrlichteliert [. . .], sondern er setzt genau die Linien fort, die so-
eben der Logos zog" (Platon I, S. 191).

    58 Damit kein Mißverständnis aufkommt: Hier soll nicht die These vertreten
werden, Platon habe so etwas wie ein Programm des diamythologein entworfen und
dann im ›Phaidon‹ umgesetzt. Der Begriff wird keineswegs terminologisch von ihm
verwendet. Da diamythologein aber die semantische Möglichkeit eröffnet, in einem
Wort eine Weise des Redens zu bezeichnen, die Mythos und Logos zusammenfaßt
und genau diese das Gespräch des Dialoges auszeichnet, scheint es legitim, diesen in
ihm auftauchenden Begriff hier für die praktische Gestalt des platonischen Philosophierens im ›Phaidon‹ zu reservieren.

    59 Vgl. z.B. Soph 253e: „'Αλλὰ μὴν τό γε διαλεκτικὸν οὐκ ἄλλῳ δώσεις, ὡς
ἐγῷμαι, πλὴν τῷ καθαρῶς τε καὶ δικαίως φιλοσοφοῦντι." Es ist bemerkenswert,
daß auch an dieser Stelle der Dialektiker ausdrücklich als der rein (καθαρῶς) Philo-
sophierende bezeichnet wird!

    60 Vgl. dazu die maßgeblichen Ausführungen von Hans Georg Gadamer in seinem
Aufsatz ›Die Unsterblichkeitsbeweise in Platons ‚Phaidon'‹. Gadamer kommt zu
dem Ergebnis, „der Sinn jener Beweisführungen" sei, „daß sie Zweifel widerlegen,
nicht daß sie den Glauben begründen" (Gadamer, Unsterblichkeitsbeweise, S. 200);
vgl. auch: Gauss, Handkommentar S. 36: „Es wäre deshalb wohl richtiger, die kommenden Argumente als ‚Indizien' für die Unsterblichkeit zu bezeichnen, und nicht als
‚Beweise', wie das in der landläufigen Platoliteratur leider meist noch geschieht."

    61 Vgl. Wieland, Formen, S. 61.

    62 Es braucht hier nicht zu irritieren, daß Sokrates von einem λόγος redet. Λόγος
wird hier einfach im Sinne von „Rede" verwendet ohne Implikation eines rationalen

Diskurses. Παλαιὸς λόγος scheint vielmehr von Platon gerne zur Kennzeichnung von Reden mythisch-religiöser Abstammung verwendet zu werden. Olympiodorus bemerkt: „Ὀρφικὸς γὰρ ἐστι καὶ Πυθατόρειος" (Comm., S. 60). Auch bezeichnet er die Herkunft des ersten „Unsterblichkeitsbeweises" als „κατὰ γὰρ τοὺς Πυθαγορείους μύθους" (Comm., S. 56). Vgl.: Nom 716e. Der hier zitierte παλαιὸς λόγος ist nach Auskunft der Scholiasten zur Stelle und des Proklos ein orphischer Spruch (DK 1 B 6).

    [63] Vgl.: DK 14; s. o. Anm. 45.
    [64] Guardini, Tod, S. 176.
    [65] Vgl. Friedländer, Platon I, S. 380.
    [66] Von ἐπ-ᾳδειν – zu-singen; vgl. die zahllosen Stellen, an diesen dieses Wort in den ›Nomoi‹ begegnet.
    [67] Gewiß ist es eine gewaltsame Etymologie, wenn man παρα-μυθία mit „das dem Mythos Einhergehende, ihn Begleitende" übersetzt; dennoch sei sie um der Illustration dessentwillen angeführt, wie παραμνθία hier verstanden werden sollte.
    [68] Wahrheit als Transparenz des Seienden für die Idee ist eine „einwertige" Wahrheit im oben erwähnten Sinne des Wortes.
    [69] Epist VII, 341 c + d. Vgl.: Resp 434 e f.
    [70] Vgl.: Phdr 247 c 8. Auch hier bedarf Platon eines Bildes, mehr noch: eines Mythos, um zu verstehen zu geben, was der νοῦς ist.
    [71] Resp. 511 b: „ἵνα μέχρι τοῦ ἀνυποθέτου ἐπι τὴν παντὸς ἀρχὴν ἰών, ἁψάμενος αὐτῆς [...]." Daß Platon an dieser Stelle nicht vom nous, sondern vom λόγος redet, braucht nicht zu irritieren. Im gleichen Zusammenhang nennt er das gleiche Vermögen νοήσις (511 d 8) oder eben νοῦς (511 d 3). Wie auch im Phaidon (99 e) verwendet Platon hier das Wort ἅπτεσθαι, um das Ereignis des Verstehens zu kennzeichnen.
    [72] Dialektik meint hier und im folgenden die διαλεκτική in Platons Sinne; vgl. Resp 531 c–539 d.
    [73] Vgl. auch: Epist VII 342 a.
    [74] Wieland, Formen, S. 86: „Eine Ideenlehre im Sinne einer in sich geschlossenen Theorie [...] wird auch in den Dialogen, die man für diese Lehre gerne in Anspruch nimmt, nirgends [...] vorgetragen."
    [75] Dieser von Wolfgang Wieland in seiner Schrift ›Platon und die Formen des Wissens‹ (insbesondere S. 224–236) geprägte Begriff scheint mir vortrefflich den Typus des Ideenwissens zu charakterisieren. Das nichtpropositionale Wissen ist ein solches, „das im strengen Sinne weder objektivierbar noch mitteilbar ist, das unmittelbar keinen Gegenstand intendiert und daher nicht irrtumsfähig ist, das als Dispositionseigenschaft stets mit der Instanz eines Inhabers verbunden ist und das gerade deshalb seinem Inhaber auf unvertretbare Weise Wirklichkeit erschließt" (Formen, S. 233). Belege bei Platon finden sich u. a. in Prot 314 a + b; Symp 175 d und Resp 518 c.
    [76] Sokrates: „Oh lieber Phaidros, wohin und woher?" Was wie eine Begrüßungsfloskel aussieht, die sich auf den Weg von Phaidros zu beziehen scheint, ist ein Wegweiser in die Problematik des Textes. Woher gewinnen wir Wissen, und in welche Gestalt können wir es bringen?
    [77] Hesiod, Theogonie, 27 + 28.

⁷⁸ Das ist kein Widerspruch zu der Bemerkung im ›Phaidon‹, wonach der Status der mythischen Rede als wahrscheinlich – εἰκός – bezeichnet wird (vgl. dazu: den εἰκός μῦθος des ›Timaios‹ [29 d 2]). Die Pointe des platonischen Mythenverständnisses besteht gerade darin, daß der Mythos keineswegs das, was der ἀληθὴς λόγος von sich beansprucht, nämlich Wahrheit, klar und deutlich zu verkünden, zu leisten verspricht, sondern gerade als εἰκός μῦθος den Verstehensspielraum der Wahrheit eröffnet. In diesem Sinne ist auch die bereits zitierte Passage Gorg 523 a zu lesen, wo Sokrates ausdrücklich betont, der folgende Mythos sei für ihn wahr: ὡς ἀληθῆ γὰρ ὄντα. Nur so trifft die Bemerkung von Wilamowitz-Moellendorff zu, Platon habe, das „was ihm heilige Wahrheit war, nur in der Dichtung auszusprechen vermocht[e]" (Glaube II, S. 248).

⁷⁹ Sokrates bezeichnet den Schlußmythos des ›Phaidon‹ ausdrücklich als „schönes Wagnis" – καλὸς κίνδυνος (114 d).

⁸⁰ Zu der bereits oben angesprochenen Verwandtschaft von Mythos und Orakel als wahrsagende Redeformen und der damit implizierten inneren Dialektik beider paßt sehr schön folgender Passus aus den ›Nomoi‹. Spricht der Dichter zum Gesetzgeber: „Es gibt einen alten Mythos, o Gesetzgeber, der von uns selbst stets ausgesprochen und von allen anderen geglaubt wird, daß ein Dichter, wenn er auf dem Dreifuß der Muse sitzt, nicht bei Sinnen ist, sondern wie eine Quelle, was über ihn kommt, willig fließen läßt, und da seine Kunst eine nachbildende (μιμήσεως) [den Musenspruch wiederholende] ist, ist er gezwungen, wenn er einander widersprüchlich sich verhaltende Menschen dichtet, sich häufig selbst zu widersprechen, ohne dabei zu wissen, ob das eine oder andere des Gesagten wahr ist" (719 c). Vgl. auch: Tim 71 d + e: Um das „sterbliche Geschlecht so gut wie möglich zu machen" und „damit es irgendwie mit der Wahrheit in Berührung (προσάπτατο) käme", richteten die Götter in ihm ein Orakel (μαντεῖον) ein, und im ›Phaidros‹ spricht Platon von der „ἀπὸ Μουσῶν [...] μανία" (245 a).

⁸¹ Sowohl in den ›Nomoi‹ als auch in der ›Politeia‹ betont Platon wiederholt die Relevanz der Mythen für die Paideia. In der ›Politeia‹ geschieht dies im Kontext der sogenannten „Dichterkritik", deren Pointe übrigens darin besteht, ihrerseits ausdrücklich als „mythologisch" qualifiziert zu werden (ὥσπερ ἐν μύθῳ μυθολογοῦντες, Rep 376 b 9 + 10). Die μουσική wird als Modus der παιδεία der Seele vorgestellt (ἡ δ' ἐπὶ ψυχῇ [παιδεία] μουσική 376 e 3), als deren erster Bestandteil werden die μύθους aufgeführt. Im Anschluß daran entwickelt Platon dann das Programm der „Dichterkritik", die sich der internen Dialektik der Mythen, Wahres und Falsches auszusprechen (ὡς τὸ ὅλον εἰπεῖν ψεῦδος, ἔνι δὲ ἀληθῆ 377 a), verdankt. Mehr die positive Seite der Musenkunst betont der Athener in den ›Nomoi‹. Er meint, die Götter haben den Menschen „die Musen, den Musenführer Apollon und den Dionysos zu Festgenossen gegeben, damit sie [die Feste] richtig leiten und die Erziehung (τροφάς) bei den Festen mit den Göttern geschieht" (653 d). Die μουσική avanciert mithin als παιδεία ἀρετῆς – als Bildung der Bestheit – des Menschen (673 a). Auch den Dichtern als den μιμήται (688 b + c), den Nachbildnern der Musen, wird bescheinigt, sie entstammten einem „göttlichen Geschlecht" (682 a 3), und würden, wenn sie „auf dem Dreifuß der Muse" säßen, „gleich einer Quelle das, was über [sie] kommt ausströmen" lassen (719 c), wobei durchaus damit zu rechnen sei, daß „mit Hilfe gewisser Charitinnen und Musen vieles gemäß der Wahrheit Geschehene häufig getroffen

wird" (682 a 4 + 5). Zur Bedeutung der μουσική in der griechischen Paideia vgl.:
Stenzel, KS, S. 234–239 und Jaeger, Paideia, S. 801–821 [II, 285–305].

[82] Jaeger, Paideia, S. 811 [II, 295].

[83] Stenzel, KS 222.

[84] So auch: Xenophanes 21 B 10.

[85] Vgl.: Krüger, EuL, S. 40: „Alle Seltsamkeit der platonischen Dichterkritik wird
daraus verständlich, daß Plato den religiösen Wahrheitsanspruch der Dichtung noch
kennt und – trotz aller schon existierenden Aufklärung – wieder heraufbeschwört.
Was er bekämpft, ist die heidnische Tradition, welche behauptet, daß die Dichter „auf
allen Gebieten wissend sind; in allem Menschlichen, das sich auf Taugen und
Schlechtsein bezieht, und jedenfalls in göttlichen Dingen (Resp 598 d + e)."

[86] Beispiele dieser „alten Paideia" finden sich bereits in den homerischen Epen
selbst. „Es ist ein [...] wichtiger Zug, daß die homerischen Helden, [...] noch ein im
Mythos, im überlieferten Heldenlied gestaltetes höheres, vorbildliches Dasein anerkennen, auf das sie sich im Gleichnis berufen und das sie im Liede verherrlichen"
(Stenzel, KS, S. 224; dort auch Beispiele).

[87] Jaeger, Paideia, S. 811 [I, 295].

[88] Vgl.: Pieper, Mythen, S. 58: „Meine These also besagt, Platon habe das in den
Mythen Gemeinte für unantastbare Wahrheit gehalten." Allerdings scheint Pieper
mir zu sehr einer christlichen Konzeption von Glauben aufzusitzen, wenn er Platon
unterstellt, er habe an „diese Wahrheit geglaubt" (S. 61).

[89] Vgl.: Zehnpfennig, Anmerkungen, S. 190 f.

[90] In der Forschung kursiert noch immer die These, Platon habe in der ›Politeia‹
die Seelenkonzeption des ›Phaidon‹ durch eine „bessere" ersetzt (z. B. Hackforth,
Phaedo, S. 12). Zur Kritik vgl. Zehnpfennig, Einleitung, S. XXVIII f.

[91] Vgl. auch 94 c 10 + e 4.

[92] Zu diesem Zusammenhang von Kenntnis der areté und Einsicht in das Wesen
einer Sache vgl. die Ausführungen in Resp X.

[93] Figal, Untier, S. 84.

[94] Vgl.: Figal, Untier, S. 84. Eine Übersicht über die Einwände gegen den „Beweis" gibt Zehnpfennig, Einleitung, S. XXV.

[95] Vgl.: Guthrie, History IV, S. 361–363.

[96] Ich halte es für ungerechtfertigt, Platon als Erfinder einer „neuartigen ,Seelen-
mythologie'" (Kerényi, Mythologie, S. 217) zu bezeichnen, da er eigentlich immer auf
vorhandene mythische Stoffe und Gestaltungen rekurriert. Vgl.: Pieper, Mythen,
S. 24 f.: „Die von Platon erzählten Mythen gehen [...] weder auf ihn selbst noch auf
Sokrates zurück. [...] [Platon] spricht nicht als Augenzeuge, sondern er gibt etwas
Überliefertes weiter. Und auch wenn seine Mitteilung [...] von seiner eigenen ge-
nialen Sprachkraft ihre Prägung empfängt, es bleibt dennoch klar, daß der Überlie-
fernde nicht der Autor des Zu-überliefernden ist."

[97] Figal, Untier, S. 84.

[98] Vgl.: Friedländer, Platon III, S. 30.

[99] Friedrich Nietzsche betont die außerordentliche Wirkungsgeschichte und Rezeption des ›Phaidon‹ in der „Geburt der Tragödie", was soweit geht, daß er „in Sokrates den einen Wendepunkt und Wirbel der sogenannten Weltgeschichte zu sehen"
vermeint (KSA 1, S. 100; KGW III₁, S. 96): „Der sterbende Sokrates wurde das neue,

noch nie sonst geschaute Ideal der edlen griechischen Jugend" (KSA 1, S. 91; KGW III₁, S. 87), und an anderer Stelle spricht er vom „Bild des sterbenden Sokrates als [. . .] das Wappenschild, das über dem Eingangsthor der Wissenschaft einen Jeden an deren Bestimmung erinnert [. . .]" (KSA 1, S. 99; KGW III₁, S. 95). Einen guten Überblick über die Wirkungsgeschichte des ›Phaidon‹ gibt Zehnpfennig, Einleitung, S. IX–XII.

¹⁰⁰ Vgl.: Jolles, Formen, S. 112: „[. . .] – was ist die Figur des Sokrates, so wie sie sich in dem platonischen Opus, in den Dichtungen des Plato erschaffen hat, anderes als der platonische Mythos selbst, das Orakel, durch das die befragte Welt gezwungen wird, bündig zu sein, indem sie von sich selbst wahr sagt!"

¹⁰¹ Ort des Geschehens ist Phleios, im Nordosten der Peloponnes – laut Diogenes Laertius (VII, 46) eine der letzten Bastionen des Pythagorismus (vgl. Hackforth, Phaedo, 29).

¹⁰² Schleiermacher, Einleitung, S. 7.

¹⁰³ Der ›Phaidon‹ ist als Erziehungsdialog auffallend unpolitisch. Nicht zuletzt deshalb bietet er dem Mythos eine angemessene Bühne, da er hier der Gefährdung durch politische Vernutzung und Funktionalisierung enthoben bleibt.

¹⁰⁴ Daß ein recht verstandener Umgang mit Mythologemen dem delphischen Γνῶθι σαυτόν gerecht wird, gibt auch die schon mehrfach erwähnte Passage ›Phaidros‹ 229e zu verstehen. Zu Recht bemerkt Friedländer (Platon III, S. 43), daß die „tief gegründete Dreiheit von Ideenerkenntnis, mythischer Eschatologie und ethischer Forderung im ›Phaidon‹ immer wieder [kehrt]". Der gemeinsame Grund auch dieser Trias ist die *psyché*!

¹⁰⁵ φαίνεται ἐπακολουθοῦν τὸ ἡδύ (60c7).

¹⁰⁶ Diese Wendung verdanke ich Friedländer (Platon I, S. 183), der ähnlich wie Krüger (EuL) den mythischen Charakter der Sokrates-Figur im ›Symposion‹ aufgewiesen hat.

¹⁰⁷ Vgl.: Reinhardt, Mythen, S. 23ff.: „Aus und in der Seele reift und wächst die mythische Welt." Dazu Kerényi, Unsterblichkeit, S. 33: „Die in dieser Wendung nach innen sich neu gebärende griechische Seele ist – nach dem richtigen Wort Reinhardts – die Mutter der platonischen Mythen."

¹⁰⁸ Diesen Zusammenhang hat in der Forschung meines Wissens niemand bislang so deutlich gesehen wie Gerhard Krüger: „Bei den Fragen, die auf das Übermächtige oder auf das uns überragende Ganze der Dinge gehen, ist der Mythos die einzig erreichbare Weise der Erkenntnis, weil der erkennende Mensch ein unzureichendes [. . .] Wesen ist. Der Mythos von der Seele enthält deshalb in seinem eigenen Inhalt die Rechtfertigung seiner Form: die Seele weiß sich hier auf den Mythos angewiesen, weil sie weiß, daß sie ihrer selbst nicht mächtig ist."

¹⁰⁹ Bollack, Deutung, S. 99.

¹¹⁰ Bollack, Deutung, S. 101.

¹¹¹ Krüger, EuL, S. 18 (Hervorhebung von mir).

¹¹² Griechischer Text siehe Anm. 1.

Lustreise zum Sinn

[1] A. Schmidt hat in Bezugnahme auf denselben Satz betont, daß Horkheimer und Adorno „auf archäologischem, klassisch-philologischem, religionswissenschaftlichem und ethnologischem Gebiet sich in Spezialfragen Interpretationen anvertrauen, die ... einen inzwischen überholten (oder doch stark problematisierten) Stand der Mythenforschung reflektieren" (Schmidt [1986], 202). Daß hier eine entscheidende Schwäche der ›Dialektik der Aufklärung‹ steckt, wird wohl von keiner Seite ernsthaft angezweifelt. Der Text ist nicht wegen seiner historischen Subtilität, sondern seiner dialektischen und imaginativen Stärke ein Klassiker der philosophischen Mythologie. Dementsprechend beschäftigt sich das vorliegende Papier nicht mit der Korrektur mythisch-historischer, sondern allenfalls philosophisch-historischer Details, dies vor allem im Blick auf die Struktur einiger Argumente der ›Dialektik der Aufklärung‹.

[2] „Der Grundmythos ist nicht das Vorgegebene, sondern das am Ende sichtbar Bleibende, das den Rezeptionen und Erwartungen genügen konnte" (Blumenberg [⁴1986], 192).

[3] Dies hat auch Habermas in seiner sehr weitgehenden Kritik des Textes anerkannt. Er stellt an der ›Dialektik der Aufklärung‹ u. a. einen „performativen Widerspruch der totalisierten Kritik" fest: „Das Totalitärwerden der Aufklärung denunziert sich mit ihren eigenen Mitteln" (Habermas [1983], 418). Gleichzeitig würdigt er aber, daß dieser Widerspruch beabsichtigt und als Aporie der Vernunft konsequent ausformuliert ist (a. a. O., 427), so daß für ihn schließlich weniger eine immanente Kritik der Aporie, sondern nur noch der Wechsel des theoretischen Rahmens, der zu dieser Aporie führt, als Ausweg offensteht.

[4] Dies ist eine beiden – der Aufklärung und dem Mythos – wohlwollende Formulierung. Selbstverständlich mußte der Mythos aufgrund seines immer zu großzügigen Verhältnisses gegenüber berichtbaren und überprüfbaren Tatsachen einer rationalistischen Aufklärung suspekt bleiben, wie Poser ausführlicher dargelegt hat; vgl. Poser (1979). Erst eine Aufklärung, die der Verschiedenheit von Redetypen gegenüber aufgeschlossen ist (wie es besonders für Kant zu gelten hat), die also eine mythische Erzählung nicht ohne weiteres einem Tatsachenbericht gleichstellt, eröffnet die zu beschreibende tolerantere Perspektive auf den Mythos.

[5] Nach der „Architektonik der reinen Vernunft" der KrV ist die historische Erkenntnis keine Vernunfterkenntnis, sondern bloß die Kompilation von Wissensstücken („cognitio ex datis") ohne eigene Vernunftleistung; vgl. KrV B 863 f.

[6] Sämtliche Werke VI, 203. – Herder gab für die Mythenauffassung des späten 18. Jahrhunderts, besonders auch für die Frühromantik entscheidende Impulse. Die ›Älteste Urkunde‹, die einem biblischen Mythos gewidmet ist, zeigte vor allem in theologischen Diskussionen (und daher innerhalb der theologischen Ausbildung mancher Protagonisten der Frühromantik) Wirkung; auf die anderen einschlägigen Texte Herders hat besonders Frank hingewiesen, vgl. Frank (1982), 123 ff.

[7] Im vierten Teil, der dem Paradiesbericht gewidmet ist, verweist Herder beispielsweise auf Haller, dessen Physiologie die biblischen Angaben bestätige, daß also der menschliche Körper tatsächlich „feuchte, mit Dampf und Lebensgeist durchgossene Erde" (Sämtliche Werke VII, 11) sei: „Othem Gottes ist in uns, eine Sammlung un-

sichtbarer, mächtiger und so verschiedner, nur im Duft zusammengeordneter Lebenskräfte" (a. a. O., 13). Die für ihn moderne Naturwissenschaft sagt ihm damit in ihrer Form dasselbe aus, was der biblische Text mit dem Bericht der Erschaffung des Menschen aus Lehm behauptet.

[8] Genaugenommen ist dabei die Freiheit als Spontaneität bzw. Willensfreiheit von dem anderen Begriff der „Freiheit unter äußeren Gesetzen" (z. B. IaG 395) zu unterscheiden. Die erstere ist die ratio essendi des Moralgesetzes (KpV A 5), mithin der Moral selbst; die andere ein Problem der Gesellschaft und ihrer bürgerlichen Verfassung. Die äußere, quasi phänomenale Freiheit ist daher im besten Fall das Ergebnis eines gesellschaftlichen Optimierungsprozesses; den Maßstab dafür liefert aber selbstverständlich kein politisch-pragmatischer, sondern ein sittlicher und moralischer Begriff von Freiheit.

[9] Die interpretatorisch gewagte Behauptung einer „impliziten Mythologie" Kants läßt sich durch die Analogie in einem expliziten Teil der Kantischen Auseinandersetzung mit der christlichen Mythologie und deren historischen Formen stärken. In ›Die Religion innerhalb der bloßen Vernunft‹ unterscheidet Kant zwischen der Vernunftreligion (die nach Maßstäben der praktischen Vernunft expliziert werden kann) und der sichtbaren Kirche. Für die letztere gilt, daß nur diejenigen Teile der kirchlichen Religionsausübung kritisch akzeptabel sind, die auch vernünftig sind. Alle „wohldenkenden Menschen" (Die Religion, B 221) sind als vernünftige und ethische Menschen Diener der Vernunftreligion, damit nicht aber schon Diener der christlichen Kirche. Von dieser sagt Kant nun, daß „jede auf statuarischen Gesetzen errichtete Kirche nur sofern die wahre sein kann, als sie in sich ein Prinzip enthält, sich dem reinen Vernunftglauben (als demjenigen, der, wenn er praktisch ist, in jedem Glauben eigentlich die Religion ausmacht) beständig zu nähern" (ebd.). So, wie die Vernunft hier die Wahrheit der Religion unter ihrer geschichtlichen Maske ausmacht, macht sie auch in der „impliziten Mythologie" diejenige des Mythos aus.

[10] Der ›Dialektik der Aufklärung‹ übrigens scheint es in Bezugnahme auf Hegel „eine Art Schrulle zu sein, die Weltgeschichte ... im Hinblick auf Kategorien wie Freiheit und Gerechtigkeit konstruieren zu wollen" (DA 199) – aber nicht, weil etwa der Kategoriengebrauch selbst schrullig wäre, sondern weil Freiheit und Gerechtigkeit Zynismen der Herrschaft sind, die damit ihre unfreien und ungerechten Unterdrückungshandlungen kaschiert. Es sind also bloß die *falschen* Kategorien: „Eine philosophische Konstruktion der Weltgeschichte hätte zu zeigen, wie sich trotz aller Umwege und Widerstände die konsequente Naturherrschaft immer entschiedener durchsetzt und alles Innermenschliche integriert" (DA 200).

[11] Die folgende Behandlung des Fragments wird Fragen der Autorschaft und andere philologische Probleme ausschließen; umfassende Informationen und Literatur dazu in Jamme/Schneider (Hrsg.) (1984) und Hansen (1989). Abgesehen von kleineren Kontroversen hat sich der philologische Diskussionsstand seither nicht wesentlich geändert. Die meisten jüngeren Interpretationsversuche haben konsequenterweise von den Zuschreibungsproblemen Abstand genommen und sich anderen Fragen zugewandt, so z. B. derjenigen nach der Stellung des Fragments innerhalb der frühromantischen Ästhetik; vgl. dazu jüngst M. Franks Vorlesungen über die frühromantische Ästhetik (1989) und die Beiträge Stadlers und Gockels in Jaeschke/ Holzhey (Hrsg.) (1990). Hier dürften sich ganz neue Kontroversen ergeben, etwa die,

ob das Fragment tatsächlich ein im engeren Sinn ästhetisches oder nicht vielmehr, wie Bohrer (1990) eingewandt hat, ein geschichtsphilosophisches Programm vertritt.

[12] Das Fragment spricht in signifikanter Verkürzung des Kantischen Textes nur von zwei Postulaten: Unsterblichkeit und Gott, vgl. r. 27 und 30. Die Freiheit ist wie die ratio cognoscendi dieser beiden Postulate behandelt, was angesichts der besonderen Stellung der Freiheit innerhalb der Postulate plausibel scheint: Freiheit als eine „notwendige (…) Voraussetzung der Unabhängigkeit von der Sinnenwelt und des Vermögens der Bestimmung seines Willens" (KpV A 238) ist Voraussetzung nicht nur von Handlungen, sondern der Möglichkeit von Ethik insgesamt, zu der die Lehrstücke der Unsterblichkeit der Seele und der Existenz Gottes gehören. – Unmittelbare Ursache für die Verkürzung durch das Fragment dürfte (neben der zu vermutenden Vermittlung der Kantischen Kritiken in der Tübinger Ausbildung und der „theologischen" Akzentuierung auf die Themen Seele und Gott) platterdings die Gliederung der › Kritik der praktischen Vernunft‹ sein: Kant selbst führt dort im zweiten Buch in den Teilen IV und V nur die Unsterblichkeit und das Dasein Gottes als Postulate aus.

[13] Daß diese Versuche keineswegs das Ergebnis eines halsstarrigen theologischen Dogmatismus der Tübinger Dozentenschaft waren (wie einige briefliche Äußerungen Schellings vermuten lassen) und daß die offensive Auseinandersetzung mit der Kantischen Religionskritik nicht allein den Studenten vorbehalten war, die sich in revolutionären Zirkeln autodidaktisch mit Kant befaßten und damit gegen ihre Ausbilder konspirierten, hat jetzt Jacobs nachgewiesen. „Die Auseinandersetzung findet nicht horizontal zwischen den verschiedenen Gruppen – Professoren, Repetenten, Studenten – statt, sondern sie geht vertikal durch diese hindurch" (Jacobs [1989], 110).

[14] Pöggeler, in: Jamme/Schneider (Hrsg.) (1984), 135. – Der Bruch ist übrigens nicht nur auf die Skizzenhaftigkeit des Textes zurückzuführen, sondern vielleicht auch auf seine Unvollständigkeit. Zwar ist die Klimax, die sich im erhaltenen Textteil von Beginn bis zu ihrem Höhepunkt am Ende mit zwei Einschnitten (Einführung der Idee der Schönheit in r. 32 und Einführung der Mythologie in v. 12) kontinuierlich vollzieht, ziemlich überzeugend und suggeriert eine wenigstens annähernde Vollständigkeit des Materials. Es könnte aber auf den verlorenen vorangegangenen Seiten durchaus eine Erörterung über Ästhetik und Ethik stattgefunden haben, auf die sich r. 33 mit den Worten: „Ich bin nun überzeugt …" zurückbeziehen würde.

[15] Vgl. Christoph Quarchs Beitrag in diesem Band.

[16] Kants › Mutmaßlicher Anfang‹ war den in Frage kommenden Autoren des Fragments ebenso wie Herders › Älteste Urkunde‹ selbstverständlich, und zwar als Lehrstoff in der Tübinger Universität bekannt; vgl. dazu Jacobs' außerordentlich wertvolle Dokumentation über die Lehrstoffe und die theologisch-philosophischen Kontroversen der Tübinger Universität zwischen 1785 und 1795, Jacobs (1989). Schellings Rezeption des Kantischen Textes in seiner Magisterdissertation › De prima malorum origine‹ (1792) zeigt dabei sehr deutlich, daß Kant neben Herder durchaus als theologisch-philosophische Autorität gelesen wurde. Kants eher beiläufige Beschäftigung mit dem biblischen Mythos hat für Schelling nicht so sehr in seiner geschilderten Methodik, dafür aber in den meisten der Details der Interpretation von Gen. 3 Vorbildcharakter. Vgl. Kuhlmann (1993), 33 ff.

[17] Die „Rationalität" der Mythenbehandlung Kants darf ohne weiteres im Vokabular Blumenbergs als Beispiel der Unterwerfung des „Mythos" unter ein „Dogma"

angesehen werden. Dies nicht bloß in dem Sinn, daß eine ursprüngliche Variabilität der mythischen Inhalte (die beim biblischen Mythos ohnehin wohl kaum mehr gegeben ist) dogmatisch zementiert ist, sondern weiter noch: Die „dogmatisch" gesteuerte Selektion von Inhalten unterwirft das Mythische vollständig einem Sinn, der weniger sein eigener als derjenige der Perspektive ist, unter der der Mythos herbeizitiert wurde. – Die idealistische Fortsetzung dieser Tendenz im ›Systemprogramm‹ wird, wie zu zeigen sein wird, jeden denkbaren erzählerischen Eigensinn von Mythen vollständig ausschließen: Im Fragment siegt, wie Bohrer zu Recht behauptet, die Geschichtsphilosophie über die Ästhetik. Die Kunst ist nicht für sich selbst da, sondern ist in der Tat „Funktion des philosophischen Wahrheitsinteresses" (Bohrer [1990], 855f.) – eines Interesses, wie in Erweiterung der philosophie- (nicht ästhetik-)historischen Seite der Skizze Bohrers hinzuzufügen wäre, das sich nicht gleichbleibt, sondern erhebliche Wandlungen gerade in der Konzeption des Sittlichen erfährt.

[18] Die möglicherweise etwas abfällige Bemerkung zu Kants ›Vom ewigen Frieden‹ in r. 22f. („Ihr seht von selbst, daß hier alle die Ideen, vom ewigen Frieden usw. nur untergeordnete Ideen einer höhern Idee sind") läßt dies vermuten.

[19] Bürger wendet ein: „Man wird sich aber fragen müssen, ob der Versuch, diese Utopie unter den Bedingungen einer modernen Gesellschaft zu verwirklichen, nicht notwendig Ergebnisse hervorbringt, die deren Intention zuwiderlaufen: Besteht nicht die Gefahr, daß die Anwendung äußerer Zwangsmittel legitim erscheint, wo die freiwillige Zustimmung zur neuen Weltanschauung verweigert wird?" (Bürger [1983], 35). Ein ähnliches Argument verwendet Frank, um die Frage: „Brauchen wir eine ‚Neue Mythologie'?" endgültig zu verneinen: Der politische Totalitarismus der Mythen des 20. Jahrhunderts lasse auch romantische Mythen politisch gefährlich erscheinen; vgl. Frank, Kaltes Herz (1989), 93ff. Dieser Einwand geht am ›Systemprogramm‹ jedoch vorbei. Prozedurale Mechanismen, die ein Einverständnis in die „neue Religion" bewirken oder erzwingen, werden nicht nur ignoriert, sondern ausgeschlossen. Das Fragment ist daher in dem Sinn „unpolitisch", als es die pragmatische Seite von „Freiheit" mit Konsequenz beiseite läßt.

[20] Vgl. die Erwägungen Franks: Er hat seiner Interpretation des Fragments in ›Kaltes Herz‹ (1989) der „Mythologie" einen Begriff von Mythos zugrunde gelegt, den er aus der Annahme der legitimatorischen Funktion von Mythen im antiken Griechenland ableitet. Von da aus stellt sich ihm die Frage, ob wir, d. h. die moderne Industriegesellschaft ebenfalls Mythen zu Legitimationszwecken „brauchen" und ob das Fragment einen entsprechenden oder geeigneten Mythos anbietet. Daß er diese Frage verneint, hat schließlich eher politisch-historische Gründe: „Wir brauchen keinen neuen Mythos, und vor allem keinen neuen Irrationalismus und Neovitalismus, wie sie in zahlreichen zeitgenössischen Mythenverteidigungen mißtönig miterklingen" (Frank, Kaltes Herz [1989], 111).

[21] SW I, 431f. (AA I/4, 158). Schelling fügt ein: „Dadurch unterscheidet sich die Schwärmerei von der Vernunft, daß jene zügellose Phantasie, diese Einbildungskraft in den Schranken moralischer Postulate ist, jene Chimären, diese Ideen erzeugt." Unter Beachtung des für Schelling untypischen Gebrauchs des Terms „Postulat" wird eine Distanz zum Fragment genau darin deutlich, daß Schelling eine Unterscheidung von Täuschung und Wahrheit anstrebt, von der das Fragment nicht nur nicht redet, sondern unter der Vision einer Harmonie der Gegensätze wohl für unnötig erachtet.

²² Im neunten Brief von ›Über die ästhetische Erziehung‹: „Alle Verbesserung im politischen soll von Veredelung des Charakters ausgehen – aber wie kann sich unter den Einflüssen einer barbarischen Staatsverfassung der Charakter veredeln? Man müßte also zu diesem Zwecke ein Werkzeug aufsuchen, welches der Staat nicht hergiebt, und Quellen dazu eröffnen, die sich bey aller politischen Verderbniß rein und lauter erhalten ... Dieses Werkzeug ist die Kunst, diese Quellen öffnen sich in ihren unsterblichen Mustern" (Nationalausgaben XX, 332f.).

²³ Jede historische Bewertung des ›Systemprogramms‹ muß außerordentlich behutsam getroffen werden. Wenn auch die Bedingungen seiner Genese bis auf die Autorschaft recht gut beschreibbar sind, ist von einer unmittelbaren Weiterwirkung der Gedanken nichts zu berichten: Der Text des Fragments wird auch bei den in Frage kommenden Autoren, soviel wir wissen, an keiner Stelle explizit erwähnt.

²⁴ Wie ausführlicher zu belegen wäre, ist das eigentliche Objekt von Horkheimers Kantkritik wohl weniger Kant als vielmehr Hegel. Noch in der Untersuchung ›Über Kants Kritik der Urteilskraft als Bindeglied zwischen theoretischer und praktischer Philosophie‹ von 1925 nimmt Horkheimer Kants Vernunftidealismus vor einer hegelianisierenden Überinterpretation in Schutz. In der behutsamen Formulierung des Untersuchungsergebnisses schreibt Horkheimer, die Fähigkeit der theoretischen Vernunft „zur Konzeption von Ideen im Sinne systematischer Einheiten" mache bei Kant – ganz im Gegensatz zu der Auffassung der ›Dialektik der Aufklärung‹! – keineswegs eine „unüberwindliche Scheidung" zwischen theoretischen und praktischen „Vermögen" aus (Gesammelte Schriften, Bd. 2, 146). Horkheimer fährt nun fort: „Es folgt aus dieser Einsicht freilich noch keineswegs das Hegelsche Resultat, daß Vernunft nun überhaupt zusammenfalle mit der Wirklichkeit. Denn daraus, daß es vernunftgemäße Wirklichkeiten geben kann und sie an manchen Stellen tatsächlich gibt, folgt noch nicht die allgemeine Übereinstimmung" (ebd.). Dieses allenfalls sehr vorläufig formulierte Argument wird in Horkheimers Kritik der Metaphysik Hegels durch weitergehende Erörterungen des Charakters der Totalität der Vernunftbegriffe ersetzt. Wie durch eben diese Erörterungen die Vernunftkritik der ›Dialektik der Aufklärung‹ vorbereitet wird, hat Geyer (1980), bes. 19ff. demonstriert.

²⁵ Daß der Gedanke, daß die Vernunft sich historisch und daher in gewisser Weise erzählend zu rekonstruieren habe, Horkheimer nicht fremd war, hat A. Schmidt hervorgehoben. Er verweist auf Horkheimer: „Die Fähigkeit der Vernunft, darzustellen, wie sie sich von der Macht, mit der die Bedeutung der Dinge wahrgenommen wird, in eine bloß instrumentelle Methode der Selbsterhaltung transformiert hat, ist die Bedingung ihrer Genesung" (Gesammelte Schriften, Bd. 12, 108). Vgl. Schmidt (1986), 199.

²⁶ In der Bestimmung des Mythischen spielt infolgedessen der erzählte Gehalt gegenüber den rationalen Formen, in denen er bewältigt wird, eine völlig untergeordnete Rolle. Das Mythische droht dadurch seines voraufklärerischen Charakters völlig verlustig zu gehen: „Der Mythos ließe sich dementsprechend definieren als eine Form der Aufklärung, bestimmt durch die Defizienz eines undialektisch konzipierten Vernunftbegriffs" (Geyer [1980], 41).

Ernst Cassirer: Über Mythos und symbolische Form

¹ Ein äußeres Indiz ist die Fülle einschlägiger Monographien (Göller [1986], Krois [1987], Knoppe [1992], Paetzold [1993]) und Sammelbände (Braun et al. [1988]; Seidengart [1990] sowie Internationale Zeitschrift für Philosophie 2 [1992] und Revue de Métaphysique et de Morale [1992] jeweils mit dem Schwerpunktthema „Ernst Cassirer"), ein anderes die ebenso große Fülle wichtiger Editionen (Symbol, Technik, Sprache. Aufsätze aus den Jahren 1927–1933, hrsg. von E. W. Orth und J. M. Krois, Hamburg: Meiner 1985; L'Idée de l'histoire. Les inédits de Yale et autres écrits d'exil, Trad. par F. Capeillères et I. Thomas, Paris: Cerf 1989; Rousseau, Kant, Goethe, hrsg. von R. Bast, Hamburg: Meiner 1991; Erkenntnis, Begriff, Kultur, hrsg. von R. Bast, Hamburg: Meiner i. Vb.). Seit längerem geplant ist darüber hinaus die Publikation des Nachlasses der Yale University, in diesem Rahmen u. a. „Texte und Entwürfe zu einem vierten Band der Philosophie der symbolischen Formen" unter dem Titel ›Zur Metaphysik der symbolischen Formen‹ (vgl. O. Schwemmer, Der Werkbegriff in der Metaphysik der symbolischen Formen. Zu Cassirers Konzeption eines vierten Bandes der ›Philosophie der symbolischen Formen‹, IZPh 2 [1992] 226–249, 227, Anm. 3).

² Knoppe (1992), 3.

³ Verene (1984), 3.

⁴ Maßgeblich bestimmt ist diese Debatte durch die Arbeiten Blumenbergs (Wirklichkeitsbegriff und Wirklichkeitspotential des Mythos, in: M. Fuhrmann [Hrsg.], Terror und Spiel. Probleme der Mythosrezeption, München: Fink 1971, 11–66; Arbeit am Mythos, Frankfurt a. M.: Suhrkamp 1979) – insofern bleibt Cassirer wenigstens indirekt präsent, vgl. auch Blumenberg (1981). Mit Stillschweigen übergangen wird er ansonsten selbst dort, wo in der Sache „seine" Themen angesprochen sind, z. B. M. Frank, Der kommende Gott. Vorlesungen über die Neue Mythologie, Frankfurt a. M.: Suhrkamp 1982, 107 ff. über „Zeichenfunktion und Symbolismus". – Zur neueren Diskussion insgesamt die Bibliographie von H. Kuhlmann in: O. Bayer (Hrsg.), Mythos und Religion. Interdisziplinäre Aspekte. Stuttgart: Calwer Verlag 1990, 176–181.

⁵ Heidegger, Besprechung von E. Cassirer, Philosophie der symbolischen Formen, 2. Teil: Das mythische Denken, 1928, GA 4, 269 f. Die geplante Rezension auch des dritten Bandes über „Phänomenologie der Erkenntnis" hat Heidegger offensichtlich abgebrochen, vgl. den Brief Cassirers in Cassirer (1981), 184.

⁶ Speziell zur Marburger Schule z. B. Cohen, Logik der reinen Erkenntnis. Werke, Bd. 6, 610 („Die Einheit des Menschen hat die Logik zu ihrer ersten Grundlage; die Psychologie aber bildet das Ideal ihrer Vollendung. Die Denkgesetze bilden das Fundament jener Einheit des menschlichen Geistes; die Kultur aber in ihrer Gesamtheit und Einheitlichkeit ist der Höhepunkt der menschlichen Entwicklung. Die Darstellung dieser Entwicklung und dieser Einheit, als ihres Höhepunktes, das ist die große Aufgabe der systematischen Psychologie, die höchste Aufgabe des systematischen Philosophen") oder auch Natorps programmatischen Vortrag über ›Kant und die Marburger Schule‹ (Kant-Studien 17 [1912], 193–221, dazu Holzhey [1986], 53 f.; Holzhey [1988], 196: „Die Kultur stand, bei allem Primat der ‚Theoretik', auch für Cohen und Natorp im Zentrum ihrer systematischen Bestrebungen"). Weiteres Material bietet z. B. L. W. Beck, Art. Neo-Kantianism. The Encyclopedia of Philosophy 5, Sp. 468–473, 471 ff. – Zur Konjunktur des Etiketts „Kulturphilosophie", die aus heutiger Sicht

leicht unterschätzt wird, vgl. W. Perpeet, Kulturphilosophie. Archiv für Begriffsgeschichte 20 (1976), 42–99.

⁷ Cassirers Distanzierung vom „orthodoxen Neukantianismus" bleibt deshalb auch unterbestimmt, wenn man sie, wie Werkmeister (1949), 559 ff. nur auf die Einbeziehung der Geisteswissenschaften beschränkt, vgl. auch Wolandt (1964), 620 f. Cassirer hat, in einem Artikel von 1939 › Was ist Subjektivismus‹ (Theoria 5 [1939], 111–140) zu verstehen gegeben, viele der dem Neukantianismus zugeschriebenen „Lehren" seien ihm nicht nur fremd, sondern seinen eigenen Konzeptionen „diametral entgegengesetzt" (vgl. a. a. O., 114). Vgl. auch Kaufmann (1966), 591; Marx (1975), 313 f.

⁸ Insofern ist Cassirers Kulturphilosophie auch kein Beitrag zu der von C. P. Snow ausgelösten Debatte um die „zwei Kulturen" von Natur- und Geisteswissenschaften, vgl. Orth (1985), 168 f. – Zum Folgenden auch Ferrari (1988), 122.

⁹ Z. B. Werke, Bd. 6, 43 f. – Zu Cassirers Weg „von der Erkenntnistheorie zur Kulturphilosophie" vgl. insgesamt das dritte Kapitel bei Paetzold (1993), 23 ff.

¹⁰ Herv. Verf. – Zur Unterscheidung zwischen „Gestaltung der Welt" und „Gestaltung zur Welt" vgl. Orth (1988), 58; Marx (1975), 312.

¹¹ PhdsF III, 68 ff.; 256 ff.; 305 ff.

¹² Es gehört allerdings zu den Charakteristika der Cassirerschen Kant-Kritik, daß Cassirer eigene Einsichten auf Kant zurückprojiziert. So hat er insbesondere in der › Kritik der Urteilskraft‹ bereits bei Kant selbst eine Erweiterung der „kopernikanischen Drehung" über die rein-logische Urteilsfunktion hinaus gesehen, vgl. Orth (1985), 177 f.; man hat es also immer mit einer unausdrücklichen Kritik zu tun, die es, allein schon im Interesse des Kontrastes, ausdrücklich zu machen gilt.

¹³ Proleg. § 18 (A 78).

¹⁴ Vgl. dazu auch KLL 158 f.

¹⁵ Zu dieser Überlegung vgl. P. F. Strawson, The Bounds of Sense. An Essay on Kant's › Critique of Pure Reason‹, London: Methuen 1966, 89 f.

¹⁶ Proleg. § 22 (Anm.) (A 90).

¹⁷ Besonders prägnant EP 667.

¹⁸ Vgl. Proleg. § 20 (A 82); KdrV B 93/A 68 („Alle Anschauungen; als sinnlich, beruhen auf Affektionen, die Begriffe also auf Funktionen. Ich verstehe aber unter Funktion die Einheit einer Handlung, verschiedene Vorstellungen unter einer gemeinschaftlichen zu ordnen"); B 176/A 137 („In allen Subsumtionen eines Gegenstandes unter einen Begriff muß die Vorstellung des ersteren mit der letzteren gleichartig sein, d. i. der Begriff muß dasjenige enthalten, was in dem darunter zu subsumierenden Gegenstande vorgestellt wird, denn das eben bedeutet der Ausdruck: ein Gegenstand sei unter dem Begriffe enthalten").

¹⁹ Vgl. auch Logik „Jäsche" § 6 zu den logischen Akten der Komparation, Reflexion und der Abstraktion, „wodurch", wie Kant sagt, „Begriffe ihrer Form nach erzeugt werden" (A 145). – Cassirers Kritik der Abstraktionstheorie in SF 3 ff.; mit Bezug auf Kant PhdsF III, 341.

²⁰ „Geschaffen" (Herv. Verf.).

²¹ Cassirer spricht in der Regel in einem weiteren Sinne von „Kategorie", in dem jede (nicht weiter analysierbare) „Relationsart" als eine „Form des Denkens" bezeichnet werden kann, vgl. z. B. PhdsF I, 31.

[22] Zur Repräsentation als „Ausdruck einer ideellen Regel" vgl. SF 377, dazu Krois (1987), 50.

[23] Zu Kritik Cassirers an Kant in diesem Punkt Rudolph (1992), 82 f.

[24] Vgl. Göller (1986), 38 f.; Knoppe (1992), 20 f.; Krois (1987), 49 f. und Kremer-Marietti (1990), 255 f.

[25] Z. B. Marx (1988), 82.

[26] So, mit freundlicher Ironie: Goodman, Weisen der Welterzeugung, Frankfurt a. M.: Suhrkamp 1990 (dt.), 13.

[27] Zu diesem weiten Begriff des Zeichens bei Cassirer vgl. Krois (1987), 51: "insofar as something is experienced, it is a sign." Zum Folgenden Kremer-Marietti (1990), 251 f.

[28] Die zentrale Bedeutung der symbolischen Prägnanz hat zu Recht Krois (1987), 52 ff. herausgestellt; zu den Zeichenfunktionen von Ausdruck, Darstellung und Bedeutung als „Erscheinungsformen" der symbolischen Prägnanz vgl. Krois (1985), XVI.; vgl. auch Verene (1984), 7 f.

[29] Cassirer übernimmt den Ausdruck wohl von W. v. Humboldt, vgl. Werke, Bd. III, 418.

[30] Zum Mythos als dem „gemeinsamen Grund" aller symbolischen Formen vgl. Doherty (1972), 22; Krois (1988), 19 f.; Paetzold (1993), 47.

[31] Z. B. WWS 188: „Das Bild ist nicht als solches, als eine freie geistige Schöpfung, gewußt und erkannt, sondern es kommt ihm eine selbständige Wirklichkeit zu; es geht ein dämonischer Zwang von ihm aus, der das Bewußtsein beherrscht und bahnt. (...) In dem allgemein mythisch-magischen Verflechtungszusammenhang der Dinge eignet dem Bild die gleiche Kraft wie irgendeinem physischen Dasein."

[32] Zur politischen Bedeutung des Mythos bei Cassirer ausführlich Krois (1979), 212 ff.; Lübbe (1989), 280 ff. sowie insgesamt Tripp (1990).

[33] Vgl. auch Paetzold (1983), 237. Die Unterschiede zwischen Cassirers und Kants Verständnis von „Dialektik" sollen damit nicht bestritten werden, vgl. Holzhey (1988), 193.

[34] Vgl. dazu Knoppe (1992), 114 ff.; auch Ettelt (1972), 69 sieht im Mythos die „Tendenz, sich selbst aufzuheben".

[35] Vgl. Langer (1966), 269.

[36] Zur „Dialektik" der sinnlichen Gewißheit bei Hegel vgl. Werke (auf der Grundlage der ›Werke‹ von 1832–1845 neu edierte Ausgabe, Frankfurt a. M.: Suhrkamp 1968 ff.), Bd. 3, 90. – Auf systematische Beziehungen zwischen dem Cassirerschen Symbolbegriff und Hegels Konzeption des Symbolischen in den Vorlesungen zur Ästhetik hat R. Wiehl (1979) hingewiesen.

[37] Dazu vor allem die in Anm. 4 genannten Arbeiten von H. Blumenberg.

[38] Vgl. Ferrari (1988), 123; zur Anknüpfung an Kant in diesem Punkt auch Ettelt (1972), 65.

[39] Zur Analyse der mythischen Kausalität vgl. Krois (1979), 205 f.

[40] Zu Cassirers Analyse des mythischen Raumbegriffs auch Paetzold (1983), 231 ff.

[41] Zum Folgenden Orth (1982), 81 f.

[42] Zum „Gegensatz" zwischen Cassirer und Freud im einzelnen Langer (1966), 276 ff.

⁴³ Dazu auch Braun (1988), 212 f.; Doherty (1972), 26 f.; 30; 33 ff.
⁴⁴ Vgl. Paetzold (1989), 235 f.
⁴⁵ Zur distanzierenden Funktion der Technik Krois (1979), 210.
⁴⁶ Zum Zusammenhang von Recht und Mythos ausführlich AH 84 ff.

LITERATUR

Blumenberg, Hans: Arbeit am Mythos, Frankfurt a. M. 1986.

Bohrer, K. H. (Hrsg.): Mythos und Moderne, Frankfurt a. M. 1983.

Bultmann, Rudolf: Das Evangelium des Johannes, Tübingen 1953.

–: Geschichte und Eschatologie, Tübingen 1958.

Cassirer, Ernst: Philosophie der symbolischen Formen, Darmstadt 1987.

Drewermann, Eugen: Tiefenpsychologie und Exegese, Freiburg i. Br. 1985.

–: Das Markusevangelium, Freiburg i. Br. 1988/90.

Eliade, Mircea: Das Heilige und das Profane. Vom Wesen des Religiösen (1959), Frankfurt a. M. 1984.

Gadamer, Hans-Georg: Wahrheit und Methode. Grundzüge einer philosophischen Hermeneutik, Tübingen 1975.

Horkheimer, Max/Theodor W. Adorno: Dialektik der Aufklärung (1947), Frankfurt a. M. 1969.

Hübner, Kurt: Die Wahrheit des Mythos, München 1985.

Kolakowski, Leszek: Die Gegenwärtigkeit des Mythos, München 1973.

Marquard, Odo: Abschied vom Prinzipiellen, Stuttgart 1981.

Pannenberg, Wolfram: Grundfragen systematischer Theologie, Göttingen 1980.

Picht, Georg: Kunst und Mythos, Stuttgart 1987.

Poser, Hans (Hrsg.): Philosophie und Mythos. Ein Kolloquium, Berlin/New York 1979.

Riccœur, Paul: Symbolik des Bösen, Freiburg i. Br./München 1988.

NAMENREGISTER

Erstellt von CHRISTOPH QUARCH

Das Register führt unterschiedslos die in den Aufsätzen genannten Namen von historischen Personen, biblischen und mythischen Gestalten sowie von erwähnten Forschern und Wissenschaftlern auf. Erwähnungen von Personen in den Anmerkungen werden nur dann berücksichtigt, wenn sie in den sachlichen Zusammenhang des Textes gehören. Für die Namen von nicht ausdrücklich in den Texten erwähnten, jedoch in ihnen berücksichtigten Autoren sei auf die jeweiligen Literaturverzeichnisse hingewiesen.